Leo Trotzki
Fragen des Alltagslebens

Trotzki-Bibliothek

Leo Trotzki

Fragen des Alltagslebens

Mehring Verlag

Bibliografische Information der Deutschen Nationalbibliothek

Die Deutsche Nationalbibliothek verzeichnet diese Publikation in der Deutschen Nationalbibliografie; detaillierte bibliografische Daten sind im Internet über http://dnb.dnb.de abrufbar.

Titelbild: Mehring Verlag, Essen
Alexander Rodtschenko, »Kino-Blick«, Plakat 1924

Veröffentlicht 2023

Margaretenstr. 12, 45145 Essen
vertrieb@mehring-verlag.de

Druck: CPI Druckdienstleistungen GmbH, Erfurt
Printed in Germany
ISBN 978-3-88634-059-0

Inhalt

Vorwort

Mit diesem Band legt der Arbeiterpresse Verlag einige der wichtigsten Artikel und Reden Leo Trotzkis zu den Fragen des Alltags, der Kultur und der Erziehung vor. Die im ersten Teil unter dem Titel »Fragen des Alltagslebens« gesammelten Schriften wurden 1923 in der Sowjetunion in der Tageszeitung »Prawda« und als Buch veröffentlicht. Das große Interesse, auf das dieses Thema in der Sowjetunion stieß, lässt sich daran ermessen, dass noch im gleichen Jahr eine zweite Auflage und im Jahr 1925 eine dritte in Druck gehen musste.

Schließlich erschienen diese Artikel zusammen mit weiteren Reden und Texten Leo Trotzkis zu Fragen der Kultur, von denen einige in den zweiten Teil dieser Ausgabe übernommen wurden, 1927 als Band 21 der russischen Werkausgabe unter dem Titel »Die Kultur der Übergangsperiode«. Die Werkausgabe war ursprünglich auf 23 Bände konzipiert, von denen aber nur 12 erscheinen konnten. 1927 wurde sie nach dem Ausschluss Leo Trotzkis aus der Kommunistischen Partei durch die Stalin-Fraktion eingestellt und aus den Bibliotheken entfernt.

Den Abschluss des vorliegenden Buchs bildet der bekannte Essay Leo Trotzkis »Ihre Moral und unsere« aus dem Jahr 1938, in dem er sich mit denjenigen auseinandersetzt, die unter dem Banner der Moral die Oktoberrevolution mit dem Stalinismus sowie die Haltung Trotzkis und Lenins mit den Verbrechen der Bürokratie gleichsetzten. Diese Methode, die Ursprünge des Stalinismus auf die russische Revolution 1917 und die Politik der Bolschewiki zurückzuführen, gehörte nach dem Zusammenbruch der stalinistisch beherrschten Regime in der Sowjetunion und Osteuropa zum Standardrepertoire derjenigen, die den Sozialismus für tot erklärten.

Gerd Koenen, ein zum Antikommunismus konvertierter Maoist, geht noch weiter. Für ihn enthüllt sich der »totalitäre Charakter ... der bolschewistischen Machtergreifung« gerade in der »beklemmenden Alltagspraxis ... der Schöpfung eines neuen Menschen«*. Nach seinem Verständnis flossen der deutsche »Kulturpessimismus« und Nietzsches »Übermensch« »im großen und ganzen in den Bolschewismus« ein. Er nennt Maxim Gorki und Anatoli Lunatscharski als zentrale Figuren dieses sogenannten »nietzscheanischen Marxismus«.

* Gerd Koenen, *Utopie der Säuberung*, Berlin 1998, S. 127.

Koenen bedient sich hier eines unter rechten Demagogen beliebten Tricks: Er schreibt über die marxistische Bewegung, indem er deren Evolution, innere Widersprüche und Kämpfe einfach ignoriert und eine beliebig herausgegriffene Randerscheinung zum Wesen der Sache erklärt. Tatsache ist, dass vereinzelte Sympathien für Nietzsches Ideen in der marxistischen Bewegung auf heftigen Widerstand stießen. Die Begeisterung Lunatscharskis und Gorkis für Nietzsche war nicht nur eine Ausnahmeerscheinung, sie blieb auch in ihrer eigenen Biografie eine Episode. Führende Marxisten wie Franz Mehring, Lenin und Trotzki haben sich dagegen ausführlich und kritisch mit Nietzsche auseinandergesetzt. Ihre Konzeption der »Schöpfung eines neuen Menschen« – um bei Koenens Terminologie zu bleiben – war Nietzsches Konzeption vom »Übermenschen« diametral entgegengesetzt.

Ein ebenso unversöhnlicher Gegensatz besteht zwischen der stalinistischen Auffassung der »Umgestaltung des Menschen«, wie sie in den dreißiger Jahren in allen Sowjet-Zeitungen propagiert wurde, und den bolschewistischen, insbesondere von Trotzki vorangetriebenen Bemühungen, das kulturelle Niveau der Massen zu heben und die vom Zarismus ererbte kulturelle Rückständigkeit zu überwinden. Der Sieg der stalinschen Bürokratie über die von Trotzki geführte Linke Opposition kennzeichnete nicht zuletzt das Ende dieser Bemühungen, die Rückkehr der vom Zarismus ererbten kulturellen Barbarei, die Auferstehung der »Schreckensgestalt des Gebieters mit dem großen Knüttel«. Das hier vorliegende Buch ist deshalb auch ein wichtiges Dokument des Kampfs der marxistischen Opposition gegen den Stalinismus.

Leo Trotzki, der sich 1897 der revolutionären Bewegung angeschlossen hatte, setzte sich in seinen Schriften schon sehr früh und immer wieder mit der Veränderung der menschlichen Persönlichkeit und ihrer Beziehung zur Gesellschaft auseinander. In seinem 1906 veröffentlichten »Ergebnisse und Perspektiven« antwortete er auf die »sozialistischen Ideologen«, die die »Vorbereitung des Proletariats auf den Sozialismus im Sinne seiner moralischen Umwandlung« auffassten: »Das Proletariat und ›die Menschheit‹ überhaupt müssten vor allem ihre alte egoistische Natur ablegen... Da wir bis jetzt von einem solchen Zustand weit entfernt seien und ›die menschliche Natur‹ sich nur äußerst langsam verändern werde, sei der Ausbruch des Sozialismus um einige Jahrhunderte in die Ferne gerückt.«*

* Leo Trotzki, *Die permanente Revolution*, Essen 2021, S. 83.

Trotzki erklärte, dass man nicht die sozialistische Psychologie mit dem bewussten Streben nach dem Sozialismus verwechseln dürfe. »Der gemeinsame Kampf gegen die Ausbeutung lässt in der Seele des Arbeiters kostbare Ansätze des Idealismus, der kameradschaftlichen Solidarität und der selbstlosen Opferbereitschaft keimen, aber zugleich lässt der individuelle Existenzkampf, der ewig gähnende Rachen der Armut, die Differenzierung innerhalb der Arbeiterschaft selbst, der Druck der unwissenden Massen von Unten und die korrumpierende Tätigkeit der bürgerlichen Parteien eine volle Entfaltung dieser kostbaren Ansätze nicht zu. Aber der Kern der Sache besteht darin, dass sich der durchschnittliche Arbeiter – obwohl er kleinbürgerlich-egoistisch bleibt ... – durch die Lebenserfahrung davon überzeugt, dass *seine einfachsten Wünsche und natürlichsten Bedürfnisse nur auf den Trümmern des kapitalistischen Systems befriedigt werden können.*«*

Die Schlussfolgerung Trotzkis lautete, dass die Aufgabe nicht darin bestand, eine sozialistische Psychologie als Voraussetzung für den Sozialismus zu entwickeln – eine aussichtslose Utopie –, sondern sozialistische Lebensbedingungen als Voraussetzung einer sozialistischen Psychologie.

In der Arbeit »Ergebnisse und Perspektiven« zeigt Trotzki gleichzeitig die Voraussetzungen für die Schaffung dieser sozialistischen Lebensbedingungen auf. Ausgehend von einer genauen Untersuchung der sozialen und politischen Bedingungen in Russland und den Lehren aus den Revolutionen von 1789, 1848 und 1905 kommt er zu dem Ergebnis, dass in Russland die Aufgaben der bürgerlichen Revolution, nämlich die Ablösung des Adels, die Befreiung der Bauern nur unter Führung der Arbeiterklasse durchgeführt werden können.

»Der grundlegende, beständigste Charakterzug der Geschichte Russlands ist dessen verspätete Entwicklung mit der sich daraus ergebenden ökonomischen Rückständigkeit, Primitivität der Gesellschaftsformen und dem tiefen Kulturniveau.«** Aus dieser Rückständigkeit folgte aber nicht, dass Russland einfach die Entwicklung der fortgeschritteneren kapitalistischen Länder nachvollziehen konnte. Es musste bestimmte Etappen überspringen, es kam zu einer Vermischung unterschiedlicher Stadien, einer kombinierten Entwicklung.

* Ebenda.

** Leo Trotzki, *Geschichte der Russischen Revolution*, Bd. 1, Essen 2010, S. 7.

So stand dem rückständigen Land, das auf dem Niveau des 17. Jahrhunderts verharrte, den Städten, die nicht wie im Westen zu Zentren der Handwerker und Gewerbe anwuchsen, sondern kulturlose Verwaltungs- und Heeresstandorte waren, die modernste Industrie entgegen. Sie war zum großen Teil durch ausländisches Kapital kontrolliert, was den antirevolutionären Charakter der russischen Bourgeoisie erklärte, die stark mit dem Gutsbesitzer und Adligen verbunden war. So fielen die Aufgaben der bürgerlichen Revolution der Arbeiterklasse zu.

Diese konnte jedoch nicht bei der Lösung der demokratischen Aufgaben stehen bleiben, sie musste sozialistische Maßnahmen ergreifen und die Revolution musste sich zur permanenten Revolution entwickeln: »In einem Land, wo das Proletariat als Endergebnis einer demokratischen Revolution zur Macht gekommen ist, hängt das weitere Schicksal der Diktatur und des Sozialismus letzten Endes nicht nur und nicht so sehr von den nationalen Produktivkräften ab, wie von der Entwicklung der internationalen sozialistischen Revolution.«*

Das war die Perspektive Trotzkis, auf deren Grundlage im Jahr 1917 die Oktoberrevolution siegte.

Die Machtübernahme des Proletariats überwand aber nicht auf einen Schlag die wirtschaftliche Rückständigkeit und Kulturlosigkeit Russlands. Die Bolschewiki waren sich dieses Problems bewusst und hofften auf die Unterstützung des Proletariats Westeuropas. Sie legten das Schwergewicht ihrer Arbeit auf den Aufbau der Kommunistischen Internationale, um die bestmöglichen Bedingungen für die Ausdehnung der Revolution auf die fortgeschrittenen kapitalistischen Länder zu schaffen. Die Niederwerfung der deutschen Revolution 1918/19 durch die sozialdemokratische Regierung unter Ebert und Noske und die ausbleibende europäische Revolution waren ein schwerer Schlag für die Bolschewiki und stärkten die Interventionsarmeen bei ihrem Einfall in die Sowjetunion und dem bis 1921 währenden Bürgerkrieg.

Die Bolschewiki mussten Maßnahmen ergreifen, um die Sowjetmacht zu halten, bis es der europäischen Arbeiterklasse gelingen würde, die Macht zu erobern und ihnen zu Hilfe zu kommen. Auf ökonomischem Gebiet diente die NÖP (Neue Ökonomische Politik), eine

* Leo Trotzki, *Die permanente Revolution*, Essen 2021, S. 265.

teilweise Rückkehr zu marktwirtschaftlichen Methoden, dazu, die durch den Krieg verwüstete Wirtschaft in Gang zu bringen. Während sich die Wirtschaft rasch erholte, brachte die NÖP aber auch eine Stärkung konservativer, bürgerlicher und kleinbürgerlicher Schichten und der Bürokratie mit sich. Die im Parteiprogramm der Bolschewiki vorgesehene Kontrolle der Verwaltung durch die Massen, ihre Wählbarkeit und Absetzbarkeit, machte eine Offensive auf dem Gebiet der Erziehung und Kultur notwendig.

In dieser Umbruchperiode erschienen Trotzkis Schriften zum Alltagsleben und auch sein Buch »Literatur und Revolution«. Oftmals wurde Trotzki vorgeworfen, sich von den zentralen politischen Themen zurückgezogen zu haben, als er sich in dieser bedrohlichen Situation, wo die Bürokratie in der Sowjetunion erstarkte, den Fragen von Kultur und Kunst widmete. Doch diese Kritiker übersehen, dass in der Periode der Isolation des Sowjetstaats, die den Niederlagen der internationalen Arbeiterklasse folgte, eine wesentliche Aufgabe darin bestand, neben der Förderung der Produktion das niedrige Kulturniveau der breiten Arbeitermassen anzuheben. Trotzki erklärte immer wieder die Bedeutung der Erziehung der Jugend, um ein Gegengewicht gegen den Apparat zu schaffen. »Die ursprüngliche sozialistische Akkumulation wird viele Narben auf dem Rücken der Arbeiterklasse und ihrer Jugend hinterlassen. Deswegen stellt die Erziehung dieser Jugend, die Erziehung ihrer bewusstesten Teile, eine Frage auf Leben und Tod für uns dar.«*

Trotzki argumentierte gegen diejenigen, die glaubten, dass die Auseinandersetzung mit Parteitagsbeschlüssen und Befehlen von oben zu lösen wäre. Er wies darauf hin, dass es an Beschlüssen nicht gemangelt habe. Das Hauptproblem sah Trotzki in der verbreiteten Passivität, Unachtsamkeit und Kulturlosigkeit der Massen. Am Beispiel von schlecht hergestellten Zeitungen und Büchern mahnte er, dass dies »zum Gegenstand von Überlegungen, der Kritik und Beratungen breiter Kreise zu machen« wäre. Er warnte, dass auch die aktivste und initiativreichste Regierung nicht ohne die große selbstständige Tätigkeit der Massen das Alltagsleben umgestalten könne: »In einen neuen Alltag kann man nicht übersiedeln; man wächst spontan hinein, so wie es

* Leo Trotzki, *Die Lage der Republik und die Aufgaben der Arbeiterjugend,* S. 135 in dieser Ausgabe.

früher war – oder man schafft ihn bewusst von unten nach oben, so wie es künftig sein wird.«*

Das vorliegende Buch ist ein Ergebnis der Diskussion in der Partei, wie die vom alten Zarenregime ererbte Rückständigkeit und Kulturlosigkeit der Massen überwunden werden konnten. Die Überschriften der einzelnen Artikel, die 1923 in der *Prawda* erschienen, sprechen für sich: »Die Zeitung und ihre Leser«, »Schnaps, Kirche und Kino«, »Von der alten Familie – zur neuen« und »Der Kampf um die Sprachkultur«. Aus diesen Artikeln spricht die ungebrochene Überzeugung, dass es möglich ist, die bisher unterdrückten Massen mittels Erziehung und kulturellen Angeboten wie dem Kino, örtlichen Bibliotheken usw. aus ihrer früheren Passivität zu befreien. Die Verbesserung der menschlichen Gesellschaft erscheint hier nicht als eine unerreichbare Utopie, denen höchstens Sonntagsreden gewidmet sind, sondern als praktische Aufgabe der Aufklärung und Bemühung um Kultur. Die volle Aufmerksamkeit Trotzkis galt den unterdrücktesten Schichten in der Gesellschaft: »Der alltägliche männliche Egoismus kennt tatsächlich weder Maß noch Grenzen. Um das Alltagsleben vollständig umgestalten zu können, muss man es mit den Augen der Frauen betrachten können.«**

Trotzkis Auffassung des »neuen Menschen« ist, wie jeder Artikel des vorliegenden Buches beweist, von den fortschrittlichen Ideen der Aufklärung durchdrungen. Die Politik der stalinistischen Bürokratie bloß ein Jahrzehnt später repräsentiert das direkte Gegenteil. Sie erhob ihr Haupt, als im Herbst 1923 die KPD unter dem Einfluss von Stalin und Sinowjew die revolutionäre Situation des »deutschen Oktober« verpasste. Die Staats- und Parteibürokratie fühlte sich ermutigt, während sich in den Massen Müdigkeit und Enttäuschung ausbreiteten. Sie nährte sich von den Niederlagen der internationalen Arbeiterklasse.

Unter den Bedingungen der Isolation führte die wirtschaftliche Rückständigkeit zur Herausbildung eines »Gendarmen«, wie Trotzki die Bürokratie charakterisierte, dessen Aufgabe in der Aufrechterhaltung der sozialen Ungleichheit bestand: »Wenn der Staat nicht

* Leo Trotzki, *Gegen den aufgeklärten Bürokratismus (aber auch gegen den nicht aufgeklärten)*, S. 156 in dieser Ausgabe.

** Ebenda, S. 159 in dieser Ausgabe.

abstirbt, sondern immer despotischer wird, wenn die Bevollmächtigten der Arbeiterklasse sich bürokratisieren und die Bürokratie sich über die erneuerte Gesellschaft aufschwingt, so geschieht das nicht aus irgendwelchen zweitrangigen Ursachen heraus, wie psychologischen Überbleibseln der Vergangenheit usw., sondern kraft der eisernen Notwendigkeit, eine privilegierte Minderheit auszusondern und auszuhalten, solange wahre Gleichheit noch nicht möglich ist.«*

Im Jahr 1923, in dem auch die »Fragen des Alltagslebens« erschienen, begann Trotzki den Kampf gegen die Bürokratie mit einer Artikelserie unter dem Titel »Der neue Kurs«. Das war der Auftakt für die Linke Opposition. Die herrschende Bürokratie konnte sich schließlich nur durchsetzen, indem sie alle Oppositionellen und alten Bolschewiki in den dreißiger Jahren vernichtete.

Die stalinistische Kampagne der »Umgestaltung der Menschen«, welche die Begleitmusik zum großen Terror abgab, war, wie Trotzki ausführte, keine sozialistische: »Das russische Volk kannte in der Vergangenheit weder eine große religiöse Reformation wie die Deutschen, noch eine große bürgerliche Revolution wie die Franzosen. Aus diesen beiden Schmelzöfen – lässt man die Reformation-Revolution der britischen Inselbewohner im 17. Jahrhundert beiseite – ging die bürgerliche Individualität hervor, diese äußerst bedeutende Stufe in der Entwicklung der menschlichen Persönlichkeit überhaupt. Die russischen Revolutionen von 1905 und 1917 kennzeichneten notwendigerweise ein erstes Erwachen der Individualität in den Massen, ihre Loslösung aus dem primitiven Milieu, d. h. sie leisteten in verkleinertem Umfang und in beschleunigtem Tempo das Erziehungswerk der bürgerlichen Reformationen und Revolutionen des Westens. Jedoch schon lange bevor dieses Werk auch nur in seinen groben Zügen beendet gewesen wäre, wurde die russische Revolution, die in der Zeit des Niedergangs des Kapitalismus ausbrach, durch den Gang des Klassenkampfs auf sozialistische Geleise gelenkt. Die Widersprüche auf dem Gebiet der Sowjetkultur spiegeln und brechen nur die aus diesem Sprung erwachsenen wirtschaftlichen und sozialen Widersprüche. Das Erwachen der Persönlichkeit nimmt daher notwendigerweise mehr oder weniger kleinbürgerlichen Charakter an, nicht nur in der Wirtschaft, sondern auch im Familienleben und in der Lyrik. Dabei wurde die Bürokratie selbst zur Trägerin eines extremen, zuweilen

* Leo Trotzki, *Verratene Revolution*, Essen 2016, S. 99.

zügellosen bürgerlichen Individualismus. Sie erlaubt und fördert die Entwicklung des Individualismus auf wirtschaftlichem Gebiet (Akkordwesen, Hofwirtschaften, Prämien, Orden) und unterdrückt zugleich grausam die fortschrittlichen Seiten des Individualismus auf dem Gebiet der Geisteskultur (kritische Anschauung, Bildung einer eigenen Meinung, Erziehung zu persönlicher Würde).«*

Der sowjetischen Realität stellte Trotzki entgegen: »Sozialismus bedeutet, wenn er überhaupt diesen Namen verdient: menschliche Beziehungen ohne Gewinnsucht, Freundschaft ohne Neid und Intrigen, Liebe ohne niedrige Berechnung.«** Aber in der Sowjetunion der dreißiger Jahre wurde die Abtreibung wieder verboten, Frauen gingen erneut der Prostitution nach, Kinder lebten auf den Straßen der Städte, selbst die Todesstrafe für Kinder ab zwölf Jahre wurde eingeführt. Im Bereich von Kultur, Jugend und Familie wurde der reaktionäre, d. h. rückwärtsgewandte Charakter des Stalinismus besonders deutlich. Der »alte Mensch« hatte gesiegt.

Koenen macht mit seiner Gleichsetzung dieser stalinistischen Politik mit der von Lenin und Trotzki nur deutlich, dass er eine Perspektive für Freiheit und Gleichheit für die Masse der Bevölkerung ablehnt. Die Schaffung eines »neuen Menschen« war für Trotzki nie die Schaffung eines gegen die Gesellschaft gerichteten »Übermenschen«, wie er in »Literatur und Revolution« feststellte: »Genauer gesagt: Jene Hülle, in die sich der Prozess des kulturellen Aufbaus und der *Selbsterziehung* des kommunistischen Menschen kleiden wird, wird alle Lebenselemente der gegenwärtigen Künste bis zur höchsten Leistungsfähigkeit entfalten. Der Mensch wird unvergleichlich viel stärker, klüger und feiner; sein Körper wird harmonischer, seine Bewegungen werden rhythmischer und seine Stimme wird musikalischer werden. Die Formen des Alltagslebens werden dynamische Theatralität annehmen. Der *durchschnittliche* Menschentyp wird sich bis zum Niveau des Aristoteles, Goethe und Marx erheben.«***

In der heutigen Zeit, in der philosophische Theorien, die die Erkennbarkeit der Welt leugnen, und politische Theorien, die die Möglichkeit der Veränderung der Gesellschaft zurückweisen, gang und

* Leo Trotzki, ebenda, S. 192f.

** Leo Trotzki, ebenda, S. 177.

*** Leo Trotzki, Literatur und Revolution, Essen 1994, S. 252 (Betonung hinzugefügt).

gäbe sind, bieten die Schriften Trotzkis eine Fülle an Argumenten zugunsten einer sozialistischen Umgestaltung der Beziehungen zwischen den Menschen. Wer sich nicht damit abfinden will, dass es aus dem Kreislauf von Unterdrückung und Krieg, mit dem das 21. Jahrhundert begonnen hat, keinen Ausweg gibt, der wird in den Werken Trotzkis höchst aktuelle Antworten auf die heutigen Probleme finden.

Essen, 29. Mai 2001
Wolfgang Zimmermann

I.

Fragen des Alltagslebens

Vorwort

Damit dieses Buch verständlich sei, muss ich in ein paar Worten seine Geschichte erzählen. Ich hatte den Eindruck, dass es in unserer Parteibibliothek an einer kleinen Broschüre fehle, die in der populärsten Form für den Durchschnittsarbeiter die Erscheinungen und Tatsachen der gegenwärtigen Übergangsepoche miteinander verknüpft, die richtige Perspektive herstellt und damit zu einem Werkzeug der kommunistischen Erziehung würde. Um meine Gedanken nachzuprüfen, wandte ich mich an den Sekretär des Moskauer Komitees, Genossen Selenski, mit der Bitte, eine kleine Besprechung der Massenagitatoren einzuberufen, in der man seine Meinungen über die Frage der Methoden und literarischen Mittel unserer Propaganda austauschen könnte.

Die Besprechung ging sofort über die Grenzen des ursprünglichen Planes hinaus. Die bei der Besprechung angeschnittenen Probleme der Familie und des Alltagslebens erweckten ein lebhaftes Interesse bei allen Teilnehmern. Im Laufe von drei Sitzungen, die zusammen etwa zehn bis zwölf Stunden dauerten, wurden die verschiedensten Seiten des heutigen Übergangslebens des Arbeiters und die Methoden unseres Einwirkens auf das Alltagsleben der Arbeiter, wenn nicht gerade erschöpfend besprochen, so doch wenigstens angeschnitten und teilweise beleuchtet.

Auf Vorschlag der Teilnehmer der Besprechung formulierte ich zwischen der ersten und zweiten Sitzung schriftlich die Fragen, auf die von einer Reihe von Teilnehmern ebenfalls schriftliche Antworten eingingen, wobei einige der Antwortbogen wiederum das Resultat kleiner Besprechungen innerhalb der Bezirke waren. Unsere Gespräche mit den Agitatoren des Moskauer Komitees wurden stenographisch niedergelegt. Die Stenogramme bilden zusammen mit den Rundfrageantworten die Grundlage des vorliegenden Buches. Dieses Material ist selbstverständlich äußerst unzureichend. Außerdem war ich zu einer äußerst eiligen Verarbeitung desselben gezwungen. Aber meine Aufgabe bestand ja auch nicht darin, das Arbeiterleben, seine Evolution und die Methoden seiner Beeinflussung allseitig zu beleuchten, sondern sie bestand vor allem darin, die Fragen des Arbeiterlebens zum Gegenstand eines aufmerksamen Studiums zu machen.

Das vorliegende Buch stellt keinesfalls jene populäre Broschüre dar, deren Idee den Ausgangspunkt der Arbeit bildete. Diese Broschüre werde ich, wenn mich die Umstände nicht daran hindern, noch zu schreiben versuchen. Das vorliegende Buch ist in erster Linie für die Parteimitglieder, für die führenden Elemente in den Gewerkschaften, in den Kooperativen und den kulturell-aufklärenden Organisationen bestimmt.

In der Beilage* gebe ich die wichtigsten und interessantesten Auszüge aus den Rundfrageantworten und den Stenogrammen unserer Besprechung wieder. Der Leser täte vielleicht gut, wenn er mit dem Lesen gerade bei dieser Beilage begönne. Jedenfalls würden dadurch eventuelle Unklarheiten vermieden werden, die die Folge davon sein könnten, dass ich im Text wegen Zeitmangel und Platzersparnis Zitate und Hinweise vermied.

L. Trotzki
4. Juli 1923

* Seite 58 ff.

Die Zeitung und ihre Leser

Das Erstarken unserer Partei, nicht so sehr zahlenmäßig, als in ihrem Einfluss auf die Parteilosen, einerseits, die neue Periode der Revolution, in die wir eingetreten sind, andererseits, stellen der Partei teils ganz neue Aufgaben, teils alte Aufgaben in neuer Form – unter anderem auch auf dem Gebiete der Agitation und Propaganda. Wir müssen die Werkzeuge und Mittel unserer Propaganda einer sehr aufmerksamen und sorgfältigen Revision unterziehen. Sind sie in ihrem *Umfange* zureichend, d. h. erstrecken sie sich auf alle jene Fragen, die beleuchtet werden müssen? Finden sie die erforderliche, für den Leser zugängliche und ihn interessierende *Form* der Darstellung?

Diese Frage bildete, zusammen mit einer Reihe anderer, den Gegenstand der Besprechung in einem Kreise von 25 Moskauer Agitatoren und Massenorganisatoren. Ihre Urteile, Äußerungen und Wertungen wurden stenographisch niedergelegt. Ich hoffe dieses ganze Material für die Presse auszunutzen. Die auf dem Gebiete des Zeitungswesens tätigen Genossen werden in ihm nicht wenig Vorwürfe finden, und ich muss, offen gestanden, aussprechen, dass die Mehrzahl dieser Vorwürfe meines Erachtens berechtigt ist. Die Frage der Gestaltung unserer gedruckten Agitation und in erster Linie der Zeitungsagitation ist von zu großer Bedeutung, als dass es zulässig wäre, hier etwas zu verschweigen. Es muss alles bis aufs Letzte ausgesprochen werden.

Im Sprichwort heißt es: »Wie du dich kleidest, so wirst du empfangen ...« Folglich müssen wir bei der Zeitungs*technik* beginnen. Sie hat sich natürlich im Vergleich zu 1919–1920 verbessert, aber sie ist immer noch äußerst schlecht. Die vorkommenden Nachlässigkeiten bei Seitenumbruch und die Undeutlichkeit des Druckes erschweren das Lesen der Zeitungen selbst für den geläufigen Leser, um wieviel mehr nicht für den Halbanalphabeten. Zeitungen, die für den breiten Absatz unter den Arbeitern bestimmt sind, wie »Rabotschaja Moskwa« (»Das Arbeitermoskau«) und »Rabotschaja Gaseta« (»Arbeiterzeitung«)*, werden sehr schlecht gedruckt. Der Unterschied zwischen den einzelnen Exemplaren ist ein sehr großer: Manchmal ist die Zeitung gut gedruckt, zuweilen

* Nebenbei bemerkt: warum wird die »Arbeiterzeitung« nicht der Länge nach, sondern quer gefaltet? Wenn das vielleicht auch für irgendjemanden bequem sein mag, so doch keinesfalls für den Leser. L. T.

aber kann man nicht die Hälfte entziffern. Darum hat das Kaufen einer Zeitung eine gewisse Ähnlichkeit mit dem Ziehen eines Lotterieloses. Ich hole aufs Geratewohl eine der letzten Nummern der »Arbeiterzeitung« hervor, werfe einen Blick auf die »Kinderecke«: »Das Märchen vom klugen Kater«. Aber es ist gänzlich unmöglich, das Märchen zu lesen, bis zu einem solchen Grade ist der Druck verwischt: Und das soll auch noch für Kinder bestimmt sein! Man muss es geradeheraus sagen: Die Technik unserer Zeitungen ist eine wahre Schande für uns. Bei unserer Bettelarmut und Not auf dem Gebiete der Aufklärung bringen wir es auch noch fertig, nicht selten ein Viertel oder sogar die Hälfte eines Zeitungsbogens zu verderben, indem wir die Druckerschwärze breitschmieren. Beim Leser ruft eine solche »Zeitung« in erster Linie Gereiztheit, beim weniger entwickelten Leser Ermüdung und Apathie, beim kulturelleren und anspruchsvolleren ein Zähneknirschen und geradezu Verachtung gegen jene hervor, die sich eine derartige Verspottung des Lesers gestatten. Irgendjemand schreibt doch diese Artikel, irgendjemand setzt sie, irgendjemand druckt sie, – und das Resultat ist, dass der Leser mit Zuhilfenahme des Fingers mit Müh und Not die Worte entziffert. Schmach und Schande! Der letzte Kongress unserer Partei hat der Frage des Druckwesens besondere Aufmerksamkeit zugewandt. Und da fragt es sich nun: Wie lange werden wir das alles noch dulden?

»Wie du dich kleidest, so wirst du empfangen, *erst wenn man dir das Geleit gibt, kommt dein Verstand zu seinem Recht.*« Wir sahen bereits, dass es zuweilen schwierig ist, durch das schlechte typographische Kleid hindurch dem »Verstand« auf den Grund zu kommen. Und das um so mehr, da noch die Verteilung des Zeitungsmaterials, der Seitenumbruch und die Korrektur dazwischen kommen. Machen wir nur bei der Korrektur halt, da sie bei uns besonders schlecht ist. Nicht nur in Zeitungen, sondern auch in wissenschaftlichen Zeitschriften – besonders in der Zeitschrift »Unter der Fahne des Marxismus« (!) – kommen bei uns nicht selten ganz ungeheuerliche Druckfehler und Entstellungen vor. Leo Tolstoi hat einmal gesagt, dass die Buchdruckerkunst ein Werkzeug zur Verbreitung der Unbildung sei. Diese herrenhaft-hochmütige Behauptung ist natürlich im Grunde genommen falsch. Aber sie wird – leider! – teilweise gerechtfertigt durch die Art der Korrektur unserer Presse. Das darf auch nicht geduldet werden! Wenn die Druckereien nicht über die erforderlichen Kader gut gebildeter, ihrer Sache sicheren Korrektoren verfügen, so müssen diese Kader bei der Arbeit vervollkommnet werden. Es sind Repetitionskurse für die heutigen Korrektoren notwendig, unter anderem auch Kurse der politischen Elementarbildung. Der Korrektor muss den Text verstehen, den er korrigiert, anderenfalls ist er kein Korrektor, sondern wider seinen Willen ein Verbreiter der Unbildung; die Presse dagegen ist, im Gegensatz zu der Behauptung Tolstois, eine Waffe der Aufklärung und muss auch eine solche sein.

Wir wollen jetzt näher auf den *Inhalt* der Zeitung eingehen.

Die Zeitung ist vor allem dazu da, um die Verbindung zwischen den Menschen herzustellen, indem sie ihnen mitteilt, was in der Welt geschieht. Eine schnelle, reichhaltige, interessante *Information* bildet also die Seele der Zeitung. Die wichtigste Rolle in der Zeitungsinformation unserer Zeit spielen Telegraph und drahtlose Telegraphie. Darum stürzt sich der an die Zeitung gewohnte und ihre Bestimmung kennende Leser vor allem auf die Telegramme. Damit aber die Telegramme, wie sie es beanspruchen dürfen, in der Sowjetzeitung die erste Stelle einnehmen, ist es notwendig, dass sie bedeutsame und interessante Tatsachen mitteilen, und zwar in einer Form, die dem Massenleser verständlich ist. Das aber gerade ist bei uns nicht der Fall. Die Telegramme unserer Zeitungen werden in Ausdrücken aufgesetzt und gedruckt, wie sie in der »großen« bürgerlichen Presse üblich sind. Wenn man Tag für Tag die Telegramme in einigen unserer Zeitungen verfolgt (wir wollen die betreffenden Zeitungen nicht beim Namen nennen), so hat man den Eindruck, dass die Genossen, die die Leitung dieser Abteilung in Händen haben, wenn sie neue Telegramme in den Satz geben, sich gar nicht mehr entsinnen, was sie am Tage vorher in den Satz gegeben haben. Es besteht kein fortlaufender Zusammenhang von einem Tag zum anderen. Jedes Telegramm sieht wie ein zufälliges Bruchstück aus. Die Erläuterungen zu den Telegrammen tragen zufälligen und zum größten Teil nicht durchdachten Charakter. Wenn es hoch kommt, setzt der Redakteur neben den Namen irgendwelcher ausländischen bürgerlichen Politiker in Klammern die Kürzungen »lib.« oder »kons.«. Das soll bedeuten, dass der Betreffende ein Liberaler oder ein Konservativer ist. Da aber drei Viertel der Leserschaft diese redaktionellen Kürzungen nicht verstehen, so werden sie durch diese Erläuterungen nur noch mehr verwirrt. So gehen bei uns z. B. Telegramme, die von bulgarischen und rumänischen Ereignissen Mitteilung machen, gewöhnlich über Wien, Berlin, Warschau. Die Namen dieser Städte, die an der Spitze der Telegramme stehen, verwirren den Massenleser vollständig, der auch ohnehin schon in der Geographie schwach ist. Warum führe ich diese Einzelheiten an? Aus dem Grunde, weil sie am besten zeigen, wie wenig wir uns bei der Fertigstellung unserer Zeitungen in die Lage der untersten Leserschichten, in ihre Bedürfnisse, in ihre Hilflosigkeit hineindenken. *Die Bearbeitung der Telegramme ist in einer Arbeiterzeitung die schwierigste und verantwortungsvollste Aufgabe.* Sie erfordert aufmerksame und mühevolle Arbeit. Ein wichtiges Telegramm muss in jeder Richtung überlegt werden, es muss ihm eine solche Form verliehen werden, dass es sich unmittelbar an das anschließt, was die Lesermasse schon mehr oder weniger weiß. Die notwendigen Erläuterungen müssen den Telegrammen vorausgeschickt und diese letzteren zu Gruppen vereinigt oder miteinander verschmolzen werden. Was für einen Sinn hat eine Überschrift von zwei, drei oder mehr Zeilen in fetter Schrift, wenn sie nur wiederholt, was im Telegramm selbst schon gesagt ist? Diese Überschriften verwirren den Leser nur durch die Bank. Die einfache Mitteilung über einen zweitwichtigen Streik wird nicht selten mit den Worten überschrieben: »Es ist losgegangen...« oder »Die Lösung naht heran«, – während in dem Telegramm selbst unklar von einer Eisenbahnerbewegung, ohne Angabe ihrer Ursachen und Ziele die Rede ist. Am nächsten Tag wird dieses Ereignis mit keinem einzigen Wort erwähnt, desgleichen am übernächsten. Wenn der Leser das nächste Mal über einem Telegramm die Überschrift: »Es ist losgegangen ...« findet, so erblickt er darin bereits ein nicht ernst zu nehmendes Verhalten zur Sache, eine billige Zeitungsrenommisterei, und sein Interesse für Telegramme und Zeitungen erlischt. Wenn aber der Chef der Telegrammabteilung fest im Gedächtnis hält, was er gestern und vorgestern drucken ließ, und bemüht ist, den Zusammenhang der Ereignisse und Tatsachen selbst zu verstehen und diesen Zusammenhang dem Leser klar zu machen, so bekommt diese telegraphische Information, selbst wenn sie sehr unvollkommen ist, eine unermessliche erzieherische Bedeutung. Im Kopfe des Lesers sammeln sich allmählich solide tatsächliche Kenntnisse an. Es wird für ihn immer leichter und leichter, neue Tatsachen zu verstehen, und er lernt in der Zeitung in erster Linie die wichtigste Information suchen und finden. Ein Leser, der dies lernt, legt damit einen sehr großen Schritt auf dem Wege seiner kulturellen Entwicklung zurück. Unsere Redaktionen müssen die allergrößte Sorgfalt auf die Abteilung der telegraphischen Informationen verwenden und es erreichen, dass diese in der gebührenden Weise ausgestaltet wird. Nur auf diesem Wege – durch Ausübung eines Druckes und durch das Vorbild der Zeitungen selbst – kann man auch die Korrespondenten der »Rosta« (Russische Telegraphenagentur) allmählich erziehen.

Einmal wöchentlich, am besten natürlich in der Sonntagsnummer, d. h. an dem Tage, an dem der Arbeiter frei hat, sollten zusammenfassende *Übersichten* der wichtigsten Ereignisse der Woche gegeben werden. Nebenbei bemerkt, wäre eine solche Arbeit ein vortreffliches Erziehungsmittel für die Abteilungschefs der Zeitungen. So würden sie lernen, den Zusammenhängen der einzelnen Ereignisse sorgfältiger nachzugehen, und das würde wiederum eine günstige Rückwirkung auf die tagtägliche Führung der entsprechenden Abteilung ausüben.

Das Verstehen einer internationalen Zeitungsinformation ist undenkbar ohne wenigstens die grundlegendsten *geographischen* Kenntnisse. Die zuweilen von den Zeitungen gegebenen kleinen geographischen Schemas nützen dem Leser – selbst in jenen Fällen, wo man sie entziffern kann – wenig, wenn ihm die allgemeine Verteilung der Weltteile und Staaten unbekannt ist. Die Landkartenfrage ist unter unseren Verhältnissen, d. h. unter den Verhältnissen der imperialistischen Einkreisung und des Herannahens der Weltrevolution, eine sehr wichtige Frage der öffentlichen Erziehung. In allen oder wenigstens den wichtigsten Räumen, in denen wir Vorlesungen oder Versammlungen veranstalten, sollten speziell für diesen Zweck hergestellte Landkarten mit scharf umrissenen Staatsgrenzen und anderen anschaulichen Angaben über die ökonomische und politische Entwicklung hängen. Vielleicht sollte man auch derartige schematische Karten – nach dem Vorbild der Epoche des Bürgerkrieges – auf einigen Straßen und Plätzen aufstellen. Die Mittel hierfür würden sich sicher finden. Bei uns wurde im Laufe des letzten Jahres aus allen möglichen Anlässen eine unermessliche Anzahl von Fahnen hergestellt. Wäre es nicht besser, für dieses Geld die Fabriken und Werke und dann auch die Dörfer mit politischen Landkarten zu versorgen? Jeder Vortragende, Redner, Propagandist usw. würde, wenn er England und seine Kolonien nennt, diese sofort auf der Karte zeigen. Ebenso würde er das Ruhrgebiet zeigen. Vor allem wäre dies für den Redner von Nutzen: Er würde ein klareres und festeres Wissen über das haben, wovon er spricht, da er sich selbst vorher über die geographische Lage informieren würde. Die Zuhörer dagegen würden, wenn die Frage selbst sie interessiert, sich unbedingt merken, was ihnen gezeigt worden ist, – wenn nicht gleich nach dem ersten Mal, so nach dem fünften oder zehnten. Von dem Augenblick an aber, wo für den Leser die Worte Ruhr, London, Indien aufhören, bloß leerer Schall zu sein, beginnt er sich ganz anders zu den Telegrammen zu verhalten. Es bereitet ihm bereits Vergnügen, Indien in der Zeitung erwähnt zu finden, von dem er nun schon weiß, wo es liegt. Er steht bereits fester auf den Füßen, prägt sich die Telegramme und politischen Artikel fester ein. Er wird und fühlt sich kultureller. Die instruktiven geographischen Karten werden auf diese Weise zu einem erstklassigen Element der politisch-öffentlichen Erziehung. Der Staatsverlag sollte sich ernsthaft mit dieser Frage befassen.

Doch kehren wir zu der Zeitung zurück. Dieselben Sünden, auf die wir auf dem Gebiete der internationalen Information hinwiesen, lassen sich im Allgemeinen auch hinsichtlich der inländischen Information, im besonderen über die Tätigkeit der Sowjet-, Gewerkschafts-, Kooperativ- und anderen Institutionen beobachten. Das unaufmerksame, nachlässige, oberflächliche Verhalten gegenüber dem Leser kommt auch hier nicht selten in »Kleinigkeiten« zum Ausdruck, die jedoch von der Art sind, dass sie der ganzen Sache schaden. Die Sowjet- und anderen Institutionen haben bei uns gekürzte Namen und werden zuweilen nur mit den Anfangsbuchstaben bezeichnet. Innerhalb der Institutionen selbst oder der mit ihnen in Verbindung stehenden Institutionen ergeben sich hieraus gewisse Bequemlichkeiten in Bezug auf Zeit- und Papierersparnis. Aber die breite Lesermasse kann sich in diesen konventionellen Abkürzungen nicht auskennen. Indessen werfen unsere Journalisten, Reporter, Chronisten, jonglierenden Clowns gleich, mit allen möglichen unverständlichen Sowjetwörtern nur so um sich. Da ist z. B. an einer auffälligen Stelle einer Zeitung ein Gespräch mit einem Genossen namens so und so, »Vorsitzender der K.W. A.«, abgedruckt. In dem Artikel werden diese Buchstaben Dutzende von Malen ohne Erklärung wiederholt. Man muss ein gewitzigter Sowjetbürokrat sein, um zu erraten, dass es sich um die »Kommunal-Wirtschafts-Abteilung« handelt. Der Massenleser aber wird das niemals erraten und wird natürlich achtlos an der Notiz vorübergehen, ja vielleicht die ganze Zeitung ärgerlich beiseite legen. Unsere auf dem Gebiete des Zeitungswesens tätigen Genossen sollten es sich fest einprägen, dass Kürzungen und konventionelle Bezeichnungen nur innerhalb der Grenzen zulässig sind, in denen sie unbedingt verständlich sind; dort dagegen, wo sie die Leute nur verwirren, ist es unverantwortlich und unsinnig, sie anzuwenden.

Die Zeitung soll, wie wir bereits oben sagten, in erster Linie gut informieren und unterrichten. Sie kann nur durch eine gute, interessante, richtig gestaltete Information belehrend wirken. Vor allem muss man die Tatsachen deutlich, verständlich und markant darlegen: das *Wo, Was* und *Wie*. Bei uns aber nimmt man nicht selten an, dass die Ereignisse und Tatsachen schon an und für sich dem Leser bekannt oder aus einer kurzen Andeutung verständlich oder dass sie überhaupt bedeutungslos sind, und dass die Aufgabe der Zeitung darin bestehe, »aus Anlass« dieser Tatsache (die dem Leser unbekannt oder unverständlich ist) einen Schwall von belehrenden Dingen vorzubringen, die schon längst allen bis zum Überdruss bekannt sind. Das geschieht nicht selten auch aus dem Grunde, weil der Verfasser des Artikels oder der Notiz selbst nicht immer genau Bescheid weiß und, um es offen zu sagen, zu faul ist, sich zu erkundigen, die Dinge nachzuprüfen, etwas zu lesen, sich telefonisch zu erkundigen. Darum versucht er, um den Kern der Sache herumzugehen und erzählt »aus Anlass« dieser Tatsache, dass die Bourgeoisie – Bourgeoisie und das Proletariat – Proletariat ist. Ihr Kollegen von der Zeitung, der Leser fleht euch an, ihn nicht zu instruieren, nicht zu belehren, nicht an ihn zu appellieren, ihn nicht aufzumuntern, sondern ihm klar und verständlich zu erzählen und zu erklären, worum es sich eigentlich handelt! Belehrungen und Appelle werden hieraus ganz von selbst resultieren.

Der Schriftsteller, im Besonderen der Zeitungsschriftsteller, muss nicht von sich, sondern vom Leser ausgehen. Das ist ein sehr wichtiger Unterschied, und er kommt in der Gestaltung jedes einzelnen Artikels und der Nummer als Ganzes zum Ausdruck. In dem einen Falle präsentiert der Schriftsteller (der ungeschickte, seine Aufgabe nicht verstehende Schriftsteller) dem Leser einfach sich selbst, seine Ansichten, Gedanken und nicht selten – nur seine Phrasen. Im anderen Falle führt der Schriftsteller, der seine Aufgabe richtig anfasst, den Leser zu den notwendigen Schlussfolgerungen, indem er hierfür die tägliche Lebenserfahrung der Massen benützt. Ich will meine Gedanken an einem Beispiel erläutern, das in der Besprechung der Moskauer Agitatoren angeführt wurde. In diesem Jahre wütet bei uns, wie bekannt, eine sehr heftige Malaria-Epidemie. Während unsere alten, traditionellen Epidemien, Typhus, Cholera usw., im Laufe der letzten Zeit außerordentlich zurückgegangen sind und im Vergleich zur Vorkriegszeit sogar abgenommen haben, hat die Malaria noch nie dagewesene Ausmaße angenommen. Ganze Städte, Bezirke, Fabriken usw. sind von ihr erfasst worden. Durch ihr plötzliches Auftreten, ihre Ebben und Fluten, die Regelmäßigkeit ihrer Anfälle, wirkt die Malaria nicht nur auf die Gesundheit, sondern auch auf die Einbildungskraft. Es wird über sie geredet, über sie nachgedacht, und sie bereitet im gleichen Maße den Boden sowohl für den

Aberglauben als auch für die wissenschaftliche Propaganda vor. Aber unsere gesamte Presse interessierte und interessiert sich zu wenig für diese Tatsache. Indessen war das Erscheinen jedes Artikels über die Malaria, wie die Moskauer Genossen erzählten, Gegenstand des lebhaftesten Interesses: Die Zeitungsnummer ging von Hand zu Hand, der Artikel wurde vorgelesen usw. Es ist ganz klar, dass unsere Presse sich nicht auf die sanitär-propagandistische Tätigkeit des Volkskommissariats für Gesundheitswesen beschränken darf, sondern aus diesem Anlass eine umfassende selbstständige Tätigkeit entfalten muss. Es muss mit der Darstellung des Verlaufes der Epidemie selbst, der Aufzählung der Bezirke ihrer Verbreitung, der von ihr besonders heimgesuchten Fabriken, Werke usw. begonnen werden. Schon allein dadurch wird eine lebendige Verbindung mit den rückständigsten Massen hergestellt, indem man ihnen zeigt, dass man um ihre Existenz weiß, sich für sie interessiert und dass sie nicht vergessen sind. Ferner muss die Malaria vom naturwissenschaftlichen und sozialen Gesichtspunkt beleuchtet werden, es muss ihre Verbreitung im Zusammenhang mit bestimmten Lebens- und Produktionsbedingungen festgestellt werden; dies muss an Dutzenden von Beispielen gezeigt werden, die von den entsprechenden Staatsorganen durchgeführten Maßnahmen müssen richtig beleuchtet werden, es müssen die richtigen Ratschläge erteilt, von Nummer zu Nummer nachdrücklich wiederholt werden usw. Auf dieser konkreten Grundlage kann und muss die Propaganda z. B. gegen die religiösen Vorurteile entfaltet werden. Wenn Epidemien, wie überhaupt Krankheiten, eine Strafe für unsere Sünden wären, warum verbreitet sich dann die Malaria innerhalb der einen Produktionszweige mehr als innerhalb der anderen, in feuchten Gegenden stärker und in trockenen schwächer? Eine auf Tatsachen beruhende Verbreitungskarte der Malaria mit den notwendigen sachlichen Erläuterungen wäre eine vortreffliche Waffe der antireligiösen Propaganda. Die Wirkungskraft dieser Waffe ist umso wuchtiger, wenn die Frage gleichzeitig breite Kreise von Werktätigen, und zwar sehr akut beschäftigt.

Die Zeitung hat kein Recht, sich nicht für das zu interessieren, wofür sich die Masse, der Arbeiter auf der Straße, interessiert. Selbstverständlich kann und muss unsere Zeitung die Tatsachen von sich aus beleuchten, denn sie ist dazu berufen, zu erziehen, zu heben, zu entwickeln. Aber sie wird ihr Ziel nur in dem Falle erreichen, wenn sie von Tatsachen, Gedanken und Stimmungen ausgehen wird, die den Massenleser bei der Seele packen.

Es unterliegt z. B. keinem Zweifel, dass Gerichtsprozesse und sogenannte »Ereignisse« wie Unglücksfälle, Selbstmorde, Morde, Eifersuchtsdramen usw. das Denken und Fühlen breiter Bevölkerungskreise außerordentlich erregen. Und es ist auch nicht zu verwundern: Das alles sind grelle Ausschnitte aus dem alltäglichen Leben. Dabei legt unsere Presse für dies alles in der Regel außerordentlich wenig Aufmerksamkeit an den Tag und bringt bestenfalls nur einige Zeilen in Petit (Kleindruck). Die Folge davon ist, dass die Straße ihre Information aus weniger guten Quellen bezieht und zusammen mit der Information eine Beleuchtung von Tatsachen von schlechter Qualität erhält. Ein Familiendrama, ein Selbstmord, ein Prozess mit einem harten Urteil, packen die Einbildungskraft und werden sie packen. »Der Prozess Komarow hat für eine Zeitlang sogar Curzon in den Schatten gestellt«, schreiben Genossin Lagutina und Genosse Kasanski von der Tabakfabrik »Roter Stern«. Unsere Presse muss allen solchen Tatsachen die größte Aufmerksamkeit widmen: sie schildern, beleuchten und erklären. Man muss an die Dinge sowohl von der psychologischen als auch von der alltäglichen und sozialen Seite herantreten. Dutzende und Hunderte abstrakter Artikel, die »offizielle« Gemeinplätze über die Bürgerlichkeit der Bourgeoisie oder über den Stumpfsinn der kleinbürgerlichen Familienordnung wiederholen, finden im Bewusstsein des Lesers keinen Widerhall – ähnlich wie ein gewohnter und langweiliger Herbstregen. Aber ein geschickt wiedergegebener und in einer Reihe von Artikeln beleuchteter Gerichtsprozess, der aus einem Familiendrama hervorgegangen ist, kann Tausende von Lesern packen und in ihnen neue, frischere und umfassendere Gedanken und Gefühle wecken. Hiernach würden vielleicht einige unter den Lesern gern einen allgemeinen Artikel über das Thema »Familie« lesen. Die gelbe bürgerliche Presse macht aus Morden und Vergiftungen einen Gegenstand gewinnsüchtiger Sensation, indem sie auf die ungesunde Neugierde und überhaupt die schlechten Instinkte der Menschen spekuliert. Hieraus folgt aber durchaus noch nicht, dass man einfach der Neugierde des Menschen und überhaupt seinen Instinkten den Rücken kehren soll. Das wäre reinste Heuchelei und Scheinheiligkeit. Wir sind die Partei der Massen, wir sind der revolutionäre Staat, keinesfalls aber ein geistlicher Orden und auch kein Kloster. Unsere Zeitungen müssen nicht nur die Wissbegierde höheren Typs, sondern auch die natürliche Neugierde befriedigen; es ist nur notwendig, dass sie diese hierbei heben und sie durch entsprechende Auswahl des Materials und Beleuchtung der Frage veredeln. Solche Artikel und Notizen werden überall und allenthalben sehr viel gelesen. In der Sowjetpresse aber fehlen sie fast gänzlich. Man wird mir sagen, dass es hierzu an den erforderlichen literarischen Kräften fehle. Das trifft nur teilweise zu. Diese Arbeitskräfte entstehen, wenn die Aufgabe richtig und deutlich gestellt ist. Vor allem muss unsere Aufmerksamkeit eine ernsthafte Schwenkung machen. Eine Schwenkung, in welcher Richtung? In der Richtung zum Leser, zum lebendigen Leser, so wie er ist, dem von der Revolution geweckten, aber ungebildeten, wenig kulturellen Massenleser, der vieles zu lernen bestrebt ist, aber durch die Bank hilflos ist und in einer niederen Sphäre ein lebendiger Mensch bleibt, dem nichts Menschliches fremd ist. Dieser Leser verlangt nachdrücklichst Aufmerksamkeit für sich selbst, obwohl er dies nicht immer auszudrücken versteht. Doch haben die 25 Agitatoren und Massenorganisatoren des Moskauer Komitees unserer Partei dies vortrefflich für ihn zum Ausdruck gebracht. Ich habe hier nur einen Teil von dem dargelegt, was diese gesagt haben – vorläufig nur einen geringen Teil.

Der Mensch lebt nicht von »Politik« allein

Diesen einfachen Gedanken müssen wir uns ganz klar machen und ihn unter keinen Umständen in unserer mündlichen und Presseagitation und Propaganda vergessen. Andere Zeiten – andere Sitten. Die vorrevolutionäre Geschichte unserer Partei war die Geschichte der revolutionären Politik. Parteiliteratur, Parteiorganisationen – durchweg alles stand unter der Losung der Politik im direkten und unmittelbarsten Sinne, im engsten Sinne dieses Wortes. Die Jahre des revolutionären Umsturzes und des Bürgerkrieges verliehen den politischen Interessen und Aufgaben einen noch schärferen und gespannteren Charakter. Im Laufe dieser Jahre sammelte die Partei in ihren Reihen die aktivsten Elemente der Arbeiterklasse. Die *wichtigsten* politischen Schlussfolgerungen aus diesen Jahren sind jedoch der Arbeiterklasse im Ganzen klar. Die nackte Wiederholung dieser Schlussfolgerungen bietet ihr bereits nichts mehr, ja sie verwischt sogar eher die Lehren der Vergangenheit in ihrem Bewusstsein. Nach der Eroberung der Macht und ihrer Festigung infolge des Bürgerkrieges verschoben sich unsere Hauptaufgaben in das Gebiet der wirtschaftlichen und kulturellen Aufbauarbeit, sie komplizierten sich, zersplitterten sich, wurden detaillierter und gewissermaßen »prosaischer«. Zugleich aber wird unser ganzer vorhergehender Kampf, mit allen seinen Mühen und Opfern, nur in dem Maße gerechtfertigt werden, wie wir lernen werden, uns unsere partiellen, alltäglichen »Kultur«aufgaben richtig zu stellen, und sie zu lösen.

In der Tat: Was eigentlich hat die Arbeiterklasse durch den bisherigen Kampf erreicht und gesichert?

1. Die Diktatur des Proletariats (mit Hilfe des von der Kommunistischen Partei geleiteten Arbeiter- und Bauernstaats).
2. Die Rote Armee, als materielle Stütze der Diktatur des Proletariats.
3. Die Nationalisierung der wichtigsten Produktionsmittel, ohne die die Diktatur des Proletariats eine leere Form ohne Inhalt wäre.
4. Das Monopol des Außenhandels, das eine notwendige Bedingung der sozialistischen Aufbauarbeit unter der kapitalistischen Einkreisung ist.

Diese vier Elemente, die unwiderruflich erobert sind, bilden den stählernen Rahmen unserer Arbeit. Dank diesem Rahmen wird jeder unserer wirtschaftlichen oder kulturellen Erfolge – wenn es ein wirklicher und nicht nur ein vermeintlicher Erfolg ist – notwendigerweise zu einem Bestandteil des sozialistischen Bauwerks.

Worin besteht denn heute unsere Aufgabe, was müssen wir vor allem lernen, was anstreben? Wir müssen ordentlich arbeiten lernen: exakt, sauber, ökonomisch. Wir brauchen Kultur in der Arbeit, Kultur im Leben, Kultur im Alltagsleben. Die Herrschaft der Exploiteure haben wir – nach langer Vorbereitung – durch den Hebel des bewaffneten Aufstands gestürzt. Aber es gibt keinen Hebel, um die Kultur mit einem Schlag zu heben. Hier bedarf es eines langen Prozesses der Selbsterziehung der Arbeiterklasse, und mit ihr zusammen und nach ihr auch der Bauernschaft. Über diese Richtungsänderung unserer Aufmerksamkeit, unserer Bemühungen, unserer Methoden, schreibt Genosse Lenin Folgendes in seinem Artikel über das Genossenschaftswesen:

»... Und zugleich müssen wir zugeben, dass sich unsere ganze Auffassung vom Sozialismus grundlegend geändert hat. Diese grundlegende Änderung besteht darin, dass wir früher das Schwergewicht auf den politischen Kampf, die Revolution, die Eroberung der Macht usw. legten und auch legen mussten. Heute dagegen ändert sich das Schwergewicht so weit, dass es auf die friedliche organisatorische Kulturarbeit verlegt wird. Ich würde sagen, dass sich das Schwergewicht für uns auf bloße Kulturarbeit verschiebt, gäbe es nicht die internationalen Beziehungen, hätten wir nicht die Pflicht, für unsere Position in internationalem Maßstab zu kämpfen. Wenn man aber davon absieht und sich auf die inneren ökonomischen Verhältnisse beschränkt, so reduziert sich bei uns jetzt das Schwergewicht der Arbeit tatsächlich auf bloße Kulturarbeit.«*

Wir werden also nur durch die Aufgaben unserer internationalen Situation von der Kulturarbeit abgelenkt, und auch das ist, wie wir gleich sehen werden, nur zum Teil der Fall. Der wichtigste Faktor ist in unserer internationalen Lage die staatliche Verteidigung, d. h. vor allem die Rote Armee. Aber auf diesem äußerst wichtigen Gebiet läuft unsere Aufgabe gegenwärtig wiederum zu neun Zehnteln auf Kulturarbeit hinaus: Das Niveau der Armee muss gehoben werden, sie muss schlechtweg des Lesens und Schreibens kundig werden, sie muss in der Benützung von Nachschlagewerken, Büchern, Karten unterwiesen werden, sie muss in erhöhtem Maße an Sauberkeit, Genauigkeit, Ordentlichkeit,

* »Über das Genossenschaftswesen«, 6. 1. 1923; W. I. Lenin, *Werke*, Bd. 33, S. 460, Berlin 1977.

Sparsamkeit, Beobachtung gewöhnt werden. Es gibt keine wundertätigen Mitteln, die diese Aufgabe auf einen Schlag lösen könnten. Der Versuch, nach Beendung des Bürgerkrieges, beim Übergang zur neuen Epoche unserer Arbeit eine rettende »proletarische Kriegsdoktrin« zu schaffen, war der grellste und schreiendste Ausdruck des Nichtverstehens der Aufgaben der neuen Epoche. Sehr nahe verwandt hiermit sind die hoffärtigen Pläne, auf dem Laboratoriumsweg eine »proletarische Kultur« zu schaffen.* In diesem Suchen nach dem Stein der Weisen vereinigt sich die Verzweiflung über unsere Rückständigkeit mit dem Glauben an Wunder, der schon an und für sich ein Merkmal von Rückständigkeit ist. Aber wir haben gar keinen Grund zur Verzweiflung, und es ist höchste Zeit, auf den Wunderglauben und auf kindisches Pfuschertum im Geiste »proletarischer Kulturen« oder »proletarischer Kriegsdoktrinen« zu verzichten. Es muss im Rahmen der proletarischen Diktatur tagtägliche kulturelle und kulturfördernde Arbeit entfaltet werden, die allein den Haupterrungenschaften der Revolution den sozialistischen Inhalt sichern kann. Wer dies nicht begriffen hat, spielt eine reaktionäre Rolle in der Entwicklung des Parteidenkens und der Parteiarbeit.

Wenn Genosse Lenin sagt, dass heute unsere Aufgaben nicht so sehr auf politischem als auf kulturellem Gebiet liegen, so muss man sich, zur Vermeidung einer falschen Auslegung seines Gedankens, hinsichtlich der Terminologie einigen. In gewissem Sinne wird alles von der Politik beherrscht. Schon der Rat des Genossen Lenin, die Aufmerksamkeit von der Politik auf die Kultur zu übertragen, ist ein *politischer* Rat. Wenn die Arbeiterpartei in diesem oder jenem Lande zu dem Schluss kommt, dass es notwendig sei, in dem gegebenen Moment ökonomische und nicht politische Forderungen in den Vordergrund zu stellen, so hat schon dieser Entschluss politischen Charakter. Es ist ganz klar, *dass das Wort »Politik« hier in zwei verschiedenen Bedeutungen benutzt wird;* erstens im breiten materialistisch-dialektischen Sinne, der die Gesamtheit aller leitenden Ideen, Methoden und Systeme umfasst, die der Kollektivtätigkeit auf allen Gebieten des öffentlichen Lebens die Richtung geben; zweitens im engen und speziellen Sinne, der einen bestimmten Teil der öffentlichen Tätigkeit charakterisiert, die unmittelbar mit dem

* Zu der Debatte über die »proletarische Kriegsdoktrin« nimmt Leo Trotzki in seiner Schrift »Verratene Revolution« Stellung, in »Literatur und Revolution« setzt er sich mit den Fürsprechern der »proletarischen Kultur« auseinander. Leo Trotzki, Verratene Revolution, S. 221–224, Essen, 2016; Literatur und Revolution, Essen 1994.

Kampf um die Macht verknüpft ist und der ökonomischen, kulturellen u. a. Arbeit gegenübergestellt wird. Als Genosse Lenin schrieb, dass die Politik konzentrierte Ökonomie sei, hatte er die Politik im breiten philosophischen Sinne im Auge. Wenn Genosse Lenin sagte: »Weniger Politik, mehr Ökonomie«, so meinte er die Politik im engen und speziellen Sinne. Sowohl die eine als auch die andere Anwendung des Wortes ist berechtigt, insofern als sie durch den Brauch fest sanktioniert ist. Man muss nur deutlich verstehen, wovon in jedem gegebenen Falle die Rede ist.

Die kommunistische Organisation ist eine politische Partei im breiten historischen oder, wenn man will, philosophischen Sinn des Wortes. Die anderen heutigen Parteien sind hauptsächlich in jenem Sinne politisch, als sie Politik im engeren Sinne betreiben. Die Verlegung der Aufmerksamkeit unserer Partei auf die *kulturelle* Arbeit bedeutet deshalb durchaus nicht eine Schwächung der *politischen Rolle* der Partei. Die historisch ausschlaggebende, d. h. politische, Rolle der Partei wird gerade in der planmäßigen Verlegung der Aufmerksamkeit auf die kulturelle Arbeit und in der Leitung dieser Arbeit zum Ausdruck kommen. Nur im Resultat vieler vieler Jahre innerlich erfolgreicher und äußerlich gesicherter sozialistischer Arbeit könnte sich die Partei allmählich von der Hülle der Parteihaftigkeit befreien und sich im sozialistischen Gemeinwesen auflösen. Bis dahin aber ist es noch so weit, dass gar nicht daran zu denken ist. Für die nächstliegende Epoche muss die Partei ihre Grundzüge voll und ganz bewahren: geistiger Zusammenschluss, Zentralisation, Disziplin und als Resultat hiervon – Kampffähigkeit. Aber gerade diese unschätzbaren Eigenschaften der kommunistischen Parteihaftigkeit können unter den neuen Verhältnissen nur auf der Grundlage einer immer vollständigeren, geschickteren, genauer und detaillierter werdenden Befriedigung der wirtschaftlichen und kulturellen Bedürfnisse und Nöte erhalten bleiben und zur Entfaltung kommen. Gerade in Übereinstimmung mit diesen Aufgaben, die heute die dominierende Rolle in unserer Politik spielen müssen, gruppiert und verteilt die Partei ihre Kräfte und erzieht die junge Generation. Mit anderen Worten, die große Politik fordert, dass der Arbeit der Agitation, Propaganda, Kräfteverteilung, Ausbildung und Erziehung heute die Aufgaben und Bedürfnisse der Ökonomie und Kultur, nicht aber der »Politik« im engen und speziellen Sinne dieses Wortes zugrunde gelegt werden.

Das Proletariat stellt eine mächtige soziale Einheit dar, die sich vollständig und endgültig in den Perioden angespannten revolutionären

Kampfes für die Ziele der ganzen Klasse entfaltet. Aber innerhalb dieser Einheit beobachten wir zugleich eine außerordentliche Mannigfaltigkeit und sogar eine nicht geringe Verschiedenartigkeit. Vom unwissenden und analphabetischen Dorfhirten bis zum hochqualifizierten Maschinisten gibt es eine große Zahl Qualifikationen, Kulturniveaus und Fertigkeiten des Alltagslebens. Schließlich setzt sich jede Schicht, jede Zunft, jede Gruppe aus lebenden Menschen verschiedenen Alters mit unterschiedlicher Vergangenheit und verschiedenem Temperament zusammen. Wenn es diese Mannigfaltigkeit nicht gäbe, so wäre die Arbeit der kommunistischen Partei auf dem Gebiete der Vereinigung und Erziehung des Proletariats die einfachste Sache. Wie schwierig sie aber in Wirklichkeit ist, das sehen wir in Westeuropa. Man kann sagen, dass je reicher die Geschichte eines Landes und damit auch die Geschichte der Arbeiterklasse selbst ist, je mehr Erziehung, Traditionen, Fertigkeiten sie hat, je mehr alte Gruppierungen es in ihr gibt, desto schwieriger ist es auch, sie zu einer revolutionären Einheit zusammenzuschließen. Unser Proletariat ist sehr arm an Geschichte und Tradition. Das hat zweifellos seine revolutionäre Vorbereitung für die Oktoberrevolution erleichtert. Das hat aber auch zugleich seine Aufbauarbeit nach dem Oktober erschwert. Unserem Arbeiter fehlt es – mit Ausnahme seiner obersten Schicht – durch die Bank an den einfachsten kulturellen Fertigkeiten und Kenntnissen (in Bezug auf Sauberkeit, Lese- und Schreibkundigkeit, Genauigkeit usw.). Der europäische Arbeiter hat sich diese Fertigkeiten im Laufe langer Zeit langsam im Rahmen der bürgerlichen Ordnung erworben: Darum ist er – durch seine obersten Schichten – auch so stark mit der bürgerlichen Ordnung mit ihrer Demokratie, der freien kapitalistischen Presse und anderen Wohltaten, verwachsen. Unserem Arbeiter dagegen konnte unsere verspätete bürgerliche Gesellschaftsordnung fast nichts mehr hiervon geben: Darum fiel es dem Proletariat Russlands auch leichter, mit der bürgerlichen Gesellschaftsordnung zu brechen und sie umzustürzen. Aus eben demselben Grunde aber ist unser Proletariat in seiner Mehrheit gezwungen, die einfachsten kulturellen Fertigkeiten erst heute, d. h. bereits auf der Grundlage des sozialistischen Arbeiterstaates, zu erwerben und zu sammeln. Die Geschichte gibt einem nichts umsonst: Und wenn sie auf das eine – die Politik – Rabatt gewährt, so nimmt sie ein Übriges für etwas anderes – für die Kultur. Je leichter – natürlich nur relativ – dem russischen Proletariat der revolutionäre Umsturz geworden ist, desto schwieriger wird ihm die sozialistische Aufbauarbeit. Dafür verleiht aber der von der Revolution geschmiedete Rahmen unseres neuen sozialen Lebens, der durch die vier Grundelemente charakterisiert wird (siehe Anfang dieses Kapitels), allen ehrlichen, eine vernünftige Richtung einschlagenden Bemühungen auf dem Gebiete der Wirtschaft und Kultur einen objektiv sozialistischen Charakter. Unter der bürgerlichen Gesellschaftsordnung bereicherte der Arbeiter, ohne es zu wollen und zu beabsichtigen, die Bourgeoisie umso mehr, je besser er arbeitet. Im Sowjetstaat leistet der gewissenhafte und gute Arbeiter, ohne daran zu denken und sich darum zu kümmern (wenn er ein parteiloser und unpolitischer ist), sozialistische Arbeit und vergrößert die Mittel der Arbeiterklasse. Darin besteht ja gerade der Sinn des Oktoberumsturzes, und in diesem Sinn hat die Neue Ökonomische Politik keine Veränderung hineingetragen.

Es gibt sehr viele parteilose Arbeiter, die der Produktion, der Technik und der Werkbank tief ergeben sind. Man kann nur bedingt von ihrem »Apolitizismus«, d. h. vom Fehlen des Interesses für die Politik bei ihnen sprechen. In allen wichtigen und schwierigen Momenten der Revolution standen sie auf unserer Seite. In der erdrückenden Mehrheit erschraken sie nicht vor dem Oktober, desertierten nicht, verübten nicht Verrat. Während des Bürgerkrieges standen viele von ihnen an den Fronten, während andere wieder ehrlich für die Bewaffnung der Armee arbeiteten. Dann gingen sie zur Friedensarbeit über. Man nennt sie – und nicht ohne gewissen Grund – unpolitisch, weil für sie das Interesse am Beruf oder an der Familie, wenigstens in der gewöhnlichen »ruhigen« Zeit, über dem politischen steht. Jeder von ihnen will ein guter Arbeiter werden, sich in seiner Arbeit vervollkommnen, in eine höhere Kategorie emporsteigen, sowohl zur Verbesserung der Lage seiner Familie als auch aus berechtigtem Berufsehrgeiz. Jeder von ihnen leistet hierbei, wie wir bereits sagten, sozialistische Arbeit, ohne sich dieses Ziel zu setzen. Aber wir, die Kommunistische Partei, haben ein Interesse daran, dass diese in der Produktion tätigen Arbeiter ihre tagtägliche produktive Teilarbeit bewusst mit den Aufgaben des sozialistischen Aufbaus als Ganzes verbinden. Im Resultat einer solchen Verknüpfung würden die Interessen des Sozialismus besser gesichert sein, während die mit der Kleinarbeit des Aufbaus Beschäftigten eine tiefere moralische Befriedigung haben würden.

Wie aber soll man das erreichen? Rein politisch ist es schwer, an diesen Arbeitertyp heranzutreten. Er hat schon alle Reden angehört. Es zieht ihn nicht in die Partei. Seine Gedanken sind bei der Werkbank, und er ist nicht besonders mit jenen Zuständen zufrieden, die vorläufig rings um diese Werkbank, in der Werkstatt, in der Fabrik, im Trust herrschen. Solche Arbeiter bemühen sich, allen Dingen durch selbstständiges Denken auf den Grund zu kommen, leben oftmals zurückgezogen, und aus ihrer Mitte gehen die autodidaktischen Erfinder hervor. Von der Politik her kann man nicht an ihn herantreten, wenigstens kann man ihn jetzt nicht bei der Seele packen, dafür kann und muss man aber von der Seite der Produktion und Technik her an ihn herantreten.

Genosse Kolzow aus dem Moskauer Stadtteil »Krasnaja Presnja«, einer der Teilnehmer der bereits erwähnten Besprechung der Moskauer Massenagitatoren, wies auf den bei uns herrschenden, außerordentlichen Mangel an Sowjetlehrbüchern, Leitfäden zum Selbstunterricht und Lehrmitteln für die einzelnen technischen Spezialgebiete und Handwerke hin. Die alten Bücher dieser Art sind vergriffen, außerdem sind manche von ihnen technisch rückständig, während sie politisch gewöhnlich von knechtisch-kapitalistischem Geiste durchdrungen sind. Die neuen Lehrmittel dieser Art aber kann man an den Fingern abzählen; es ist schwer, sie aufzutreiben, da sie zu verschiedener Zeit von verschiedenen Verlagen und Behörden ohne jeglichen gemeinsamen Plan herausgegeben wurden. In technischer Hinsicht sind sie nicht immer geeignet, sind nicht selten allzu theoretisch, akademisch, während es ihnen in politischer Hinsicht gewöhnlich an jeglicher Farbe fehlt, da sie im Grunde genommen nur maskierte Übersetzungen aus fremden Sprachen sind. Wir aber brauchen eine Reihe neuer Taschenlehrbücher – für den Sowjetschlosser, für den Sowjetdreher, für den Sowjetelektromonteur usw. usw. Diese Lehrbücher müssen unserer heutigen Technik und Ökonomie angepasst sein, sie müssen sowohl unsere Armut, als auch unsere großen Möglichkeiten berücksichtigen, müssen bestrebt sein, unserer Industrie neue, rationellere Methoden und Fertigkeiten aufzupflanzen. Sie müssen in mehr oder weniger starkem Maße sozialistische Perspektiven eröffnen – vom Gesichtspunkt der Bedürfnisse und Interessen der Technik selbst (hierher gehören die Fragen der Normierung, Elektrifizierung, Planwirtschaft). Die sozialistischen Ideen und Schlussfolgerungen müssen in solchen Ausgaben einen organischen Teil der praktischen Theorie des gegebenen Arbeitszweiges bilden, keineswegs aber den Charakter äußerlicher, aufdringlicher Agitation annehmen. Das Bedürfnis nach solchen Ausgaben ist ungeheuer. Es geht hervor aus der Not der qualifizierten Arbeiter und aus dem Bestreben der Arbeiter selbst, ihre Qualifikation zu verbessern. Dieses Bedürfnis ist verschärft worden durch die Unterbrechung der Produktionsstetigkeit in den

Jahren des imperialistischen und des Bürgerkrieges. Hier erhebt sich vor uns eine sehr dankbare und wichtige Aufgabe.

Man darf natürlich die Augen nicht dem gegenüber verschließen, dass es nicht leicht ist, eine Serie solcher Lehrbücher zu schaffen. Die praktischen Arbeiter, selbst solche hoher Qualifikation, sind unfähig, Lehrbücher zu schreiben. Die technischen Schriftsteller, die diese Arbeit übernehmen, kennen sie oftmals nicht von der praktischen Seite. Schließlich sind unter ihnen wenig sozialistisch denkende Leute. Nichtsdestoweniger ist diese Aufgabe lösbar, jedoch nicht mit »einfachen«, d. h. routinehaften, sondern mit kombinierten Mitteln. Um ein Lehrbuch zu schreiben oder es wenigstens zu revidieren, muss ein Kollegium gebildet werden, sagen wir einmal ein Dreierausschuss aus einem technisch gebildeten Fachschriftsteller, der nach Möglichkeit den Zustand des entsprechenden Gebiets unserer Produktion kennt oder fähig ist, es kennen zu lernen, aus einem hochqualifizierten Arbeiter des gleichen Produktionszweiges mit Produktionsinteressen und nach Möglichkeit mit Erfinderbegabung und aus einem marxistischen Schriftsteller, einem Politiker, mit einigen produktiv-technischen Interessen und Kenntnissen. Auf diese oder eine ähnliche Weise muss eine Musterbibliothek produktiv-technischer Lehrmittel (nach Berufsarten) geschaffen werden – die selbstverständlich gut gedruckt, gut broschiert, im Format bequem und nicht teuer sein müssen. Eine solche Bibliothek würde eine doppelte Rolle spielen: Sie würde zur Erhöhung der Qualifikation der Arbeit und folglich zu Erfolgen des sozialistischen Aufbaus beitragen; sie würde zugleich helfen, eine sehr wertvolle Gruppe in der Produktion tätiger Arbeiter mit der Sowjetwirtschaft als Ganzes und folglich auch mit der Kommunistischen Partei zu verknüpfen.

Die Sache kann sich selbstverständlich nicht allein auf eine Serie von Lehrmitteln beschränken. Wir hielten uns so ausführlich bei diesem Einzelbeispiel auf, weil es, wie es scheint, ein ziemlich anschauliches Beispiel eines neuen Weges in Übereinstimmung mit den neuen Aufgaben der heutigen Periode gibt. Der Kampf um die geistige Gewinnung der »unpolitischen« Produktionsarbeiter kann und muss mit verschiedenen Mitteln betrieben werden. Es sind technisch-wissenschaftliche, nach Produktionen spezialisierte Wochen- und Monatszeitschriften notwendig, es sind wissenschaftlich-technische Vereine notwendig, die auf diesen Arbeiter zugeschnitten sind. Nach ihm muss sich zur guten Hälfte unsere Gewerkschaftspresse richten, soweit sie eine Presse sein will, die nicht nur für das Dienstpersonal der Gewerkschaften bestimmt ist. Aber das überzeugendste politische Argument für Arbeiter dieses Typs ist jeder unserer praktischen Erfolge auf dem Gebiete der Industrie, jede reale Arbeitsregelung in der Fabrik oder Werkstatt, jede durchdachte Bemühung der Partei in dieser Richtung.

Die politische Weltanschauung des uns gegenwärtig interessierenden Produktionsarbeiters kann man etwa durch folgende Formulierung der von ihm nicht selten ausgesprochenen Gedanken zum Ausdruck bringen: »Was die Revolution und den Sturz der Bourgeoisie anbelangt, so braucht man gar nicht davon zu reden, das ist in Ordnung, das ist ein für allemal geschehen. Wir brauchen die Bourgeoisie nicht. Die menschewistischen und anderen Kommis der Bourgeoisie brauchen wir auch nicht. Was die ›Freiheit der Presse‹ anbelangt, so ist das nicht so wichtig, es handelt sich nicht darum. Wie aber werden wir mit der Wirtschaft fertig werden? Ihr Kommunisten habt die Leitung in die Hand genommen. Eure Ziele und Pläne sind gut – das wissen wir; wiederholt es nicht, wir haben es gehört, wir sind einverstanden, wir werden euch unterstützen; wie aber wollt ihr diese Aufgaben in der Praxis lösen? Bis jetzt war es mehr als einmal der Fall, man braucht es nicht zu verhehlen, dass ihr eure Finger dort hattet, wo sie nicht hingehörten. Wir wissen, wir wissen, es lässt sich nicht alles auf einmal machen, man muss lernen, Fehler sind unvermeidlich. Das ist schon einmal so. Und wenn wir die Verbrechen der Bourgeoisie duldeten, um so mehr werden wir die Fehler der Revolution ertragen. Doch darf das nicht endlos so bleiben. Unter euch Kommunisten gibt es ja auch verschiedene Leute, wie unter uns sündigen Menschen: Die einen lernen wirklich, verhalten sich gewissenhaft zur Sache, sind bemüht, zu einem praktischen wirtschaftlichen Resultat zu gelangen, während die anderen uns nur mit leeren Reden beruhigen. Und jene, die nur leere Reden führen, richten nicht wenig Schaden an, weil ihnen die Arbeit unter den Fingern wegläuft.« So also sieht dieser Typ aus: ein strebsamer, eifriger Dreher oder Schlosser oder Gießer, der sich für seine Arbeit interessiert, kein Enthusiast, in der Politik eher passiv, aber nachdenklich, kritisch gestimmt, zuweilen etwas skeptisch, aber stets seiner Klasse treu – ein hochwertiger Proletarier. Auf diesen Typ muss die Partei ihren Kurs in der gegenwärtigen Epoche ihrer Arbeit richten. Der Grad der Gewinnung dieser Schicht durch uns – in der Praxis, in der Wirtschaft, in der Produktion, in der Technik – wird der sicherste politische Gradmesser unserer Erfolge auf dem Gebiete der Kulturarbeit, dieses Wort im breiten leninschen Sinne verstanden, sein.

Die Orientierung auf den tüchtigen Arbeiter widerspricht natürlich durchaus nicht der zweitwichtigsten Aufgabe der Partei: Die junge Generation des Proletariats zu gewinnen. Denn gerade die junge Generation wächst unter den Bedingungen einer bestimmten Periode heran, formiert sich, erstarkt und wird gestählt auf dem Gebiete der Lösung bestimmter Aufgaben. Die junge Generation muss vor allem eine Generation hochqualifizierter und ihre Arbeit liebender Arbeiter sein. Sie muss im Bewusstsein dessen heranwachsen, dass ihre Produktionsarbeit zugleich ein Dienst am Sozialismus ist. Das Interesse für die eigene berufliche Ausbildung, das Bestreben, in seiner Arbeit Meister zu werden, wird natürlich in den Augen der Jugend die Autorität der tüchtigen Arbeiter aus der Zahl der »Alten« sehr stark heben, die, wie bereits gesagt, in ihrer Mehrheit heute außerhalb der Partei bleiben. Die Orientierung auf den tüchtigen, gewissenhaften, fähigen Arbeiter wird folglich zugleich zur Direktive der Erziehung des proletarischen Jugendlichen. Ohne das wäre eine Vorwärtsbewegung zum Sozialismus unmöglich.

Um das Leben umzugestalten, muss man es erst kennenlernen

An den Fragen des Alltagslebens sieht man am deutlichsten, in welchem Maße der einzelne Mensch ein Produkt der Verhältnisse und nicht ein Schöpfer derselben ist. Das Leben, d. h. die Lebensverhältnisse und die Lebensordnung, entsteht in noch stärkerem Maße als die Ökonomie »hinter dem Rücken der Menschen« (ein Ausdruck von Marx). Das bewusste Schöpfertum auf dem Gebiete des Alltagslebens nahm in der Geschichte der Menschheit einen geringen Platz ein. Das Alltagsleben setzt sich zusammen aus der angesammelten spontanen Erfahrung der Menschen, es verändert sich ebenso spontan unter der Wirkung von Stößen, die von der Technik ausgehen, oder von gelegentlichen Stößen vonseiten des revolutionären Kampfes, und spiegelt in Summa viel mehr die Vergangenheit der menschlichen Gesellschaft als ihre Gegenwart wider.

Unser Proletariat ist nicht alt und angestammt, es ist im Laufe der letzten Jahrzehnte aus der Bauernschaft und nur teilweise aus dem Kleinbürgertum hervorgegangen. Die Lebensweise unseres Proletariats spiegelt deutlich seine soziale Herkunft wider. Es genügt, sich an die Sittenschilderungen Gleb Uspenskis, »Die Sitten der Rasterjajew-Straße«, zu erinnern.* Was charakterisiert die Einwohner der Rasterjajew-Straße, d. h. die Tulaer Arbeiter des letzten Viertels des vorigen Jahrhunderts? Das sind Kleinbürger oder Bauern, die in ihrer Mehrzahl die Hoffnung verloren haben, selbstständig zu werden: eine Mischung von kulturlosem Kleinbürgertum und Barfüßlertum**. Seit jener Zeit hat das Proletariat eine ungeheure Bewegung vollbracht – viel mehr jedoch in der Politik als in Lebenssitten und Gebräuchen. Die Lebensweise ist furchtbar konservativ. Natürlich besteht die Rasterjajew-Straße nicht mehr in ihrer ursprünglichen Form. Die bestialische Behandlung der Lehrlinge, die Kriecherei vor den Arbeitgebern, die wahnsinnige

* G. Uspenski schildert in seinen 1883 veröffentlichten sozialkritischen Skizzen das rückständige Handwerker- und Kleinbürgermilieu seiner Geburtsstadt Tula (deutsch unter dem Titel »Die Straße der Verlorenen«).

** Maxim Gorkis frühe Erzählungen und sein Drama »Na dne« (»Auf dem Grund«), deutsch unter dem Titel »Das Nachtasyl«, führen in das Milieu der »Barfüßler«, einer sozialen Schicht von Bauern und Handwerkern, die durch die Entwicklung des Kapitalismus entwurzelt worden sind.

Trunksucht, das Straßenrowdytum zu den verwegenen Tönen der Ziehharmonika, das alles gibt es heute nicht mehr. Aber in den Beziehungen zwischen Mann und Frau, zwischen Eltern und Kindern, in der von der ganzen Welt abgeschlossenen Familienwirtschaft selbst ist das »Rasterjajewtum« noch tief verwurzelt. Es sind noch Jahre und Jahrzehnte ökonomischen Wachstums und kulturellen Aufschwungs notwendig, um das »Rasterjajewtum« aus seinem letzten Schlupfwinkel – dem persönlichen und dem Familienleben – zu vertreiben und dieses von oben bis unten im Geiste der Gemeinschaft umzugestalten.

Die Fragen des Familienlebens waren Gegenstand besonders eifriger Erörterungen auf der bereits erwähnten Besprechung der Moskauer Massenagitatoren. In dieser Hinsicht hatten alle vieles auf dem Herzen. Die Zahl der Eindrücke, Beobachtungen und hauptsächlich Probleme ist groß, aber es gibt nicht nur keine Antwort auf sie, sondern die Fragen selbst bleiben stumm, geraten weder durch die Presse noch in Versammlungen an die Öffentlichkeit. Das Leben der Massenarbeiter, das kommunistische Leben und die Berührungslinie zwischen den Kommunisten und der breiten Arbeitermasse – ein wie umfangreiches Feld für Beobachtungen, für Schlussfolgerungen und für aktive Beeinflussung ist das!

Unsere künstlerische Literatur hilft uns hier nicht im Geringsten. Die Kunst ist schon ihrer Natur nach konservativ, sie bleibt hinter dem Leben zurück, ist wenig dazu geeignet, die Erscheinungen im Fluge, im Prozess ihrer Formierung zu erhaschen. Libedinskis Erzählung »Eine Woche« hat bei einigen Genossen Begeisterung hervorgerufen, die mir, offen gestanden, für den jungen Verfasser übermäßig und gefährlich zu sein scheint. In formaler Hinsicht trägt »Eine Woche« Schülercharakter, trotz der Merkmale von Begabung und nur unter der Bedingung größter, hartnäckiger und eifriger Arbeit an sich selbst wird es Libedinski zur Künstlerschaft bringen. Ich will hoffen, dass es auch so kommen wird. Aber uns interessiert jetzt nicht diese Seite der Sache. »Eine Woche« machte den Eindruck von etwas Großem und Bedeutendem nicht durch ihre künstlerischen Vorzüge, sondern durch den »kommunistischen« Lebensausschnitt, den sie vor Augen führte. Aber gerade in dieser Hinsicht geht die Erzählung nicht tief. Der Stadtsowjet wird uns zu laboratoriumsmäßig, ohne tiefere Verwurzlung und unorganisch vor Augen geführt. Darum hat die ganze »Woche« einen episodischen Anstrich, wie die Erzählungen aus dem Leben der Revolutionsemigranten. Es ist natürlich interessant und lehrreich, das »Leben« des Stadtsowjets zu schildern, aber die Schwierigkeit und das Bedeutsame beginnt erst dort, wo das Leben der kommunistischen Organisation – wie die Zähne eines Räderwerks – in das Alltagsleben des Volkes eingreift. Hier ist großer Schwung notwendig. Die Kommunistische Partei ist gegenwärtig der Haupthebel jeder bewussten Vorwärtsbewegung. Darum ist ihre Berührungslinie mit den Volksmassen die Hauptlinie der historischen Wirkung – der gegenseitigen Wirkung und Gegenwirkung.

Die kommunistische Theorie hat unser reales Alltagsleben um Jahrzehnte und auf manchem Gebiet um Jahrhunderte überholt. Wenn dies nicht der Fall wäre, so könnte die kommunistische Partei nicht ein historischer Faktor von großer revolutionärer Kraft sein. Die kommunistische Theorie arbeitet dank ihrem Realismus, ihrer dialektischen Elastizität politische Methoden heraus, die ihr unter jeglichen Bedingungen den Einfluss sichern. Eine politische Idee einerseits und das Alltagsleben andererseits ist aber zweierlei. Die Politik ist elastisch, das Alltagsleben aber ist unbeweglich und widerspenstig. Daher kommt es zu so vielen Zusammenstößen in Alltagsfragen im Arbeitermilieu, in einer Richtung, wo die Bewusstheit auf die Tradition stößt; Zusammenstöße, die um so härter sind, da sie der Öffentlichkeit nicht bekannt werden. Weder die künstlerische Literatur, noch auch die Publizistik spiegelt sie wider. Unsere Presse schweigt über diese Fragen. Für die neuen Kunstschulen aber, die mit der Revolution Schritt zu halten suchen, existiert das Alltagsleben überhaupt nicht. Sie wollen das Leben aufbauen, nicht aber es darstellen. Aber das Leben lässt sich nicht aus dem Ärmel schütteln. Man kann es aus Elementen aufbauen, die vorhanden und entwicklungsfähig sind. Darum muss man, ehe man baut, erst wissen, was vorhanden ist. Das gilt nicht nur für die Beeinflussung des Alltagslebens, sondern überhaupt für jede bewusste menschliche Tätigkeit. Man muss wissen, was vorhanden ist und in welcher Richtung das Bestehende sich verändert, um in die Lage versetzt zu werden, sich am Aufbau des Lebens zu beteiligen. Zeigt uns erst – und vor allem euch selbst –, was in der Fabrik, im Arbeitermilieu, im Kooperativ, im Klub, in der Schule, auf der Straße, in der Gastwirtschaft vorgeht, lernt verstehen, was dort geschieht, d. h. lernt die notwendige Einstellung zu den Bruchstücken der Vergangenheit und den Keimen der Zukunft finden. Dieser Aufruf gilt in gleicher Weise sowohl für die Belletristen als auch für die Publizisten, sowohl für die Arbeiterkorrespondenten als auch für die Reporter. Zeigt uns das Leben, wie es aus dem Schmiedeofen der Revolution hervorgegangen ist.

Es ist jedoch nicht schwer zu erraten, dass wir durch Aufrufe allein keinen Umschwung in der Aufmerksamkeit unserer Schriftsteller herbeiführen werden. Hier ist eine richtige Inangriffnahme der Sache, eine richtige Leitung notwendig. Das Studium und die Beleuchtung des Arbeiterlebens muss zur nächstliegenden Aufgabe der Journalisten gemacht werden, wenigstens jener, die Augen und Ohren haben; man muss sie auf dem Wege der Organisation auf diese Arbeit hinlenken, sie instruieren, korrigieren, ihnen die Richtung weisen und sie auf diese Weise zu revolutionären Lebens- und Sittenschilderern erziehen. Zugleich hiermit muss der Gesichtskreis der Arbeiterkorrespondenten erweitert werden. Im Grunde genommen könnte fast jeder von ihnen viel interessantere und inhaltsreichere Korrespondenzen liefern, als es jene sind, die heute in der Mehrzahl der Fälle geschrieben werden. Zu diesem Zwecke aber müssen die Fragen überlegt und formuliert werden, die Aufgaben müssen richtig gestellt werden, man muss zum Gespräch herausfordern und dasselbe zu führen helfen.

Um sich kulturell auf eine höhere Stufe zu erheben, muss die Arbeiterklasse, vor allem ihre Avantgarde, ihr eigenes Leben durchdenken. Zu diesem Zwecke aber muss man es kennenlernen. Die Bourgeoisie, repräsentiert hauptsächlich durch ihre eigene Intelligenz, hat diese Aufgabe in bedeutendem Maße noch vor der Eroberung der Macht erfüllt: Sie war bereits eine besitzende Klasse, als sie sich noch in der Opposition befand, und Künstler, Dichter und Publizisten dienten ihr, halfen ihr denken oder dachten für sie.

In Frankreich war das 18. Jahrhundert, das sogenannte Jahrhundert der Aufklärung, eine Zeit, in der die bürgerlichen Philosophen die verschiedenen Seiten des sozialen und persönlichen Lebens durchdachten, indem sie bestrebt waren, sie zu rationalisieren, d. h. den Forderungen der »Vernunft« unterzuordnen. Sie behandelten nicht nur Fragen der politischen Ordnung und der Kirche, sondern auch des Verhältnisses der Geschlechter, der Kindererziehung usw. Es unterliegt keinem Zweifel, dass sie schon allein durch die Aufwertung und Behandlung dieser Fragen viel zur Hebung der Persönlichkeitskultur, selbstverständlich der bürgerlichen, hauptsächlich intellektuellen, beitrugen. Alle Bemühungen der Aufklärungsphilosophie, die sozialen und persönlichen Beziehungen zu rationalisieren, d. h. nach den Gesetzen der Vernunft umzugestalten, stießen jedoch auf die Tatsache des Privateigentums an den Produktionsmitteln, die der Grundstein der neuen, auf der Vernunft beruhenden Gesellschaft bleiben sollte. Das Privateigentum bedeutete den

Markt, das blinde Spiel der ökonomischen Kräfte, die nicht von der Vernunft geleitet werden. Auf den wirtschaftlichen Marktverhältnissen baute sich ein Leben auf, das ebenfalls Marktcharakter hatte. Solange der Markt herrschte, konnte man gar nicht an eine wirkliche Rationalisierung des Lebens der Volksmassen denken. Daher die äußerste Beschränktheit in der praktischen Anwendung der rationalistischen Konstruktionen der Philosophen des 18. Jahrhunderts, die in ihren Schlussfolgerungen zuweilen sehr scharfblickend und kühn waren.

In Deutschland fällt die Aufklärungsperiode in die erste Hälfte des vorigen Jahrhunderts. An der Spitze der Bewegung marschiert das »Junge Deutschland« mit seinen Führern Heine und Börne. Im Grunde genommen war das wiederum die kritische Arbeit des linken Flügels der Bourgeoisie, ihrer Intelligenz, die der Sklaverei, der Kriecherei, dem Philistertum, dem kleinbürgerlichen Stumpfsinn und den Vorurteilen den Krieg erklärte und danach trachtete – jedoch mit viel größerem Skeptizismus als ihre französischen Vorgänger –, das Reich der Vernunft zu errichten. Diese Bewegung mündete dann in die kleinbürgerliche Revolution von 1848 ein, die sich als ohnmächtig erwies, auch nur die zahlreichen deutschen Dynastien zu stürzen, geschweige denn das menschliche Leben von oben bis unten umzugestalten.

Bei uns, in dem rückständigen Russland, bekommt das Aufklärertum erst in der zweiten Hälfte des 19. Jahrhunderts einigermaßen umfassenden Charakter. Tschernyschewski, Pissarew, Dobroljubow, die aus der Schule Belinskis hervorgegangen waren, richteten ihre Kritik nicht nur und sogar nicht so sehr gegen die wirtschaftlichen Verhältnisse als gegen Ungereimtheiten, Reaktionärtum und Asiatentum des Lebens und stellten den alten traditionellen Typen den neuen Menschen, den »Realisten«, den »Utilitaristen« gegenüber, der sein Leben nach den Gesetzen der Vernunft aufbauen will und sich alsbald in eine »kritisch denkende Persönlichkeit« verwandelt. Diese Bewegung, die in das Volkstümlertum (Narodniki) einmündete, war ein verspätetes russisches Aufklärertum. Während aber die französischen Aufklärer des 18. Jahrhunderts nur in sehr geringem Maße Leben und Sitten verändern konnten, die nicht durch die Philosophie, sondern durch den Markt geformt werden, während die unmittelbare kulturgeschichtliche Rolle der deutschen Aufklärung sich als noch beschränkter erwies, war der direkte Einfluss der russischen intelligenzlerischen Aufklärung auf Leben und Sitten des Volkes überhaupt ein ganz geringer. Letzten Endes wird die historische Rolle der russischen Aufklärung, mit Einschluss auch des Volkstümlertums, dadurch bestimmt, dass sie die Bedingungen für die Entstehung der Partei des revolutionären Proletariats vorbereitete.

Erst nach der Eroberung der Macht durch die Arbeiterklasse werden die Bedingungen für die wirkliche Umgestaltung des Lebens bis in seine tiefsten Grundlagen hinab geschaffen. Das Leben lässt sich nicht rationalisieren, d. h. nach den Forderungen der Vernunft umgestalten, ohne dass man die Produktion rationalisiert, denn das Leben wurzelt in der Wirtschaft. Nur der Sozialismus macht es sich zur Aufgabe, die ganze wirtschaftliche Tätigkeit des Menschen mit der Vernunft zu erfassen und sie dieser unterzuordnen. Die Bourgeoisie beschränkte sich in Gestalt ihrer fortschrittlichsten Strömungen darauf, einerseits die Technik zu rationalisieren (durch die Naturwissenschaften, die Technologie, die Chemie, durch Erfindungen und Maschinisierung), andererseits – die Politik (durch den Parlamentarismus) zu rationalisieren, nicht aber die Ökonomie, die der Schauplatz blinder Konkurrenz blieb. Darum dauerte die Herrschaft des Unbewussten und Blinden im Leben der bürgerlichen Gesellschaft fort. Die Arbeiterklasse, die sich die Macht erobert hat, stellt es sich zur Aufgabe, die ökonomischen Grundlagen der menschlichen Beziehungen einer bewussten Kontrolle und Leitung zu unterstellen. Nur das macht eine vernünftige Umgestaltung des Lebens möglich.

Eben dadurch wird aber auch eine enge Abhängigkeit zwischen unseren Erfolgen auf dem Gebiete des Alltagslebens von unseren Erfolgen auf dem Gebiete der Wirtschaft festgestellt. Es besteht allerdings nicht der geringste Zweifel darüber, dass wir selbst bei dem heutigen Wirtschaftsniveau bedeutend mehr Einfluss der Kritik, Initiative und Vernunft in unser Leben hineintragen könnten. Gerade hierin besteht eine der Aufgaben der Epoche. Noch klarer aber ist es, dass die radikale Umgestaltung des Lebens: die Emanzipation der Frau von ihrer Lage als Haussklavin, die öffentliche Erziehung der Kinder, die Befreiung der Ehe von den Elementen des wirtschaftlichen Zwanges usw. – sich nur der gesellschaftlichen Akkumulation und dem zunehmenden Übergewicht der sozialistischen Wirtschaftsformen über die kapitalistischen entsprechend verwirklichen lässt. Die kritische Nachprüfung des Lebens aber ist jetzt eine notwendige Bedingung dafür, dass das Leben, das durch seine Jahrtausende alten Traditionen konservativ ist, nicht hinter jenen Fortschrittsmöglichkeiten zurückbleibe, die bereits durch unsere heutigen wirtschaftlichen Hilfsquellen eröffnet werden oder durch die des kommenden Tages werden eröffnet werden. Andererseits werden selbst die geringsten Erfolge auf dem Gebiete des Alltagslebens, die ihrem Charakter nach einer Hebung des Kulturniveaus des Arbeiters und der Arbeiterin gleichkommen, unverzüglich die Möglichkeit einer Rationalisierung der Industrie und folglich auch einer schnelleren sozialistischen Akkumulation vergrößern, während letztere ihrerseits die Möglichkeit neuer Eroberungen auf dem Gebiete der Vergesellschaftung des Lebens eröffnen wird. Die Abhängigkeit ist hier eine dialektische: Der historische Hauptfaktor ist die Ökonomie; aber auf diese können wir, die Kommunistische Partei, wir, der Arbeiterstaat, nur durch die Arbeiterklasse einwirken, indem wir ununterbrochen die technische und kulturelle Qualifikation ihrer Bestandteile heben. Die Kulturarbeit dient im Arbeiterstaat dem Sozialismus, der Sozialismus aber bedeutet ein machtvolles Aufblühen der Kultur – der wahren, außerhalb der Klassen stehenden Menschheitskultur und menschlichen Kultur.

Schnaps, Kirche und Kino

Zwei gewichtige Tatsachen haben dem Arbeiterleben ein neues Gepräge verliehen: der Achtstundentag und die Einstellung des Schnapsverkaufs. Die Liquidation des staatlichen Schnapsmonopols, die durch den Krieg hervorgerufen war, erfolgte vor der Revolution. Der Krieg forderte so unermessliche Mittel, dass der Zarismus auf die Einnahme aus alkoholischen Getränken als auf eine Bagatelle verzichten konnte: Eine Milliarde mehr oder weniger machte keinen großen Unterschied aus. Die Revolution übernahm die Liquidation des Schnapsmonopols als Erbe, als Tatsache, sie adoptierte diese Tatsache, jedoch geschah dies bereits aus Erwägungen tief prinzipiellen Charakters. Erst nach der Eroberung der Macht durch die Arbeiterklasse, die zum bewussten Baumeister der neuen Wirtschaft wird, bekommt der staatliche Kampf gegen den Alkoholismus – der kulturell-aufklärende und der prohibitive – seine historische Bedeutung. In dieser Hinsicht ändert der im Grunde genommen nebensächliche Umstand, dass das »Saufbudget« gelegentlich des imperialistischen Krieges umgeworfen wurde, durchaus nichts an der grundlegenden Tatsache, dass die Liquidation des durch den Staat betriebenen Zugrunderichtens des Volkes durch den Suff in das eiserne Inventar der Errungenschaften der Revolution aufgenommen wurde. Das antialkoholische Regime im Lande der wiedererwachenden werktätigen Arbeit zu entfalten, zu festigen, zu organisieren und zu Ende zu führen – das ist unsere Aufgabe. Sowohl unsere wirtschaftlichen als auch unsere kulturellen Erfolge werden parallel zur Verringerung des Prozentgehaltes der geistigen Getränke an Alkohol laufen. Hier kann es keine Zugeständnisse geben.

Was den Achtstundentag anbelangt, so ist er bereits eine direkte Errungenschaft der Revolution, und zwar eine der wichtigsten. Schon an und für sich als Tatsache trägt der Achtstundentag eine radikale Veränderung in das Leben des Arbeiters hinein, indem er zwei Drittel des Tages von der Fabrikarbeit freihält. Dadurch wird eine Grundlage für radikale Veränderungen des Lebens, für die kulturelle Entwicklung, für die öffentliche Erziehung usw. geschaffen, jedoch nur eine Grundlage. Je richtiger vom Staate die Arbeitszeit ausgenützt wird, desto besser, vollständiger, inhaltsreicher kann das ganze Leben des Arbeiters gestaltet werden. Darin besteht ja gerade, wie bereits gesagt, der Hauptsinn des Oktoberumsturzes, dass die wirtschaftlichen Erfolge jedes Arbeiters automatisch eine materielle und kulturelle Hebung der Arbeiterklasse als Ganzes bedeuten. »Acht Stunden Arbeit, acht Stunden Schlaf, acht Stunden Freizeit«, lautet die alte Formel der Arbeiterbewegung. Unter unseren Verhältnissen erhält sie einen ganz neuen Inhalt: Je produktiver die acht Arbeitsstunden ausgenutzt werden, desto besser, sauberer, hygienischer können die acht Stunden Schlaf gestaltet werden, desto inhaltsreicher, kultureller die acht freien Stunden.

Die Frage der Vergnügungen bekommt in diesem Zusammenhang eine ungeheure kulturell-erzieherische Bedeutung. Der Charakter des Kindes tritt zu Tage und wird geformt im Spiel. Der Charakter des erwachsenen Menschen kommt am grellsten zum Ausdruck in Spielen und Zerstreuungen. Aber auch in der Gestaltung des Charakters einer ganzen Klasse können Zerstreuung und Spiel – wenn diese Klasse jung und vorwärtsstrebend ist wie das Proletariat – einen hervorragenden Platz einnehmen. Der große französische Utopist Fourier baute seine Phalansteren (Zukunftskommunen) – als Gegengewicht zur christlichen Askese und der Unterdrückung der Natur des Menschen – auf der richtigen und vernünftigen Ausnützung und Kombination der menschlichen Instinkte und Leidenschaften auf. Das ist ein tiefer Gedanke. Der Arbeiterstaat ist weder ein geistlicher Orden noch ein Kloster. Wir nehmen die Menschen so, wie die Natur sie geschaffen und wie sie die alte Gesellschaft zum Teil erzogen, zum Teil verstümmelt hat. Wir suchen nach Stützpunkten in diesem lebendigen Menschenmaterial, um unseren Parteihebel und revolutionär-staatlichen Hebel anzusetzen. Das Bestreben, sich aufzuheitern, sich zu zerstreuen, zuzuschauen und zu lachen, ist das berechtigste Streben der menschlichen Natur. Wir können und müssen diesem Bedürfnis eine Befriedigung von immer höherer künstlerischer Qualität gewähren und zugleich das Vergnügen zum Werkzeug der kollektiven Erziehung, ohne pädagogische Bevormundung, ohne aufdringliches Hinlenken auf die Bahn der Wahrheit machen.

Das wichtigste, alle anderen bei weitem übertreffende Werkzeug auf diesem Gebiet kann gegenwärtig das Kino sein. Diese verblüffende Neuerung auf dem Gebiet des Schauspiels ist in das Leben der Menschheit mit einer noch nie dagewesenen siegreichen Schnelligkeit eingedrungen. Das Kino ist im Alltag der kapitalistischen Städte ebensosehr ein lebendiger Bestandteil wie das Bad, die Gastwirtschaft, die Kirche und andere löbliche und nichtlöbliche notwendige Institutionen. Der Kinoleidenschaft liegt das Bestreben zugrunde, sich abzulenken, etwas Neues, noch nie Dagewesenes zu sehen, zu lachen und sogar zu weinen, jedoch nicht über eigenes Unglück, sondern über fremdes. Allen diesen Bedürfnissen gewährt das Kino die unmittelbarste, optische, bildhafte, ganz lebendige Befriedigung, fast ohne an den Zuschauer irgendwelche Anforderungen, nicht einmal die des Lesenkönnens, zu stellen. Daher die dankbare Liebe des Zuschauers zum Kino, dieser unerschöpflichen Quelle der Eindrücke und des Erlebens! Das ist der Punkt – und nicht nur der Punkt, sondern eine große Fläche –, auf der die erzieherisch-sozialistischen Bemühungen ansetzen können.

Der Umstand, dass wir bis jetzt, d. h. im Laufe dieser fast sechs Jahre, uns nicht des Kinos bemächtigt haben, zeigt, bis zu welchem Grade wir ungeschickt, kulturlos, um nicht gleich zu sagen: stupide sind. Das Kino ist ein Werkzeug, das sich einem von selbst aufdrängt: das beste Instrument der Propaganda – der technischen, kulturellen, auf die Produktion bezüglichen, antialkoholischen, sanitären, politischen, überhaupt jeder beliebigen allgemeinverständlichen, sich dem Gedächtnis einprägenden Propaganda – und eventuell eine einträgliche Sache.

Indem das Kino anziehend und zerstreuend wirkt, konkurriert es schon eben dadurch mit der Wirtschaft und Kneipe. Ich weiß nicht, was es gegenwärtig in Paris oder in New York mehr gibt: Bierwirtschaften oder Kinos? Und welche von diesen Unternehmen mehr eintragen. Aber es ist klar, dass das Kino mit der Kneipe vor allem in der Frage konkurriert, wie und womit die acht freien Stunden auszufüllen sind. Könnten wir uns nicht dieses unvergleichlichen Werkzeuges bemächtigen? Warum nicht? Die Zarenregierung hat im Laufe von ein paar Jahren ein weitverzweigtes Netz von staatlichen Branntweinschenken geschaffen. Hiermit erzielte sie eine jährliche Einnahme von rund einer Milliarde Goldrubel. Warum sollte der Arbeiterstaat nicht ein Netz von staatlichen Kinos schaffen können, diesen Apparat der Zerstreuung und Erziehung immer tiefer in das Volksleben eingreifen lassen, ihn dem Alkohol gegenüberstellen und ihn zugleich zu einer einträglichen Sache gestalten? Ließe sich das durchführen? Warum nicht? Natürlich ist das nicht leicht. Das wäre aber auf jeden Fall natürlicher und entspräche mehr der Natur, den organisatorischen Kräften und Fähigkeiten des Arbeiterstaates, als sagen wir einmal die Restauration ... des Schnapswesens.*

* Diese Zeilen waren bereits geschrieben, als ich in der letzten in meinen Händen befindlichen Nummer der »Prawda« (vom 30. Juni) folgenden Auszug aus einem an die Redaktion eingesandten Artikel des Genossen I. Gordejew fand: »Die Kinoindustrie ist eine äußerst vorteilhafte kommerzielle Angelegenheit, die großen Gewinn abwirft. Bei geschickter, vernünftiger und sachlicher Inan-

Das Kino konkurriert nicht nur mit der Kneipe, sondern auch mit der Kirche. Und diese Konkurrenz kann für die Kirche verhängnisvoll werden, wenn wir die Loslösung der Kirche vom sozialistischen Staat durch die Vereinigung des sozialistischen Staates mit dem Kino ergänzen.

Religiosität ist in der russischen Arbeiterklasse fast gar nicht vorhanden. Auch hat es sie in Wirklichkeit niemals gegeben. Die orthodoxe Kirche war ein Lebenszeremoniell und eine offizielle Organisation. Es ist ihr aber nicht gelungen, tief in das Bewusstsein der Volksmassen einzudringen und ihre Dogmen und Kanons mit ihrem inneren Erleben zu verknüpfen. Der Grund hierfür ist der gleiche: die Kulturlosigkeit des alten Russland, unter anderem auch seiner Kirche. Darum befreit sich der russische Arbeiter, indem er zur Kultur erwacht, auch so leicht von seiner rein äußerlichen Lebensverknüpfung mit der Kirche. Für den Bauer ist das allerdings schwieriger, aber nicht etwa deshalb, weil er tiefer, intimer von der kirchlichen Lehre durchdrungen wäre – davon kann natürlich gar keine Rede sein –, sondern weil sein träges und eintöniges Leben eng mit dem trägen und eintönigen kirchlichen Zeremoniell verknüpft ist.

Bei dem Arbeiter – wir sprechen von dem parteilosen Massenarbeiter – hängt die Verbindung mit der Kirche in der Mehrzahl der Fälle an dem Faden der Gewohnheit, hauptsächlich der Gewohnheit der Frau. Die Heiligenbilder hängen im Hause, weil sie nun schon einmal da sind. Sie schmücken die Wände, ohne sie wäre es kahl und unwohnlich. Der Arbeiter wird keine neuen Heiligenbilder kaufen, doch fehlt es ihm an dem Willen, auf die alten zu verzichten. Wodurch sollte man den Frühlingsfeiertag Ostern kennzeichnen, wenn nicht durch Kulitsch und Pas'cha*? Kulitsch und Pas'cha müssen aber nach altem Brauch geweiht werden – sonst fehlt etwas. In die Kirche geht man durchaus nicht aus Religiosität: In der Kirche ist es hell, schön, es sind viel Menschen dort, es wird gut gesungen – das ist eine ganze Reihe öffentlich-ästhetischer Anziehungsmomente, die weder die Fabrik, noch die Familie,

griffnahme könnte das Kinomonopol für die Gesundung unserer Finanzen eine Rolle spielen, ähnlich der Rolle des Schnapsmonopols für die zaristische Staatskasse.« Im Weiteren werden vom Genossen Gordejew praktische Anregungen gegeben, wie die Kinofizierung des Sowjetlebens durchzuführen sei. Das ist eine Frage, die tatsächlich der ernsten und sachlichen Bearbeitung bedarf! L.T.

* Ein in Russland zu Ostern übliches Hefegebäck und eine Quarkspeise. Anm. d. Übers.

noch das Alltagsleben der Straße bieten. Glaube ist nicht oder fast nicht vorhanden. Auf jeden Fall besteht keinerlei Achtung gegenüber der Kirchenhierachie, keinerlei Vertrauen zur magischen Kraft des Zeremoniells. Aber es ist auch nicht der aktive Wille vorhanden, mit all diesem zu brechen. Das Element der Zerstreuung, der Ablenkung und Unterhaltung spielt im Kirchenzeremoniell eine ungeheure Rolle. Die Kirche wirkt durch theatralische Methoden auf das Auge, auf das Gehör und den Geruchssinn (Weihrauch!) und durch diese auf die Einbildungskraft. Das Bedürfnis des Menschen nach Theatralik – etwas Ungewohntes, Grelles, aus der Eintönigkeit des Lebens Herausführendes zu hören und zu sehen – ist sehr groß, unausrottbar, unersättlich, von den Kinderjahren bis ins tiefe Alter hinein. Um die breiten Massen von dem Zeremoniell, von der Kirchlichkeit des Alltagslebens zu befreien, genügt die antireligiöse Propaganda allein nicht. Sie ist natürlich unentbehrlich. Aber ihr unmittelbarer, praktischer Einfluss beschränkt sich doch auf die geistig mutigste Minderheit. Die breite Masse dagegen ist nicht darum der antireligiösen Propaganda unzugänglich, weil ihre geistige Verknüpftheit mit der Religion so tief ist, sondern im Gegenteil deshalb, weil ein geistiger Zusammenhang nicht besteht, sondern nur ein formloser, beharrender, nicht durch das Bewusstsein gehender automatischer Lebenszusammenhang, unter anderem auch die Beziehung eines Straßenzuschauers, der nicht abgeneigt ist, sich bei Gelegenheit an einer Prozession oder an einem feierlichen Gottesdienst zu beteiligen, den Kirchengesang anzuhören und geschäftig mit den Händen das Kreuz zu schlagen. Diese geistlose Zeremonie, die sich als träge Last auf das Bewusstsein legt, kann man nicht durch Kritik allein zerstören, sondern kann sie nur durch neue Lebensformen, neue Zerstreuungen, durch eine neue, kulturelle Theatralik verdrängen. Und hier wird wiederum unser Denken ganz natürlich auf das mächtigste – weil demokratischste – Werkzeug der Theatralik, das Kino gelenkt. Das Kino, das keine weitverzweigte Hierarchie, keinen Brokat usw. braucht, entfaltet auf der weißen Leinwand eine viel packendere Theatralik, als selbst die reichste, durch die theatralische Erfahrung von Jahrtausenden gewitzigte Kirche, Moschee oder Synagoge es vermag. In der Kirche wird immer nur eine »Handlung« gezeigt, und zwar immer, Jahr für Jahr ein und dieselbe, während das Kino, das sich gleich in ihrer Nachbarschaft oder ihr gegenüber befindet, an den gleichen Tagen und zu den gleichen Stunden uns sowohl das heidnische Ostern, als auch das jüdische und christliche in ihrem historischen Zusammenhang und in ihrer zeremoniellen

Nachahmung vor Augen führt. Das Kino zerstreut, klärt auf, versetzt die Einbildungskraft durch Bilder in Erstaunen und befreit von dem Bedürfnis, über die Schwelle der Kirche zu gehen. Das Kino ist eine große Konkurrenz nicht nur der Kneipe, sondern auch der Kirche. Es ist das Werkzeug, dessen wir uns unbedingt bemächtigen müssen!

Von der alten Familie – zur neuen

Die inneren Beziehungen und Ereignisse der Familie lassen sich ihrer Natur nach am schwierigsten einer objektiven Untersuchung oder statistischen Registrierung unterziehen. Darum ist es nicht leicht zu sagen, inwiefern heute die Familienzusammenhänge – im Leben, und nicht auf dem Papier – leichter und häufiger zerrissen werden als früher. Hier muss man sich in bedeutendem Maße mit Urteilen des Augenscheins zufrieden geben. Hierbei besteht der Unterschied zwischen dem vorrevolutionären Leben und dem heutigen darin, dass die Konflikte und Dramen in der Arbeiterfamilie sogar für die Arbeitermasse selbst vollständig unbemerkt verliefen, während heute, da eine breite Schicht der fortschrittlichsten Arbeiter, die verantwortliche Posten bekleiden, vor aller Augen leben, jede Familienkatastrophe zum Gegenstand der Besprechung und zuweilen einfach des Klatsches wird.

Unter diesem ernsthaften Vorbehalt muss man jedoch zugeben, dass die Familie überhaupt, und damit auch die proletarische, sich gelockert hat. Diese Tatsache wurde bei der Besprechung der Moskauer Agitatoren als ganz feststehend betrachtet und von niemandem bestritten. Sie wurde während der Besprechung in verschiedener Weise bewertet: von den einen mehr beunruhigt, von den anderen zurückhaltend, von dritten unschlüssig. Auf jeden Fall war es für alle klar, dass wir hier irgendeinen großen, sehr chaotischen, bald schmerzliche, bald abstoßende, bald komische, bald tragische Formen annehmenden Prozess vor uns haben, der noch fast gar nicht die in ihm verborgenen Möglichkeiten einer neuen, höheren Familienordnung offenbaren konnte. Hinweise über den Verfall der Familie drangen auch in die Presse, wenn auch äußerst selten und in außerordentlich allgemeiner Form. In einem Artikel las ich sogar eine Erklärung, die darauf hinauslief, dass man in dem Zerfall der Arbeiterfamilie ganz einfach das Zutagetreten des »bürgerlichen Einflusses auf das Proletariat« erblicken müsse. Eine solche Erklärung ist falsch. Die Sache ist tiefer und komplizierter. Natürlich besteht ein Einfluss der bürgerlichen Vergangenheit und der bürgerlichen Gegenwart. Aber der Hauptprozess besteht in der krankhaften und krisenhaften Evolution der proletarischen Familie selbst, und wir sind gegenwärtig Zeugen der ersten sehr chaotischen Etappen dieses Prozesses.

Der tief zerrüttende Einfluss des Krieges auf die Familie ist bekannt. Der Krieg wirkt in dieser Richtung schon rein mechanisch, indem er die

Menschen für lange Zeit trennt oder sie zufällig zusammenführt. Diesen Einfluss des Krieges hat die Revolution fortgesetzt und verstärkt. Die Kriegsjahre haben überhaupt alles zerrüttet, was nur noch in dem historischen Beharrungsvermögen seine Stützte hatte: die Zarenherrschaft, die ständischen Privilegien, die alte herkömmliche Familie. Die Revolution baute vor allem den neuen Staat auf, d. h. sie löste ihre unaufschiebbarste und einfachste Aufgabe. Viel schwieriger erwies es sich mit der Ökonomie. Der Krieg hatte die alte Wirtschaft zerrüttet, die Revolution stürzte sie endgültig um. Jetzt bauen wir etwas Neues – vorläufig hauptsächlich aus Altem, das wir aber auf neue Art organisieren. Auf dem Gebiete der Wirtschaft haben wir die Zerstörungsperiode erst seit kurzem hinter uns und haben unseren Aufstieg begonnen. Die Erfolge sind sehr gering, und es ist noch außerordentlich weit bis zu neuen sozialistischen Formen. Aber wir haben die Ära der Zerstörung und des Zerfalls überstanden. Der Tiefpunkt fiel in die Jahre 1920–1921.

Auf dem Gebiet des Familienlebens ist die erste Zerrüttungsperiode noch bei weitem nicht beendet, die Zerrüttung und der Zerfall sind noch in vollem Gange. Hierüber muss man sich vor allem Rechenschaft geben. In der Sphäre der familiären Lebensbeziehungen machen wir sozusagen erst jetzt die Jahre 1920–1921 und noch nicht das Jahr 1923 durch. Das Alltagsleben ist viel konservativer als die Wirtschaft, unter anderem auch deshalb, weil es noch weniger bewusst erkannt wird als die Letztere. Auf dem Gebiete der Politik und Ökonomie handelt die Arbeiterklasse als Ganzes, rückt darum ihre Avantgarde – die kommunistische Partei – an die erste Stelle und verwirklicht in erster Linie durch sie ihre historischen Aufgaben. Auf dem Gebiete des Alltagslebens ist die Arbeiterklasse in die Familienzellen zersplittert. Der Wechsel der Staatsmacht, sogar der Wechsel der ökonomischen Ordnung – der Übergang der Fabriken und Werke in den Besitz der Werktätigen –, das alles übt natürlich seinen Einfluss auf die Familie aus, doch wirkt dieser Einfluss nur von außen her, nur indirekt, ohne unmittelbar die aus der Vergangenheit ererbten Lebensformen der Familie zu berühren. Die radikale Umgestaltung der Familie und überhaupt des Gefüges des Alltagslebens würde in hohem Grade bewusste Bemühungen der Arbeiterklasse in ihrem ganzen Umfang erfordern und setzt in dieser selbst eine wuchtige Kleinarbeit des inneren kulturellen Aufstiegs voraus. Hier müssen tiefe Schichten aufgepflügt werden. Die politische Gleichheit zwischen Mann und Frau im Sowjetstaat herzustellen – das war eine Aufgabe, die einfachste. Die Gleichheit des Arbeiters und der Arbeiterin innerhalb der Produktion in der Fabrik, im Werk, in der Gewerkschaft herzustellen, so dass der Mann die Frau nicht verdränge – diese Aufgabe ist bereits eine viel schwierigere. Aber die wirkliche Gleichheit zwischen Mann und Frau innerhalb der Familie herzustellen – das ist eine unermesslich schwierigere Aufgabe, die die größten Anstrengungen in der Richtung der Revolutionierung unseres ganzen Lebens erfordert. Indessen ist es ganz klar, dass man ohne die Erreichung einer wirklichen, auf Sitte und Brauch bezüglichen und moralischen Gleichheit des Mannes und der Frau in der Familie gar nicht ernsthaft von ihrer Gleichheit in der gesellschaftlichen Produktion oder auch nur von ihrer Gleichheit in der Staatspolitik sprechen könnte; denn wenn die Frau an die Familie, ans Kochen, Waschen und Nähen geschmiedet ist, so wird schon allein dadurch die Möglichkeit ihrer Einwirkung auf das öffentliche und staatliche Leben bis aufs Äußerste beschränkt.

Die einfachste Aufgabe war die Besitzergreifung der Macht. Aber auch diese Aufgabe verschlang in der entsprechenden Revolutionsperiode unsere ganzen Kräfte. Sie forderte unzählige Opfer. Der Bürgerkrieg hatte Maßnahmen von äußerster Strenge im Gefolge. Die kleinbürgerlichen Narren stimmten ein Gezeter an über die Verwilderung der Sitten, über die blutige Demoralisierung des Proletariats usw. In Wirklichkeit aber führte das Proletariat durch die ihm aufgezwungenen Maßnahmen der revolutionären Gewalt den Kampf um die neue Kultur, um die wahre Menschlichkeit. Auf wirtschaftlichem Gebiet gingen wir in den ersten vier bis fünf Jahren durch eine Periode des mörderischen Zerfalls, des vollständigen Niederganges der Produktivität der Arbeit, unter erschreckender, qualitativer Minderwertigkeit der hergestellten Produkte, hindurch. Die Feinde erblickten hierin die vollständige Zermürbung des Sowjetregimes oder wollten sie hierin erblicken. In Wirklichkeit aber war das nur die unvermeidliche Etappe der Zerstörung der alten Wirtschaftsformen und die ersten hilflosen Versuche der Schaffung neuer.

Auf dem Gebiete der Familie und der Lebensweise überhaupt gibt es auch eine unvermeidliche Periode des Zerfalls alles Alten, Traditionellen, von der Vergangenheit Ererbten und nicht Durchdachten. Aber hier, auf dem Gebiete der Lebenssitten, kommt die kritisch-zerstörende Periode mit Verspätung, sie hat eine sehr lange Dauer und nimmt die schwersten und krankhaftesten Formen an, obwohl diese infolge ihrer Mosaikartigkeit für den oberflächlichen Blick bei weitem nicht immer bemerkbar sind. Diese Marksteine, die uns eine Perspektive der Veränderungen in

Staat, Wirtschaft und Lebensweise geben, müssen wir deshalb feststellen, um nicht selbst vor den von uns beobachteten Erscheinungen zu erschrecken, sondern sie richtig zu bewerten, d. h. zu verstehen, welchen Platz sie in der Entwicklung der Arbeiterklasse einnehmen, und sie in der Richtung zu den sozialistischen Formen des Gemeinwesens bewusst zu beeinflussen.

Damit wir nicht selbst erschrecken, sage ich – denn es sind bereits erschrockene Stimmen erklungen. In der Besprechung der Moskauer Agitatoren führten einige Genossen mit großer und begreiflicher Unruhe Beispiele jener Leichtigkeit an, mit der alte Familienzusammenhänge zerrissen und neue – ebenso wenig dauerhafte – angeknüpft werden. Das leidende Element ist hierbei die Mutter und die Kinder. Wer von uns hat andererseits nicht schon in privaten Gesprächen geradezu Klagen über die »Sittenzerrüttung« unter der Sowjetjugend, im Besonderen unter den Mitgliedern des Kommunistischen Jugendverbandes zu hören bekommen? In diesen Klagen ist natürlich nicht alles Übertreibung, sondern es ist in ihnen auch ein Teil Wahrheit enthalten. Der Kampf gegen die negativen Seiten dieser Wahrheit ist notwendig – der Kampf für die Hebung der Kultur und der menschlichen Persönlichkeit. Um aber an das Elementarste der Frage richtig heranzutreten, ohne in reaktionäres Moralisieren oder in sentimentale Mutlosigkeit zu verfallen, muss man vor allem wissen, was ist, und verstehen, was geschieht.

Über das Familienleben sind, wie bereits gesagt, die ungeheuerlichsten Ereignisse hereingebrochen: der Krieg mit der Revolution. Ihren Spuren aber folgte der unterirdische Maulwurf: das kritische Denken, die bewusste Verarbeitung und Bewertung der Familienbeziehungen und der Lebensordnung. Die Verbindung der mechanischen Wucht großer Ereignisse mit der kritischen Kraft des erwachten Denkens erzeugt auf dem Gebiete der Familie jenes zerrüttende Stadium, durch das wir jetzt hindurchgehen. Der russische Arbeiter ist gezwungen, auf verschiedenen Gebieten seines Lebens erst jetzt, nach der Eroberung der Macht, bewusst die ersten kulturellen Schritte zu machen. Unter dem Einfluss mächtiger Erschütterungen reißt sich die Persönlichkeit zum erstenmal von Lebens-, Traditions- und Kirchenformen und -beziehungen los – ist es da zu verwundern, wenn ihr individueller Protest, ihr Rebellieren gegen das Alte in der ersten Zeit anarchische oder, gröber ausgedrückt, ungezügelte Formen annimmt? Wir haben dies sowohl in der Politik als auch im Kriegswesen und auch in der Wirtschaft beobachtet: Anarcho-Individualismus, Linksradikalismus aller Art, Partisanentum,

Volksversammlungen. Ist es da schließlich zu verwundern, wenn dieser Prozess seinen intimsten und darum schmerzhaftesten Ausdruck auf dem Gebiet der Familie findet? Hier verfällt die erwachte Persönlichkeit, die ihr Leben nach neuer, und nicht nach alter Art gestalten will, in Ausgelassenheit, Frechheit und andere Sünden, von denen in der Moskauer Besprechung die Rede war.

Der Mann, der durch die Mobilmachung aus den gewohnten Verhältnissen herausgerissen worden war, wurde an der Front des Bürgerkrieges zum ersten Mal zum revolutionären Staatsbürger. Er erlebte eine riesenhafte innere Umwälzung. Sein Horizont erweiterte sich. Seine geistigen Bedürfnisse nahmen zu und wurden komplizierter. Nun ist er bereits ein anderer Mensch. Er kehrt in die Familie zurück. Er findet alles oder fast alles am alten Platz vor. Der alte Familienzusammenhang ist zerrissen. Ein neuer entsteht nicht. Das beiderseitige Erstaunen geht in gegenseitige Unzufriedenheit über. Die Unzufriedenheit – in Erbitterung. Die Erbitterung führt zum Bruch.

Der Mann ist Kommunist, lebt ein aktives öffentliches Leben, wächst zusammen mit diesem und sieht hierin den Sinn seines persönlichen Lebens. Aber auch die Frau, eine Kommunistin, strebt danach, am öffentlichen Leben teilzunehmen, besucht Versammlungen, arbeitet im Sowjet oder im Verband. Die Familie hört entweder unauffällig auf zu existieren oder die Konflikte sammeln sich auf Grund des Fehlens der Familiengemütlichkeit an, rufen gegenseitige Erbitterung hervor und führen schließlich zum Bruch.

Der Mann ist Kommunist, die Frau parteilos. Der Mann ist ganz von der öffentlichen Arbeit in Anspruch genommen, die Frau nach wie vor im Familienkreis eingeschlossen. Die Beziehungen sind »friedlich«, beruhen im Grunde genommen auf gewohnheitsmäßiger Entfremdung. Aber da bestimmt die Parteizelle Folgendes: Die Kommunisten haben bei sich die Heiligenbilder zu entfernen. Der Mann betrachtet das als selbstverständlich, die Frau erblickt hierin eine Katastrophe. Aus diesem im Grunde genommen zufälligen Anlass offenbart sich ein geistiger Abgrund zwischen Mann und Frau. Die Beziehungen spitzen sich zu, und das Resultat ist ein Bruch.

Eine alte Familie, die zehn bis fünfzehn Jahre gemeinsamen Lebens hinter sich hat. Der Mann ist ein tüchtiger Arbeiter, ein Familienvater, die Frau geht im Haushalt auf, widmet ihre ganze Energie der Familie. Durch einen Zufall kommt sie mit einer Frauenorganisation in Berührung. Vor ihr eröffnet sich eine neue Welt. Sie findet ein neues, umfassenderes Anwendungsgebiet für ihre Energie. In der Familie beginnt der Zerfall. Der Mann wird erbittert. Die Frau fühlt sich in ihrer erwachten Staatsbürgerehre beleidigt. Es kommt zu einem Bruch.

Die Zahl dieser Varianten des Familiendramas, die zu ein und demselben Resultat – zum Bruch – führen, könnte man endlos vermehren. Aber wir haben nur die Hauptfälle angeführt. Sie alle spielen sich bei unseren Beispielen auf der Linie der Berührung kommunistischer Elemente mit Parteilosen ab. Aber der Zerfall der Familie (der alten) beschränkt sich nicht nur auf diese oberste Schicht der Klasse, die dem Einfluss der neuen Verhältnisse am meisten ausgesetzt ist, sondern er dringt noch weiter. Letzten Endes macht die kommunistische Avantgarde nur früher und in schrofferer Form durch, was für die Klasse als Ganzes mehr oder weniger unvermeidlich ist. Die kritische Prüfung des eigenen Lebens, die Vorweisung neuer Forderungen an die Familie – diese Erscheinungen erstrecken sich selbstverständlich weit über jene Linie hinaus, an der die kommunistische Partei sich mit der Arbeiterklasse berührt. Schon allein die Einführung der Institution der bürgerlichen Ehe konnte nicht umhin, der alten, geheiligten Prunkfamilie einen harten Schlag zu versetzen. Je weniger es in der alten Ehe persönlichen Zusammenhang gab, in desto größerem Maße spielte die äußere, durch Sitte und Brauch bedingte, im besonderen zeremonielle, kirchliche Seite die Rolle eines Bandes. Der gegen diese Letztere gerichtete Schlag erwies sich damit auch als ein Schlag gegen die Familie. Das sowohl des objektiven Inhaltes als auch der staatlichen Anerkennung beraubte Zeremoniell hält sich nur durch das Beharrungsvermögen, indem es auch weiterhin als eine der Stützen für die herkömmliche Familie dient. Wenn es aber in der Familie selbst an innerem Zusammenhang fehlt, wenn sie selbst sich in bedeutendem Maße nur durch das Beharrungsvermögen hält, so ist jeder äußere Stoß imstande, sie zum Zerfall zu bringen, indem er damit auch die Kirchlichkeit trifft. Solche Stöße aber gibt es in unserer Zeit unvergleichlich mehr als sonst jemals. Das ist der Grund, warum die Familie ins Wanken geraten ist, zerbröckelt, zerfällt, entsteht und von neuem zusammenbricht. In der erbarmungslosen und schmerzhaften Kritik der Familie prüft das Leben sich selbst. Die Geschichte rodet den alten Wald aus, und die Späne fliegen nach allen Seiten.

Sind nun Elemente der neuen Familie in Vorbereitung? Zweifellos. Aber man muss sich über die Natur dieser Elemente und den Prozess ihrer Formierung Klarheit verschaffen. Wie in anderen Fällen, so muss man auch hier materielle Bedingungen und psychische oder objektive und subjektive unterscheiden. In psychischer Hinsicht bedeutet die Vorbereitung der neuen Familie, überhaupt neuer menschlicher Beziehungen, für uns ein kulturelles Wachstum der Arbeiterklasse, eine Entwicklung der Persönlichkeit, eine Steigerung ihrer Anforderungen und ihrer inneren Disziplin. Von diesem Gesichtspunkt betrachtet, bedeutet die Revolution schon an und für sich natürlich eine ungeheure Vorwärtsbewegung, und die drückendsten Erscheinungen des Familienzerfalls erscheinen als ein nur der Form nach schmerzhafter Ausdruck des Erwachens der Klasse und der Persönlichkeit in der Klasse. Unsere ganze Kulturarbeit – jene, die wir leisten, und im Besonderen jene, die wir leisten müssen – ist von diesem Gesichtspunkt betrachtet eine Vorbereitung neuer Beziehungen und einer neuen Familie. Ohne eine Hebung des individuellen Kulturniveaus des Arbeiters und der Arbeiterin kann es keine neue, höhere Familie geben, denn auf diesem Gebiet kann selbstverständlich nur von innerer Disziplin, keineswegs aber von äußerem Zwang die Rede sein. Die Macht der inneren Disziplin der Persönlichkeit in der Familie wird aber durch den Inhalt des inneren Lebens, durch den Umfang und den Wert jener Bande, die Mann und Frau miteinander verknüpfen, bedingt.

Die Vorbereitung der materiellen Bedingungen des neuen Lebens und der neuen Familie kann wiederum in ihrer Grundlage nicht von der allgemeinen Arbeit des sozialistischen Aufbaus getrennt werden. Der Arbeiterstaat muß erst reicher werden, damit er ernsthaft und wie es sich gehört die öffentliche Erziehung der Kinder und die Entlastung der Familie von Küche und Waschküche in Angriff nehmen kann. Die Vergesellschaftung der Familienwirtschaft und der Kindererziehung ist undenkbar ohne ein gewisses Reicherwerden unserer Wirtschaft als Ganzes. Wir brauchen notwendig die sozialistische Akkumulation. Nur unter dieser Bedingung werden wir die Familie von solchen Funktionen und Sorgen befreien können, durch die sie heute unterdrückt und zerstört wird. Die Wäsche muss durch eine gute öffentliche Wäscherei gewaschen werden. Die Verpflegung muss durch ein gutes öffentliches Restaurant besorgt werden. Die Bekleidung muss Sache einer Kleiderwerkstatt sein. Die Kinder müssen durch gute öffentliche Pädagogen erzogen werden, die in dieser Tätigkeit ihren wahren Beruf sehen. Dann werden die Beziehungen von Mann und Frau zueinander von allem Äußeren, Nebensächlichen, Aufgezwungenen, Zufälligen befreit. Der eine hört auf, das Leben des anderen mit Beschlag zu belegen. Es tritt endlich volle Gleichberechtigung ein. Das Verbundensein wird nur durch gegenseitige Sympathie bedingt. Aber gerade dadurch erwirbt es innere Beständigkeit, die natürlich nicht für alle die gleiche und für niemanden eine zwangsmäßige ist.

Der Weg der neuen Familie ist also ein doppelter: a) kulturelle Erziehung der Klasse und der Persönlichkeit in der Klasse und b) materielle Bereicherung der zum Staat organisierten Klasse. Diese beiden Prozesse sind eng miteinander verknüpft.

Oben Gesagtes bedeutet selbstverständlich durchaus nicht, dass es einen bestimmten Moment in der materiellen Entwicklung gebe, von dem beginnend die Zukunftsfamilie mit einem Schlag in ihre Rechte eintritt. Nein, eine gewisse Bewegung in der Richtung der neuen Familie ist schon jetzt möglich. Zwar kann der Staat weder die öffentliche Erziehung der Kinder, noch die Schaffung öffentlicher Küchen, die besser wären als die Familienküche, noch auch die Schaffung öffentlicher Waschküchen, in denen die Wäsche nicht zerrissen und gestohlen würde, auf sich nehmen. Das bedeutet aber durchaus noch nicht, dass die fortschrittlichsten und die meiste Initiative besitzenden Familien sich nicht schon heute auf kollektiver wirtschaftlicher Grundlage gruppieren könnten. Solche Versuche müssen natürlich sehr vorsichtig gemacht werden, so dass die technischen Mittel der kollektiven Ausrüstung einigermaßen den Interessen und Bedürfnissen der Gruppierung selbst entsprächen und für alle ihre Mitglieder Vorteile ergäben, die ganz offenkundig, wenn auch in der ersten Zeit bescheiden wären.

»Diese Aufgabe«, schrieb vor kurzem Genosse Semaschko über die Notwendigkeit der Umgestaltung unseres Familienlebens, »ließe sich am besten auf dem Wege des Vorbildes verwirklichen: Durch Verfügungen allein oder gar nur durch Predigen ließe sich hier wenig erreichen. Aber ein Beispiel, ein Vorbild würde hier größere Wirkung haben als Tausende guter Broschüren. Diese Propaganda des Vorbildes wäre am besten nach der Methode zu betreiben, die die Chirurgen in ihrer Praxis ›Transplantation‹ nennen. Wenn eine große Körperoberfläche (durch Verwundung oder Verbrennung) von der Haut entblößt ist und keine Hoffnung besteht, dass die Haut eine so große Fläche wieder bedecke, so schneidet der Chirurg kleine Hautstückchen aus einer gesunden Stelle heraus und verpflanzt sie als kleine Inseln auf die entblößte Oberfläche: Die Haut wächst an und beginnt von diesen Inseln aus nach den Seiten zu wachsen; auf diese Weise werden die kleinen Inseln immer größer und größer, und schließlich bedeckt sich die ganze Oberfläche mit Haut.

Das Gleiche wird auch bei dieser Propaganda des Vorbildes geschehen: Wenn eine Fabrik oder ein Werk bei sich eine kommunistische Lebensordnung einführen wird, so werden ihr auch die anderen Fabriken folgen.«*

Die Erfahrung solcher Familienwirtschaftskollektive, die die erste noch sehr unvollkommene Annäherung an die kommunistische Lebensweise darstellen, muss sorgfältig studiert und aufmerksam durchdacht werden. Die Kombination privater Initiative und staatlicher Unterstützung, vor allem der lokalen Sowjets- und Wirtschaftsorgane, muss an erster Stelle stehen. Die Errichtung von neuen Häusern – und wir werden ja doch einmal beginnen, neue Häuser zu bauen! – muss von vornherein mit den Bedürfnissen der Familien- und Gruppengemeinschaften in Übereinstimmung gebracht werden. Die ersten einigermaßen offenkundigen und unbezweifelbaren Erfolge in dieser Richtung werden, selbst wenn sie in ihrem Maßstab sehr beschränkt sein werden, unvermeidlich das Bestreben breiterer Kreise hervorrufen, sich in der gleichen Weise einzurichten. Für die planmäßige, von oben her eingreifende Initiative ist die Frage noch nicht reif genug – sie ist es weder hinsichtlich der materiellen Hilfsquellen des Staates noch hinsichtlich des Vorbereitetseins des Proletariats selbst. Man kann die Sache gegenwärtig nur durch die Schaffung vorbildlicher Lebensgemeinschaften über den toten Punkt hinausbringen. Wir werden Schritt für Schritt den Boden unter unseren Füßen festigen müssen, ohne uns allzusehr in die Zukunft zu verrennen und ohne in bürokratische Fantastik zu verfallen. In einem bestimmten Moment wird sich der Staat – unter Mithilfe der lokalen Sowjets, der Genossenschaften usw. – dieses Prozesses bemächtigen, wird die bereits geleistete Arbeit verallgemeinern, erweitern und vertiefen. Auf diese Weise wird die menschliche Familie, um mit Engels zu sprechen, »einen Sprung aus dem Reiche der Notwendigkeit in das Reich der Freiheit« machen.

* N. Semaschko, »Der Tote packt den Lebendigen«, Iswestija WZIK Nr. 81 vom 14. April 1923 (Mitteilungen des Allrussischen Zentral-Exekutivkomitees)

Familie und Zeremoniell

Das Kirchenzeremoniell hält selbst den ungläubigen oder wenig gläubigen Arbeiter mit Hilfe der drei wichtigsten Momente im Leben des Menschen und der menschlichen Familie – Geburt, Eheschließung und Tod – wie mit Ketten fest. Der Arbeiterstaat wandte sich vom Kirchenzeremoniell ab, indem er den Staatsbürgern erklärte, dass sie das Recht hätten, geboren zu werden, zu heiraten und zu sterben ohne die magischen Manipulationen und Beschwörungen vonseiten von Leuten, die in Priestergewänder, Soutanen und andere Formen der religiösen Berufskleidung gekleidet sind. Aber dem Leben fällt es bedeutend schwerer als dem Staat, sich vom Zeremoniell loszureißen. Das Leben der werktätigen Familie ist allzu eintönig, und es erschöpft durch diese Eintönigkeit das Nervensystem. Daher das Bedürfnis nach Alkohol: Ein kleines Fläschchen enthält eine ganze Welt von Bildern. Daher auch das Bedürfnis nach der Kirche mit ihrem Zeremoniell. Wie soll man eine Eheschließung oder die Geburt eines Kindes in der Familie feiern? Wie soll man einem verstorbenen nahe stehenden Menschen die letzte Ehre erweisen? Auf diesem Bedürfnis, die wichtigsten Marksteine des Lebensweges hervorzuheben, zu kennzeichnen, sie schön zu gestalten, beruht nun gerade das Kirchenzeremoniell.

Was soll man ihm entgegenstellen? Dem Aberglauben, der dem Zeremoniell zugrunde liegt, stellen wir selbstverständlich die materialistische Kritik und atheistisch-aktivistisches Verhalten zur Natur und ihren Kräften entgegen. Aber die Frage wird durch diese wissenschaftlich-kritische Propaganda nicht erschöpft: Erstens erstreckt sie sich vorläufig nur auf eine Minderheit und wird sich auch noch ziemlich lange nur auf diese erstrecken; zweitens bleibt auch bei dieser Minderheit das Bedürfnis bestehen, das persönliche Leben wenigstens in seinen wichtigsten Etappen schön zu gestalten, es zu heben, zu veredeln.

Der Arbeiterstaat hat bereits seine eigenen Feiertage, seine Prozessionen, seine Paraden, seine symbolischen Schauspiele, seine eigene neue staatliche Theatralik. Zwar schließt sie sich in vielem noch allzu eng an die alten Formen an, ahmt sie nach und führt sie teilweise unmittelbar fort. Aber im Wesentlichen ist die revolutionäre Symbolik des Arbeiterstaates neu, klar und mächtig: die rote Fahne, Hammer und Sichel, der rote Stern, Arbeiter und Bauer, Genosse, Internationale. In den geschlossenen Zellen des Familienlebens ist dieses Neue fast noch gar nicht, jedenfalls aber noch zu wenig vorhanden. Indessen ist das persönliche Leben eng mit der Familie verknüpft. Daraus erklärt sich auch, dass in der Familie nicht selten, was Sitten und Gebräuche anbelangt, die konservativere Seite in Bezug auf Heiligenbilder, Taufe, kirchliche Beerdigung usw. die Oberhand bekommt, da die revolutionären Familienmitglieder dem nichts entgegenzustellen haben. Theoretische Argumente wirken nur auf den Verstand. Das theatralische Zeremoniell aber wirkt auf Gefühl und Einbildung. Sein Einfluss ist folglich ein viel umfassenderer. Darum erwacht im kommunistischen Milieu plötzlich das Bedürfnis, dem alten Zeremoniell neue Formen entgegenzusetzen, eine neue Symbolik, nicht nur auf dem Gebiete des Staatslebens, wo diese bereits in großem Maße vorhanden ist, sondern auch in der Sphäre der Familie. Unter den Arbeitern besteht eine Bewegung, den Geburtstag und nicht den Namenstag zu feiern, die Neugeborenen nicht nach dem Kirchenkalender, sondern mit irgendwelchen neuen Namen zu benennen, die neue uns nahe stehende Tatsachen, Ereignisse oder Ideen symbolisieren. Auf der Besprechung der Moskauer Agitatoren erfuhr ich zum ersten Mal, dass der neue Mädchenname »Oktobrina« sich schon bis zu einem gewissen Grade eingebürgert habe. Auch der Name »Ninel« kommt vor (der Name »Lenin« rückwärts gelesen). Genannt wurde auch der Name »Rem«*. Eine Methode, den Zusammenhang mit der Revolution zum Ausdruck zu bringen, besteht auch darin, neugeborenen Knaben den Namen Wladimir sowie auch Iljitsch oder sogar Lenin (als Vorname) und Mädchen den Namen Rosa (zu Ehren Rosa Luxemburgs) zu geben usw. In einigen Fällen wurde die Geburt durch ein halb scherzhaftes Zeremoniell, eine »Visitation« des Neugeborenen unter Teilnahme des Fabrikkomitees und spezielle »protokollarische Verfügung« über die Aufnahme des Neugeborenen in die Zahl der Bürger der RSFSR** gefeiert. Darauf begann ein Gelage.

Der Beginn der Lehrlingszeit des Sohnes wird zuweilen in der Arbeiterfamilie gefeiert. Das ist tatsächlich ein außerordentlich wichtiges Ereignis, da es mit der Wahl des Berufes, der Lebensbahn verknüpft ist. Hier wäre es am Platze, dass die Gewerkschaften etwas unternähmen. Man braucht überhaupt nicht daran zu zweifeln, dass gerade die Gewerkschaften einen hervorragenden Platz in der Schaffung und Organisation neuer Lebensformen einnehmen werden. Die mittelalterlichen

* Revolution, Elektrifizierung, Friede (russisch »Mir«).

** Russische Sozialistische Föderative Sowjetrepublik.

Zünfte waren ja gerade dadurch so mächtig, dass sie das Leben des Lehrlings, Gesellen und Meisters in jeder Hinsicht umfassten. Sie begrüßten den Neugeborenen am ersten Tage seines Lebens, geleiteten ihn an die Tore der Schule, begleiteten ihn, wenn er heiratete, zur Kirche und beerdigten ihn, wenn er seine arbeitsreiche Lebensbahn beendete. Die Zünfte waren nicht einfach Handwerkervereinigungen, sondern in Sitte und Gebrauch organisiertes Leben. In derselben Richtung wird wahrscheinlich in bedeutendem Maße die Entwicklung unserer Produktionsverbände verlaufen, mit dem Unterschied natürlich, dass das neue Leben, im Gegensatz zum mittelalterlichen, in seinen Sitten und Gebräuchen vollständig von der Kirche und ihrem Aberglauben frei sein wird und dass ihm das Bestreben zugrunde liegen wird, jede Errungenschaft der Wissenschaft und Technik zur Bereicherung und Verschönerung des menschlichen Lebens auszunutzen.

Die Eheschließung kommt vielleicht leichter ohne Zeremoniell aus. Obwohl es auch in dieser Hinsicht viele Meinungsverschiedenheiten und Ausschließungen aus der Partei wegen kirchlicher Trauung gegeben hat. Das Leben will sich nicht mit der »nackten«, nicht durch Theatralik geschmückten Ehe versöhnen.

Unvergleichlich schwieriger verhält es sich mit der Beerdigung. Einen Toten ohne Seelenmesse zu begraben, ist etwas ebenso Ungewohntes, Sonderbares und Anstößiges, wie einen Ungetauften aufzuziehen. In jenen Fällen, wo die Beerdigung der Persönlichkeit des Verstorbenen entsprechend politische Bedeutung erlangt, tritt ein neues, von revolutionärer Symbolik durchtränktes theatralisches Zeremoniell auf die Szene: rote Fahnen, der revolutionäre Trauermarsch, eine Gewehrsalve als Abschiedsgruß. Einige der Teilnehmer der Moskauer Besprechung betonten die Notwendigkeit des möglichst schnellen Überganges zur Leichenverbrennung und machten den Vorschlag, des Vorbildes halber bei den hervorragenden Revolutionsarbeitern zu beginnen, da sie mit Recht hierin ein mächtiges Werkzeug der antikirchlichen und antireligiösen Propaganda erblicken. Aber natürlich wird auch die Leichenverbrennung – zu der überzugehen es in der Tat Zeit wäre – nicht einen Verzicht auf Prozessionen, Reden, Trauermarsch und Salutschüsse bedeuten. Das Bedürfnis, die Gefühle äußerlich kenntlich zu machen, ist mächtig und berechtigt.

Wenn die Theatralik der Sitten und Gebräuche in der Vergangenheit stets in der innigsten Weise mit der Kirche verknüpft war, so bedeutet dies, wie bereits gesagt, durchaus nicht, dass sie nicht von einander getrennt werden könnten. Die Trennung des Theaters von der Kirche fand viel früher statt, als die Trennung der Kirche vom Staat. Die Kirche bekämpfte in der ersten Zeit außerordentlich stark das weltliche Theater, indem sie in diesem ganz mit Recht einen gefährlichen Konkurrenten auf dem Gebiete der Inszenierung von Schauspielen erblickt. Das Theater ist am Leben geblieben, jedoch als ein spezielles, in vier Wänden eingeschlossenes Schauspiel. Im Alltagsleben aber behielt sich die Kirche nach wie vor das Monopol theatralischer Schauspiele vor. Mit ihr konkurrierten in dieser Hinsicht einige Geheimgesellschaften, wie etwa die Freimaurer. Aber sie selbst sind gänzlich vom weltlichen Pfaffentum durchdrungen. Die Schaffung eines revolutionären »Lebenszeremonielles« (wir wollen dieses Wort nehmen, da es uns an einem besseren fehlt) und die Gegenüberstellung desselben dem kirchlichen Zeremoniell ist nicht nur in Bezug auf die Ereignisse öffentlich-staatlichen Charakters durchführbar, sondern auch in Bezug auf die Familienereignisse. Schon heute ist ein Orchester, das einen Trauermarsch spielt, wie sich herausstellt, nicht selten in der Lage, mit einer kirchlichen Totenmesse zu konkurrieren. Und wir müssen natürlich das Orchester zu unserem Verbündeten im Kampfe gegen das Kirchenzeremoniell machen, das auf dem Knechtesglauben an eine andere Welt beruht, in der das Übel und die Gemeinheiten dieser Welt hundertfach vergolten werden sollen. Ein noch mächtigerer Verbündeter wird für uns das Kino sein.

Die Schaffung neuer Lebensformen und einer neuen Lebenstheatralik wird zunehmen zusammen mit der Verbreitung des Lesens und Schreibens und mit der Zunahme der materiellen Sicherstellung. Wir haben allen Grund, diesen Prozess mit der größten Aufmerksamkeit zu verfolgen. Von irgendeiner zwangsmäßigen Einmischung von oben her, d. h. von einer Bürokratisierung der neuen Lebenserscheinungen kann natürlich gar keine Rede sein. Nur die kollektive, schöpferische Tätigkeit der breitesten Bevölkerungskreise unter Hinzuziehung der künstlerischen Fantasie, der schöpferischen Einbildung, der künstlerischen Initiative zu dieser Arbeit, kann uns allmählich im Laufe von Jahren und Jahrzehnten auf die Bahn neuer, vergeistigter, veredelter, von kollektiver Theatralik durchdrungener Lebensformen führen. Ohne jedoch diesen schöpferischen Prozess zu reglementieren, muss man ihn auch jetzt schon in jeder Weise fördern. Hierfür ist aber wiederum vor allem notwendig, dass er aus einem blinden zu einem sehenden werde. Man muss in dieser Hinsicht aufmerksam alles das verfolgen, was in dieser Hinsicht in der Arbeiterfamilie und überhaupt in der Sowjetfamilie geschieht. Alle neuen Formen, Keime solcher Formen und sogar Andeutungen derselben müssen in die Spalten der Presse kommen, zur allgemeinen Kenntnis gebracht werden, die Fantasie und das Interesse wecken und damit das kollektive Schöpfertum neuer Lebensformen vorwärtstreiben.

Dem Kommunistischen Jugendverband gebührt in dieser Arbeit Platz und Ehre. Nicht jeder Einfall wird sich als gelungen erweisen, nicht jedes Unterfangen Fuß fassen. Was wäre da Schlimmes dran? Die notwendige Auslese wird von selbst kommen. Das neue Leben wird jene Formen adoptieren, die ihm geeignet erscheinen werden. Das Resultat davon wird sein, dass das Leben reicher, besser, geräumiger, bunter, klangvoller werden wird. Das aber ist das Wesentliche.

Der Kampf um die Sprachkultur

Dieser Tage las ich in einer unserer Zeitungen Folgendes: »In der Generalversammlung der Arbeiter der Schuhfabrik ›Pariser Kommune‹ wurde der Beschluss gefasst, das Schimpfen auszurotten, für ›Ausdrücke‹ Strafen aufzuerlegen usw. ...«

Das ist im Wirbel unserer Zeit und an den »Ausdrücken« Lord Curzons gemessen, für die man ihn vorläufig noch nicht bestrafen kann, eine zwar kleine, aber bedeutsame Tatsache. Ihre Bedeutung wird jedoch erst in Abhängigkeit davon zutage treten, was für einen Widerhall diese Initiative finden wird.

Das Schimpfen ist ein Erbe der Knechtschaft, der Unterdrückung, der Nichtachtung der menschlichen Würde, der fremden und der eigenen. Von unserem russischen Schimpfen gilt das ganz besonders. Man müsste bei Philologen, Linguisten, Volkskundlern anfragen, ob es bei anderen Völkern ein so ungezügeltes, schmieriges und widerliches Schimpfen gibt wie bei uns. Soviel ich weiß, ist das nicht oder fast gar nicht der Fall. In dem russischen Schimpfen *von unten herauf* liegt Verzweiflung, Erbitterung und vor allem hoffnungslose, ausweglose Knechtschaft. Dasselbe Schimpfen aber war, wenn es *von oben herab* aus dem Munde des Adeligen, des Polizeivorstehers erfolgte, der Ausdruck ständiger Überlegenheit, der Sklavenhalterehre, der Unerschütterlichkeit der gesellschaftlichen Grundlagen. ... Die Sprichwörter sind, heißt es, der Ausdruck der Volksweisheit – aber nicht nur der Weisheit, sondern auch der Unwissenheit, der Vorurteile und der Sklaverei. »Schmähreden verweht der Wind« – sagt ein altes russisches Sprichwort, und es spiegelt sich in ihm nicht nur die Tatsache der Knechtschaft, sondern auch die Aussöhnung mit ihr wider. Zwei Ströme russischen Schimpfredens: das satte, schmalzige Schimpfen des Herrn, des Beamten, des Polizisten einerseits, und das hungrige, verzweifelte, krampfhafte Schimpfen der Unterdrückten andererseits – haben das ganze russische Leben mit einer widerlichen Wortverzierung verbrämt. Und dieses Erbe hat neben vielen anderen die Revolution übernommen.

Die Revolution ist ja aber doch vor allem das Erwachen der menschlichen Persönlichkeit in jenen Massen, die früher unpersönlich sein mussten. Die Revolution ist, trotz all der zuweilen in Erscheinung tretenden Grausamkeit und blutigen Erbarmungslosigkeit ihrer Methoden, vor allem und hauptsächlich das Erwachen der Menschlichkeit, ihr

Fortschreiten, die Zunahme der Aufmerksamkeit gegenüber der eigenen und fremden Würde, das Wachsen der Teilnahme für die Schwachen und Schwächsten. Die Revolution ist keine Revolution, wenn sie nicht mit allen ihren Kräften und Mitteln der doppelt und dreifach unterdrückten Frau behilflich ist, die Bahn der persönlichen und öffentlichen Entwicklung zu betreten. Die Revolution ist keine Revolution, wenn sie nicht die größte Teilnahme für die Kinder an den Tag legt: Denn gerade diese sind ja die Zukunft, in deren Namen die Revolution vor sich geht. Kann man aber – wenn auch nur brocken- und bruchstückweise – in tagtäglichem Mühen ein neues Leben, das auf gegenseitiger Achtung, auf Selbstachtung, auf kameradschaftlicher Gleichheit der Frau, auf der wahren Sorge für das Kind beruht, gestalten, in einer Atmosphäre, in der das nichts und niemanden schonende herrisch-sklavisch altrussische Schimpfen poltert, grunzt, schallt und tönt? Der Kampf gegen die »Ausdrücke« ist eine ebensolche Voraussetzung der geistigen Kultur, wie der Kampf gegen Schmutz und Läuse die Voraussetzung der materiellen Kultur ist.

Die Zügellosigkeit der Zunge auszurotten, ist gar keine so einfache und leichte Aufgabe, da die Wurzeln dieser Ungezügeltheit nicht im Wort, sondern im Seelenleben und im Alltagsleben liegen. Die Initiative der Fabrik »Pariser Kommune« ist natürlich in jeder Weise zu begrüßen, vor allem aber ist den Initiatoren Ausdauer und Hartnäckigkeit zu wünschen, denn die psychischen Gewohnheiten, die von Generation auf Generation übergingen und bis auf den heutigen Tag die ganze Atmosphäre sättigen, lassen sich nicht leicht ausrotten, während wir doch so oft mit aller Wucht vorwärtsstürmen, uns überheben, eine resignierende Handbewegung machen und alles beim Alten lassen.

Wir wollen hoffen, dass die Arbeiterinnen, und vor allem die Kommunistinnen, die Initiative der »Pariser Kommune« unterstützen werden. Man kann sagen, dass in der Regel – natürlich gibt es Ausnahmen – ein Schimpfer und Schmäher sich der Frau gegenüber verächtlich und dem Kinde gegenüber achtlos verhalten wird, und das nicht nur unter den rückständigen Massen, sondern nicht selten auch unter den Fortschrittlichsten, zuweilen auch bei sehr »Verantwortlichen«. Man kann ja nicht leugnen, dass die alte vaterländische Phraseologie (Schtschedrin nannte sie Mitirognosie) bei uns auch heute noch, im sechsten Jahre nach dem Oktober, und zwar sogar unter den sogenannten »Spitzen« entwickelt ist. Außerhalb der Stadtgrenzen, im Besonderen außerhalb der Grenzen der Hauptstädte, halten es manche »Würdenträger«

gewissermaßen sogar für ihre Pflicht, mit »Ausdrücken« um sich zu werfen, da sie darin offenbar einen der Wege sehen, mit der Bauernschaft in enge Berührung zu kommen.

Unser Leben ist in seiner wirtschaftlichen Grundlage und in seinen kulturellen Formen sehr widerspruchsvoll. Wir sehen hier bei uns, im Mittelpunkt des Landes, in unmittelbarer Nähe von Moskau, ungeheuere Sumpfflächen, unwegsame Wälder und gleich dicht daneben Fabriken, die den europäischen oder amerikanischen Ingenieur durch ihre Technik in Erstaunen versetzen. Dieselben Kontraste bestehen auch in unseren Sitten. Und zwar nicht nur in dem Sinn, dass wir Seite an Seite mit Kit Kitytsch Junior*, der durch die Revolution, die Enteignung, das Gaunertum, die illegale Spekulation und die legalisierte Spekulation hindurchgegangen ist und seinen Charakter aus der Kaufmannsvorstadt von Moskau fast unberührt erhalten hat, den besten Typ des Arbeiterkommunisten sehen, der Tag für Tag für die Interessen der Weltarbeiterklasse lebt und bereit ist, in einem beliebigen Moment für die Sache der Revolution in einem beliebigen Land zu kämpfen, das er selbst vielleicht nicht einmal auf der Karte finden würde. Neben diesem sozialen Kontrast – dem Schweinestumpfsinn und dem höchsten revolutionären Idealismus – können wir nicht selten psychische Kontraste in ein und demselben Kopfe, in einem und demselben Bewusstsein beobachten. Da ist einer ein aufrichtiger und treuer Kommunist, die Frauen aber sind für ihn »Weiberpack« (was für ein widerliches Wort!), von dem man gar nicht ernsthaft reden kann. Oder ein verdienter Kommunard macht plötzlich eine Äußerung, dass man geradezu aus dem Zimmer hinauslaufen möchte. Das geschieht daher, weil die verschiedenen Gebiete des menschlichen Bewusstseins sich durchaus nicht parallel und gleichzeitig verändern und umgestalten. Hier herrscht auch eine eigene Art der Ökonomie. Das Seelenleben ist sehr konservativ, und unter dem Einfluss der Anforderungen und Schläge des Lebens verändern sich in erster Linie jene Gebiete des Bewusstseins, die diesen Schlägen unmittelbar ausgesetzt sind. Unsere soziale und politische Entwicklung der

* Kit Kitytsch ist eine Persiflage auf Tit Titytsch, eine Gestalt aus Alexander Ostrowskis Komödien »Der bittre Rest beim fremden Fest« und »Schwere Tage«. Der Kaufmann Tit Titytsch Bruskow ist der Typ des aus der Bauernschaft aufgestiegenen Handelsbourgois, das Sinnbild für hemmungslose Besitzgier, Grobheit und Despotie. Lenin bezog sich öfter auf Kit (russisch für Wal) Kitytsch, um das Schwergewicht des gierigen Despoten zu unterstreichen.

letzten Jahrzehnte dagegen verlief in einem noch nie dagewesenen und unerhörten Tempo, mit noch nie dagewesenen und unerhörten plötzlichen Wendungen und Sprüngen. Darum sind ja auch die Zerrüttung und das Chaos bei uns so tief. Aber es wäre unrichtig zu meinen, dass diese Geschwister nur in der Produktion oder im Staatsapparat wirtschaften. Nein, man braucht es gar nicht zu verhehlen, dass sie auch in den Köpfen herrschen und die unglaublichsten Kombinationen der fortschrittlichsten, aufrichtigsten und durchdachtesten Überzeugungen (in dieser Hinsicht geben wir Europa und Amerika manche Lehre!) in Verbindung mit Gesinnungen, Gewohnheiten und teilweise auch Ansichten erzeugen, die geradezu aus dem Mittelalter kommen. Die geistige Front auszurichten, d. h. alle Gebiete des Bewusstseins mit der marxistischen Methode durchzuarbeiten – das ist die allgemeine Formel der Erziehung und Selbsterziehung, vor allem für unser eigene Partei, von ihren Spitzen beginnend. Und diese Aufgabe ist wiederum furchtbar kompliziert und nicht allein durch Schul- und Literaturmittel lösbar, denn die letzten Wurzeln der Gegensätze und der psychischen Unstimmigkeit liegen in der Zerrüttung und dem Chaos des Seins. Denn das Bewusstsein wird ja letzten Endes durch das Sein bestimmt. Aber die Abhängigkeit ist hier keine mechanische und keine automatische, sondern eine aktive oder auf gegenseitiger Aktivität beruhende. Man muss darum an die Lösung der Aufgabe von verschiedenen Seiten her und unter anderem auch von jener Seite her herantreten, von der aus es die Arbeiter der Fabrik »Pariser Kommune« taten.

Wir wünschen ihnen also Erfolg!

Der Kampf gegen die Schimpfworte ist zugleich ein Bestandteil des Kampfes um die Reinheit, Klarheit und Schönheit der Sprache.

Reaktionäre Dummköpfe behaupten, dass die Revolution, wenn sie die russische Sprache auch noch nicht zugrunde gerichtet hat, sie doch jetzt zugrunde richtet. Es ist bei uns tatsächlich eine ungeheure Zahl von Worten zufälliger Herkunft gebräuchlich geworden, die zuweilen offenkundig überflüssig sind, provinzielle Ausdrücke, die zuweilen dem Geiste der Sprache von Grund auf feindlich sind usw. Die reaktionären Dummköpfe irren sich aber hinsichtlich des Schicksals der russischen Sprache in der gleichen Weise wie hinsichtlich alles Übrigen. Die Sprache wird aus den revolutionären Erschütterungen erstarkt, verjüngt, mit gesteigerter Elastizität und Sensibilität hervorgehen. Unsere vorrevolutionäre, offenkundig in der Verknöcherung befindliche Kanzlei- und liberale Zeitungssprache wird bereichert werden – ist schon in bedeutendem Maße bereichert worden – durch neue wortplastische Mittel, durch neue viel genauere und dynamischere Ausdrücke. Aber es unterliegt keinem Zweifel, dass im Laufe dieser stürmischen Jahre auch eine nicht geringe Verunreinigung der Sprache eingetreten ist. Die Hebung unseres Kulturniveaus muss und wird unter anderem auch zum Ausdruck kommen in der Ausscheidung aller unnötigen oder der Natur der Sprache fremden Worte und Ausdrücke aus dem Wortschatz unserer Sprache, unter Beibehaltung der unbestreitbaren und unschätzbaren sprachlichen Errungenschaften der revolutionären Epoche.

Die Sprache ist ein Instrument des Denkens. Genauigkeit und Richtigkeit der Sprache sind notwendige Voraussetzungen der Richtigkeit und Genauigkeit des Denkens. Zum ersten Mal in der Geschichte ist bei uns die Arbeiterklasse zur Macht gelangt. Sie hat einen reichen Vorrat werktätiger Lebenserfahrung und eine auf dieser Erfahrung gewachsenen Sprache mitgebracht. Aber sie hat auch eine ungenügende elementare, geschweige denn literarische Bildung mitgebracht. Das ist der Grund, warum die regierende Arbeiterklasse, die durch ihre ganze soziale Natur Garantien einer weiteren mächtigen Entwicklung der russischen Sprache gibt, nicht immer den in die Alltags- und Zeitungssprache eingedrungenen Wörtern und Ausdrücken – die überflüssig, unnütz, unrichtig und zuweilen widerlich sind – den notwendigen Widerstand entgegensetzt. Wenn man uns sagt – und sogar schreibt! – ein »Paar Wochen« oder ein »Paar Monate« (anstelle von: zwei bis drei Wochen, einigen Wochen oder einigen Monaten) so ist das scheußlich, dumm und bereichert nicht die Sprache, sondern macht sie ärmer, weil das Wort »Paar« seiner eigenen notwendigen Bedeutung beraubt wird (im Sinne von: ein Paar Stiefel). Das Wort »aufzeigen« wird jetzt bei uns anstelle von einem Dutzend anderer, viel zutreffenderer russischer Wörter unbedacht verwendet: entdecken, aufdecken, sich offenbaren, kenntlich machen u. ä. Bei uns wird gesagt: fixieren anstelle von vereinbaren, befestigen, bestimmen, festlegen usw.

Bei uns sind grobe Sprachunrichtigkeiten gebräuchlich geworden, deren Ursache die Umgestaltung von Fremdworten und ihre Anpassung an die russische Sprache ist. So sagen bei uns nicht selten sehr gute Arbeiterredner: konstantieren statt konstatieren; Inzindent statt Inzident; und umgekehrt Instikt statt Instinkt; legulieren und legulär statt regulieren und regulär. Diese Verstümmelungen waren im Arbeitermilieu auch früher, vor der Revolution, üblich. Aber jetzt erwerben sie gewissermaßen Bürgerrecht. Solche und ähnliche fehlerhafte Ausdrücke werden von niemandem korrigiert, offenbar aus Erwägungen falscher Eigenliebe. Das geht nicht. Der Kampf um die Elementarbildung und Kultur muss für die fortgeschrittenste Schicht der Arbeiter den Kampf um die Beherrschung der russischen Sprache in ihrem ganzen Reichtum, in ihrer ganzen Elastizität und Feinheit bedeuten. Die erste Bedingung hierfür muss die Ausrottung der falschen, fremdstämmigen Worte und Ausdrücke aus der lebendigen Alltagssprache sein. Auch die Sprache bedarf ihrer eigenen Hygiene. Die Arbeiterklasse bedarf einer gesunden Sprache nicht weniger, sondern noch mehr als alle anderen Klassen, denn zum erstenmal in der Geschichte beginnt die Arbeiterklasse die ganze Natur, das ganze Leben bis in seine tiefsten Grundlagen mit seinem eigenen Denken zu durchdenken: für diese Arbeit braucht sie das Instrument des klaren, reinen geschliffenen Wortes.

Beilage:
Fragen und Antworten über das Arbeiterleben

Im Vorwort wurde bereits darauf hingewiesen, dass das Hauptmaterial für diese Arbeit eine Besprechung mit einer Gruppe Moskauer Parteimassenagitatoren lieferte.* Von ihnen stammten auch die schriftlichen Antworten auf die von mir gestellten Fragen. Ich halte es für zweckmäßig, zur Begründung einiger Schlussfolgerungen dieser Broschüre hier wenigstens die wesentlichsten Auszüge aus dem Stenogramm der Besprechung und aus den Rundfrageantworten anzuführen. Dieses Material ist meines Erachtens von selbstständigem Interesse.

* Teilnehmer waren folgende:
Alexejew, (Vorsitzender der Eisenbahngewerkschaft der Kasaner Eisenbahn)
Antonow (Arbeiter der Waggonwerkstätten der Oktobereisenbahn)
Borissow (Sekretär der Parteizelle der Fabrik »Dynamo«)
Dorofejew (Sekretär des Moskauer Sowjets)
Finkowski (Agitator beim Moskauer Komitee, Swerdlow-Student)
Gordejew (Chef der Agitationsabteilung des Bezirkskomitees Orechowo-Sujewo)
Gordon (Chefin der Organisationsabteilung des Bezirkskomitees Sokolniki)
Iwanow (Mitglied der Parteizelle der Fabrik »Pariser Kommune«)
Kasakow (Sekretär der Parteizelle der Fabrik »Pariser Kommune«)
Kasanski (Sekretär der Parteizelle der Fabrik »Roter Stern«)
Kobosew (Sekretär der Parteizelle der Osersker Fabrik des Bezirkes Kolomenskoje)
Kolzow (Mitglied des Moskauer Komitees)
Korobizyn (Arbeiter der Fabrik »AMO«)
Kuljkow (Sekretär der Parteizelle der Fabrik »Roter Lieferant«)
Lagutina (Mitglied des Fabrikkomitees der Fabrik »Roter Stern«)
Lewitzki (Vorsitzender des Fabrikkomitees des Werkes »Geophysik«)
Lidak (Mitglied der Kontrollkommission des Moskauer Komitees)
Lyssenko (Organisator der Eisenbahngruppen beim Bezirkskomitee »Krasnaja Presnja«)
Marinin (Sekretär der Parteizelle der Fabrik »Russkabel«)
Markow (Vorsitzender der Abteilung des Gouvernementsverbandes der Textilarbeiter)
Ossipow (Gruppenorganisator des Baumannschen Bezirks)
Osnas (Arbeiter der Elektrischen Kraftstation 1886)
Sacharow (Sekretär des Bezirkskomitees Regoshskoje-Simonowo)
Stankewitsch (1. Musterdruckerei)
Zeitlin (Chefin der Frauenabteilung des Moskauer Komitees)

Frage Nr. 1

Nach welcher Art von Büchern und Broschüren lässt sich eine besondere Nachfrage beobachten?
An was für Büchern fehlt es im Besonderen in unseren Arbeiterbibliotheken?
Lesen die Arbeiter schöne Literatur?
Welche Verfasser sind die populärsten?
Ist eine genügende Bücheranzahl der notwendigen schönen Literatur vorhanden?

Lyssenko:
Die Zahl der Bücher in den Arbeiterbibliotheken ist gering, die Bücher sind schlecht broschiert, ohne Einband; Papier und Schrift sind schlecht.
Kasakow:
Es lässt sich Interesse für jene Broschüren beobachten, in denen die Frage in der einfachsten Sprache kurz und verständlich dargelegt ist und die in großer Schrift gedruckt sind. Die Bibliotheken aber sind mit allem, was man nur will, überfüllt, nur nicht mit Büchern, die für die Arbeiter geeignet wären.
Iwanow:
Es besteht mehr Nachfrage nach den Werken Rubakins, doch sind diese nur in sehr geringer Anzahl vorhanden. Unter der antireligiösen Literatur erfreuen sich einer großen Nachfrage die Werke von Demjan Bednyj.
Osnas:
Aus der revolutionären Literatur wird alles gelesen, was am lebendigsten und interessantesten geschrieben ist (Swertschkow, Schapowalow). Die Zeitschrift »Proletarische Revolution« wird von wenigen gelesen: Die Ernsthaftigkeit der Zeitschrift und der Mangel an System in der Auswahl des Materials, durch den die Orientierung erschwert wird und die Erinnerungen unverständlich werden, wirken abschreckend.

Unter der Belletristik für erwachsene Arbeiter steht Upton Sinclair an erster Stelle.

Unter Berücksichtigung der Erfahrung und des Gesichtskreises des in der Revolution herangewachsenen Arbeiters müssen Bücher geschaffen werden, die als Vorbereitung für die Propaganda des Materialismus und Marxismus dienen.

Markow:

Um den Arbeiter ans Lesen zu gewöhnen, müssen in einer nicht langweiligen Form die Qualen und Foltern der einzelnen Kämpfergenossen für die Arbeitersache in der illegalen Zeit, ihre Verbannung, ihre Flucht aus der Verbannung, ihre Abenteuer, die sie unterwegs hatten, usw. beschrieben werden*.

Antonow:

Es sind fliegende Bibliotheken für die Werkstätten notwendig.

Kuljkow:

Es besteht Nachfrage nach Büchern der politischen Ökonomie, nach Büchern über die neue Landorganisation, nach Literatur über Themen des Alltagslebens, über sanitäre Fragen, über Fragen der Anpassung an die Arbeit, darüber, wie Vater und Mutter sich in der Familie zu den Kindern verhalten sollen, wie die Lebenshaltung unter dem gegenwärtigen Verdienst verbilligt werden soll, über Gewerkschafts- und Sowjetaufbau. Das alles muss populär, kurz und lesbar, mit Zeichnungen geschildert sein. Für die politisch wenig vorbereiteten Kommunisten fehlt es an systematisch ausgewählter Literatur zum Studium der Partei, über den historischen Materialismus, über die Gewerkschaftsbewegung usw. Es fehlt an entsprechenden Ratgebern. Es ist sehr wenig ausgewählte Literatur von Demjan Bednyj vorhanden.

* Das ist richtig! Die Jugend, und nicht nur die Jugend allein, muss mit der Vergangenheit des revolutionären Kampfes durch heroische Episoden und heroische Vorbilder vertraut gemacht werden. Der Parteihistoriker leistet eine Arbeit von ungeheurer Wichtigkeit, doch sind die von ihm gesammelten Dokumente und Materialien nur für wenige zugänglich. Der künftige Historiker wird auf Grund dieser Materialien ein abgeschlossenes Buch über die Geschichte unserer Partei geben, und es ist anzunehmen, dass es nicht bei einem einzigen Buch bleiben wird. Doch können wir nicht auf den Abschluss dieser Arbeit warten. Wir brauchen jetzt lebendige Skizzen auf Grund dieser Materialien: Biographien, die wie heroische Dichtungen geschrieben sind, und einzelne Kapitel unseres revolutionären Kollektivromans, der der packendste unter allen Geschichtsromanen ist. Es müssen Künstler, Belletristen, Dichter mit revolutionärer Ader zur Bearbeitung dieses Themas herangezogen werden. Das Buch John Reeds, das zehntägige Kapitel der Oktoberrevolution, ist ein wahrhaft unschätzbarer Beitrag für die Bibliothek der jungen Generation. Derartige Monographien, Biographien und historisch-revolutionäre, mit dramatischem Inhalt gesättigte Skizzen werden mit Erfolg mit der revolutionären und halbrevolutionären Belletristik konkurrieren, deren es so wenig gibt. Vor dieser Letzteren haben sie den Vorzug, dass in ihnen die Schürzung und Lösung des Knotens durch das Leben selbst vorgenommen wird. L.T.

Lagutina und Kasanski:

Der Prozentsatz der Bücher lesenden Arbeiter ist nicht hoch. Unter den Kommunisten ist dieser Prozentsatz noch niedriger (man beruft sich auf Überbürdung durch Versammlungen usw.).

Die größte Nachfrage ist die nach heroisch-revolutionärer Belletristik. Dostojewski gegenüber verhält sich die Jugend ablehnend. Die politische Literatur geht schlecht.

Überall besteht eine starke Nachfrage nach angewandter Literatur: Technik, Wirtschaft, Arbeiterleben. Eine große Neigung besteht für wissenschaftliche Literatur (Astronomie, Entstehung der Erde und des Menschen). Das Verhältnis zur populären antireligiösen Literatur ist sehr positiv.

Gordejew:

Ich entsinne mich, wie gut in der Roten Armee die populäre Literatur aufgenommen wurde. Wenn ein Bauernsohn kam, so wusste er wohl, dass der Patriarch Tichon die Bolschewiki verflucht hat, trotzdem aber waren die antireligiösen Gedichte Demian Bednyjs die populärste Literatur. Diese Gedichte wurden derartig zerlesen, dass von ihnen nichts übrig blieb. Das politische Büro und das Zentralkomitee unserer Partei sollten Demjan Bednyj aus seinem unbefristeten Urlaub zurückholen und ihn veranlassen, über antireligiöse Themen zu schreiben. Die Bauern lesen die Gedichte Bednyjs sehr eifrig. Es gibt natürlich auch andere Literatur: über die Entstehung der Welt und der verschiedenen Mythen. Wenn aber diese Mythen von Demjan Bednyj in einem guten Gedicht dargelegt würden, so wird das für den Arbeiter und Bauer verständlicher sein. Demjan Bednyj versteht es, alles gewissermaßen auf den Kopf zu stellen, und es wäre Zeit, dass er aus seinem unbefristeten Urlaub zurückkehrt, denn er hat im »Krokodil«* schon die verschmitzte Bemerkung gemacht, dass er vom revolutionären Kriegssowjet der Republik entlassen sei.

Kuljkow:

In was für einem Verhältnis der Bauer zur Landwirtschaft steht? Wir warfen einen Blick in die Bibliotheken und fanden dort kein einziges Buch über die Wirtschaftsfrage, indessen interessieren den Bauer doch gerade diese Fragen am allermeisten. Früher hatte er vielleicht keine Kuh gehabt, jetzt aber hat die Hungersnot ihn gezwungen, sich eine Kuh und ein Pferd anzuschaffen, und er muss wissen, wie er seine Wirtschaft

* Satirische Zeitschrift in der Sowjetunion.

kultureller führen könnte. Wir brauchen keine dicken Bände von 200 bis 300 Seiten herauszugeben, es genügte, wenn man dies alles auf drei Seiten unterbrächte, aber so, dass es verständlich wäre. Das Gleiche könnte man auch hinsichtlich der Arbeiter sagen.

Ossipow:

Ein großes Interesse legen die Arbeiter für Bücher an den Tag, in denen von der Familie die Rede ist. Solche Gespräche werden sehr viel geführt, und darum wollen sie darüber etwas lesen. Ich kenne keine solchen Bücher, indessen sind sie sehr notwendig, selbst wenn es nur ganz kurze, kleine wären, die aber doch die Mehrzahl lesen könnte.

Lyssenko:

Nun über die Straßenerscheinungen. Wir beachten es oftmals nicht, wie die Kinder auf der Straße Unfug treiben und was für Erscheinungen hier vorkommen – zuweilen gute, zuweilen aber auch üble. So spielen sie z. B. »Rote Armee«, und obwohl dies den Beigeschmack von »Militarismus« zu haben scheint, so ist dies doch gut; zuweilen aber ist es auch etwas anderes, es kommen andere Spiele vor, die schlimmer sind, aber es sagt ihnen deswegen niemand etwas. Man muss wissen, wie diese Frage in Angriff genommen werden muss, um die Kinder auf den richtigen Weg zu lenken, man muss wissen, was man ihnen zu lesen geben soll – vielleicht etwas über Körperkultur oder irgendetwas anderes, Nützliches. Meiner Meinung nach sollte man die meiste Aufmerksamkeit den kleinen Fragen zuwenden, denn man sagt uns oft, dass wir immer nur von umfassenden Materien sprächen, wir sollten besser von dem sprechen, was dem Leben näher ist. Wir müssen den Kleinigkeiten des Lebens unsere Aufmerksamkeit zuwenden.

Markow:

Offen gesagt, habe ich so viel gelesen, dass ich der einen Nahrung überdrüssig geworden bin, obwohl sie gut ist. Es gibt ein Sprichwort: wenn man immer Kalbfleisch isst, will man einmal Schweinefleisch. Ebenso ist es auch hier. Man betrachte einmal unsere Literatur genau – da sind lauter gelehrte Artikel, von denen es einem im Kopf surrt. Wenn man eine Zeitung nimmt, so ist es ebenso. Man isst zu Mittag und blickt in die Zeitung, kaum aber hat man die Zeitung weggelegt, so hat man schon vergessen, nicht nur auf welcher Zeile und bei welchem Satz man Halt gemacht hat, sondern sogar, welchen Artikel man gerade gelesen hat. Es ist Abwechslung notwendig. Ich fand vor kurzem ein Buch, ich glaube von Swertschkow, »Fünf Jahre Revolution«. Ich habe keine Zeit, sitze bis über beide Ohren in der Arbeit, während des Essens kann ich gerade nur die Leitartikel in den Zeitungen lesen, von diesem Buch aber kann man sich gar nicht loßreißen. Ich las die Zeitung beim Teetrinken und das Buch zu Hause. Ich machte es mir zur Regel, vor dem Schlafengehen wenigstens zehn Minuten in diesem Buch zu lesen, und nun vergesse ich, dass ich ja auch schlafen muss.

Ich muss oft als Redner in allgemeinen Arbeiterversammlungen auftreten. Und wenn man über die Konzentration, über die Gesundung der Industrie spricht, so heißt es: Warum sind keine Rohstoffe da, wo hat man sie hingetan oder wer hat sie gestohlen? Dieses auffällige Moment hat niemand in der gebührenden Weise beleuchtet. Es sind natürlich Versuche gemacht worden, aber ich verstehe selbst nicht, warum keine Rohstoffe vorhanden sind. Wenn es voriges Jahr keine gab, so war der Krieg daran schuld, warum aber sind 1923 keine vorhanden? Es ist ja doch kein Krieg. Und wie wird die Baumwolle gesät, und was ist hierfür notwendig? Ein für das Gouvernement Moskau so wichtiges Moment ist von niemandem in verständlicher Sprache beleuchtet worden, niemand hat sich das Ziel gesetzt, eine populäre Darstellung zu geben, wie man die Baumwolle sät, warum es sie jetzt hier nicht mehr gibt, wie und was notwendig ist, damit man sie säen kann.

Frage Nr. 2

Welche von unseren Zeitungen lesen die Arbeiter besonders gern?
Was lesen die Arbeiter in erster Linie?
Welche Rubriken unserer Zeitungen müssen entwickelt und erweitert werden?
Sind die Rosta-Telegramme den Arbeiterlesern verständlich?
Ist in dieser Hinsicht nicht eine entschiedene Änderung des Charakters unserer telegrafischen Information notwendig?
Welche Verbreitung hat die Gewerkschaftspresse?
Wird sie von den Arbeitern gelesen?

Marinin:
Die Arbeiter klagen über den schlechten Druck der Zeitungen.
Kasakow:
Die Gewerkschaftspresse wird so gelesen, als wenn man Knochen schluckte. Man ist gezwungen, sie mit List, d. h. künstlich, zu verbreiten.

Markow:

Wenn man in der Zeitung mit dem Raum spart (für Erklärungen unverständlicher Tatsachen und Worte), so wirft der Arbeiter die ganze Zeitung fort.

Dorofejew:

Es müssen solche Fragen eingehender beleuchtet werden, wie hoch in Westeuropa – z. B. in Deutschland – die Kultur steht: die Gartenkultur, die Feldkultur usw., wenn auch nur im Vergleich unserer primitiven Landwirtschaft.

Man muss über das Leben der Arbeiter in Westeuropa, über ihre Kultur im allgemeinen, über ihre Wohnverhältnisse, darüber, wie und wo sie ihre freie Zeit verbringen, und über ihre revolutionäre Gesinnung schreiben. Man muss hierüber nicht so allgemein schreiben, wie das bei uns üblich ist.

Kolzow:

Es wäre erwünscht, eine Rubrik über das innere Leben (die Lebensweise) des Massenarbeiters zu schaffen, und es wäre notwendig, eine eigene kleine, wenn auch nur wöchentlich erscheinende Zeitung oder kleine Zeitschrift produktionswissenschaftlichen Charakters mit einer politisch-aufklärenden Abteilung herauszugeben.

Antonow:

Beim Lesen des »Gudok« (»Die Fabrikpfeife«) wird vor allem bei den kleinen, weniger wichtigen und ganz unwichtigen Einzelheiten begonnen.

Es gibt wenig für den Arbeiter verständliche, sachliche Artikel aus dem Gebiete der Naturwissenschaften.

Die telegrafische Information muss auf ein Minimum herabgesetzt werden.

Die Entwicklung der Plakatzeitungen lokalen Inhalts in den Werkstätten, unter Beteiligung der Arbeiter selbst, wird in kurzer Zeit die positive und negative Seite der Zeitungsarbeit zeigen.

Finkowski:

In den Rosta-Telegrammen muss dem Arbeiter vor allem deutlich gesagt werden, woher das Telegramm kommt und wer sein Verfasser ist. Das bleibt für viele Arbeiter ein Geheimnis. Er weiß zuweilen nicht, ob eigene Leute oder Fremde ihm diese Neuigkeiten aufdrängen. Am Ende des Telegramms oder an seinem Anfang sollte eine kurze Bewertung gegeben werden. Dadurch würde auch der Charakter der telegrafischen Information teilweise verändert werden.

Sacharow:

Die Rosta-Telegramme sind nicht ganz verständlich. Sie werden von Korrespondenten geschrieben, die eine große Vorliebe für solche Worte haben, die man selbst dann nicht versteht, wenn man ihre Erklärung im Wörterbuch nachliest. Die telegrafische Information muss also verändert werden, indem man in Betracht zieht, dass solche Worte, wie z. B. »Provinz«, »Place d'armes«, »Bassin«, den Arbeitern nicht sehr verständlich sind und dass sie sich keine Vorstellung von der Landkarte machen.

Kuljkow:

Meist verstehen die Arbeiter die Telegramme nicht, da sie nicht wissen, was jede einzelne ausländische Presseagentur eigentlich darstellt. Es muss in der Presse ein elementarer Begriff von der »Rosta« und anderen Agenturen eingeführt werden.

Die Gewerkschaftspresse wird unpünktlich verbreitet, wird aufdringlich verbreitet, von den Arbeitern wird sie nicht gelesen und hat überhaupt sehr, sehr wenige Leser. Hier ist eine radikale Veränderung der Presse hinsichtlich der Behandlung der zur Besprechung gelangenden Fragen notwendig.

Die Mitteilungen über Streiks und die revolutionäre Bewegung im Ausland befriedigen den Arbeiter nicht ganz, zuweilen wird über den Beginn und über den Abschluss des Streiks nichts geschrieben, oder es wird sehr kurz geschrieben. Es wird über die großen Industriezweige berichtet, während die kleinere Industrie – die Lederindustrie, Holzverarbeitungsindustrie, Schneiderei – gar nicht beleuchtet wird.

Lagutina und Kasanski:

Was die Verbreitung anbelangt, so steht an erster Stelle »Das Arbeitermoskau«, die »Arbeiterzeitung« und die »Jugendprawda«. Der verhältnismäßig günstige Preis dieser Zeitungen und die Einfachheit ihrer Darlegung bilden die Grundlage ihres Erfolges.

Die Plakatzeitung ist dort, wo sie vorhanden ist, die dem Arbeiter nächststehende Zeitung.

Die Rosta-Telegramme müssen gänzlich umgestaltet werden; sie müssen in einfacher Sprache abgefasst werden, und wenn Erläuterungen gegeben werden, so müssen diese verständlich sein, nicht aber neue Rätsel aufgeben.

Antonow:

Warum die Frage des Alltagslebens nicht in den Spalten der Presse klargelegt wird? Ich glaube, dass der Grund hierfür der ist, dass, wenn in den Spalten der Presse eine Beschreibung des Arbeiterlebens gegeben würde, man tiefer auf die Psychologie der Arbeiter der heutigen Zeit eingehen müsste. Natürlich ist das eine sehr schwierige Sache, und es ist schwer, sie in Angriff zu nehmen.

In Zukunft wird sich das ändern, gegenwärtig aber ist es für den Schriftsteller leichter, über den gegenwärtigen Moment zu sprechen, als auf die Psychologie des Arbeiters einzugehen. Darum trifft man in der Presse so selten solche Artikel an.

Kobosew:

In der ausländischen Information macht sich der Mangel bemerkbar, dass der Arbeiter sich die Namen der Städte schlecht merkt und oftmals den Ort der Mitteilung mit dem Ort des Ereignisses verwechselt.

Marinin:

Man interessiert sich dafür, was in Amerika, was in England vorgeht, was dort erfunden wird; darüber aber wird in unseren Zeitungen wenig geschrieben. Ferner interessiert man sich dafür, wie die amerikanischen, wie die französischen Arbeiter leben, während in unseren Zeitungen nur über Streiks geschrieben wird. Überhaupt wird wenig über die Lebensweise der Arbeiter geschrieben.

Kolzow:

Vor allem muss die Frage popularisiert werden, wie man arbeiten muss.

Borissow:

Man schreibt z. B.: Die »Times« bringt das und das Telegramm. Das sagt meinem Herzen gar nichts, von welcher Richtung diese Zeitung ist usw. Oder es hat z. B. ein Amsterdamer Kongress stattgefunden, und es ist diesem ein Artikel gewidmet. Haben nun die Genossen ihn gelesen? Nein. Es hätte aber so gearbeitet werden müssen, dass unter den Arbeitern ein Hass gegen die Menschewiki bestände. Oder es erschienen z. B. viele Artikel in Bezug auf England, keiner aber war in populärer Sprache geschrieben, und es war auch keine einzige Notiz darüber da, was Curzon von Russland verlangt.

Lyssenko:

Ich möchte etwas darüber sagen, was die Arbeiter in der Zeitung lesen und wofür man sie interessieren könnte. Das Allerwichtigste ist für sie natürlich, wie man gut arbeiten lernen kann.

Ich war Arbeiterkorrespondent. Ich wollte meine Psychologie klarmachen: Ich habe Frau und Kinder, schilderte meine Lage, als ich aber zehn solche Notizen einreichte, wanderten sie in den Papierkorb. Da begann auch ich anders an die Frage heranzutreten, so wie dies von den anderen Korrespondenten gemacht wird: Ich gab eine allgemeine Übersicht des Lebens unserer Fabrik und sprach vom Einfluss der Kommunistischen Partei. Natürlich wirkte das bei den Korrespondenznotizen sehr störend. Es wäre besser, von der Redaktion aus eine kommunistische Färbung zu geben und nicht das zu verstümmeln, was die Korrespondenten schreiben.

(Der Name des Redners ist nicht notiert):

Die Gewerkschaftszeitschriften werden bei uns von niemandem gelesen. Einerseits wiederholen sie nachträglich nur das, was bereits in den Zeitungen gestanden hat, andererseits beleuchten sie das wirkliche Leben nicht: die Tarife, die Erhöhungen und Herabsetzungen der Arbeitslöhne, die Fabrik- und Werkarbeit usw.

(Der Name des Redners ist nicht notiert):

Die Arbeiter wenden ihre Aufmerksamkeit den Ereignissen zu. Warum interessiert sie das? Nun deshalb, weil das in Moskau vorgeht, weil dies ihr Lebenskreis ist, und man könnte im Zusammenhang mit diesen Fragen manches entwickeln. Über den Fall Komarow wurde trocken berichtet, es wurde nicht darüber geschrieben, was für ein Mensch er ist, es war nur davon die Rede, dass er betete, warum er aber zu einer solchen Bestie wurde – darüber kein Wort. Der Arbeiter stellt sich die Frage: Warum ist er so geworden? Wie soll er eine Antwort hierauf finden? Er weiß ja selbst nichts, die Zeitungen aber könnten sie geben; zu dieser Arbeit sollten die Professoren herangezogen werden, die eine Antwort auf diese Frage geben würden.

Die Genossen sprachen von der »Organisation der Arbeit«. Es gibt eine solche Rubrik. Die Arbeiter lesen diese Rubrik, sie nehmen sie ernst, wenn man aber die Mitteilungen dieser Rubrik liest, so muss man zuweilen lachen, da man in der Praxis selten anwenden kann, was dort geschrieben steht. Manchmal kann man es aber doch anwenden.

Als z. B. bei uns in der Fabrik einer den Ratschlag gelesen hatte, dass man statt mit zwei Händen auch mit einer Hand sägen könne, lachte er erst hierüber, dann aber probierte er es und begann zu arbeiten. Zuweilen kann man also aus solchen Hinweisen auch Nutzen ziehen, und dafür interessieren sich die Arbeiter.

Frage Nr. 3

Welches ist das alltägliche Verhältnis der Arbeiter zu den Erscheinungen der Neuen Ökonomischen Politik (»NÖP«)?*
Wird viel über die neue Bourgeoisie gesprochen?
Werden Befürchtungen über die Möglichkeit der Wiederherstellung ihrer Herrschaft ausgesprochen?

Marinin:
Das Verhältnis der Arbeiter zu den »NÖP«-Männern und den Erscheinungen der »NÖP«, unter anderem wenn sich diese Erscheinungen in der »Sowjetbourgeoisie« beobachten lassen, ist ein schroff ablehnendes.

Ein gleichgültigeres Verhältnis lässt sich unter den alten Leuten (50–70 Jahre) beobachten, die überhaupt konservativer gesinnt sind, aber auch nicht alle.

Kasakow:
Über die neue Bourgeoisie wird nur dann gesprochen, wenn der Arbeiter eine Verletzung seiner Errungenschaften sieht, d. h. wenn an den Feiertagen mit feinen Damen beladene Autos eins nach dem anderen durch die Villenvororte sausen.

Kolzow:
Dieses (die Gelage der Trustleute, der Direktoren, »Spez« usw.) ist eine der Ursachen der Unzufriedenheit und zuweilen der Nervosität in Bezug auf die Parteizellen der KPR**, und daraus folgt die Schwierigkeit unserer Agitation an Ort und Stelle, in den untersten Schichten, in der Volksmasse.

Sacharow:
Gewissermaßen instinktiv drängen sich die Arbeiter zur Genossenschaft und verlangen nachdrücklich die Verbesserung dieser Einrichtung. Wenn die Genossenschaft die Hoffnungen des Arbeiters nicht

* Die Neue Ökonomische Politik wurde 1921 von Lenin und den Bolschewiki nach den Verwüstungen des imperialistischen Kriegs und des Bürgerkriegs eingeführt, um mittels einer begrenzten Zulassung des Marktes zur wirtschaftlichen Erholung beizutragen. Die zentralen Hebel der Wirtschaft blieben fest in der Hand des Arbeiterstaats. »NÖP-Männer« wurde zum Schimpfwort für eine ganze Schicht von kleinbürgerlichen Händlern, Mittelsmännern und Opportunisten jeglicher Couleur.

** Kommunistische Partei Russlands.

rechtfertigen und sich nicht fest auf die Füße stellen wird, so werden die Arbeiter beim »NÖP«-Mann kaufen, und sein Markt wird den Arbeiter befriedigen. In dieser Hinsicht besteht die Gefahr, dass die Arbeiter mit der Neuen Ökonomischen Politik sympathisieren werden.

Kuljkow:

Es bestehen Befürchtungen über die Rückkehr der Bourgeoisie, im Besonderen, wenn der Arbeiter vonseiten der neuen und alten Bourgeoisie über das schwere Leben der Arbeiter usw. spotten hört.

Der Arbeiter interessiert sich sehr für die Genossenschaft, zugleich aber auch für ihre Arbeit, die in organisatorischer Hinsicht unter den Arbeitern nicht, wie es sein sollte, durchgeführt wird. Es wäre gut, dieser Seite der Sache Aufmerksamkeit zuzuwenden. Die Arbeiter hassen die »NÖP«-Männer in den Geschäften und auf den Jahrmärkten, aber was soll man tun, wenn sie in unserer Genossenschaft nur schmutzigere Ware von schlechterer Qualität finden und nicht immer aufmerksam bedient werden. Der Arbeiter wird dort nur als Empfänger irgendeiner Ration betrachtet.

Lagutina und Kasanski:

Es hat sich viel Hass und Grimm gegen die neue Bourgeoisie angesammelt. Der Arbeiter sagt: Ich bin der Herr im Hause. Ob ich nun auf die Straße gehe oder in der Trambahn fahre, ich fühle es, dass ich der Herr im Hause bin. Wenn ich auf das Fahnenmeer der Demonstration blicke, so fühle ich es: Ich bin eine Macht, ich bin der Herr im Hause. So ich es will, wird nichts als Staub von den »NÖP«-Männern übrig bleiben. Wenn es nötig sein wird, werden wir dieses Gemüse (die neuen Bourgeois) vom Felde pflücken. Über das tägliche Brot wird jetzt nicht gesprochen.

Finkowski:

Ich glaube, dass man hinsichtlich der »NÖP«-Frage in der Auffassung der Arbeiter gegenwärtig zwei Seiten unterscheiden muss: die rein politische Seite und die Alltagsseite. Ich verstehe das folgendermaßen. In politischer Hinsicht scheint mir das Verhalten der Arbeiter seit dem Bestehen der Neuen Ökonomischen Politik, soweit von uns die Agitation an Ort und Stelle durchgeführt wurde, ein mehr oder weniger ruhiges zu sein. Sie verstehen, dass die »NÖP«-Männer sie nicht erdrosseln werden. Was aber die Frage des Alltagslebens anbelangt, so ist es ganz richtig, dass diese Seite die Arbeiter beunruhigt, und sie beunruhigt auch die Partei. Das Eindringen von »NÖP«-Mannsgewohnheiten in unser Parteimilieu fällt jedem Arbeiter ins Auge.

Sacharow:

Mit der Entwicklung der »NÖP« begannen die Arbeiter, der Genossenschaft mehr Aufmerksamkeit zuzuwenden. Sie drängen gewissermaßen zu ihr hin, scheinen in ihr eine Gegenwirkung gegen die sich entwickelnde »NÖP« zu suchen und setzen Hoffnungen auf sie. Wenn wir hier die Gelegenheit verpassen und der Genossenschaft nicht auf die Beine helfen, so ist es möglich, dass sich ein besseres Verhältnis zu den »NÖP«-Männern einstellen wird, da diese den Markt bedienen. Wir müssen der Genossenschaft unsere Aufmerksamkeit zuwenden.

Osnas:

Die Achtung vor dem Reichtum als einer Macht, wie sie vor der Revolution bestanden hat, gibt es jetzt nicht. Eher besteht ein etwas ironisches Verhältnis zu ihm. Den großen »NÖP«-Mann beachten die Arbeiter nicht. Das elegante Aussehen ruft folgende Einstellung hervor: Sie haben gestohlen und werden reich. Wir müssten, meine ich, die Gerichtschronik in Fettschrift drucken.

Frage Nr. 4

Besteht in den Massen ein lebendiges Interesse für die revolutionäre Bewegung in Westeuropa?
Macht sich nicht unter den Massen das Fehlen der einfachsten geographischen Kenntnisse bemerkbar, die für die Bewertung und das Verständnis der ausländischen Information notwendig sind?
Sind in den Fabriken Landkarten vorhanden, die für unsere politisch-aufklärende Arbeit sowohl in Bezug auf die internationale Politik als auch in Bezug auf die revolutionäre Bewegung in den anderen Staaten geeignet sind?
Werden die Leser durch unsere heutigen Zeitungsmitteilungen über Streiks und andere Äußerungen der revolutionären Bewegung im Ausland befriedigt?
Besteht ein Bedürfnis nach derartigen Spezialkarten?

Marinin:

Die Arbeiter haben begonnen, den Zeitungsmitteilungen weniger Bedeutung beizumessen, im Besonderen, nachdem in den Zeitungen in bestimmten Fällen viel Lärm gemacht wird, während die Resultate sehr gering sind.

Kasakow:

Am interessantesten können instruktiv-anschauliche Landkarten sein, wie die Karte Russlands, mit Angaben darüber, wo und womit man sich beschäftigt.

Sacharow:

Die geographischen Kenntnisse sind in Bezug auf Russland befriedigend, da es jetzt nur wenige Arbeiter gibt, die während der Revolution von Moskau aus nicht nach verschiedenen Richtungen gekommen wären: entweder an die Fronten, oder zur Mehlrequisition usw., so dass sie die Landkarte Russlands in praktischer Weise kennenlernten; in Bezug auf die ganze Weltkugel aber steht es schlimm. Selbst viele Kommunisten kennen die Lage der anderen Länder und die Verkehrswege nach ihnen nicht. Deshalb wird zuweilen ein guter Vortrag über die internationale Lage nur halb verständlich sein. Landkarten hängen in einigen Fabriken, aber auch diese sind veraltet. Es sind solche Landkarten notwendig, auf denen der Arbeiter die Lage der Staaten sehen könnte, und es wäre auch gut, wenn diese in den Vorträgen klargemacht würde.

Es wäre gut, einfache Karten der ganzen Weltkugel auf den öffentlichen Plätzen auszuhängen, so wie es zur Zeit des Bestehens der Fronten war.

Lagutina und Kasanski:

Es lässt sich ständig die Tendenz der Masse beobachten, die Bedeutung der Ereignisse zu überschätzen: »Jetzt geht es wirklich los«, »Sie haben sich in Bewegung gesetzt, um uns zu helfen«.

Frage Nr. 5

Welches sind die Hauptursachen, die den parteilosen Arbeiter daran hindern, in die Kommunistische Partei einzutreten?

Welche Hauptgründe hierfür werden von den Arbeitern angeführt?

Kann man auf Grund von Beobachtungen etwa folgenden Schluss ziehen: Jene Arbeiter, die sich ihrer Einstellung nach vor allem für die aktive Politik interessieren, haben wir für die Partei gewonnen; aber es gibt viele Arbeiter, die sich in erster Linie für die Fragen ihres Berufes, der Technik, des Familienlebens oder für rein wissenschaftliche und philosophische Fragen interessieren; in Bezug auf diese Arbeiter haben wir noch nicht ausreichende Methoden gefunden, richtig an sie heranzutreten, d. h. wir haben noch nicht gelernt, für diese Arbeiter Brücken von ihren Interessen auf dem Gebiete der Technik, der Produktion, der Familie, der Wissenschaft – zum Sozialismus und Kommunismus zu schlagen. Ist eine solche Schlussfolgerung richtig oder nicht?

Marinin:

Das Interesse für das Leben der Parteizelle hat bedeutend zugenommen.

Die individuelle Betreuung der Mitwirkenden, der Arbeiter und Arbeiterinnen, ergibt gute Resultate.

Die Schwierigkeiten bei der Auswahl von Bürgen könnte man beseitigen, indem man diesem oder jenem Arbeiter zwei bis drei Kommunisten zur Seite stellen würde, um ihn kennenzulernen und später auch für ihn zu bürgen.

Kobosew:

Die Parteimitglieder reden die parteilosen Arbeiter nur in den Versammlungen als »Genossen« an, in ihrer tagtäglichen Arbeit aber kommen sie nicht in enge kameradschafliche Berührung mit den Parteilosen. Zuweilen trifft man offiziellen Formalismus an, und es entsteht infolgedessen eine unsichtbare Schranke, die es dem parteilosen Arbeiter nicht gestattet, sich der Partei zu nähern. Von meiner eigenen Erfahrung ausgehend, will ich Folgendes als Illustration hierfür anführen. Ich kenne einen ehrlichen Arbeiter, der immer die Sowjetmacht unterstützte, und sagte bei einer Begegnung zu ihm: »Wassja, komm doch einmal nach der Arbeit zu mir.« Da ich seine Leidenschaft für das Angeln kenne, beginne ich vom Angeln zu reden. Nachdem ich genügend über diesen Gegenstand gesprochen habe, sage ich: »Warum trittst du denn nicht in die Partei ein? Du bist noch jung, es ist Zeit, dass du eintrittst, du hast genug herumgelungert, es ist Zeit etwas Ernstes anzufangen.« – »Ja, ich weiß eigentlich nicht, im Gegenteil, ich wollte schon lange in die Partei eintreten, schob es aber immer wieder hinaus. An Gott glaube ich schon lange nicht mehr. Gut, ich werde morgen meine Anmeldung schreiben.« Die unsichtbare Schranke ist verschwunden, was diese oder jene in sich abgeschlossene Parteizelle nicht hätte erreichen können.

Meine Schlussfolgerung: Wenn keine rein kameradschaftlichen Beziehungen zu den Parteilosen bestehen werden, und es nur in sich abgeschlossene Parteizellen mit offiziellem Formalismus geben wird, so werden keinerlei Annäherungsmethoden und auch die Durchsprenklung der Produktionsliteratur und wissenschaftlichen Literatur mit revolutionären Ideen keinerlei reale Resultate ergeben. Die unsichtbare Schranke wird weiterbestehen.

Kolzow:

In Bezug auf die besten Arbeiter haben wir noch keine richtige Annäherungsmethode gefunden. Sie bilden eine reiche Reserve der Partei. Ich bin überzeugt, dass sich eine Methode der Annäherung an sie finden wird.

Antonow:

Wenn wir rein technische Kurse für hochqualifizierte Arbeiterpraktiker über verschiedene Spezialgebiete einrichten würden, so könnten wir in kurzer Zeit rote Meister bekommen. Das wäre der richtigste Weg zum Kommunismus der übrigen Arbeitermasse.

Finkowski:

Wir sollten in der Parteiarbeit der Zellen mit der Gruppierung der Arbeiter für politische Übungen je nach Neigung für diese oder jene Seiten des Lebens beginnen: die technische, politische, familiäre, wissenschaftliche usw. Ich glaube, dass wir schließlich hierzu übergehen werden. Das Denken des Arbeiters söhnt sich nicht mit jenen Mängeln des Lebens aus, von denen es gegenwärtig umgeben ist. Der Arbeiter wird nicht in Büchern, die ohne seine Beteiligung geschrieben werden, nach Antworten suchen können. Er selbst muss das Material für diese neuen Bücher liefern, d. h. er muss alle Fragen seines Lebens, im umfassenden Sinne des Wortes, die sich bei ihm angesammelt haben, in seinem Arbeitsmilieu durcharbeiten, am besten in der Parteizelle (dem müssen wir von oben her entgegenkommen). Das ist meines Erachtens der einzige Weg, der den Arbeiter ein für allemal aus der passiven Beteiligung an der Arbeiterzelle herausführen und ihm unbedingt einen Anreiz für den bewussten Eintritt in die Partei geben wird.

Sacharow:

Die Hauptursache, die den Arbeiter daran hindert, in die KPR einzutreten, ist die Disziplin. Die Arbeiter sind bereit, der Partei aus ganzer Seele zu helfen, aber sie schrecken vor den Pflichten und Anforderungen zurück, die von der Partei an sie gestellt werden. Man hört immer wieder ein und dieselbe Antwort: »Ich bin auch so Kommunist und arbeite besser als mancher, der eine Mitgliedskarte hat.« Als zweite Ursache kann man, wenn man sich so ausdrücken darf, die Schüchternheit betrachten, d. h.: »Ich würde ja eintreten, aber dann würde man sagen: nun, nachdem alles beendet ist, und es keine Fronten mehr gibt, jetzt trittst du ein und setzt dich an den gedeckten Tisch.«

Die Partei umfasst, meines Erachtens, alle Fragen und gibt auf jede beliebige Frage Antwort. Und ich bin nicht mit der Schlussfolgerung einverstanden, dass wir die richtige Annäherungsmethode nicht gefunden hätten, d. h., dass wir nicht gelernt hätten, Brücken von den Interessen auf den Gebiete der Produktion, Technik, Familie – zum Kommunismus zu schlagen.

Kuljkow:

Die Gründe, die von den Arbeitern gegen den Eintritt in die Partei vorgebracht werden, sind folgende: An den Abenden verdienen sie sich etwas durch die Arbeit, an den Feiertagen gehen sie auf den Jahrmarkt, kaufen möglichst billig ein und verkaufen möglichst vorteilhaft, was sie an den Abenden in ihrer Wohnung herstellten.

Die Arbeiter sind gegen sich selbst anspruchsvoller geworden. Wenn sie nach der Arbeit nach Hause kommen, so waschen sie sich erst, haben auch etwas, um sich umzukleiden. Der Arbeiter hat seine acht Stunden Tagesarbeit, seine Arbeitsbedingungen, der Raum, die Maschinen sind die kapitalistischen geblieben, haben sich nicht verändert, es ist wenig frische Luft, wenig Licht in der Fabrik, und es zieht ihn darum im Sommer auf die Straße, wo er frische Luft atmen kann.

Es wäre erwünscht, dass die bewusstere und verständigere parteilose Masse wenigstens in die unwichtigere wirtschaftliche, Sowjet- und Gewerkschaftsarbeit hineingezogen würde. Sie sollten öfter abgelöst und mehr zur Arbeit herangezogen werden.

Dorofejew:

Heute überfüllt das parteilose Publikum die Gastwirtschaften und Schänken, während ein Kommunist nicht dorthin gehen wird und dort wie auf Kohlen sitzt; indessen sollte man gemeinsam hingehen, aber sich natürlich nicht betrinken. Die Kontrollkommission braucht gar nicht den Kopf zu schütteln! Der Kommunist wird hingehen und wird dort seine Tätigkeit ausüben, d. h. mit den Arbeitern zusammenleben und sie im Zaume halten. Wenn wir aber nicht mit ihnen zusammenleben werden, so werden wir den Zusammenhang mit den Massen verlieren.

Wie betrieben wir früher die Agitation? Ausschließlich in den Gastwirtschaften, bei intimen Gesprächen.

Kasakow:

Wenn die Sache richtig gehandhabt wird, wenn jede Organisation in der Fabrik in proletarischem Geiste an den Arbeiter herantritt, so nähert er sich unwillkürlich der Kommunistischen Partei an, und wenn er unsere ganze Struktur kennenlernt, so wird er unbedingt anstandslos in unsere Partei eintreten. Wo es keine solche Arbeit gibt, wo der Arbeiter nicht durch seine Organisationen, Kulturkommissionen usw. aufgeklärt wird, dort wird tatsächlich der Zugang zur Partei behindert.

Finkowski:

Die Argumente sind folgende: die Familie lähmt einen. Und im Besonderen in den letzten Jahren war dies ein Argument, das sich einfach durch nichts widerlegen ließ. Der Arbeiter sagt Folgendes: Ich weiß, wie eure Kommunistengenossen leben und wie die Parteilosen leben. Ich bin ein Parteiloser. Ich komme nach Hause, bin an den Abenden frei und helfe meiner Frau. Mein Nachbar aber gehört der Partei an, seine Frau arbeitet vom Morgen bis in die Nacht hinein, während ihn der Teufel wer weiß wohin reitet, bald sitzt er in der Parteizelle, bald rennt er in Versammlungen. Wenn seine Frau ihn bittet, er möchte ihr helfen, so sagt er: Ich kann nicht, ich habe Zellensitzung. Dass er ihr einmal den Mülleimer hinausträgt, das gibt es gar nicht. Bei ihnen ist immer Krach im Hause, das Weib zetert, bei mir aber kommt so etwas nicht vor. Ich bin der Meinung, dass ich der Revolution mehr Nutzen bringe: Bei mir ist in der Familie Ordnung, meine Frau schimpft nicht, ich helfe ihr bei der Arbeit und lese auch ein politisches Buch oder die Zeitung. Wenn der Kommunist aber eine Zeitung aufschlägt, so zetert seine Frau: auch hierher bringst du mir noch die Unordnung.

Kolzow:

Die Hauptsache ist die Schüchternheit, denn wenn der Arbeiter in die Partei eintritt, werden an ihn gewöhnlich allerhand Fragen gerichtet. Man stelle sich vor, dass er ein städtischer Proletarier ist, der das Dorfleben gar nicht kennt, und man zu ihm nun Folgendes sagt: »Du bist doch Kommunist, sage uns also, warum man meinem Vater keine Balken für sein Haus gegeben hat, während der Vorsitzende des Exekutivkomitees der Dorfgemeinde sich Bäume für seine Hütte gefällt hat und auch noch sein Schwiegersohn Holz bekommen hat usw.« Er sagt, dass dies ungesetzlich sei, dass das ein Übergriff sei, immerhin aber befindet er sich als Neuling in einer schwierigen Lage. Zuweilen sagt man zu ihm: »Was bist du denn für ein Kommunist, du weißt ja nicht mehr als ich!« Und so kommt es, dass die Arbeiter der Meinung sind, man müsse erst alles studieren und erst dann in die Partei eintreten, da man sonst über sie lachen würde.

Ferner: der wichtigste Grund ist die Liebe zum Beruf. Die qualifiziertesten Arbeiter sind die beste Reserve der Partei. Sie sind schon allein von ihrem Beruf sehr erfüllt, suchen stets nach Wegen, um ihre Arbeit zu verbessern. Sie sind sehr bewusst. Wenn man sich mit ihnen unterhält und sie fragt, warum sie nicht in die Partei eintreten, so sagen sie, dass sie keine Zeit hätten: Ich interessiere mich dafür, wie man den Stahl verbessert oder den Beton mischt usw. Dann erfinden sie irgendetwas Eigenes, erfinden Werkbänke usw. Gerade für die Annäherung an solche Arbeiter haben wir bis jetzt keinen Weg gefunden, indessen sind das die ehrlichsten und entwickeltsten. Sie sind immer geschäftig, suchen ihre Produktion zu verbessern. Wir müssen aber unbedingt eine Annäherung an diese qualifizierten Arbeiterkader, die besten Kader, finden. Sie sind mit der reinen Produktion beschäftigt, sie verstehen, dass die Stärke der Partei davon abhängt, dass wir uns vertiefen, unsere Produktion festigen, und solche Arbeiter gibt es in jeder Fabrik sehr viele.

Ossipow:

Wenn Parteilose in die Arbeit hineinkommen und sehen, was die Kommunistische Partei ist, so gehen sie in diese hinein. Der Parteilose geht nicht in die Partei, weil er sich zuweilen vor der Arbeit scheut und er schon zu Hause viel zu tun hat. Diese Ausrede benutzen aber nur die Parteilosen, die nirgends arbeiten. Dort aber, wo Zirkel organisiert wurden, entstand sofort eine Zelle aus sieben Personen, wie dies auf einem Werk der Fall war. Ich bin der Meinung, dass das Wichtigste darin besteht, Aktivität an den Tag zu legen. Die Annäherungsmethoden können verschiedener Art sein. Den einen kann man auf dem Wege der Arbeit in der Gewerkschaft, den andern durch die Arbeit in der Berufsgruppe heranziehen. Einige Fabrikkomitees klagen, dass sie viel Arbeit hätten, zwingen aber die Delegierten nicht zur Arbeit. Natürlich wird es an solchen Orten nur wenig Parteimitglieder geben. Das Wichtigste ist, die Aktivität zu wecken. Der Unterschied zwischen dem Jahre 1919 und 1923 besteht darin, dass 1919 die Kräfte angespannt waren und eine starke Müdigkeit bestand, während später die Leute ausruhten und sie sofort viel mehr Aktivität bekamen.

Antonow:

Der Parteilose arbeitet, wenn er will, wenn er nicht will – arbeitet er nicht. Wenn ihm eine Arbeit gefällt, so arbeitet er, wenn sie ihm nicht gefällt, so wirft er sie beiseite und geht zu einer anderen über; in unserer Mitte aber zwingt ihn zuweilen die Parteidisziplin, eine Arbeit auszuführen, die ihn nicht befriedigt. Er würde gern eine andere Arbeit machen, aber kraft der Parteidisziplin muss er das tun, wozu er bestimmt wird. Das ist der Hauptgrund. Es gab bei uns eine Zeit – als Denikin bei

Tula stand –, da traten die Kameraden gruppenweise in die Partei ein. Die Kameraden wussten, dass es keinen Ausweg gibt, dass wir unsere proletarische Macht verteidigen müssen, und so traten sie in die Partei ein. Die Frage ist aber die: Wie viele von diesen Arbeitern haben sich für längere Arbeit tauglich erwiesen? Einige Genossen waren gute aktive Arbeiter während der ersten und zweiten Revolution, später aber waren viele von diesen Genossen nicht für den langwierigen Kampf geeignet, denn für den langwierigen Kampf ist Ausdauer notwendig. Hier wurden viele Fehler begangen, viele Fehlgriffe, und viele von diesen Genossen hielten es nicht aus und erwiesen sich als ungeeignet.

Lewitzki:

Aufseiten der Parteilosen macht sich die Scheu bemerkbar, sich zu binden. Der Arbeiter studiert irgendein Buch über Astronomie oder Naturwissenschaft und sagt sich: Jetzt lese ich viel, wenn ich aber in die Versammlungen gehen werde, werde ich weniger Zeit haben, und es wird schwieriger sein, sich mit Lesen zu beschäftigen.

Der Hauptgrund, warum sie nicht in die Partei eintreten, ist der, dass es die Familie nicht erlaubt. Wir hatten in der Fabrik Gelegenheit, uns mit den parteilosen Kameraden zu beschäftigen und in den Kommunehäusern Versammlungen zu veranstalten. Wir versammelten uns oft bei parteilosen Arbeitern, im Besonderen an den Winterabenden. Wir lasen ihnen Literatur vor, lasen Zeitungen, sogar den »Atheisten«, und auch die Frau interessierte sich dafür. Sobald man aber beginnt, ihn in die Partei hineinzuziehen, so wird auch schon das Verhältnis seiner Familie zu dir, dem Bearbeitenden, und zu ihm selbst, ein anderes. Die Frau beginnt dich scheel anzusehen und lässt einen sogar nicht einmal in die Wohnung hinein, wenn die Arbeiter nicht zu Hause sind. Viele von diesen parteilosen Kameraden beteiligten sich aktiv an dem Umsturz und betrachteten sich als Bolschewiki; später gingen sie in die Armee, traten danach aber aus irgendwelchen zufälligen Gründen nicht in die Partei ein, verloren den Zusammenhang mit der revolutionären Bewegung und wurden parteilos. Wenn man sie heute fragt, warum sie nicht in die Partei eintreten, so sagen sie: die Familie. In der Tat, die Frau beginnt gewissermaßen auf die Parteiarbeit eifersüchtig zu sein, und ich hatte Gelegenheit zu beobachten, dass, solange der Mann noch als Parteiloser die Zeitung liest, die Frau nichts dazu sagt, dass aber ihr Verhältnis zur Zeitung bereits ein anderes wird, wenn der Mann in die Partei einzutreten beabsichtigt. Es macht sich eine Scheu bemerkbar, da der Kommunist als disziplinierter Mensch sehr gebunden ist und weniger freie Zeit hat.

Osnas:

Es gibt sehr viele Familien, in denen die Frau parteilos ist, während der Mann Kommunist ist. Und es herrscht bei uns nicht die Gewohnheit, dass einer seine Seelendramen in die Parteizelle trägt. Selbst unter uns haben wir diese Brücke nicht zu schlagen vermocht, und es fällt uns sehr schwer, diese Brücke zum unmittelbaren Leben des Arbeiters zu finden und von einem anderen Gesichtspunkt als von der Verbesserung seiner materiellen Lage aus an ihn heranzutreten. Es scheint uns, dass das sehr gut wäre, aber ich verhalte mich etwas pessimistisch dazu, dass wir von allen Seiten her uns dem Arbeiter nähern, um ihn auf diesem Wege in der nächsten Zeit in die Partei hineinzuziehen.

Stankewitsch:

Viele Arbeiter fühlen, dass es ihre Kräfte übersteigen würde, den Forderungen der kommunistischen Ethik zu genügen. Sie befürchten, eine neue Lebensweise annehmen zu müssen, befürchten ihre Beziehungen verändern zu müssen. Sie meinen, dass sie auf das Taufen ihrer Kinder und auf die verschiedenen religiösen Traditionen würden verzichten müssen. Sie sagen, dass sie selbst bereit wären, mit alledem zu brechen, aber es fehlt ihnen an Willensstärke, in der Familie offen dagegen aufzutreten, während sie doch der Meinung sind, dass das kein rechter Kommunist sein würde, wenn er ebenso leben würde wie vorher. Und gerade das wirkt sehr hemmend auf den Eintritt in die Partei. Ferner sind viele Arbeiter innig mit dem Dorfe verknüpft und sagen, dass sie gar keine Zeit hätten.

Zeitlin:

Niemand kann behaupten, dass die Arbeitermasse gegen die Partei sei – sie liebt die Partei, scheut sich aber aus vielen Gründen, hauptsächlich aber deshalb, weil sie unwissend ist, in sie einzutreten.

Frage Nr. 6

Hat die Revolution Veränderungen in das Familienleben des Arbeiters und in seine Ansichten darüber hineingetragen?
Sind diese Fragen Gegenstand von Gesprächen?
Wo und wie werden sie besprochen?
Was für Antworten geben die Kommunisten?
Von wo schöpfen sie die Antworten auf diese Fragen?
Warum werden diese Fragen nicht in den Spalten der Presse behandelt?

Kasakow:

Äußerlich ist eine Wendung im Familienleben eingetreten, d. h. man hat eine einfachere Einstellung zum Familienleben. Aber das Grundübel hat sich nicht verändert, d. h. es ist für die Familie keine Erleichterung in ihren tagtäglichen Familiensorgen eingetreten, und die Vorherrschaft eines Familienmitgliedes über die anderen bleibt bestehen. Die Leute streben zum öffentlichen Leben, und wenn sich dies Streben wegen der Familiennöte nicht erfüllen lässt, so treten Unruhe, neurasthenische Erkrankungen ein, und wer sich hiermit nicht aussöhnen kann, lässt entweder die Familie im Stich oder quält sich selbst, bis er selbst Neurastheniker wird.

Kobosew:

Die Revolution hat zweifellos eine große Veränderung in das Familienleben des Arbeiters hineingetragen; besonders, wenn Mann und Frau in der Produktion tätig sind, betrachtet sich die letztere als materiell unabhängig und verhält sich als gleichberechtigt; andererseits werden Vorurteile überwunden, dass z. B. der Mann das Haupt der Familie sei usw. Die patriarchalische Familie zerfällt. Unter dem Einfluss der Revolution stellt sich sowohl in der Arbeiterfamilie als auch in der Bauernfamilie ein starkes Streben zur Trennung, zum selbstständigen Leben ein, sobald sie ihre materielle Existenzbasis zu fühlen beginnt. Es scheint mir dies der unvermeidliche Zusammenbruch der alten Familienstruktur zu sein.

Markow:

Die Revolution hat Veränderungen, und zwar sehr große, in die Wohnungsverhältnisse hineingetragen. Die Bettelarmut der Industrie und der Republik hält die Familie noch einigermaßen zusammen, sonst wäre sie schon ganz zerfallen. Aber gerade dieser schlecht gelenkte und geleitete spontane Zerfall bedroht uns mit einer Reihe anderer unnormaler Erscheinungen – mit Prostitution, Trunksucht, Rowdytum, unnützer Verwegenheit usw.; diesen Dingen muss sofort der Kampf erklärt werden, und zwar ein ernsthafter, denn sonst wird es bei weitem schwieriger sein, die verdorbenen Menschen außerhalb der Familie zu bessern.

Korobizyn:

Die Revolution hat Veränderungen in das Familienleben hineingetragen, die darin zum Ausdruck kommen, dass weniger getrunken wird und folglich Kinder und Frauen weniger geprügelt werden.

Kolzow:

Diese Fragen werden nirgends besprochen, es ist als vermeide man sie aus irgendeinem Grunde. Bis jetzt habe ich sie niemals durchdacht.

... Gegenwärtig sind das für mich neue Fragen. Ich betrachte sie als im höchsten Grade wichtig. Man sollte über sie nachdenken. Ich meine, dass sie aus eben denselben, allerdings unbestimmten Gründen nicht in die Spalten der Presse gelangen.

Finkowski:

Es ist eine Tatsache, dass die Revolution etwas Neues in das Familienleben des Arbeiters hineingetragen hat. Zerrüttung, Hungersnot, Mangel haben der Familie einen harten Schlag versetzt, sie gezwungen, sich einzuschränken, zu sparen, mit Mühe und Not und unter Hungern auszukommen, und sie brachen als schwere Last hauptsächlich über die Frau herein. Ich bin der Meinung, dass ihre Lage sich faktisch derart verschlechtert hat, dass die beständigen Gespräche, das Gerede usw. hierüber vielleicht der Hauptgrund dafür sind, dass der Arbeiter sich nicht entschließen kann, in die Partei einzutreten.

Gespräche über dieses Thema werden deshalb selten begonnen, weil sie alle zu nahe angehen ... Man hat sie bisher meines Erachtens deshalb nicht begonnen, um sich nicht zu ärgern... Alle verstehen, dass ein Ausweg aus der Lage dadurch geschaffen werden könnte, dass der Staat die Erziehung und den Unterhalt aller Arbeiterkinder vollständig auf sich nimmt (indem sie in der Nähe der Eltern bleiben), dass die Frau von der Küche befreit wird usw. Die Kommunisten berufen sich gewöhnlich auf diese schöne Zukunft und entziehen dadurch diese akute Frage der weiteren Besprechung.

Die Arbeiter wissen, dass es mit dieser Frage in der Familie des Kommunisten noch schlimmer steht als bei ihnen selbst.

Wenn der Mann der Partei angehört, so wird er also für die Familie keinen Finger rühren (er hat keine Zeit, ist mit Geschäften überbürdet, mit hohen Materien beschäftigt), während seine Frau wie ein Pferd arbeiten muss und sich auch noch Verweise für unkommunistische Handlungen gefallen lassen muss, die das kommunistische Prestige des der Partei angehörigen Mannes herabsetzen.

Sacharow:

Die brennendste Tagesfrage ist die der Gleichberechtigung der Frau. Hierüber äußern sich alle verschieden. Im Prinzip sind alle mit der Gleichberechtigung einverstanden und fügen dann hinzu: Aber – die Familie, die Kinder, der Haushalt usw.

Kuljkow:

Die Revolution hat zweifellos eine Veränderung in das Familienleben, in die Ansichten über die Familie und sogar in das Verhalten zur

Emanzipation der Frau hineingetragen. Der Mann ist gewohnt, sich als Haupt der Familie zu fühlen. Die Frau macht sich mit den Kindern, dem Kochen und Waschen zu schaffen. Der Mann nimmt sich die Zeit, um in eine Versammlung, in einen Vortrag zu gehen, liest die Zeitung; hiermit beginnt die Unterweisung der Frau, was man tun soll, wie man die Kinder pflegen, die Wäsche waschen soll, zuweilen sogar, wie das Essen zuzubereiten ist, dass man die Fenster öffnen soll, wie man sich zur Familie, zu den Kindern und zu den zu Besuch kommenden Genossen verhalten soll; hinzu kommt die religiöse Frage, die Verweigerung kleinbürgerlicher Bedürfnisse für die Frau – da sich aber mit den vorhandenen Mitteln nicht viel durchführen lässt, so beginnen Skandale. Die Frau stellt ihrerseits die Forderung, freier zu sein, die Kinder irgendwohin abzugeben, öfter mit dem Manne dort zu sein, wo er sich aufzuhalten pflegt. Hier gerade beginnen alle mögliche Skandale und Szenen. Daher die Ehescheidung, die Heirat des Sohnes, der Tochter.

Die Kommunisten antworten gewöhnlich auf solche Fragen, dass die Familie, im besonderen Streitigkeiten zwischen Mann und Frau, Privatsache sei.

Lagutina und Kasanski:

Dort, wo die Frau genug Kräfte hat oder die Verhältnisse einigermaßen günstig für sie sind, führt sie in hartnäckiger und praktischer Weise neue Ideen und Verhältnisse durch. In einer ganz unvorteilhaften Lage befindet sich der Mann – der Ehemann und Vater. Es sind Fälle bekannt, dass Kommunistinnen aus der Partei austraten, weil der Mann beharrlich darauf bestand, dass die Frau »zum häuslichen Herd, zur Küche und zur Versorgung des Mannes« zurückkehre. Für die Mehrzahl der Arbeiter ist die Ehefrau das »Weib«. Der Vater denkt oftmals in alter Weise: die Kinder nicht zu prügeln, bedeutet Vernachlässigung derselben. Die Kinder werden geprügelt, da man diese Erziehungsmethode als bewährt und erprobt betrachtet.

Antonow:

Die Einstellung des Arbeiters zum Familienleben, z. B. zur Frau, ist eine andere geworden. Die Frauen sind bereits emanzipierter, und es machen sich hier mancherlei grundlegende Veränderungen bemerkbar.

Es kommt oft vor, dass nicht die Eltern die Kinder instruieren, sondern die Kinder die Eltern.

Warum ist diese Frage nicht in den Spalten der Presse geklärt worden? Ich denke, dass, wenn man in den Spalten der Presse eine Schilderung des Familienlebens der Arbeiter geben wollte, man sich in die

Psychologie der heutigen Arbeiter vertiefen müsste. Natürlich ist das eine sehr schwierige Sache und es ist schwer, sie in Angriff zu nehmen. In Zukunft wird sich das ändern, heute aber ist es für den Schriftsteller leichter, über den gegenwärtigen Moment zu sprechen, als sich in die Psychologie des Arbeiters zu vertiefen. Darum findet man in der Presse so selten solche Artikel.

Markow:

Ich mache darauf aufmerksam, dass wir uns einem ungeheuren Unheil in jenem Sinne nähern, dass wir den Begriff der »freien Liebe« falsch aufgefasst haben. Das Resultat von all dem war, dass die Kommunisten mit dieser freien Liebe eine Menge Kinder in die Welt setzten. Die Kommunisten wurden mobil gemacht, und der Obhut des Fabrikkomitees wurden fast 2000 Kinder übergeben.

Wenn uns der Krieg eine Unmenge Invaliden geliefert hat, so wird uns die falsche Auffassung der freien Liebe mit noch größeren Krüppeln belohnen. Und wir müssen geradeheraus sagen, dass wir auf dem Gebiete der Aufklärung in dieser Richtung nichts getan haben, um das richtige Verständnis der Arbeitermasse für diese Frage zu fördern. Und ich bin ebenfalls ganz der Meinung, dass, wenn man uns diese Frage stellen wird, wir außerstande sein werden, sie zu beantworten.

Lidak:

Die brennende Frage, die sich vor uns erhebt und der wir unsere Aufmerksamkeit zuwenden müssen, ist die Frage des weiblichen Proletariats. Das ist besonders wichtig für jene, die mit ihren Familien durch ihr gewohntes Leben in der Wohnung verknüpft sind: Hier übt der Einfluss in religiöser Hinsicht eine stärkere Wirkung aus als sonst etwas. Ich meine, dass in dieser Bevölkerungsschicht irgendeine andere Arbeit betrieben werden müsste, es müsste irgendetwas anderes an die Stelle der Kirche gestellt werden, wir aber haben nichts anderes. Selbst wenn wir unsere Rayonklubs in Moskau nehmen, so sehen wir, dass selten jemand in sie hineingeht, und es kommt dort nicht zu einem so engen Verkehr, dass Mann, Frau und Kinder Vergnügen daran haben könnten. Es finden bei uns dort zuweilen offizielle Versammlungen statt. Vielleicht lässt sich das daraus erklären, dass wir teils übermüdet zu sein pflegen, aber dennoch die Versammlung durchführen und uns dabei eilen. Was aber die Ablenkung der Aufmerksamkeit von der Kirche anbelangt, so müssen wir dem unsere Aufmerksamkeit zuwenden und irgendwelche Kulturzentren errichten, in denen der Mann und seine Frau nicht nur an den Sonntagen, sondern jeden Tag des Abends zu einem Vergnügen kommen können. Dann werden sie nicht in die Kirche gehen. Wir sehen, dass einige bereits durch die Vergnügungsparks, in denen der Eintritt erschwinglich ist, abgelenkt werden.

Dorofejew:

Einige Arbeiter sind sehr wenig mit der Familie verknüpft und vertreten den Standpunkt, dass die Frau alles für den Mann machen müsse, während er irgendwohin fortgeht. Und des Sonntags ist es ebenso. Auf dieser Grundlage nun kommt es zu Skandalen. Die Frau brummt, dass der Mann auch am Feiertag davonlaufe, während sie mit den Kindern zu Hause sitzen müsse. Hier macht sich ein gewisses Streben der Frau nach Emanzipation bemerkbar. Die Frauen machen oftmals ihren Männern Vorwürfe, dass andere ihre Kinder in Krippen und Kinderheimen abgäben, wie in den anderen Fabriken, dass deshalb die Frauen der anderen mehr Freiheit hätten, während sie die ganze Zeit bei den Kindern bleiben müssten. Ein solches Streben der Frau nach Emanzipation ist also vorhanden.

Zeitlin:

In der Literatur wird die Frage der Ehe und Familie, die Frage der Beziehungen zwischen Mann und Frau gar nicht erörtert. Indessen sind dies gerade die Fragen, die die Arbeiterinnen und Arbeiter interessieren. Wenn wir solche Fragen zum Gegenstand unserer Versammlungen machen, so wissen die Arbeiterinnen und Arbeiter hiervon und füllen unsere Versammlungen. Außerdem fühlt die Masse, dass wir diese Fragen mit Schweigen übergehen, und wir übergehen sie tatsächlich gewissermaßen mit Schweigen. Ich weiß, dass einige davon sprechen, dass die Kommunistische Partei keine bestimmte Meinung über diese Frage habe und sie auch nicht haben könne. Ich kenne Agitatoren, die auf diese Fragen nach den Thesen der Genossin Kollontai antworten. Dort fehlt aber z. B. die Frage der Verantwortlichkeit von Vater und Mutter gegenüber dem Kind, und auf dieser Grundlage entwickelt sich das Unterschieben fremder Kinder. Das ist gegenwärtig in Moskau eines der schlimmsten Übel. Diese Frage wird nicht behandelt, und die Arbeiter und Arbeiterinnen stellen diese Frage oftmals und finden keine Antwort auf sie.

Borissow:

Hinsichtlich des Arbeiterlebens muss ich sagen, dass es bei uns außerordentlich wenig beleuchtet worden ist, und zwar aus einem sehr einfachen Grunde: Diese Fragen, die wir hier aufstellen, sind außerordentlich schwer schriftlich zu behandeln. Es ist natürlich leichter, einen offiziellen Artikel zu schreiben.

Ossipow:

Man muss sagen, dass das Alltagsleben keine bestimmte Form angenommen hat. Man kann sagen: andere Länder, andere Sitten, und in jeder Familie geht es anders zu. Hier wurde gesagt, warum diese Fragen nicht in die Presse gebracht werden. Aber die Mehrheit der aktivsten Kommunisten, die für die Presse schreiben, sind viel zu sehr beschäftigt und kennen wahrscheinlich nicht einmal ihre eigene Familie. Sie gehen aus dem Haus, wenn noch alles schläft, und kommen wieder, wenn schon wieder alle im Bett sind. Und wenn man seine eigene Familie nicht kennt, weiß man auch wenig über fremde. Das einzige, woher man darüber etwas erfahren kann, ist aus Gesprächen in den Fabriken, die im Fabrikkomitee aufkommen, wenn sich jemand beschwert, wie z. B. eine Frau, die klagt, dass sie von ihrem Mann geschlagen wurde usw. Deshalb, ich wiederhole, kommen diese Fragen nicht in die Presse, weil wir Kommunisten weder unsere eigene noch fremde Familien kennen.

Tatsächlich werden die Fragen zu Familie und Kindern überhaupt nicht beleuchtet. Ich selbst habe alles, was ich gesehen habe, vergessen, und nur wenn man gefragt wird, erinnert man sich etwas und beginnt, Dinge in den Zusammenhang zu bringen.

Gordejew:

Wenn man sich alle Kommunisten näher ansieht, so sieht man, dass die Frau tatsächlich zu Hause sitzt, während der Mann in die Versammlung geht. In die öffentliche Arbeit werden die Frauen der Kommunisten außerordentlich schwach hineingezogen. Ungefähr ebenso verhält es sich bei den Arbeitern. Wenn die Frage des Arbeiterlebens besprochen wird, so legen die Arbeiterinnen das größte Interesse an den Tag. Sie sprechen viel von Kinderkrippen, öffentlichen Speisehallen usw. Aber man muss sagen, dass wir aus objektiven und subjektiven Gründen sehr wenig in Bezug auf die Veränderung unseres Lebens getan haben. Unter den Arbeiterkommunisten lässt sich folgendes Verhalten zu ihren Frauen, die Arbeiterinnen sind, beobachten: Wenn der Mann in die Versammlung geht, so zwingt er seine Frau zu Hause zu bleiben. Zuweilen kommt es bis zur Ehescheidung. Der Mann lässt die Frau nicht in die Versammlung gehen, sie aber will unbedingt hingehen, und die Folge ist die Ehescheidung; mir sind zwei solche Fälle bekannt. In einer Besprechung der Arbeiterinnen war davon die Rede, dass in unserem Bezirk Orechowo-Sujewo zwei Fälle vorgekommen sind, dass der Mann es seiner Frau, die Arbeiterin ist, verbot, in Versammlungen zu gehen, und dass sie sich darauf scheiden ließen.

Dorofejew:

Die Revolution hat Zersetzung in die Familie hineingetragen, viele Arbeiter treiben Unfug und fassen die Freiheit falsch auf, lassen sich von ihren Frauen scheiden. Andere wieder geben die Antwort, dass die Revolution der Familie irgendeinen Stoß, einen Schlag versetzt hätte. Selbst unter den verantwortlichen Arbeitern gibt es viele, die sich von ihren Frauen getrennt haben und sie mit fünf Kindern zurückließen. Solche Fälle gibt es sehr viele. Das wird nicht verheimlicht. Man lässt sich sogar von Frauen scheiden, die Kommunistinnen sind, und das wird bekannt. In den Versammlungen wird das nicht besprochen, aber in Parteikreisen wird davon geredet, und man fühlt, dass es über kurz oder lang in die Öffentlichkeit gelangen wird.

Nun zu der Frage, warum die Presse in den Zeitungen keine kleinen Artikel, keine Feuilletons schreibt und das Familienleben nicht beleuchtet. Meines Erachtens ist das richtig, was ein Genosse sagte, dass nämlich bei uns in den Zeitungen hauptsächlich alte Parteiarbeiter tätig sind, die die Psychologie der Arbeiter nicht verstehen, während wir keine eigenen Zeitungsleute haben.

Hier ist vor allem Arbeit der Frauenabteilungen notwendig, denn die Frauen haben unter diesen Stößen am stärksten zu leiden, besonders wenn die Kinder in ihren Händen bleiben. Es gibt keine Kinderheime, keine Kinderkrippen. Natürlich muss die Kommunistin die Wäsche selbst waschen, weil das sparsamer ist, auch würde sie die Wäsche nicht weggeben, weil man sie ihr verderben würde, denn es wird in den Waschanstalten oftmals mit scharfen Waschmitteln gewaschen. Solange wir uns in einer Übergangszeit befinden und es bei uns keine Kinderkrippen und Kinderheime gibt, werden die Kommunistinnen die Wäsche selbst waschen und die Fußböden wischen, denn sie werden sich nicht vom Familienleben losreißen können, während der Mann in die Versammlungen gehen und Zeitungen lesen wird, und so werden die Frauen in hohem Grade rückständig sein. Wenn bei uns aber alles organisiert sein wird, dann werden die Frauen nicht mehr Wäsche waschen, sondern in die Arbeiterversammlungen gehen.

Gordon:

In unserem Bezirkskomitee wurde ein Vortrag »Familie und Ehe« angekündigt. Wir ließen den Vortragenden kommen und fragten ihn, was er über diese Frage sagen wolle. Er antwortete, dass er Engels' »Ursprung der Familie« inhaltlich wiedergeben wolle, und fügte hinzu, dass er nichts weiter sagen werde. Ich will natürlich nicht sagen, dass dies schlecht wäre, man hätte aber doch einen Schluss aus diesem Engels'schen Werk in Bezug auf die Gegenwart ziehen müssen; das aber vermögen wir gerade nicht zu tun. Indessen ist diese Frage außerordentlich brennend geworden.

Was die Ehe anbelangt, so behaupte ich, dass die Kommunisten kommunistische Jugendgenossinnen unter keinen Umständen heiraten wollen, denn sie sagen, diese würden immer in die Versammlungen laufen, würden ihnen kein Mittagessen kochen, ihnen die Wäsche nicht waschen usw. Die Kommunisten sagen, dass es für sie besser sei, Parteilose zu heiraten, die zu Hause bleiben, sich um die Kinder kümmern und im Hause Ordnung halten würden. Diese Meinung ist sehr verbreitet. Die Kommunisten sagen, dass, wenn sie Kommunistinnen heiraten würden, ihre Kinder sterben und die Familie in Lumpen herumlaufen würden.

Korobizyn:

Früher betrachtete der Mann seine Frau als Sklavin. Das ist der Stempel, den die Geschichte der Frau aufgeprägt hat. Aber jetzt betrachtet er sie doch in einer etwas anderen Weise.

Früher verprügelte er seine Frau ein-, zwei- und dreimal, wenn er besoffen war, jetzt aber hat man ihm den Schnaps genommen. Wenn man aber danach fragt, ob diese Leere mit etwas ausgefüllt worden ist, so sage ich, dass man sie mit nichts ausgefüllt hat. Er sucht jetzt nach geheim gebranntem Schnaps und trinkt ihn, seine Frau aber schlägt er seltener und weniger und betrachtet sie als Staatsbürgerin, während sie sich auch als Staatsbürgerin betrachet und es nicht zulässt, dass man sie schlägt.

Hinsichtlich der Ehe: Man wechselt die Frauen, das kommt auch bei Kommunisten vor. Es ist unzulässig, dass einige zügellos werden bis zur Widerlichkeit. Und so sage ich auch, dass man dem ernsthafte Aufmerksamkeit zuwenden und in der Presse häufiger über die Ehe schreiben muss. Schließlich muss man verstehen, welche Einstellung man zur Ehe, welche Einstellung zur Frau hat – ich habe niemals etwas hierüber in den Zeitungen gefunden. Wir müssen diesen Fragen in dieser oder jener Weise ernsthafte Aufmerksamkeit zuwenden, näher an sie herantreten und wenigstens kleine Ziegelsteine für den Aufbau des Lebens des russischen Volkes zusammentragen.

Antonow:

Dann noch eine Veränderung im Familienleben des Arbeiters: Er setzt sich weniger der Einwirkung des Alkohols aus, die Arbeiter sind viel nüchterner geworden, dadurch aber, dass sie viel nüchterner wurden, ist auch ihr geistiges Niveau ein höheres geworden.

Frage Nr. 7

Das alte Kirchenzeremoniell konzentrierte sich um drei Momente: Geburt, Eheschließung und Tod. Wodurch ist heute dieses Zeremoniell bei jenen Elementen der Arbeiterklasse ersetzt, die mit der Kirche gebrochen haben? Gibt es irgendwelche neuen Lebensformen, um Geburt und Eheschließung hervorzuheben, oder zu feiern oder einem Verstorbenen die letzte Ehre zu erweisen?

Marinin:
Das Zeremoniell ist nur hinsichtlich der Beerdigung ersetzt, die durch die Gewerkschaftsorgane organisiert wird und feierlichen Charakter trägt.

Iwanow:
Der Arbeiter sagt: »Ihr Kommunisten beerdigt Eure Genossen, Ihr habt für diese Gelegenheit einen Trauermarsch und Grabreden, Ihr weist auf die Verdienste des Verstorbenen um Gesellschaft und Staat hin, was aber sollen wir in diesen Fällen mit unseren Toten machen? Es geht doch nicht gut an, sie ohne jegliche Zeremonie ins Grab hinabzulassen, und so müssen wir den Popen um Hilfe angehen.« Geburt und Eheschließung – da wird sich schnell ein Ersatz finden. Anders beim Tode: Wenn der Arbeiter die zeremonielle Beerdigung abschafft, so bleibt eine Leere bestehen.

Dorofejew:
An Stelle der alten kirchlichen Zeremonien lassen sich noch keine neuen Lebensformen beobachten, es ist einfach eine Leere geblieben. Auf dieser Grundlage kommt es oftmals zu schweren Familienszenen, wenn die Frau des Arbeiters ein Kind unter Einhaltung der kirchlichen Zeremonie taufen oder beerdigen lässt, während der Mann es ihr nicht gestattet und sie prügelt.

Sacharow:
Diese Ereignisse feiert der Arbeiter bei sich im Familienkreise. Er lädt Gäste ein, stellt einen Imbiss und Schnaps auf den Tisch.

Bei Beerdigungen sind die Arbeiter bemüht, sie den Beerdigungen verdienter Genossen ähnlich zu gestalten – mit Musik, Fahnen usw. Das sind aber vorläufig vereinzelte Fälle.

Kuljkow:
Es lässt sich kein bestimmter Ersatz für den Leichenzug und für die Seelenmesse beobachten. Bei den Kommunisten tragen die Genossen

bei der Beerdigung Fahnen, sie singen auch, zuweilen spielt ein Orchester.

Antonow:

Wenn z. B. ein Kommunist die Geburt eines Kindes feiert, so versammeln sich bei ihm seine Bekannten, Kommunisten und Parteilose. In welcher Weise sollen sie nun diesen Tag feiern? Nach alter Tradition wurde die Wöchnerin beschenkt. Das ist nicht nötig. Aber man sollte eine Sammlung für eine Kinderkrippe, für ein Haus mit öffentlichen Kinderkrippen veranstalten.

Oder es ist z. B. Beerdigung. Das sollte man anders machen. Man könnte eine Sammlung für ein Krematorium veranstalten, um die Leichen zu verbrennen.

Marinin:

Ich glaube, dass wir in der ersten Periode das Durchschnittspublikum werden daran gewöhnen müssen, mit Musik zu beerdigen. Ich persönlich würde mich sogar dafür aussprechen, dass man auch feierliche Taufen veranstalten kann, vielleicht braucht man das nicht immer zu machen, aber selbst, wenn man zuweilen solche Taufen veranstalten würde, so würde das zweifellos die Arbeiter zum Nachdenken über die Frage veranlassen, ob man überhaupt zu taufen braucht. Es unterliegt keinem Zweifel, dass solche Taufen unter Mitwirkung des Fabrikkomitees und der Kultkommission veranstaltet werden müssen.

Sacharow:

Einem Arbeiter wurde ein Sohn geboren. Da machte er Folgendes: Er rief Vertreter von der Fabrik zusammen, sie wählten einen Vorsitzenden, ich weiß nicht, ob ein Referat stattfand, doch stimmten sie ab, wie das Kind zu benennen sei, setzten ein Protokoll auf, unterzeichneten es, und dann kam auch das übrige – Tee usw.

Dorofejew:

Ich entsinne mich noch, wie ich ein Knabe von 14 Jahren war und in Moskau in einer Fabrik arbeitete und wie mich der Meister verprügelte. Und da ging ich auf den Hof hinaus, blickte nach dem Himmel und betete, dass Gott diesen Meister strafen möge. Und dann hatte ich eine furchtbare Leidenschaft für den kirchlichen Gesang. Ich war nicht religiös, aber ich suchte hierin eine gewisse Befriedigung. Das Leben war schwer, ich erhielt wenig Lohn, und so fand ich einen Trost darin, im Kirchenchor mitzusingen. Jetzt bin ich Atheist geworden, denn ich habe Bücher gelesen, habe Vorträge angehört, bin bewusst geworden und betrachte infolgedessen dies alles als Kindereien. Darum werden wir, solange wir das Proletariat nicht erziehen und es nicht bewusst machen, nichts erreichen können.

Kolzow:

Warum sollte man nicht den Geburtstag feiern, so wie man jetzt den Tag der Taufe feiert? Lasst uns doch meinetwegen Wein oder Bier trinken; wenn es ohne das nicht geht, lasst uns einen Feiertag daraus machen und den Geburtstag statt des Namenstages feiern. Der Tag der Geburt und des Todes muss irgendwie hervorgehoben werden. Die Zeremonie der Eheschließung lässt sich leichter überwinden. Selbst parteilose Arbeiter beschränken sich auf die standesamtliche Eintragung und veranstalten dann ein Festmahl. Schwieriger steht es beim Tod und bei der Taufe. Dem muss man irgendetwas gegenüberstellen. Besonders jammern die rückständigen Frauen, wenn ein Kind ungetauft bleibt oder jemand ohne letzte Ölung stirbt. Niemand zwingt einen mit Gewalt, feierliche Beerdigungen mit Orchester usw. zu veranstalten, aber es bürgert sich allmählich ein. Ein Parteiloser kommt und sagt: Meine Frau ist gestorben, stellt mir das Orchester. Manchmal kann man aber kein Orchester nehmen, weil man dafür Geld braucht und kein Geld da ist. Wenn wir reicher wären, so wären wir schon längst so weit.

Osnas:

Vor etwa drei Monaten war ich zugegen, als ein Zeremoniell nach neuen Formen abgehalten wurde. Es handelte sich um den Eintritt des Sohnes eines unserer Arbeiter als Lehrling in die Werkstatt. Dieser Arbeiter hatte mich eingeladen, am Abend zu ihm zu kommen. Ich komme hin – da ist alles wie es sich gehört, sowohl Bier als auch Portwein. Bier und Portwein verdrängen bei uns gegenwärtig den geheim gebrannten Schnaps. Das ist in gewisser Weise ein Schritt vorwärts. Es stellte sich heraus, dass er sein Söhnchen als Lehrling untergebracht hatte. In der Familie des Arbeiters ist das ein ebenso ernster Moment wie Geburt, Eheschließung oder Tod. Und hier kam mir nun der Gedanke, dass es gut wäre, wenn diese Form in irgendeiner Weise gesetzlich geregelt würde, wenn man dieser »Produktionskonfirmation« der Jugend, wenn man sich so ausdrücken darf, Aufmerksamkeit zuwenden würde. Für diesen Arbeiter war das ein wichtiger Moment, da das gegenwärtig sehr schwierig ist: Der Knabe beendet die Schule, er ist 17 Jahre alt, und man weiß nicht, wo man ihn unterbringen soll. Und so kommt es, dass man Zeuge einer solchen Lebensformalität wird. Das ist natürlich nur ein Anfang, aber wir gehen doch achtlos hieran vorüber. Wir als Partei müssten dem unsere Aufmerksamkeit zuwenden. Abgesehen von Geburt, Tod und Eheschließung wird dieser feierliche Moment des Beginns der Lehrlingschaft festen Fuß fassen, besonders jetzt, weil der Moment des Eintritts des Sohnes oder der Tochter des Arbeiters in die Schule oder Werkstatt tatsächlich ein sehr wichtiger Moment ist.

Lyssenko:

Im Jahre 1917 ging ich in das Strastnoi-Kloster und in die Erlöserkathedrale. Dort glänzt tatsächlich alles und ist alles sehr schön. Ist aber bei uns etwas als Ersatz hierfür erbaut worden? Wo soll man zu Ostern hingehen? Man ist in einer Stimmung, dass man irgendwohin gehen will, es ist feiertägliche Zeit, aber man weiß nicht, wo man hingehen soll; die Arbeiter gehen einfach deshalb in die Kirche, weil dort Rosanow schöner singt als Schaljapin, der seine Launen bekommen kann und dann nicht singt, auch singt der Chor dort schön. Bei uns aber wird in dieser Hinsicht nichts getan. Ich habe selbst ein Kind, ein Mädchen von 12 Jahren; eines Tages lief sie mit ihrer Freundin irgendwohin fort. Als sie zurückkam, fragte ich sie, wo sie gewesen sei. Sie sagte: in der Kirche. »Warum bist du denn hingegangen, du glaubst doch nicht?« – »Ich glaube nicht, aber dort ist es doch sehr schön.« – »Du hättest doch irgendwo anders hingehen können.« – »Wo soll ich denn hingehen? Gib mir eine Eintrittskarte.« – Eine Eintrittskarte aber kostet Geld, Geld aber ist keines vorhanden. Da machen wir nun verschiedene Agitationsveranstaltungen, aber das allein ist nicht das Richtige. Es muß etwas Künstlerisches sein. Wir aber haben in dieser Hinsicht nichts geschaffen.

Markow:

Meiner Meinung nach wäre es am besten, vor allem einen Ort zu schaffen, an dem man die Leichen verbrennen könnte. Und man sollte hier einfach mit den großen Persönlichkeiten beginnen. Wenn ein Mensch stirbt, so soll man einfach bestimmen, dass er verbrannt wird. Sonst treten folgende Dinge ein wie z. B. auf dem Danilow-Friedhof, wo ich wohne. Dort ist ein Brunnen, drei Arschin tief, und dicht daneben befinden sich Gräber. Wenn man aber mit dem Verbrennen beginnen und klarmachen würde, warum das nützlich ist, so wäre das eine sehr gute Maßnahme. So hat man z. B. den Genossen Worowski beerdigt; man hätte ihn aber verbrennen und dann eine Kampagne beginnen sollen, in dem Sinne, dass das der und der Mensch gewesen sei und dass wir ihn jetzt verbrennen.

Lidak:

Ferner beobachten wir folgende Erscheinung: Wir sehen z. B., dass im Leichenzug nur die Verwandten mitgehen. Im Leichenzug befindet sich keine Gruppe, die sich ausgesprochen beteiligt: Man geht eine Zeitlang mit und geht wieder fort, während wieder andere hinzukommen. So ändert sich die Zusammensetzung des Leichenzuges, der das Geleit gibt, fortwährend, und die Zahl der Personen, aus denen er sich zusammensetzt, ist nie groß; zuweilen sind in einer Gruppe 30 Personen, in einer anderen sieben bis acht, in einer dritten fünfzehn, so dass dem offenbar bereits gar keine Aufmerksamkeit mehr zugewandt wird. Und ich meine, dass man hieran etwas ändern sollte, und dann werden wir die Sache so gestalten, wie es sein sollte.

Kasakow:

Äußerlich ist bei uns im Familienleben zweifellos seit Beginn der Revolution von 1917 eine Wendung eingetreten. Ich hatte gerade Gelegenheit, eine solche Epoche zu erleben. Ich bin aus einer Familie geschworener Altgläubiger hervorgegangen. Im Jahre 1917 geriet ich in die revolutionäre Atmosphäre und begann von ihr durchdrungen zu werden. Die Familie betrachtete mich zuerst als Eigenbrötler, der sich von der Familie zurückzieht, als Rowdy usw. Ich geriet in die Armee. Aus der Armee kam ich ins Dorf. Ich setze mich zu Tisch, bete nicht. Da sagen die Leute zu meinem Vater, dem Altgläubigen: »Wie ist denn das, dein leiblicher Sohn, der doch ein Altgläubiger ist, setzt sich zu Tisch, ohne sich zu bekreuzigen; der Teufel wird ihm in den Mund fahren.« Ich beginne über mein kommunistisches Bewusstsein zu sprechen und es in die Familie zu verpflanzen. Ich möchte es im Dorfe soweit bringen, dass die alten Vorurteile fallen gelassen werden. Ich betreibe diese Arbeit während einiger Jahre. Der Kampf spitzt sich aufs Äußerste zu. Die Psychologie des Bauern will sich durchaus nicht brechen lassen, und die Familie ist nicht zu einer neuen Lebensweise zu bringen. Ich musste in die Stadt fahren, um die Beziehungen nicht noch mehr zuzuspitzen und nicht in Streit zu geraten. In der Stadt begegne ich bereits einer anderen Familie mit einer anderen Psychologie. Die Arbeiterfamilie ist nachgiebiger geworden. Hier lässt sich ein stärkerer Umschwung des Lebens beobachten. Als erstes sehen wir, dass trotz dieses Umschwunges sich dennoch die Vorherrschaft des einen Familienmitgliedes über das andere beobachten lässt. Der Mann ist z. B. Kommunist, die Frau parteilos. Die Frau ist tagtäglich mit den kleinen Kindern beschäftigt. Der Mann hat tagtäglich Verkehr in unserem politischen Leben, er strengt sein Gehirn an, überlegt, entwickelt sich usw. Er wird zum vorherrschenden Familienmitglied. Die übrigen Familienmitglieder, der Bruder, die Schwester usw., neigen zu ihm, es beginnt die Rivalität. Es ist hier schon darüber gesprochen worden. Diese Rivalität nimmt bestimmte Formen an, es kommt bis zur Unruhe, zum Schimpfen, zur Krankheit, Hysterie usw.

Meines Erachtens befindet sich die Umwälzung des Familienlebens im Entfaltungsstadium, man kann seinen Erscheinungen keinesfalls bestimmte Formen verleihen. So z. B. die Kindererziehung. Einerseits bewegt man sich im öffentlichen Leben, man kommt nach Hause, ist beschäftigt, möchte den Dingen seine Richtung aufprägen. Die Frau hat noch die alte Psychologie. Sie will es nach ihrer Art machen, und so ist man gezwungen, den Kindern auch im Übergangsalter keine Ruhe zu lassen, was unbedingt notwendig ist. Und hier muss man natürlich darüber nachdenken, ob wir in der nächsten Zeit eine öffentliche Erziehung der Kinder schaffen können usw. Und es wäre natürlich gut, wenn es gelänge, dies in der nächsten Zeit zu tun, denn sonst gibt es ein Durcheinander.

Ossipow:

Ich kann sagen, dass die Eheschließungen dadurch ausgezeichnet werden, dass die Arbeiter wenn sie heiraten, sich an die Kasse der gegenseitigen Hilfe wenden, damit ihnen 800 bis 900 Rubel ausgezahlt werden. Man fragt – wozu brauchst du sie? Er antwortet: Man muss doch etwas Ordentliches an dem Tage essen.

Der Geburtstag ist auch eine Frage für sich. Ich weiß, dass zuweilen Taufen des Kommunistischen Jugendverbandes stattfinden. Vor allem erhebt sich bei der Geburt die Frage, wie das Kind benannt werden soll. Ich weiß einen Fall, wo der Vorschlag gemacht wurde, das Kind Iljitsch zu nennen. Dann kam der Vater zurück und fragte, ob man noch Lenin hinzufügen könne. Man sagte ihm, dass dies ginge. Nun, sagte er, so wollen wir ihn Iljitsch Lenin nennen. Bei der Geburt konzentriert sich also die Aufmerksamkeit auf den Namen. Man wendet sich an die Parteizelle der KPR und an den Kommunistischen Jugendverband. Ich weiß, dass man einigen Mädchen den Namen Oktobrina gegeben hat.

Die Frage der Geburt ist hauptsächlich mit der Frage der Namensgebung verknüpft, während die Eheschließung bedeutungsloser ist. Die Hauptsache dabei ist, dass man sich an die Hilfskasse wendet.

Wenden wir uns nun der Beerdigung zu. Hinsichtlich des Todes eines Kindes fällt es mir schwer, etwas zu sagen. Ich kann mir nicht vorstellen, wie man das machen könnte. Was die Erwachsenen anbelangt, so wird die Totenfeier zuweilen dadurch begangen, dass mit Musik beerdigt wird, zuweilen wird sogar in der Fabrik eine halbe Stunde früher Schluss gemacht. Wenn die Parteizelle stark ist, so wird die Beerdigung immer mit Musik begangen, in der Mehrzahl der Fälle aber verläuft sie vollständig unauffällig.

Gordejew:

In dieser Woche ist ein Jugendgenosse gestorben. Als er im Kommunistischen Jugendverband war, war er bereits ungläubig und ein sehr netter Bursche. Jetzt leben sie im Lager, und da bekam er plötzlich einen Schlaganfall. Er starb ganz unerwartet. Der Vater stellte rings um ihn Kreuze auf und wollte ihn kirchlich beerdigen. Aber da begann in der Parteizelle ein Geschrei, die kommunistischen Jugendgenossen kamen hin, der Vater aber sagte: »Der Pope selbst im Messgewand wird das Räucherfass schwingen, was aber wollt Ihr mir stattdessen vorschlagen?« Die Jugendgenossen antworteten: »Wir werden die Musik stellen.« – »Nun, wenn Ihr die Musik stellt, dann machen wir also eine bürgerliche Beerdigung, ich bin einverstanden.«

Nun, was Taufe und Eheschließung anbelangt. Es kommt sehr oft vor, dass die Parteijugend und parteilose Jugend sich nicht in der Kirche trauen lässt, aber das übrige Zeremoniell, wie Tanz und geheim gebrannter Schnaps, ist unbedingt notwendig. ... Einige lassen sich standesamtlich eintragen, einige wieder lassen sich nicht eintragen, auf jeden Fall veranstalten sie aber ein Festmahl. Was die Taufe anbelangt, so taufen einige ebenfalls nicht, veranstalten aber ebenfalls ein Festmahl. Wenn der Vater der Partei angehört, so versucht die Frau, das Kind heimlich taufen zu lassen, wenn der Mann nicht zu Hause ist oder wenn er abkommandiert ist; darauf gibt es natürlich einen Krach, und der Mann wird in die Parteizelle geholt, da sich das natürlich nicht verbergen lässt. Solche Dinge kommen sowohl in Moskau als auch überall vor. Diese Frage ist schwierig, und man muss sich eingehender mit ihr befassen. Es wird z. B. einem Parteimitglied, das in der Fabrik arbeitet, ein Kind geboren. Die Frau schleppt das Kind zur Taufe, der Mann aber will das durchaus nicht dulden. Das Resultat davon ist eine Rauferei und ein Geschimpfe, während man sich doch freuen sollte. Das Gleiche geschieht, wenn ein Kind beerdigt werden soll. Die Frau weint, weil der Mann ihr nicht erlaubt, das Kind kirchlich zu beerdigen. Sie verflucht das ganze Leben, sowohl den Mann als auch die Partei und überhaupt alles. Der Kommunist sagt zu seiner Frau: Wirf alle diese Heiligenbilder hinaus, die Frau aber wirft sie nicht hinaus, sondern versteckt sie in irgendeiner Truhe und betrachtet sie mit Liebe, in der Hoffnung, dass sie sie bald wieder werde an ihren Platz hängen können.

Gordon:

Eine Arbeiterin brachte am 1. Mai ein Kind zur Welt und nannte das Töchterchen Maja. Der Name Oktobrina hat schon einigermaßen Bürgerrecht erworben. Vorgeschlagen wurde sogar der Name Krokodil. Vor kurzem unterhielten wir uns und kamen zu dem Schluss, warum zum Teufel wir denn unsere Kinder nach Namen benennen sollen, die im Kirchenkalender angegeben sind. Jeder Name ist die Benennung irgendeiner Sache in einer fremden Sprache. Jeder Name bedeutet irgendetwas Bestimmtes. Lasst uns auch hier Revolution machen und die Kinder mit anderen Namen benennen, die uns passen. Man verfolge, wie in dieser Revolutionsperiode die Kinder benannt werden. Sehr viele Mädchen nannte man Rosa, zur Erinnerung an Rosa Luxemburg, während die Mehrzahl der Knaben – zu Ehren Wladimir Iljitsches – den Namen Wladimir erhielten. Diese Tendenz besteht, und es besteht auch die Tendenz, neue Namen auszudenken. Das hat eine Zukunft, vorläufig gilt das aber nur für die Kommunisten. Wir müssen aufhören, die Kinder mit Namen zu benennen, die gar keinen Sinn oder nur einen üblen haben.

Frage Nr. 8

Lässt sich im Arbeitermilieu Interesse für die einzelnen kleinen Lebensfragen beobachten, das von dem Bestreben zeugt, das Kulturniveau zu heben: das Anstreben größerer Höflichkeit, Reinlichkeit, Einhaltung gewisser hygienischer Vorschriften usw.?

Lyssenko:

Ja, die hochqualifizierten Arbeiter werden durch die Produktion zur Genauigkeit, Ordentlichkeit, Sparsamkeit usw. erzogen. Hierauf müssen wir auch unsere Agitation aufbauen. Geschimpft wird wohl, doch ist es ein belustigendes und mechanisches Schimpfen, das heißt in Form von Redensarten. Über die Reinlichkeit wird sehr viel gesprochen: dass wir uns nicht zu benehmen verstehen und wie das westeuropäische Proletariat sich überhaupt zu benehmen versteht.

Antonow:

Streben die Arbeiter Höflichkeit, Reinlichkeit und Ordentlichkeit im breiten Massensinne an? Nicht im Geringsten, mit Ausnahme einiger Einzelfälle. Ich habe unter der Leitung eines Engländers arbeiten gelernt, habe Arbeiten von Franzosen, Italienern, Deutschen, Finnen,

Letten, von allen Praktikern zu sehen bekommen, die im Gießereiwesen tätig waren. Unter allen diesen Nationen verehre ich persönlich die Engländer. Das ist ein teuflisch energisches Volk: kaltblütig, akkurat, unfehlbar in der Bewertung von Menschen und unparteiisch. Wenn wir russischen Arbeiter zehn Prozent der Genauigkeit und Sparsamkeit der Engländer in was für Dingen auch immer hätten, so würden wir unter der heutigen Ordnung mit einem Schlag die ganze Welt umdrehen. Genau und ordentlich sein – das ist es, was wir brauchen. Die Trägheit der Arbeiter in dieser Hinsicht lässt sich nicht so bald überwinden.

Finkowski:

Von dem Augenblick an, da sich unser Wirtschaftsleben zu bessern begann, stellte sich in den Werken und Fabriken Reinlichkeit und Ordnung ein, wenn auch nur in minimalem Maße.

Kuljkow:

Kulturelles Streben lässt sich in großem Ausmaße in erster Linie bei den qualifizierten Arbeitern beobachten, jedoch auch bei den ungelernten Arbeitern.

Lagutina und Kasanski:

Das Kulturstreben ist außerordentlich stark.

Sacharow:

Als ich im Arbeiterviertel wohnte und in der Organisation tätig war, ging ich zuweilen mit Arbeiterkameraden mit der Ziehharmonika spazieren und sang Lieder. Oder wenn eine Gruppe von Arbeitern »Ziegenbock« spielte (ein Kartenspiel), so schloss ich mich ihnen an und spielte mit, während heute sowohl unsere Kommunisten als auch die Arbeiter selbst sich abfällig über mich äußern würden. Und so denke ich jetzt oftmals, was wohl geschehen würde, wenn ich mich dazusetzen würde, um Ziegenbock mitzuspielen. Auch würde ich jetzt nicht mehr mit der Ziehharmonika mitgehen.

Wir müssen also über die Ethik nachdenken, um nicht zuviel herumzukorrigieren. Einmal ereignete sich mit mir Folgendes. Ich kehrte in eine Bierwirtschaft ein und setzte mich ans Fenster, und was meinen Sie wohl? Ich saß die ganze Zeit wie auf Kohlen und dachte: Wie, wenn man mich durchs Fenster erblicken wird? – Und doch beging ich ja nichts Verbrecherisches ...

Dorofejew:

Ich wollte etwas über die Kultur sagen – über Reinlichkeit, Höflichkeit usw. Ich sündiger Mensch brüstete mich früher auch mit meiner Unwissenheit, und das ganze Moskauer Arbeiterpublikum kennt mich.

Nachdem ich im Ausland gewesen bin und den deutschen Arbeiter mit dem russischen verglichen habe, merkte ich einen ungeheuren Unterschied in allem, trotzdem die deutschen Arbeiter jetzt bettelarm sind und mit Papiergeld bezahlt werden, statt mit Gold. Trotzdem wird aber die äußere und innere Kultur vom deutschen Arbeiter aufrechterhalten.

Ob sich unter den russischen Arbeitern Höflichkeit und Kulturstreben beobachten lässt? Es lässt sich beobachten, und zwar merklich. Jeder möchte sich möglichst intelligent ausdrücken, obwohl dies zuweilen dahin führt, dass man bemüht ist, möglichst viel unverständliche und unnötige Fremdwörter in die Rede einzufügen. Jeder möchte möglichst intelligent sein. Und ich will noch sagen, dass ein mehr oder weniger einfacher Durchschnittsarbeiter ein reineres und anständigeres Äußeres hat als unsere Propagandisten.

Ich sprach zu den Bauern. Die Bauern sagten: Was ist denn das für eine Regierung, wo wollt Ihr uns hinführen, wenn Ihr nicht einmal Euch selbst ordentlich frisieren und kleiden könnt? Solche Vorwürfe sind vorgekommen. Unter den Arbeitern und Bauern kann man die Beobachtungen machen, dass sie sich anständiger kleiden usw.

Kuljkow:

Wenn ein verantwortlicher Arbeiter nach der 19. Lohnstufe bezahlt wird, so kann er natürlich reinlich sein; wir wissen aber, dass ein Arbeiter, obwohl er nach der 6. oder 7. Lohnstufe entlohnt wird, im Ganzen nur drei Hemden und als viertes ein Sonntagshemd hat, trotzdem immer mehr oder weniger sauber gekleidet geht: Nach der Arbeit wäscht er sich die Hände und den Hals, er zieht sich um und ist sogar nicht einmal mehr als Arbeiter zu erkennen.

Im Winter wurde ein äußerst starker Besuch des Klubs festgestellt. Der Grund dafür war natürlich zum Teil der, dass es dort warm und gemütlich war und eine entsprechende Ordnung herrschte. Die Schule zur Liquidation des Analphabetismus wird fast bis zu 100 Prozent besucht. Die Arbeiter legen ein starkes Streben zur Hebung ihrer theoretischen Kenntnisse an den Tag. Gegenwärtig werden die Vorlesungen sehr gern besucht. Trotzdem bei uns nur ein Sanitätsarzt liest, füllen die Arbeiter dennoch das Lokal vollständig.

Früher haben die Arbeiter nicht daran gedacht, Bettlaken, saubere Kissenbezüge usw. zum Schlafen zu benutzen. Gegenwärtig hat fast jeder Arbeiter alles Schlafzubehör, die Arbeiter sind jetzt bereits an Sauberkeit gewöhnt, und man kann oftmals beobachten, dass sie die Fenster öffnen, den Fußboden wischen usw. Auch hygienische Vorschriften werden eingehalten. Als bei uns in diesem Jahr Pockenimpfung war, fand die Impfung freiwillig statt.

Marinin:

Jetzt geht es bei den Arbeitern auch in dieser Hinsicht etwas vorwärts. Der Kredit, der von der Genossenschaft gewährt wird, ermöglicht es ihnen, sich besser zu kleiden, besonders jenen, die nach der 9. Lohnstufe und bis zur 7. herab bezahlt werden – sie alle haben sich besser gekleidet, haben einen Herbstmantel usw. Das bildet ja auch einen Teil der Kultur.

Der Kampf gegen die Trunksucht macht sich immerhin bemerkbar. In einzelnen Unternehmen sind Fälle vorgekommen – es sind meist Mitglieder des Kommunistischen Jugendverbandes, die solche strengen Maßnahmen ergreifen –, dass, wenn ein Arbeiter betrunken zur Arbeit erschien, er wieder weggeschickt wurde. Es wird hauptsächlich das Ziel des Kampfes gegen den geheim gebrannten Schnaps verfolgt. Solche Arbeiter werden nicht zur Arbeit zugelassen, bevor sie sagen, wo sie den Schnaps herhaben. Und man muss schon sagen, dass sie selbst hieran interessiert sind und selbst mithelfen. Es ist sogar zuweilen vorgekommen, dass Parteilosen der Boykott erklärt wurde. Bei uns war ein Trinker, der wurde derartig boykottiert, dass er in der Parteizelle sein Ehrenwort abgab, ein Jahr lang nicht zu trinken.

Meiner Meinung nach gibt es ein Übel, das man bekämpfen muss, aber hier müsste man vielleicht ebenfalls bei den Kommunisten anfangen. Ich meine das Schimpfen. Die Parteilosen haben den Standpunkt, dass die Kommunisten sehr hochgestellte Leute sind und dass sie die kultiviertesten sein müssten. Vor kurzem ereignete sich z. B. Folgendes: Zu einem, der nur als Kandidat in die Partei eingetreten war, kam im Zusammenhang mit der Zeichnung der Brotanleihe ein alter Mann aus einer anderen Abteilung und sagte zu ihm: »Trage mich ein.« Dieser wollte erst etwas darauf erwidern, während der Alte beharrlich auf seiner Forderung bestand; darauf begann er zu schimpfen. Nun verlangte der parteilose Alte, dass er sich höflich gegen ihn benehmen müsse, und man sagte zu ihm: »Entschuldige dich.« Er entschuldigte sich, tat es jedoch in unwilligem Tone. Da sagte man zu ihm: »Das geht nicht an, entschuldige dich, wie es sich gehört.« Und so zwang man den Burschen gleichsam, sich zu demütigen. Das war für ihn so lehrreich, dass er sich das nächste Mal Mühe geben wird, dies nicht wieder zu tun.

Antonow:

Natürlich muss jeder Mensch, sei er nun ein Kommunist oder ein Durchschnittsarbeiter, ordentlich sein. Die Sache ist aber die, dass man sich sauber, anständig, aber nicht auffällig kleiden soll. Das ist es, worum es sich handelt. Die Sache hat zwei Seiten: Einerseits ist es nicht gut, die eigene Person arg zu vernachlässigen; wenn man sich aber in auffälliger Weise kleidet, so ist das auch nicht gut. Darauf wird von den Leuten sehr geachtet. Letzten Endes aber steht es ja hiermit folgendermaßen: Wie du dich kleidest, so wirst du empfangen, erst wenn man dir das Geleit gibt, kommt dein Verstand zu seinem Recht.

Gordejew:

Ich trat bereits 1905 als 14jähriger Knabe in die Werkstatt ein, und das erste, was ich tun musste, war, einen Quart Schnaps kaufen, dafür, dass man mich in die Lehre nahm. Schon an diesem Tage bekommt man reichlich zotige Schimpfworte zu hören, um schon ganz davon zu schweigen, dass in der eigenen Familie Vater und Mutter einen mit solchen Worten bedenken. So also beginnt man die Arbeit in der Werkstatt. Das ist natürlich ein schlechter Anfang. Wenn man sich ruhig verhält, so heißt es, man wäre ein Waschlappen. Und so beginnt man aus Protzerei zu schimpfen und sich an das zu gewöhnen, wogegen Genosse Trotzki einen Artikel geschrieben hat. Unter solchen Verhältnissen verlief die Arbeit in früheren Zeiten. Die ersten Jahre unserer Revolution (1917, 1918, 1919) zeichneten sich dadurch aus, dass erstens diejenigen als die waghalsigsten Kommandeure unserer Roten Armee galten, die tapfer waren, und zweitens diejenigen, die recht zotig schimpften. Ich kann sie nicht beim Namen nennen. Wenn man sie aufzählen wollte, so müsste man die Mehrzahl nennen. Wenn sich seinerzeit die Kameraden versammelten, so übten sie sich ausschließlich darin, wer die anderen in Schimpfreden übertreffen konnte. Die einzigen Oasen in dieser Beziehung waren unsere politischen Abteilungen der Division, die politischen Abteilungen der Brigade und die politischen Leiter. Die Regimentskommissare braucht man nicht zu erwähnen, sie waren genauso wie die Kommandeure. In der letzten Zeit beobachten wir in dieser Hinsicht eine Veränderung, sowohl unter der Arbeiterjugend, die sich hauptsächlich in dieser Weise hervortat, als auch unter den Arbeitern überhaupt.

Von Reinlichkeit und Kultur konnte in den ersten Jahren unserer Revolution gar keine Rede sein. Das waren verlauste Jahre. Es war sehr schmutzig. Das Letzte, was unsere Arbeiter, besonders die des Moskauer Rayons, hatten, schafften sie in die Gouvernements Samara, Saratow usw.*, und hier konnte gar nicht an Reinlichkeit gedacht werden.

* Hungergebiete, Anm. d. Übers.

Gleichzeitig mit der Verbesserung der ökonomischen Lage beobachten wir eine schroffe Veränderung. Obwohl wir noch nicht allzu lange unter diesen Verhältnissen leben, so sehen wir doch einen steilen Aufstieg, sowohl im Hinblick darauf, wie die Arbeiter sich kleiden, als auch in Bezug darauf, was für kulturelle Arbeit sie leisten.

Gordon:

Zu der Frage der Höflichkeit und Kultur. Eine große Sache war es, dass wir die Häuser beschlagnahmten. Sobald sich die Arbeiter in den Kommunehäusern niederließen, in denen es Bad und Gas gibt, bemühten sie sich, dies alles instand zu halten.

Ich wollte bei einer Frage Halt machen, die uns in der letzten Zeit quält. Es ist die Frage hinsichtlich der Jugend, sogar ihrer obersten Schicht – der Mitglieder des Kommunistischen Jugendverbandes. Man beachte ihren Jargon, sie sprechen eine Art Kauderwelsch. Und dabei gestikulieren sie, je nach der Gewohnheit mit der rechten oder linken Hand. Das Gleiche gilt in Bezug auf die Kleidung.

Doch ist das natürlich ein armes und hungriges Volk. Der Swerdlow-Student kleidet sich dagegen in besonderer Weise. Wenn man ihm auf der Straße begegnet, so erkennt man ihn sofort. Man tritt an ihn heran und sagt: »Genosse, Sie sind gewiss Swerdlow-Student, geben Sie mir bitte etwas zu rauchen.«

Kolzow:

Ich entsinne mich, wie noch vor kurzem, vor etwa zehn Jahren, jedesmal, wenn irgendeine Milchfrau aus dem Dorfe oder ein Bauer mit Kartoffeln ins Zimmer trat, sie sich nach dem Heiligenbild umsahen, um sich zu bekreuzigen. Heute aber gibt es das nicht mehr. Das war anerzogen. Niemand hat jemanden darauf hingewiesen, sondern wir sind selbst dahin gelangt. Wir sind kultivierter geworden. Wir würden doch heute nicht mehr mit der Ziehharmonika auf die Straße gehen, man geniert sich gewissermaßen. Und man würde es ganz von selbst nicht tun. Die heutige junge Generation, die kommunistische Jugend, wird nicht mehr mit der Ziehharmonika herumziehen, sie hat viel kultiviertere Beschäftigungen, Fußball und andere Spiele. Alles hat seine Zeit. Genosse Dorofejew erinnert sich noch, was für Faustkampfwettspiele früher an der Moskwa stattfanden. Man prügelte sich bis aufs Blut, heute gibt es das nicht mehr. Man hat begriffen, dass das wehtut, dass die Leute davon krank werden, sich behandeln lassen müssen. Vielleicht ist das noch irgendwo erhalten geblieben, in Moskau aber gibt es das schon längst nicht mehr.

Frage Nr. 9

Ist die erzieherische Rolle der Gewerkschaften auf dem Gebiete des Alltagslebens eine große? Worin kommt sie zum Ausdruck?

Markow:
Die Gewerkschaften sind außerstande, hier unter den gegenwärtigen Verhältnissen viel zu tun, immerhin aber, wenn etwas geschieht, so geschieht es nur durch sie oder ihre Vermittlung. Erstens trägt die Liquidation des Analphabetismus schon eine gewisse Verbesserung in diese Frage hinein. Wenn sich die Arbeiter in Erholungsheime, Sanatorien und Kurorte begeben, so werden sie dadurch zur Ordentlichkeit erzogen.

Frage Nr. 10

Welchen Raum nehmen religiöse, nationale und andere Vorurteile im Arbeitermilieu ein?
In welcher Form treten diese Vorurteile zutage?

Markow:
Die Arbeiter haben viele Heiligenbilder, neue werden sie sich wohl kaum je wieder kaufen, doch haben sie noch nicht besonders die Absicht, die alten fortzuwerfen.
Kuljkow:
Die religiösen und nationalen Vorurteile sind sehr unbedeutend, um nicht zu sagen, dass sie überhaupt nicht vorhanden sind. In der religiösen Frage sind nur noch die Traditionen bestehen geblieben; man muss das Kind taufen, sonst werden die Nachbarinnen lachen. Das Gleiche gilt in Bezug auf die Eheschließung und Beerdigung.

Zu Ostern muss man überhaupt einen Kulitsch und eine Pas'cha backen, denn das ist eine schmackhafte Sache; zuweilen muss man eine Nacht sinnlos verbummeln, ja sogar in die Kirche hineinschauen. In dieser Hinsicht wird auch von unserem Wirtschafts- und Sowjetapparat Nachsicht geübt, es werden Waren in die Läden gebracht, es wird das Geld etwas früher ausbezahlt, ein Vorschuss gegeben, die Werkstätten aufgeräumt – kurz, alles mündet in den allgemeinen Strom der Tradition ein. Es wäre gut, wenn in dieser Hinsicht dies und jenes eingeschränkt würde.

Lyssenko:

Die nationalen Vorurteile machen sich bei den Eisenbahnern noch sehr stark bemerkbar. Man sagt z. B., dass an der Werkbank nichts als Russen arbeiten, in den Wirtschaftsorganen, in den Trusts, in den Schnellzügen usw. dagegen sind Nichtrussen angestellt.

Marinin:

Ein Anflug von Nationalismus ist ebenfalls vorhanden, ebenso Antisemitismus, obwohl unser Bezirk sich früher besonders hierdurch auszeichnete. Diese Dinge gibt es sogar unter Parteimitgliedern.

Dorofejew:

Unter den rückständigen Arbeitern und sogar unter den mittleren Bauern herrscht eine heimliche Erbitterung gegen die Juden, weil die Juden angeblich die verantwortlichen Posten bekleiden und weil für sie angeblich alles möglich sei. Man hört auch davon sprechen, dass der Jude auch in der Fabrik, im Werk, nicht physisch arbeite, sondern Sekretär der kommunistischen Zelle oder irgendein Deputierter usw. sei.

Antonow:

Es besteht noch ein Antagonismus gegen die Nation der Juden, jedoch nicht in solch starkem Umfange, wie er früher bestanden hat. Die rückständigen Arbeiter kritisieren oftmals jede beliebige Nation in Bausch und Bogen, ohne Klassen in ihr zu unterscheiden, sie beschuldigen sie sehr oft als Ganzes.

Sacharow:

Die religiösen Vorurteile werden von Jahr zu Jahr immer mehr überwunden. Man findet jetzt nur wenige Arbeiter, die aufrichtig gläubig sind. Sie glauben mehr mechanisch: »Unsere Väter glaubten, und so müssen wir es auch tun.«

Die antireligiöse Propaganda spielte in dieser Hinsicht eine große Rolle, und es ist nur noch etwas Zeit notwendig, bis die Arbeiter die Religion ganz vergessen werden. Es bestehen noch nationale Vorurteile. Es lässt sich Antisemitismus beobachten.

Lagutina und Kasanski:

Gläubige kamen einmal auf den Gedanken, die Götter zu elektrifizieren – sie zündeten elektrische Lämpchen vor den Heiligenbildern an. Aber sie wurden in der Zeitung beschämt, und diese »Mechanisierung« der Religion gehört jetzt bereits der Vergangenheit an.

Durch besondere Religiosität zeichneten sich übrigens die Arbeiter niemals aus. Aber auch jetzt ist es noch so, dass der Arbeiter nicht in die Kirche geht, den »Atheisten« liest, zur Kindtaufe aber den Popen holt

(»für alle Fälle«); er geht zwar nicht zur Beichte, wenn's aber ans Sterben geht, so schickt er nach dem Popen.

Die nationalen Vorurteile sitzen fester und tiefer. Nationale Vorurteile – eigentlich in Form des Antisemitismus. Dieses Laster ist sehr lebenszäh und macht sich sogar im kommunistischen Milieu bemerkbar. Und zwar liebt man den »abstrakten« Juden nicht, wenn man sich so ausdrücken kann; denn das Verhältnis zu den Arbeiterjuden, zu den Angestellten, mit denen man tagtäglich zu tun hat, zu den Parteiführern, ist ein normales, ein menschliches. Auf jeden Fall findet eine merkliche Nivellierung statt, und die Zeit der Revolution, in der große Menschenmassen in Bewegung gesetzt und in unmittelbare Berührung mit anderen Nationen gebracht wurden, hat in diesen zu einer starken Gesundung geführt. Bis zur vollständigen Gesundung aber ist es noch weit, und es wird lange Zeit notwendig sein, um diese Vorurteile voll und restlos auszumerzen.

Kasarow:

Die religiösen Vorurteile werden von Tag zu Tag schwächer. Die nationalen aber lassen langsamer nach.

Kobosew:

Wenn der Arbeiter und Bauer diese oder jene Zeremonie erfüllt, so gehen sie zu 70 Prozent nicht von rein religiösen Voraussetzungen aus, sondern tun es nur der Ordnung halber, aus Beharrungsvermögen, um nicht von den Leuten abfällig beurteilt zu werden.

Iwanow:

Die religiösen Vorurteile werden vom Arbeiter in der Mehrzahl der Fälle leichter überwunden als die nationalen.

Korobizyn:

Was die Religion anbelangt, so kann man sagen, dass der Russe niemals religiös war, dass dies nur eine Gewohnheit war. Man pflegte zu sagen: »Wenn man betet, so kann das einmal von Nutzen sein.« Trotzdem man den Priester als einen Vermittler zwischen den Menschen und Gott betrachtete, ersann man allerhand Spitznamen für ihn. Das beweist, dass der Russe nicht religiös ist. Wenn heute einige Parteilose in die Kirche gehen, so tun sie es nur deshalb, weil sie nicht wissen, womit sie die Leere ausfüllen sollen. Wenn der Russe früher nicht religiös war, so ist er es jetzt umso weniger. Aber wir haben ihm nichts gegeben, wir haben die religiösen Vorurteile vollständig zerschlagen, aber keinen Ersatz für sie gegeben. Er leugnet Gott, geht aber zugleich in die Kirche. Warum geht er hin? Weil wir das Frühere vollständig zertrümmerten, auf den Trümmern aber nicht aufbauten. Wir Kommunisten müssen etwas Neues schaffen, hierfür sind Jahrzehnte notwendig, in deren Verlauf neue Formen herausgearbeitet werden. Aber wir haben keine Zeit gehabt, etwas zu tun, und die Leute tasten im Dunkeln und arbeiten sich selbst neue Formen heraus.

Lagutina:

Bis 1914 war ich furchtbar religiös. Ich besuchte Kapellen, betete, liebte die Popen, weinte vor jedem Heiligenbild und meinte, dass es keine größere Heilige gäbe als mich. 1914 begann der Krieg. Einmal war ich auf dem Bahnhof, als Soldaten ins Feld begleitet wurden. Ich stand da und weinte, da trat irgendein Mann an mich heran und fragte: »Warum weinst du?« – »Wie sollte ich nicht weinen, auch ich habe einen Sohn und man wird ihn einziehen.« – Er aber sagte zu mir: »Natürlich wird man ihn einziehen; wenn der Zar es befiehlt – so wird man ihn also einziehen.« – »Nun«, sagte ich, »uns wird Gott helfen. Wir werden beten.« – Er aber sagte: »Haben denn nur wir einen Gott? Auch die Deutschen und überhaupt alle haben einen Gott. Du weinst um deinen Sohn, er aber wird einen anderen Sohn töten, der auch eine Mutter hat.« – »Nun, was soll man machen«, sagte ich, »der Zar befiehlt es so. Ich aber werde beten, dass mein Sohn am Leben bleibe.« – Und so betete ich und opferte geweihte Kerzen, und genau zwei Wochen darauf wurde mein Sohn getötet. Und als man mir den Brief schickte, dass mein Sohn erschlagen sei, da verfluchte ich den Zaren und sagte mich von da an von Gott los. – Ich führe dieses Beispiel unseren Arbeiterinnen gegenüber oftmals an. Ich habe gebetet und Ihr habt gebetet, Gott aber hat uns nichts gegeben. Und heute sind sich schon viele Arbeiterinnen dessen bewusst, dass nicht Gott einem etwas gibt, sondern dass man es sich selbst nehmen muss.

Kolzow:

Ich will ein Beispiel anführen. Ein Tischler kam bei uns auf den Gedanken, eine Pas'chaform zu machen. Die Pas'cha ist eine gute, schmackhafte Sache, wir alle essen sie. Auf der Pas'chaform sind verschiedene Popenzeichen angebracht, er aber machte auf der einen Seite einen roten Stern, auf die andere schrieb er RSFSR. Und diese Pas'chaformen fanden ihre Verbreitung in der Fabrik, so dass er gar nicht genug herstellen konnte. Er ging zum Verwalter, um zu fragen, ob er sie machen dürfe. Dieser verbot es ihm. Er verfertigte aber doch etwa 50 Stück.

Kasakow:

Bis zum Jahre 1917 waren die religiösen Vorurteile zweifellos stark. Aber im Laufe der letzten fünf Jahre ist eine ungeheure Umwälzung eingetreten, und ich bin überzeugt, dass wir diese Vorurteile nach nicht mehr als 20 Jahren endgültig überwinden werden. Wenn wir unsere Klubs und kulturell-aufklärenden Organisationen auf die ganze junge Generation ausdehnen und diese auf unsere Art erziehen werden, so werden wir unsere Jugend intelligenter machen, und dann werden diese Vorurteile schnell überwunden werden.

Aus der Notiz eines Genossen (der Name ist unbekannt):

In einer Fabrik hielt ein Jugendorganisator in der Zelle des Jugendverbandes eine Rede gegen die Religion. Die Jugend machte ihm den Vorwurf, dass bei ihm zu Hause Heiligenbilder hingen. Der Jugendorganisator kam wütend nach Hause, warf die Heiligenbilder vom Wandbrett herunter und zerschlug sie. Seine Frau stürzte sich erbost auf die Porträts von Marx, Lenin usw. und zerriss sie. Die Versöhnung kam in der Weise zustande, dass die Frau auf die Heiligenbilder verzichtete und der Mann auf die Porträts von Marx, Lenin usw.

Aus der Notiz von Oasnas:

Nach dem auf unserer elektrischen Station eingeführten Brauch wird nach dem Tode eines Arbeiters eine Sammlung für seine Familie veranstaltet, die gewöhnlich große Summen ergibt. Dieser Tage starb ein Monteur. Es wurde mit einer Sammlung begonnen; da aber bekannt wurde, dass die Mutter des Verstorbenen eine »pompöse« Beerdigung veranstaltet habe, so begann man wenig oder überhaupt nichts zu geben: »Es hat keinen Sinn, den Popen etwas zu schenken.«

Lydak:

Vielleicht trägt der Arbeiter auch ein Kreuz, aber er glaubt nicht daran. Als wir die Frage stellten: »Worin besteht die Religion?« antwortete jeder Arbeiter: »Wenn du dich zur Arbeit einstellen lassen willst, so fragt man dich nicht, ob du glaubst, sondern man fragt dich, ob du hacken und sägen kannst.« Darum bin ich der Meinung, dass man gegenwärtig nicht den Hauptkadern, die uns folgen, seine Aufmerksamkeit zuwenden soll, sondern dass man der Frau, der Erzieherin der neuen Generation, ein Fundament geben muss, denn wir können die Frau noch nicht emanzipieren und die Kinder in unsere öffentlichen Institutionen zur Erziehung übernehmen. Darum muss man die Frau vornehmen und ihr eine neue Orientierung geben, und hieraus wird eine andere Weltanschauung in Bezug auf unseren kommunistischen Aufbau entstehen. Das ist meine Erfahrung, die ich jeden Tag in der Fabrik mache.

Gordejew:

Die Mutter des Direktors erkrankte, und gerade in diesem Augenblick brachte man das Heiligenbild der Bogoljubsker Mutter Gottes.

Dieses Heiligenbild machte die Runde bei allen und kam auch zu den Kommunisten. Es ergab sich eine interessante Geschichte: Die Mutter des Direktors lag im Sterben und sie äußerte den Wunsch, sich von diesem Heiligenbild segnen zu lassen. Der Direktor erklärte sich einverstanden, nach dem Gottesdienst aber band er ein rotes Band um das Heiligenbild. Die Mutter starb am nächsten Tage. Nun musste sie beerdigt werden. Als ich fragte, wie man sie beerdigt habe, antwortete er, dass er sie nach dem bürgerlichen Zeremoniell beerdigt habe, die Schwestern aber nach dem kirchlichen. Er hatte die Kommunisten organisiert, einen Chor und ein Streichorchester zusammengebracht, man hielt eine Totenmesse ab und sang darauf die Internationale. Auf dem Friedhof hielt der Pope eine Totenmesse ab, warf eine Hand voll Erde ins Grab, und dann trat ein Redner auf. Das alles geschah für die 60jährige alte Mutter. Die Fabrik steht in einer abgelegenen Gegend und war in Anbetracht einer großen Zahl wichtigerer Unternehmen von uns vernachlässigt worden. Jetzt sind dort alle gesiebt worden. ...

Marinin:

Wenn die nationale Frage abstrakt behandelt wird, so scheinen die Arbeiter Internationalisten zu sein, wenn aber im Unternehmen zum Beispiel ein oder zwei Letten oder Esten oder Juden sind, dann ist die Sache eine andere. Es kam bei uns so, dass das Büro der Parteizelle sich fast aus allen Nationalitäten zusammensetzte. Da sagten die Arbeiter: Der eine ist so einer, der andere so einer. Was aber den Antisemitismus anbelangt, so zeichnete sich der Rogoshski-Simonowski-Bezirk schon früher in dieser Hinsicht aus und man muss sagen, dass, da es bei uns früher keinerlei Vorträge und keinerlei Gespräche über dieses Thema gegeben hat, dieselbe Beobachtung sich auch jetzt noch sogar unter Parteimitgliedern machen lässt. Zwar kann man die Parteimitglieder zur Ordnung rufen, doch sollte man diese Frage trotzdem öfters beleuchten, und man könnte sie dadurch kulturell etwas vorwärts bringen, denn es lassen sich Momente beobachten, in denen das Publikum sogar in Pogromstimmung ist. Allerdings ist das nur bei einem geringen Teil so, aber es kommt vor.

Antonow:

Unser russischer Arbeiter hatte schon von jeher den Standpunkt, dass, wenn eine Nachbarstation nicht die russische Sprache spricht, dies also Deutsche sind, welcher Nation auch immer sie angehören mögen. Was die heutige Stimmung der Arbeiter in Bezug auf die Nationalität anbelangt, so kennen sich die Arbeiter in der Mehrzahl der Fälle bereits aus. Sie haben jetzt begonnen, die Klassen innerhalb der Nationalitäten zu unterscheiden. Natürlich war der Arbeiter früher sehr feindselig, z. B. gegen die Nation der Juden, gesinnt, aber auch hier ist eine Veränderung eingetreten. Immerhin hat er begonnen, nicht alle über einen Kamm zu scheren. Man klärt ihn natürlich in dieser Hinsicht auf, und er hat in dieser Beziehung einen großen Schritt vorwärts gemacht.

Frage Nr. 11

Wie verbringt der Arbeiter die Sonntage und überhaupt die Feiertage?

Kuljkow:

Am Feiertag richtet sich der Arbeiter in der Familie folgendermaßen ein: Wenn Mittel vorhanden sind, backt die Frau Kuchen, während er mit den Kindern spielt oder auf den Jahrmarkt geht, um etwas zu kaufen, unter anderem auch eine Zeitung. Darauf geht er irgendwohin in einen Park, zu Besuch zu Bekannten; wenn er Kinder hat, so nimmt er sie mit. Der alleinstehende Arbeiter geht auf den Jahrmarkt, schlendert herum, ist bemüht, irgendetwas möglichst billig zu kaufen, etwas zu sehen zu bekommen, und wenn es ihm langweilig wird, geht er in eine Teestube. Die alten Männer schauen zuweilen in die Kirche hinein, jedoch sehr selten. Wenn eine Exkursion oder ein Spaziergang veranstaltet wird und wenn das gut organisiert ist, so geht der Arbeiter sehr gern mit. Die Jugend geht in ihrer Mehrzahl in die Klubs, auf den Spielplatz, ein Teil fährt in die Umgebung der Stadt und ein Teil geht auf den Jahrmarkt.

Finkowski:

In der Organisation der Ausnützung der Feiertage müssen die politisch-aufklärenden Organisationen des Gouvernements auf die nötige Höhe gebracht werden (Sommerausflüge, Winterabende, Vorträge). Ferner Kino, Theater usw.

Diese Frage ist von sehr großer Bedeutung, wir könnten auf diesem Gebiet so viel tun und unsere Feiertage tausendmal feiertäglicher gestalten als in früheren Zeiten. Das ist aber vorläufig noch nicht der Fall. Hier ist Hilfe vonseiten des Staates notwendig. Es wäre auch gut, rechtzeitig an Erholungsheime, Kinderheime, Krippen für die Familien der Parteimitglieder zu denken, für die die Familie buchstäblich nicht nur an den Wochentagen, sondern auch an den Feiertagen, an den letzteren in noch stärkerem Maße, zu einer Last wird.

Sacharow:

Es lässt sich jetzt das Bestreben der Arbeiter beobachten, den Sonntag außerhalb der Stadt gemeinsam zu verbringen. Hieraus erklärt sich eine Reihe erfolgreicher Ausflüge in die Umgebung der Stadt, zu tausend, zu tausendfünfhundert Mann. Wenn man die Art der Verbringung des Feiertages vor der Revolution und jetzt vergleicht, so muss man eine Veränderung zum Besseren feststellen. Hasardspiele und Trunkenheit gibt es um viele Male weniger als früher. Raufereien sind jetzt eine Ausnahmeerscheinung, früher aber waren sie an der Tagesordnung.

Gordejew:

Wenn die Arbeiter heiraten, so vergraben sie sich in ihre Familie, und es besteht keine andere Möglichkeit, sich in irgendeiner Weise kollektiv zu versammeln und miteinander zu sprechen als nur in den offiziellen Versammlungen, weil der Arbeiter überhaupt gar keine freie Zeit hat. Nun haben wir im Auftrage der Moskauer Kommission begonnen, Exkursionen zu veranstalten. Das fand bei den Arbeitern außerordentlichen Anklang: So haben wir z. B. am Sonntag von den Nikolsker Fabriken rund 7000 Arbeiter auf eine Exkursion mitgenommen, wir stellten ein Büfett auf, nahmen zwei Orchester mit, stellten Schaukeln und andere Belustigungen auf – und das Resultat war ein sehr gutes. Leider konnten wir der Exkursion keinen wissenschaftlichen Charakter verleihen, so dass die Arbeiter, abgesehen von dem Vergnügen, sich noch hätten gewisse Kenntnisse aneignen können. Diese Exkursionen führen zu einem außerordentlich innigen Zusammenschluss der Arbeiter und heben jene Familienabgeschlossenheit auf, die unter den Arbeitern noch außerordentlich stark ist. Die Arbeiterinnen veranstalten hier besondere Reigen mit revolutionären Liedern, während die Arbeiter besondere Versammlungen, Spiele usw. veranstalten. Das ist von großer Bedeutung; wenn wir aber hierzu noch naturwissenschaftliche Fragen hinzufügen würden, die in der freien Natur sehr leicht verständlich sind, so würde es uns gelingen, der Exkursion auch instruktiv-wissenschaftlichen Charakter zu verleihen.

Gordon:

Ich hatte im Laufe des Winters oftmals Gelegenheit, auf den Arbeiterabenden zugegen zu sein. Sobald die Leute aus sich herausgehen, wollen sie unbedingt tanzen und haben zweifellos Recht. Eine interessante Erscheinung ist es hierbei, dass die Leute sich geniert fühlen. Wir hatten auf unserer Exkursion ein Orchester mit. Man trat an mich heran und fragte mich: »Darf ich tanzen?« »Natürlich, tanzt nur«, sagte ich. Interessant ist es, dass, wenn sie die Russkaja oder den Kasatschok tanzen, sie sich wohl fühlen, sobald sie aber Salontänze, Mazurka oder Twostep zu tanzen beginnen, sie sich geniert fühlen. Und man muss sagen, dass zu den Salontänzen ein ausgesprochen ablehnendes Verhalten besteht.

Dorofejew:

Gehen Sie in eine Gastwirtschaft oder eine Bierwirtschaft (ja, Sie müssen sogar hineingehen). Wenn Sie genauer hinsehen, so werden Sie sehen, dass sie von Arbeitern überfüllt sind. Dort machen sie ihrem Herzen Luft, dort können Sie unter ihnen agitieren. Die freie Zeit verbringt der Arbeiter fast nach der alten Art.

Kuljkow:

Wie die Arbeiter die Sonntage und überhaupt die Feiertage verbringen? Heute, solange unsere Klubs in ihrer Mehrzahl noch nicht in der entsprechenden Weise gestaltet sind, verbringen die Arbeiter ihre Feiertage folgendermaßen: Wenn z. B. von den Gewerkschaften oder Rayonkomitees Ausflüge veranstaltet werden – es werden je 30 Rubel hierfür von ihnen verlangt, sie erhalten ein Billet, ein Glas Tee, ein Weißbrot, Musik usw. –, so beteiligen sich die Arbeiter gern an diesen Ausflügen. Wenn dies aber nicht der Fall ist, wenn der Arbeiter die Mittel hierzu hat, und die Familie nicht groß ist, so backt die Frau gewöhnlich morgens Kuchen, während er mit den Kindern spielt oder auf den Jahrmarkt geht und sich die Zeitung »Das Arbeitermoskau« kauft – an den Wochentagen erhält er sie in der Fabrik, an den Feiertagen aber wird sie nicht in die Wohnungen ausgetragen. Er kauft sich also die Zeitung und trägt sie nach Hause. Er trinkt Tee mit den Kindern und der Frau, dann geht er auf den Boulevard oder irgendwohin in einen Park, zuweilen zu Besuch.

Es gibt aber noch andere Arbeiter, im Besonderen heute: Arbeiter, die sehr wenig Lohn bekommen; sie verdienen sich an den Abenden noch etwas nebenher, der eine als Schuster, der andere als Schneider usw. Und so gehen sie am Sonntag auf den Jahrmarkt, um diese Sachen zu verkaufen und sich etwas zu kaufen. Das tun sehr viele Arbeiter. Das ist die eine Form, die andere Form aber, die ältere, ist die: Man geht in die Kirche (das tun aber nur sehr wenige), dann begeben sie sich irgendwohin zu Gast oder sie legen sich hin und schlafen. Die jüngsten aber gehen in ihrer Mehrzahl Fußball spielen, auf alle möglichen Spielplätze, in Zirkel, auf Exkursionen usw.

Antonow:

Wie die Arbeiter ihre Feiertage verbringen? Man kann sagen, dass die Arbeiter ihre Feiertage wie früher verbringen. Aber ein ungeheurer

Unterschied besteht insofern, als der Arbeiter früher die Feiertage in wüster Weise und nicht schön verbrachte, denn überall war immer alles betrunken, während jetzt Trunkenheit nur in äußerst seltenen Fällen vorkommt. Heute betrinkt sich der Arbeiter vielleicht nur einmal im Monat. Früher aber war eben derselbe Arbeiter, der etwas mehr verdiente, jeden Tag betrunken. Man muss zugeben, dass diese Trunksucht allmählich in das Gebiet der Sage gehört.

Gordon:

Die Arbeiter sind jetzt vom Kino begeistert. Ich selbst liebe das Kino. Wenn man im Rayon lebt, so kann man beobachten, wie die Leute hineingehen. Aber in der letzten Zeit gab es eine Menge Filme, die die Kolonialpolitik verteidigen, wie z. B. »Atlantide« und »Die mexikanische Reiterin«. Sie sind so interessant, dass, wenn ich mir eine Serie ansehe, ich bereits in alle hineingehe. Das demoralisiert das Publikum stark. Und Sie, Genossen, gehen wahrscheinlich auch alle hinein. Gewöhnlich ist man der Meinung, dass das eine Schande sei. Aber diese Denkungsart ist Unsinn, das Kino ist eine große Errungenschaft und eine Kulturschule. Aber es ist notwendig, dass der Inhalt der Filme ein anderer wird, dass er nicht die Kolonialpolitik lobpreist usw. Hierauf muss das Augenmerk gerichtet werden. Wir haben in unserem Bezirksklub ein Kino eröffnet, veranstalten verschiedene Vorträge und inszenierten das Stück »Fünf Jahre Revolution«.

Frage Nr. 12

Werden bei uns nicht zu viele Jubiläen gefeiert?
Werden nicht zuviel verschiedenerlei Fahnen angefertigt?
Wäre es nicht zweckmäßiger, die Herstellung neuer Fahnen durch irgendeine andere, in praktischer Hinsicht zweckmäßigere Arbeit zu ersetzen, z. B. durch die allmähliche Schaffung eines Moskauer Fonds für irgendein Bauwerk? (Ein Erholungsheim oder ein vorbildliches Wohnhaus für die Helden der werktätigen Arbeit usw.?)

Lyssenko:

Die Masse beteiligt sich wenig an der Herstellung der Fahnen, die Mittel werden mehr von der Fabrikleitung genommen.

Es wäre sehr zweckmäßig, einen Fonds für das Palais der werktätigen Arbeit zu schaffen und in diesem Tafeln mit den Namen der Arbeiter anzubringen, mit Angaben darüber, wieviel Jahre und unter welchen Verhältnissen ein jeder gearbeitet hat. Das wird zum Wetteifer anfeuern.

Sacharow:

Auf dem Gebiete der Jubiläen haben wir übertrieben. Diese Erscheinung ist modern geworden, und ein jeder hält es für notwendig, ein Jubiläum zu feiern, obgleich es gänzlich unangebracht ist. So feierte z. B. der Kommunistische Jugendverband ein sechsjähriges Jubiläum, die Bank ihr Jahresjubiläum. Man muss hierin Maß halten und weniger Geschrei machen. Was die Fahnen anbelangt, so scheint gegenwärtig die Ära der Schenkung von Fahnen vorüber zu sein.

Koljzow:

Was die Anfertigung neuer Fahnen anbelangt, so haben die Arbeiter in der Mehrzahl der Fälle hiervon keinen materiellen Schaden, denn die Mittel für die Fahnen werden von den Fabrikleitungen, den Kultkommissionen oder den Fabrik- und Werkkomitees geliefert; immerhin aber werden hierfür große Summen nationalen Vermögens ausgegeben.

II.

Kultur und Sozialismus

Den Kleinigkeiten Beachtung schenken

Die zerstörte Wirtschaft muss wiederaufgebaut werden. Man muss bauen, produzieren, reparieren und flicken. Wir führen die Wirtschaft auf neuen Grundlagen, die den Wohlstand aller Werktätigen sicherstellen sollen. Die Produktion jedoch ist dem Grunde nach der Kampf des Menschen mit den ihm feindlichen Kräften der Natur zur sinnvollen Nutzung der natürlichen Reichtümer für seine Ziele. Die allgemeine Richtung der Politik, die Dekrete und Instruktionen können die Wirtschaftstätigkeit nur regulieren. Die tatsächliche Befriedigung der menschlichen Bedürfnisse kann nur durch die Produktion materieller Werte erreicht werden, durch systematische, beständige und hartnäckige Arbeit. Der Wirtschaftsprozess setzt sich aus Teilen und Teilchen zusammen, aus Details, Besonderheiten und Kleinigkeiten. Der Wiederaufbau der Wirtschaft ist nur möglich bei allergrößter Aufmerksamkeit gegenüber diesen Kleinigkeiten. Diese Aufmerksamkeit fehlt uns oder ist bestenfalls fürchterlich gering. Die Hauptaufgabe der Erziehung und Selbsterziehung zum wirtschaftlichen Handeln besteht darin, die Aufmerksamkeit für diese besonderen, kleinen und alltäglichen Anforderungen der Wirtschaft zu wecken, zu entwickeln und zu festigen; nichts zu übersehen, alles zu bemerken, alles rechtzeitig zu tun und das auch von anderen zu fordern. Diese Aufgabe steht entscheidend vor allen Gebieten unseres staatlichen Lebens und unseres wirtschaftlichen Aufbaus.

Die Armee mit Bekleidung und Schuhwerk zu versorgen, ist bei dem gegenwärtigen Zustand der Wirtschaft keine leichte Aufgabe. Nicht selten arbeitet der Versorgungsapparat mit Störungen. Darüber hinaus ist aufmerksames und sorgfältiges Herangehen an die Werterhaltung der Bekleidung und des Schuhwerks und die Sorge um ihre rechtzeitige Instandsetzung fast nirgends festzustellen. Bei uns werden die Schuhe fast niemals eingefettet. Wenn man fragt, warum, erhält man die unterschiedlichsten Antworten: entweder fehlt das Schuhfett, oder es wurde nicht rechtzeitig ausgegeben, oder die Stiefel sind gelb und das Fett ist schwarz usw. usw. usw. Der Hauptgrund jedoch ist der, dass weder die Rotarmisten noch die Kommandeure und Kommissare die erforderliche sorgfältige Beziehung zu diesen Werten haben. Ungepflegte Stiefel werden, besonders wenn sie nass wurden, in wenigen Wochen brüchig und trocknen aus. Der Produktionsapparat kommt nicht hinterher und beginnt, nicht mehr ordentlich zu nähen. Die Stiefel verschleißen dann noch schneller. Wir haben einen Teufelskreis. Es gibt jedoch einen Ausweg, und der ist an und für sich recht einfach: die Stiefel müssen rechtzeitig eingefettet und am Fuß akkurat zugeschnürt werden, sonst werden sie schief und ausgetreten. Wir ruinieren auf der ganzen Linie teures amerikanisches Schuhwerk, nur weil für sie die Schnürsenkel fehlen. Man könnte ja welche besorgen, wenn man nur genügend hinterher wäre, und wenn Schnürsenkel fehlen, dann deshalb, weil die wirtschaftlichen Kleinigkeiten nicht genug Beachtung finden. Aus diesen Kleinigkeiten jedoch entsteht das Ganze.

Das Gleiche und in noch größerem Grade betrifft das Gewehr. Es herzustellen ist schwer, es unbrauchbar zu machen, leicht. Man muss das Gewehr gut behandeln, es reinigen und einfetten. Aber das erfordert unermüdliche und beständige Aufmerksamkeit. Das erfordert Gewöhnung und Erziehung. Kleinigkeiten, die sich häufen und zusammenwirken, bilden etwas Großes oder … zerstören etwas Großes. Kleine Schäden an einer Chaussee werden, wenn man sie nicht rechtzeitig repariert, größer, werden zu tiefen Spurrinnen und Schlaglöchern, behindern das Fahren, schaden den Fuhrwerken, die Automobile und Lastkraftwagen fallen auseinander, die Bereifung wird verdorben. Eine schlechte Chaussee bedingt zehnmal mehr Aufwendungen an Kräften und Mitteln, als zur Instandsetzung dieser Chaussee erforderlich sind. Genauso werden mit Kleinigkeiten Maschinen, Fabrikgebäude und Wohnhäuser ruiniert. Um sie instand zu halten, ist eine tägliche, unermüdliche, auf Kleinigkeiten und Details gerichtete Aufmerksamkeit notwendig. Uns fehlt diese aktive Aufmerksamkeit, weil uns die haushälterische und kulturelle Erziehung fehlt. Man muss sich diesen unseren Hauptmangel deutlich vor Augen führen.

Die auf Kleinigkeiten und Details gerichtete Aufmerksamkeit wird bei uns nicht selten mit Bürokratismus verwechselt. Das ist der allergrößte Irrtum. Bürokratismus bedeutet die auf leere Formen gerichtete Aufmerksamkeit auf Kosten des Inhalts, auf Kosten der Sache. Der Bürokratismus versinkt in Formalistik, in Nebensächlichkeiten und gerade nicht in sachlichen Details. Im Gegenteil, sachliche Einzelheiten, aus denen das Ganze besteht, werden vom Bürokratismus gewöhnlich umgangen, nur in der Sorge, die Papierform zu wahren.

Die Forderung, nicht auf die Treppen und Korridore zu spucken und die Zigarettenkippen fallen zu lassen, ist eine »Kleinigkeit«, eine kleine Forderung, die jedoch von gewaltiger wirtschaftlich-erzieherischer Bedeutung ist. Ein Mensch, der kommt und auf die Treppe oder den

Fußboden im Zimmer spuckt, ist ein Schmutzfink und Liederjan. Von ihm ist eine Wiedergeburt der Wirtschaft nicht zu erwarten. Er fettet seine Stiefel nicht ein, zerschlägt aus Unachtsamkeit Fenster und schleppt Typhusläuse ein.

Anderen mag es scheinen, – ich wiederhole – dass die auf diese Art von Dingen gerichtete beständige Aufmerksamkeit Nörgelei und »Bürokratismus« sei. Hinter dem Kampf gegen den Bürokratismus verstecken sich bei uns gerne die Schmutzfinken und Liederjane. »Ach was für 'ne große Angelegenheit, auf der Treppe 'ne Kippe fallen zu lassen!« Aber das ist verfaulter Unsinn. Das nachlässige Fallenlassen einer Zigarettenkippe ist Missachtung fremder Arbeit. Wer aber fremde Arbeit nicht achtet, verhält sich auch zu seiner eigenen gewissenlos. Damit sich die Kommunehäuser entwickeln können, muss jeder Bewohner und jede Bewohnerin der Ordnung, der Reinlichkeit und den Interessen des gesamten Hauses volle Aufmerksamkeit schenken. Ansonsten bekommen wir (und nicht selten haben wir sie schon) verlauste und voll gespuckte Löcher, aber keine Kommunehäuser. Gegen diese Art von Schlamperei, Kulturlosigkeit und Lotterwirtschaft muss unermüdlich und unerbittlich angekämpft werden – mit Worten und guten Beispielen, mit Geboten und Forderungen, mit Ermahnung und Strafe. Derjenige, der an solchen Dingen wie einer voll gespuckten Treppe oder einem verschmutzten Hof schweigend vorbeigeht, ist ein schlechter Bürger und ein schlechter Bauherr.

In der Armee stoßen die positiven und die negativen Seiten des Lebens des Volkes direkt aufeinander. Das bestätigt sich voll und ganz auch in der Frage der Erziehung zum wirtschaftlichen Verhalten. Die Armee muss diesbezüglich um jeden Preis um wenigstens eine Stufe besser sein. Das kann unter freundschaftlichen Anstrengungen aller Leitungselemente der Armee von oben nach unten und unter Mitwirkung der besten Elemente der gesamten Arbeiterklasse und Bauernschaft erreicht werden.

In der Periode, in der sich der sowjetische Staatsapparat erst formierte, war die Armee durch und durch vom Geist und der Praxis des Partisanentums durchdrungen. Gegen dieses Partisanentum führten wir einen hartnäckigen und unerbittlichen Kampf, der zweifellos große Ergebnisse brachte: nicht nur, dass ein zentralisierter Führungs- und Leitungsapparat geschaffen wurde, sondern auch – was noch bedeutsamer ist – der Geist des Partisanentums wurde im Bewusstsein der Werktätigen zutiefst kompromittiert.

Jetzt steht uns ein nicht weniger ernster Kampf bevor: der Kampf gegen alle Spielarten der Nachlässigkeit, Schlamperei, Gleichgültigkeit, Unpünktlichkeit, Fahrlässigkeit, individuellen Disziplinlosigkeit, Misswirtschaft und des verschwenderischen Leichtsinns. Das sind alles verschiedene Stufen und Schattierungen ein und derselben Krankheit: auf dem einen Flügel – der Mangel an Aufmerksamkeit, auf dem anderen Flügel – boshafter Leichtsinn. Hier ist ein täglicher, hartnäckiger, unermüdlicher Kampf erforderlich, unter Anwendung all der Methoden wie im Kampf gegen das Partisanentum: Agitation, Vorbild, Aufklärung und Strafe.

Der hervorragendste Plan ohne Beachtung der Einzelheiten und Details – ist nur Oberflächlichkeit. Was ist zum Beispiel der beste operative Befehl wert, wenn er durch Nachlässigkeit nicht rechtzeitig an seinen Bestimmungsort gelangt oder wenn er mit Fehlern abgeschrieben oder nicht aufmerksam gelesen wird? Wer akkurat im Kleinen ist, wird auch akkurat im Großen sein.

Wir sind arm, doch wir sind verschwenderisch. Wir sind nicht akkurat. Wir sind nachlässig. Wir sind unordentlich. Diese Gebrechen haben tiefe Wurzeln in der Sklavenvergangenheit und können nur allmählich ausgerottet werden, durch hartnäckige Propaganda des Beispiels, der Tat, des Vorbilds, – mittels sorgfältiger Kontrolle, Wachsamkeit und unerbittlicher Strenge.

Um große Vorhaben zu verwirklichen, bedarf es großer Beachtung der kleinen Einzelheiten! – das ist die Losung, unter der alles Bewusste im Lande in die neue Periode des Aufbaus und des kulturellen Aufschwungs eintritt.

Das fünfte Jahr – ein Lehrjahr
Zum vierten Jahrestag der Roten Armee

Die Rote Armee ist nur um vier Monate jünger als die Sowjetrepublik, doch auch das nur den Dokumenten nach gerechnet. Diese wiederum entstand an einem einzigen Tag. Man kann sogar sagen, dass die Rote Armee als militärische Organisation unserer Partei schon im Entstehen begriffen war, ehe die Arbeiterklasse die Macht in ihre Hände nahm.

Das erste Jahr ihrer Existenz ist charakterisiert als Periode zusammenhangsloser, unfertiger Versuche, unter den denkbar schwierigsten Umständen, dem Zusammenbruch der alten Armee und der Kriegsmüdigkeit der werktätigen Massen, eine bewaffnete, revolutionäre Macht zu schaffen.

Das zweite und dritte Jahr war bereits eine Periode angespannter Kampfestätigkeit in allen Grenzgebieten des Landes. Die Armee entwickelte sich im Kampfe selbst. Verschiedene Methoden wurden erprobt und je nach den Erfolgen angenommen oder abgelehnt. Die Armee wuchs ziffernmäßig außerordentlich, ja, man kann sagen, über das Maß hinaus. Das erklärt sich durch die gewaltige Ausdehnung der Fronten, wie auch durch den noch recht unvollkommenen Charakter unserer militärischen Organisation. Neue militärische Aufgaben ließen neue Organe entstehen, die sich neben die alten, zum Teil schon als untauglich erkannten, aber noch nicht beseitigten Organe stellten. Die mangelnde Schulung der Truppen bedingte einen erhöhten Verbrauch an Menschenmaterial. Wo es an Qualität fehlte, musste diese durch Quantität ersetzt werden.

Das vierte Jahr war ein Jahr verhältnismäßiger Kampfesruhe und eifriger Arbeit an der Reduzierung und Reorganisation der Armee. Die Aufgabe bestand darin, möglichst viele Jahresklassen zu entlassen und sich auf das dringend Notwendige zu beschränken, gleichzeitig alle überflüssigen Organe, alle Auswüchse, die doppelt vorhandenen Institutionen, aus dem Organismus der Armee zu entfernen, sowie endlich die übermäßig starken Etappen auf ein normales Maß zurückzuführen. *Diese Aufgabe ist jetzt in großen Zügen gelöst.* Damit sind die Voraussetzungen für neue Aufgaben der Armee gegeben.

Das fünfte Jahr des Bestehens der Roten Armee wird ein Jahr intensiver Lehrarbeit werden. Die fortschreitende Reorganisation der Armee und ihre teilweise Reduzierung ist nur denkbar auf der Basis einer qualitativen Hebung ihrer Elemente und in Abhängigkeit von diesem Prozess. Man muss die Grundzelle der Armee entwickeln, den Liniensoldaten: dieser muss satt, sauber und warm gekleidet sein. Ein verlauster Soldat ist nur ein halber Soldat.

Der Soldat muss schreiben und lesen können. Dieses Ziel haben wir fest ins Auge gefasst. Am 1. Mai darf es in unserer Armee keinen einzigen Soldaten mehr geben, der nicht schreiben und lesen kann. Diese Aufgabe müssen wir erfüllen; und das nicht nur des guten Eindrucks halber, d. h. nicht in der Weise, dass der oberflächlich unterrichtete Soldat nach zwei Monaten in den früheren Zustand der Unkultur zurücksinkt, nein, wir müssen und werden alle Rotarmisten das Schreiben und Lesen lehren, wie es sich gehört.

Am 1. Mai dieses Jahres wird die Sowjetrepublik ihre Armee zur Vereidigung führen. Da soll jeder Rotarmist klar, deutlich und bewusst den Text des »heiligen Gelübdes« lesen können.

Das politische und allgemeine geistige Niveau eines jeden Kämpfers muss gehoben werden. Er muss über unsere Nachbarn Bescheid wissen, die möglicherweise unsere Gegner sein werden. Er muss das Wesen der Sowjetkonstitution und die Aufgaben des Arbeiter- und Bauernstaates kennen. Er muss begreifen lernen, dass das Wesen der gesamten Welt mit ihren mannigfaltigen Erscheinungsformen in der Materie beruht, die ihren eigenen, inneren Gesetzen folgt. Man muss hartnäckig daran arbeiten, sein Bewusstsein von Vorurteilen und vom Aberglauben zu befreien. Der Aberglaube ist das Ungeziefer im Innern des Menschen, welches ihn noch mehr schwächt als dasjenige, welches ihn von außen angreift.

Wir werden die rein militärische Ausbildung unermüdlich verbessern. Der Regimentskommandeur muss sich die Aufgabe stellen, einen jeden Rotarmisten so weit zu bringen, dass dieser im Falle der Not selbst das Kommando über die Abteilung übernehmen kann.

Jede bedeutende Sache birgt zwei große Feinde in sich: *die Routine und die Oberflächlichkeit.* Und das zumal in einer so komplizierten und wechselvollen Epoche, wie es die unsere ist. Die Routine bewegt sich in alten Schablonen, sie trägt nicht den neuen Verhältnissen Rechnung, es fehlt ihr die Initiative, die Kühnheit des Gedankens und die Entschlossenheit der Ausführung. Das sind in militärischen Dingen – Todsünden.

Die Oberflächlichkeit ist gewissermaßen der Gegenpol der Routine. Sie trägt in unseren Tagen nicht selten »revolutionären« Stempel. Haben wir die Mängel der Routine richtig erkannt, so sehen wir, dass die

Oberflächlichkeit überhaupt keine ernste Arbeit, kein gewissenhaftes und sorgfältiges Studium der früheren Erfahrungen aufkommen lässt, sie prahlt vielmehr mit leeren Allgemeinplätzen und hält sich an ein willkürliches Schema. So ist auch die Oberflächlichkeit in militärischen Dingen – eine Todsünde.

Wir müssen uns völlig klar darüber sein, dass sich die Hebung des Qualitätsniveaus der Armee durch keine Zauberformel herbeiführen lässt. Nein, diese Aufgabe erfordert harte Mühen, hartnäckige Klein-, ja, Mosaikarbeit. Etwas Neues – mag es mehr oder weniger bedeutend sein – kann nur der hervorbringen, welcher aufmerksam alles verfolgt, was ihm entgegentritt, welcher alles aufgreift, alles in Betracht zieht und bei allen in die Lehre geht. Wer sich aber anmaßt, mit einem Schlage etwas Neues zu erfinden und dabei in die Wolken guckt, der bricht sich sicherlich den Hals. Weder Routine noch Oberflächlichkeit, sondern hartnäckige, zielbewusste und gewissenhafte Arbeit!

Diese Arbeit wird jetzt durch die stetig wachsende Beachtung, welche die werktätigen Massen in der ganzen Sowjetföderation der Armee schenken, wesentlich erleichtert. Noch vor gar nicht langer Zeit führten wir versuchsweise das Sowjetarmeekommando ein, und wie schnell hat sich das eingebürgert und entwickelt! Welche segensreichen Wirkungen zeigt es heute schon! War bis heute die Rote Armee unzertrennlich mit dem Russland der Bauern und Arbeiter verknüpft, so verbindet sie jetzt ein noch alltäglicheres, engeres Band. Die Verbrüderung der einzelnen Divisionen mit den Sowjets, der einzelnen Regimenter mit den Fabriken und Gewerkschaftsverbänden hebt die Armee moralisch und schafft noch günstigere materielle Bedingungen für ihr Lebenswerk.

Die Rote Armee blickt ruhig und sicher in die Zukunft: das fünfte Jahr ihres Bestehens wird für sie ein Jahr unermüdlichen Lernens sein.

»Du« und »Sie« in der Roten Armee

In der Sonntagsausgabe der »Iswestija« erschien ein Artikel über die Rotarmisten Schtschekotschichin und Tschernischew, die während der Explosion und des Brandes in Kolomenskoje Heldentum bewiesen. In diesem Artikel wird berichtet, wie sich der Chef der Garnison an die Rotarmisten wendet und fragt:

»Kennst Du mich?«

»Ja, Sie sind der Chef der Garnison.«

Ich glaube, dass dieses Gespräch hier nicht genau wiedergegeben ist. Anderenfalls müsste man die Schlussfolgerung ziehen, dass der Chef der Garnison mit den Rotarmisten in einem falschen Ton spricht. Natürlich können die Soldaten der Roten Armee einander mit Du anreden wie Genossen, aber genau wie Genossen und nur wie Genossen. In der Roten Armee darf seitens des Vorgesetzten die Anrede Du gegenüber einem Nachgestellten nicht verwendet werden, wenn der Nachgeordnete mit Sie antwortet. Es ergäbe sich sonst eine persönliche Ungleichheit und nicht eine dienstliche.

Natürlich ist die Sache mit »Du« und »Sie« relativ. In dieser Relativität jedoch werden bestimmte menschliche Beziehungen ausgedrückt. In einem Fall drückt das Wort Du die Nähe unter Genossen aus, wann aber? – wenn es auf Gegenseitigkeit beruht. In einem anderen Fall drückt es Missachtung, Geringschätzung und den Blick von oben nach unten aus, eine herrschaftliche Note in den Beziehungen. Ein solcher Ton kann in der Roten Armee in keiner Weise geduldet werden.

Manchem mag es scheinen, dass dies eine Kleinigkeit sei. Das ist nicht wahr! Ein Rotarmist hat sowohl die anderen als auch sich selbst zu achten. Die Achtung der menschlichen Würde ist die wichtigste moralische Bindung in der Roten Armee. Der Rotarmist ordnet sich in Ausübung des Dienstes dem Vorgesetzen unter. Die Anforderungen der Disziplin sind unverrückbar. Aber gleichzeitig fühlt und versteht er sich als bewusster Bürger, berufen, die verantwortlichsten Pflichten zu erfüllen. Die militärische Unterordnung wird ergänzt durch staatsbürgerliche und moralische Gleichheit, die keine Verletzung der persönlichen Würde duldet.

Die Lage der Republik und die Aufgaben der Arbeiterjugend

Genossen!

Die fünf Jahre sind schnell vergangen seit dem Tag, als durch den Willen der arbeitenden Massen Russlands das Sowjetsystem in unserem Land errichtet wurde und durch den Willen derselben Massen die Führung der Geschicke unseres Landes der Russischen Kommunistischen Partei anvertraut wurde. Ich überbringe eurem Kongress Grüße im Namen des Zentralkomitees dieser Partei.

Die Geschichte dieser fünf Jahre, an der, vermute ich, die Mehrheit von euch hier nicht aktiv teilnehmen konnte, denn im Oktober 1917 krabbelten viele meiner hochgeachteten Zuhörer höchstwahrscheinlich noch unter dem Tisch herum (das ist weder Tadel noch Lob, sondern eine Tatsache), die Geschichte dieser fünf Jahre bildet eine Quelle der größten Lehren.

Revolutionäre Epochen, die Epochen sozialer Umwälzungen, kehren das ganze Innere der Gesellschaft nach außen. Wenn man an einem Gebirgszug vorbeikommt, kann man Schichten sehen, die sich im Laufe von Jahrtausenden angehäuft haben. Eine hatte sich über der nächsten abgelagert. Von oben waren sie unsichtbar. Aber diese Schichten wurden durch eine vulkanische Kraft emporgehoben, Verwerfungen wurden erzeugt, Gebirge und Schluchten bildeten sich, und man kann im Querschnitt des Berges die Schichten verschiedener Gesteinsformationen sehen. Das ist es, was mit der Gesellschaft auch geschieht. In normalen Zeiten liegt eine Klasse auf der anderen und auf der Basis erhebt sich der Überbau, zusammengesetzt aus verschiedenen ideologischen Richtungen und sogar aus den raffiniertesten Formen der Philosophie. Die Ursachen und Gründe der inneren Struktur können mit dem bloßen Auge nicht gesehen werden. Aber die Revolution sprengt dies alles, zerschneidet es und legt es bloß. Aber natürlich lernten die am besten daraus, die an der Revolution praktisch und aktiv teilnahmen. Weil aber unser revolutionärer Boden noch nicht kalt ist, muss die jüngere Generation aus der Erfahrung dieser beispiellosen Jahre lernen.

Natürlich kann ich nicht im Entferntesten die Lehren der Revolution, der größten der Geschichte, erschöpfend darstellen. Ich habe eine viel bescheidenere Aufgabe: eine Darstellung unserer internationalen und inneren Lage zu geben, wie sie sich als ein Ergebnis unserer Kämpfe entwickelt hat.

Die ersten beiden Jahre vergingen in ununterbrochenem Kampf und unter einer absoluten Blockade. Das dritte Jahr verlief auch im Kampf, aber es brachte die ersten Bemühungen der bürgerlichen Regierungen, mit uns in Verhandlungen zu treten.

In den letzten zwei Jahren hörte der Krieg dank unserer militärischen Siege allmählich auf. Die Verhandlungen nahmen einen immer tiefgründigeren und komplizierteren Charakter an. Es gibt ein gemeinsames Merkmal sowohl in dem Krieg, den die Imperialisten gegen uns führten, als auch in den friedlichen Verhandlungen, die sie jetzt mit uns führen. Nämlich ihre Unentschlossenheit, Inkonsequenz, ihr Zaudern und Wanken. Es kann keinen Zweifel geben, dass, hätte der deutsche Imperialismus sich Ende 1917 oder Anfang 1918 das Ziel gesetzt, uns zu zerschlagen, er uns vernichtet hätte. Es gäbe keine Sowjetrepublik. Es kann auch keinen Zweifel geben, dass, hätte Clemenceau, der französische Premierminister und Quasi-Diktator, sich daran gemacht, uns durch militärische Gewalt zu zerschlagen und zu zermalmen, wir vom Erdboden verschwunden wären. Im militärischen Sinne waren wir unendlich schwächer, nicht nur als der vereinte Imperialismus, sondern auch als jede einzelne der imperialistischen Großmächte. Aus zwei Gründen richteten sie nicht all ihre Kraft gegen uns: Erstens, weil sie sich bereits vor der Entwicklung der revolutionären Bewegung im eigenen Land als einer Folge des Krieges fürchteten, zweitens, weil sie uns als eine solch vergängliche Größe betrachteten, dass sie es nicht für nötig befanden, einen großen Krieg gegen uns zu führen. Darin lag unsere Rettung. Sie beschränkten sich auf ihre Söldner, käufliche zaristische Generäle und nicht minder käufliche Sozialrevolutionäre und Menschewiki. Mittels der Bourgeoisie der benachbarten Länder, mittels der emigrierten Bourgeoisie und der Weißen Garden und mit dem Beistand unserer sogenannten Demokraten organisierten sie die Fronten, die das Herz Russlands umzingelten.

Nach den ersten beiden Jahren wurden Verhandlungen aufgenommen. Sie begannen schon im Februar–April 1919. Um Euch eine Vorstellung unserer Lage in jener Zeit zu geben, will ich, Genossen, an die Bedingungen erinnern, die wir im Frühjahr 1919 bereit waren anzunehmen. Diese werden heute allzu oft vergessen, sowohl von unseren Freunden, als auch unseren Feinden. Am 4. Februar machte der Rat der Volkskommissare über das Radio (wir hatten keinen anderen Kontakt zur Außenwelt) ein Friedensangebot an alle imperialistischen Mächte, worin er vorschlug:

1. die Zahlungsverpflichtungen, die von früheren Regierungen Russlands eingegangen worden waren, anzuerkennen; 2. unsere Rohstoffe als Pfand zu geben, um die Zahlung der Schuldzinsen zu garantieren; 3. an ausländische Unternehmen Konzessionen zu vergeben; 4. territoriale Zugeständnisse zu machen in der Form der Besetzung von uns aufgegebener Gebiete durch die Streitkräfte der Entente.

Ungefähr eineinhalb Monate später kam der amerikanische Radikale Bullit aus regierungsnahen Kreisen Amerikas zu uns, und am 10. April 1919 erklärten wir den Imperialisten Amerikas und Europas, dass wir bereit seien, den bewaffneten Konflikt mit den »effektiv in Russland existierenden Regierungen« – den Weißen – zu beenden.

Ich habe keine Karte Russlands von Anfang 1919 bei mir, aber ich erinnere mich gut daran. Zu der Zeit umfasste die Sowjetmacht noch nicht den Ural, Sibirien, das Weiße Meer, die Ukraine und den Kaukasus. Damals bestanden wir aus dem ehemaligen Moskauer Fürstentum. Und seht, damals erklärte die Sowjetmacht einem inoffiziellen amerikanischen Gesandten, dass »wir bereit sind, erstens diese Grenzen anzuerkennen und den Bürgerkrieg unter der Bedingung zu beenden, dass die gegnerische Seite ihn ebenfalls beendet«. Wir haben uns zweitens darauf vorbereitet, sofort die Armee zu demobilisieren und drittens, den unserem Territorium entsprechenden Anteil an den Staatsschulden einzulösen, denn das Hauptgebiet würde zum größten Teil bei den Weißen bleiben. Wir verzichteten auf den Anspruch, die Goldreserven zurückzuerhalten, die sich die Alliierten angeeignet hatten, wobei wir vorsahen, dass sie bei der Zahlung der Staatsschulden angerechnet würden. Das waren die Bedingungen, auf die wir eingegangen wären. Die alliierten Imperialisten akzeptierten diese Bedingungen nicht, und sie taten sehr gut daran, sie nicht zu akzeptieren (Heiterkeit). Von der Zeit an hat sich unsere Lage jedoch bedeutend verbessert, wie ernst wir auch unsere Fehler und Schwächen nehmen. Dies kann nicht geleugnet werden, wenn wir uns an den Verlauf der Verhandlungen von Genua zurückerinnern.

Sicher war, was uns in Genua angeboten wurde, sehr hart. Sie schlugen vor, die Fabriken und Werksanlagen an ihre alten Besitzer zurückzugeben. Was Grund und Boden anbetrifft, waren die Forderungen weniger genau, denn Grund und Boden waren aufgesplittert, und es war unmöglich, ihn den Händen der Bauern zu entreißen. Die internationalen Börsenhaie verstanden dies auch. Aber die Frage der Restauration kapitalistischer Verhältnisse in unserem Land wurde aufgeworfen. Wir antworteten mit Ablehnung. Es ist wahr, wir sprachen über unsere Bereitschaft, alte Schulden anzuerkennen, aber unter bestimmten Bedingungen, d. h. wenn sie uns sofort ein großes Darlehen geben würden. England bat uns, nach dem Abbruch der Verhandlungen, an dem es selbst schuld war, ein zweites Mal dringend um diese Bedingungen, aber es erhielt die Antwort, dass es sich auf unserer Seite um Vorschläge mit fester zeitlicher Begrenzung handelte.

Die Verhandlungen wurden abgebrochen und wir zogen alle unsere Bedingungen, Erklärungen und unsere Bereitschaft, Schulden zu bezahlen, zurück. Im Verhältnis zu Europa und Amerika sind wir an keine einzige Verpflichtung gebunden, dennoch gibt es keinen Krieg mehr. Aber wie kann man die Tatsache, dass es keinen Krieg gibt, erklären? Sie kann erklärt werden mit der voranschreitenden Lähmung des Klassenwillens des Imperialismus als Folge des Wachsens seiner Widersprüche und als Folge des – sicherlich langsamen – Aufschwungs der revolutionären Arbeiterbewegung. Und auf der anderen Seite kann dies auch die unentschlossenen, schleichenden und fehlgeschlagenen Friedensverhandlungen erklären, jenen langen diplomatischen Faden, der nach Genua führte, über Genua und dann nach Den Haag.

Wir haben immer wieder gesagt, dass die drohende Wirtschaftskrise die europäische Bourgeoisie zwingt, mit Sowjetrussland als einem potentiellen Lieferanten von Rohstoffen und einem potentiellen Kunden für die Produkte der europäischen Industrie eine Übereinkunft zu suchen. Das ist ohne Vorbehalte weiter so. Es ist wahr, dass die Krise in Europa nicht so voranschreitet wie vor eineinhalb Jahren; sie wurde aufgehalten, und man kann sogar eine Verbesserung in der Wirtschaftslage der westeuropäischen Länder beobachten, aber diese Verbesserung ist oberflächlich, während die grundlegende Krise fortfährt, die Fundamente der Wirtschaft zu untergraben.

Kann man sagen, dass ein Abkommen mit Sowjetrussland sofort eine beträchtliche Verbesserung in der Lage Europas herbeibringen würde? – Nein. Wir sind allzu verarmt, sowohl als potentieller Lieferant von Rohstoffen wie als potentieller Käufer für Fertigprodukte, um uns über die nächsten zwei oder drei Jahre als entscheidender oder auch nur als wesentlicher Faktor im Wirtschaftsleben Europas erweisen zu können – und das weiß die Bourgeoisie.

Natürlich wird die Einbeziehung Russlands ins Wirtschaftsleben Europas mit jedem Jahr eine immer größere Bedeutung bekommen, und in fünf, acht oder zehn Jahren wird das wiedergeborene Russland, das auf seinen eigenen Füßen steht, zu einem der mächtigsten Faktoren in der Weltwirtschaft werden. Das steht nicht in Frage. Aber das wird in acht bis zehn Jahren sein. Und um Projekte auf Jahrzehnte hinaus zu planen, muss man eine Perspektive haben, muss man den Boden unter seinen Füßen fühlen.

Heute hat die europäische Bourgeoisie keine Gewissheit, welche Formen die Ereignisse morgen oder übermorgen annehmen werden. Sie lebt von einem Tag zum anderen, der ökonomische Boden ist erschöpft, während die Krise von Erschütterungen zu einer zeitweiligen Erholung schreitet, die den Weg zu neuen Erschütterungen bahnt. Die internationalen Beziehungen sind schwankend. Die Verbündeten von gestern, die führend waren, England und Frankreich, stehen sich auf allen Ebenen kapitalistischer Beziehungen immer feindlicher gegenüber, und deswegen ist heute nicht eine einzige europäische Regierung mehr fähig, eine Politik für fünfzehn, zehn oder auch nur fünf Jahre im Voraus zu führen, selbst in dem Maße, wie sie es noch vor dem letzten imperialistischen Krieg konnte. Alle bourgeoisen Regierungen leben von den Impulsen des jeweiligen Augenblicks. Sie versuchen von Widerspruch zu Widerspruch, von einem Konflikt zum anderen, die schreiendsten Gegensätze zu stopfen und zu flicken, aber das ist auch alles. Und dabei bewegen sie sich von einer diplomatischen Zuflucht zur nächsten, versuchen, die dringendsten Fragen aufzuschieben. Daher ihre diplomatische Ohnmacht, die verwandt ist mit ihrer früheren militärischen Ohnmacht. Sie verfügen über mächtige Armeen – und dennoch können sie uns nicht zerschlagen. Sie verfügen über eine Diplomatie mit uralter Erfahrung – und dennoch bringen sie es nicht fertig, mit uns ein einziges Geschäft bis zum Ende durchzuführen.

Wir reden über unsere Rückzüge. Natürlich haben wir uns ein großes Stück zurückgezogen, aber vergleicht unsere diplomatische Plattform im Februar und April 1919 (ich habe sie Euch gerade vorgetragen) mit der Plattform, mit der wir nach Genua kamen und wieder gingen. In Genua sagten wir: »Russland wird sich nicht aufgeben, noch sich ausverkaufen, Russland kapituliert nicht vor einem Ultimatum des europäischen Weltimperialismus.« Und was dann? Kurze Zeit später wendet sich Urquhart an uns, ein Vertreter der führenden Köpfe der Börse Großbritanniens, ein Vertreter von Unternehmen, die in verschiedenen Teilen der Welt Milliarden wert sind (er besaß früher viele Unternehmungen im Ural und in Sibirien) und unterzeichnet einen Vorvertrag mit dem Genossen Krassin auf 99 Jahre. Eine lange Zeit! Ich denke, dass wenige selbst der jüngsten Genossen hier das Ende dieser Zeit noch erleben werden.

Ihr sagt vielleicht: wenn die Bourgeoisie heute unfähig ist, gerade fünf oder zehn Jahre vorauszuschauen, wie kommt es dann, dass Urquhart 99 Jahre vorausschaut? Es liegt daran, dass die Bourgeoisie, wenn sie als eine Klasse, als ein Staat herrscht, einen Plan braucht, mit wem sie ein Bündnis schließen soll, wer der größere und wer der kleinere Feind ist; sie muss voraussehen, wie sich die Beziehungen in fünf, zehn oder fünfzehn Jahren wandeln werden. Aber Urquhart handelt als ein individueller Eigentümer und nichts mehr, und seine Rechnung ist sehr einfach und in ihrer Einfachheit richtig.

Er sagt sich: »Wenn wir, die Urquharts, d. h. das Kapital, uns in England, Frankreich und in der ganzen Welt behaupten können, dann werden wir früher oder später Sowjetrussland erwürgen.« Und er hat damit Recht. Denn wenn – rechnet Urquhart sich aus – wir Kapitalisten gestürzt werden, sowohl in England wie in Frankreich, werden wir natürlich auch unser Eigentum im Ural und in Sibirien verlieren, aber, der Mann, der seinen Kopf verliert, kann nicht mehr über seine Haare weinen; wenn das Kapital in der ganzen Welt enteignet werden sollte, dann wird die Konzession des Herrn Urquhart natürlich in kürzerer Zeit als 99 Jahren ablaufen. Deswegen ist seine Rechnung völlig realistisch und völlig richtig. Ich weiß nicht, ob Genosse Krassin mit ihm dies besprochen hat. Wahrscheinlich hat er ihm in einem persönlichen Gespräch gesagt: »Solange Sie in der ganzen Welt stark sind, werden wir Sie sicher nicht als Einzelnen enteignen. Aber wenn der englische Arbeiter Sie enteignet und Ihr Eigentum in seine Hände nimmt, dann werden wir schon irgendwie mit den englischen Arbeitern zu einer Einigung über Ihre Konzession kommen.« (Gelächter).

Ihr werdet aber einwenden, dass die Sowjetregierung auf dieses Abkommen dennoch verzichtet hat. Ja, bedingungslos. Englands Politik bietet keine Mindestgarantie für den Abschluss eines so vertrauenswürdigen und wichtigen Abkommens, das die Möglichkeit normaler Beziehungen zwischen den Ländern voraussetzt. England versucht zu verhindern, dass die Türkei sich ihre Existenz innerhalb der natürlichen Grenzen des türkischen Staats errichtet. England führt in der Tat einen Krieg gegen Frankreich: England handelt unter dem Pseudonym Griechenland, während Frankreich in Wirklichkeit die Unterstützung der Türkei besorgt. Der Krieg brachte den Sieg der Türkei, mit der wir völlig sympathisieren, denn die Türkei kämpfte für ihre Unabhängigkeit, während

Griechenland den imperialistischen und räuberischen Plan Großbritanniens ausführte.

Der Streit ging um das Schwarze Meer und die Meerenge. Am Schwarzen Meer gibt es Staaten, die einen Teil unserer Föderation bilden, und am Schwarzen Meer liegen zudem die Türkei, Bulgarien und Rumänien. Und dennoch will England den Streit um das Schwarze Meer gemeinsam mit Frankreich und Italien beilegen, aber ohne Teilnahme derjenigen Länder, für die das Schwarze Meer ein Binnenmeer ist und seine Küsten die Türschwellen ihres Hauses bilden. Unter diesen Umständen, wo England auf den Grundrechten und Interessen der Völker unserer Föderation herumtrampelt, hielt die Sowjetregierung es nicht für möglich, ein Abkommen mit einem britischen Bürger zu unterzeichnen. Die Erfüllung eines Vertrags, lasst es mich wiederholen, setzt ein Minimum loyaler Beziehungen zwischen Ländern und Regierungen voraus.

Aber können wir eigentlich ohne ausländisches Kapital zurechtkommen? Die bürgerliche Presse Europas und Amerikas stellt selbst diese Frage, in der Erwartung, dass wir in dem Maße, wie wir ökonomisch geschwächt werden, immer nachgiebiger werden. Ich habe schon anhand der Dokumente die diplomatischen Handlungen aufgezeigt und an sie erinnert, die die Tatsache bezeugen, dass es im Großen und Ganzen unsere Feinde sind, die nachgiebiger werden mussten, und nicht wir.

Aber vom ökonomischen Standpunkt betrachtet: Können wir ohne ausländisches Kapital auskommen?

Genossen, wenn ihr euch vorstellen könnt, dass es auf unserem Planeten kein anderes Land als Russland gäbe, dann ist es doch offensichtlich, dass die 150 Millionen starke Nation ohne Urquharts Geld nicht verschwinden würde, sondern allmählich aus dem Elend und der Verwüstung, die es geerbt hat, wieder hochkommen würde. Was ist also das Problem?

Wenn wir über Konzession und Anleihen sprechen, dann erhoffen wir uns eine Beschleunigung unseres Wirtschaftswachstums und unserer Wiederbelebung. Ein Hereinfließen von Auslandskapital und Auslandstechnik bedeutet ein rascheres Überwinden der Krise und der Armut. Ihr Fehlen bedeutet größeres Leid, mehr Elend und eine langsamere Wirtschaftsentwicklung, doch das ist alles! Und nur innerhalb jener Grenzen führen wir Gespräche. Darum haben wir eine einer Fessel gleichkommende Abhängigkeit vom Weltkapital nicht akzeptiert und werden sie auch nicht akzeptieren, nachdem es seine Unfähigkeit offenbart hat, uns mit Waffengewalt zu zermalmen.

In Den Haag versuchte das Kapital, uns aufzukaufen. »Ich werde alles kaufen«, sagte das Gold. Genau wie früher: »Ich werde alles wegnehmen«, sagte das Schwert. Diese beiden Angriffe wurden zurückgeschlagen. Sicher, wenn die englische Regierung ihre Politik geändert, vor allen Dingen die Sowjetrepublik anerkannt und dann versucht hätte, zu einigen Übereinkünften über die wichtigsten politischen Fragen zu kommen, dann hätte der Vertrag mit Urquhart, mit dieser oder jener Änderung, oder auch ohne sie, aufrechterhalten werden können. Dieser Vertrag war ein Geschäftsvertrag mit einer einzelnen Kapitalistengruppe, die einen fantastischen und habgierigen Profit erhält, uns aber neue Techniken bringt und dabei hilft, unabhängig von ihrem Willen, die Industrie unseres Landes mit rascherer Geschwindigkeit zu entwickeln, und auf dieser Ebene wird das Geschäft noch weiter voranschreiten. Mit jedem Jahr wird die Zahl ausländischer Anwärter steigen und die Bedingungen, die wir festsetzen, werden sich immer mehr den normalen annähern.

Genossen! Die Besonderheit unserer internationalen Wirtschaftslage beruht auf der Tatsache, dass wir den Sozialismus auf einer ruinierten wirtschaftlichen Grundlage aufbauen wollen. Das ist das Hauptmerkmal, das ihr euch sehr tief in euer Bewusstsein einprägen müsst. Nach den alten marxistischen Schriften lernten und lehrten wir, dass die Aufgabe des Kapitalismus darin bestand, dass er die Produktivkräfte des Landes und der ganzen Welt zu größerer Höhe entwickelt hat. Dann wird das Proletariat den Schauplatz betreten und diese entwickelten Produktivkräfte übernehmen und sie sozialistisch im Interesse der gesamten Menschheit umbauen. Im Prinzip ist das absolut wahr. Der Kapitalismus hat die Produktivkräfte auf eine große Höhe gebracht. Aber bevor sich das Proletariat als fähig erwies, diese Produktivkräfte zu übernehmen, hat der Kapitalismus in den wahnsinnigen Kämpfen des Weltkrieges einen erheblichen Teil dieser Produktivkräfte zerstört, und das umso mehr, je weiter man nach Osten geht.

Österreich-Ungarn ist ruiniert. Deutschland ist ruiniert. Russland ist vollständig ruiniert.

Die Technik, die der Kapitalismus entwickelt hat, ist natürlich noch in einer Reihe von Ländern erhalten geblieben. In Amerika steht sie auf einem extrem hohen Stand, in England auf großer Höhe, in Frankreich war der Verlust materieller Werte gleich beträchtlicher, und je weiter man nach Osten kommt, desto schlimmer wird es. Bei uns hat sich die Technik erhalten – in Büchern, im Wissen der Ingenieure, in Gewohnheiten und

Arbeitsmethoden, in der Ausbildung der Arbeiter, aber die materiellen Werte, die von der Arbeitskraft vorher geschaffen wurden, sind zerstört, vernichtet und bis zum letzten Rest zertrümmert. Doch die Arbeiterklasse hier, die durch das Spiel des Schicksals die Macht in dem im ökonomischen Sinne ruiniertesten Land in die Hand genommen hat, schreitet voran zum Aufbau des Sozialismus. Sie baut den Sozialismus zur gleichen Zeit auf, wo sie genötigt ist, all jene materiellen Werte wiederherzustellen, die die Bourgeoisie zuvor von der Zeit der ursprünglichen Akkumulation an geschaffen hatte.

Diejenigen von euch, die mit politischer Ökonomie vertraut sind, werden wissen, dass die Bourgeoisie als Klasse die Phase der ursprünglichen Akkumulation durchläuft, die gekennzeichnet ist durch äußerste Brutalität der Ausbeutung und Selbstausbeutung für den Kleinbürger, der Embryo des Bourgeois beutet sich selbst aus. Er macht die Knochenarbeit, er beutet seine Frau und seine Kinder aus, bis er das Minimum an Kapital erwirbt, das nötig ist, um Lohnarbeit auszubeuten. Dann wandelt sich der Kleinbürger zum Mittelbürger, steigt auf und wird immer mächtiger.

Wir haben ein verwüstetes Land übernommen, und das Proletariat, das den Staat besitzt, ist gezwungen, durch eine Phase hindurchzugehen, die man die Phase der ursprünglichen sozialistischen Akkumulation nennen könnte. Wir haben keine Chance, von dem Stand der Technik Gebrauch zu machen, den es vor 1914 gab. Er ist zerstört worden und muss Schritt für Schritt unter den Bedingungen des Arbeiterstaates neu geschaffen werden, aber mit den Mitteln einer kolossalen Anspannung seiner lebendigen Arbeitskraft. Darin liegt unsere Aufgabe und auch unsere missliche Lage, und vor allen Dingen eine missliche Lage, was die Ausbildung angeht.

Lasst mich an diese Frage in einer ganz konkreten Weise herangehen. Wenn ein junger Arbeiter 1912 oder 1913 in die Fabrik kam oder in einen Betrieb, dann fand er dort ein bestimmtes Regime vor. Sein heruntergekommener Zustand, seine Lebensweise, seine ganze Existenz stieß ihn darauf zurückzuschlagen. Er wurde in einen Streik hineingezogen. Dieser Streik, wenn auch noch selbst ungeordnet, spontan und blind, trieb ihn auf den Weg des Klassenkampfs. Dort im Betrieb erhielt er schon seine erste gesellschaftliche Erziehung, die ihn zum Sozialismus und zur Revolution führte.

Der junge Arbeiter von heute trifft im Betrieb auf materielle Bedingungen, die schlechter sind als jene, die er im Kapitalismus erfahren hat.

Wie kommt das? Weil das Proletariat in unserem Land durch die Phase der ursprünglichen sozialistischen Akkumulation geht. Wir können – mit Einschränkungen natürlich – die Arbeiterklasse mit der Gruppe der Handwerker oder Handarbeiter vergleichen, die heute gerade erst anfängt aufzusteigen, die aber morgen der Klein-, Mittel- oder sogar Großbourgeois werden wird. Wenn der Handwerker seine Arbeitskraft ausbeutet, d. h. sich die Haut von den Händen arbeitet und seine Frau und Tochter mit ihm, gibt es noch keine Klassenausbeutung. Es handelt sich bloß um das habgierige Anspannen seiner und seiner Familie Kraft mit dem Ziel, dass es ihm gut geht. Wenn wir jetzt die Phase der ursprünglichen sozialistischen Akkumulation durchmachen – und wir sind eben erst am Anfang, die Verwüstung des Bürgerkriegs hinter uns zu lassen und es kann kaum ein Hoffnungsschimmer auf Akkumulation gesichtet werden – dann ist die Arbeiterklasse gezwungen, ihre Kräfte anzuspannen. Hierbei gibt es natürlich keine Klassenausbeutung, solange wir über Unternehmen reden, die der Arbeiterklasse gehören, und das sind unsere hauptsächlichen Unternehmen. Aber es gibt die Kraftanstrengung der Arbeiterklasse und ihrer Jugend, vielleicht sogar eine übermäßige, übertriebene Kraftanstrengung, aber sie ist auf die Anhebung des eigenen Lebensstandards gerichtet.

Und hier, Genossen, liegt der kritische Kern der Sache, um die sich die Erziehung unserer Jugend dreht. Wenn ein junger Arbeiter vor dem Krieg, unter der Herrschaft der Bourgeoisie in einen Betrieb ging, haben ihm die fortschrittlichen Arbeiter seine Stellung gewöhnlich einfach so erklärt: »Da ist dein Boss«, sagten sie, »er ist dein Feind, dein Ausbeuter. Welche Mittel hast du, ihn zurückzuschlagen? – Den Streik.« Und während der junge Arbeiter noch nicht die geringste Ahnung hatte, was bürgerliche Gesellschaft, Frankreich, England, die Börse, Imperialismus oder Militarismus sind, hat er schon in seiner kleinen Zelle, dem Betrieb, den Anstoß mitbekommen, der nötig ist, um ihn zu einem revolutionären Kämpfer, einem bewussten Proletarier zu machen. Aber jetzt? Jetzt brachten die Bedingungen der ursprünglichen sozialistischen Akkumulation in unserer Übergangsperiode eine Situation hervor, wo jeder Menschewik oder Sozialrevolutionär, indem er wiederholt, was wir von der Bourgeoisie sagten, die Arbeiter auf den Weg stößt, sich dem Arbeiterstaat insgesamt entgegenzustellen. Dies, Genossen, ist der Kern der Sache. Es ist sehr einfach, wenn ihr darüber nachdenkt und wenn ihr ein wenig darüber wisst, was der Staat ist, was Klassenausbeutung ist. Doch gerade der junge Arbeiter, der eben erst in die

Fabrik gekommen ist, weiß dies nicht. Während in einer bourgeoisen kapitalistischen Gesellschaft sein erster Schritt richtig gewesen war, muss er nun jedoch das Wesen des Sowjetstaats verstehen, um ein richtiges Verständnis der Bedingungen seines Arbeitslebens zu gewinnen. Nun muss er sich klar werden über das ganze Gebäude der Sowjetgesellschaft, um seine Stellung in der Fabrik und im Betrieb zu begreifen.

Vorher reichte es aus, seine Stellung im Betrieb durch bloße Empfindung zu begreifen, damit erfasste er im Wesentlichen seine Stellung in der Gesellschaft. Nun aber muss er sich im Gegenteil über das Gebäude der ganzen Sowjetgesellschaft bewusst werden, um nicht auf Irrwege zu gelangen. Mit anderen Worten: während er früher einen erprobten Weg entlangging, vom Einzelnen zum Allgemeinen, reicht dieser Weg heute allein nicht mal für die ersten Schritte aus, denn auf diesem empirischen Weg können ihn die Menschewiki einfangen, jene Leute, die eine vermeintlich alte Formel wiederholen, das aber in einer neuen Situation tun, wo sie eine genau entgegengesetzte Bedeutung annimmt. Das heißt, dass die Aufgaben in der Erziehung junger Arbeiter weitaus komplizierter und weitaus schwieriger werden, und zur gleichen Zeit erklärt es uns, weshalb die Menschewiken ihre Anstrengungen auf die jungen Arbeiter richten.

Es muss jedoch gesagt werden, dass die Menschewiken in ihrer neuesten programmatischen Erklärung einen großen Schritt vorwärts gemacht haben (der insofern ein Schritt vorwärts genannt werden kann, als er ein Schritt hin zur Klarheit ist). Die Menschewiken stellen offen fest: »Die Rettung Russlands liegt nur im Kapitalismus, die Entwicklung der Produktivkräfte kann nur auf kapitalistische Art und Weise erfolgen.« Deshalb fordern sie die Übergabe wenn nicht aller, dann wenigstens der Mehrheit der Fabriken und Werksanlagen an die Kapitalisten. Dazu versprechen sie natürlich, dass sie den Acht-Stunden-Arbeitstag für die Proletarier gegen die zukünftigen Kapitalisten verteidigen werden, deren Vermittler sie darstellen.

Aber um ihnen die Möglichkeit zu geben, ihre »sozialistische« Rolle zu erfüllen, muss nur eine winzige Kleinigkeit erlaubt sein: Wir müssen die Werksanlagen, Fabriken und Bergwerke wieder den Kapitalisten aushändigen. Sie handeln als die Vollstrecker der Konferenzen von Genua und Den Haag, mit dem einen Unterschied, dass Lloyd George und Barthou nur die Rückgabe der Werksanlagen und Fabriken an die Ausländer forderten, während unsere »Demokraten« die Rückgabe der Fabriken und Anlagen an die Kapitalisten im Allgemeinen fordern. Geht man so an die Sache heran, ist es sehr viel leichter für uns, junge Arbeiter in Bezug auf diesen Fall zu erziehen, denn es ist genau an diesem Knotenpunkt, wo die Grundzüge unserer Entwicklung und unseres Kampfes sich kreuzen.

Die Menschewiken rufen zum Streik auf. Mit welchem Ziel? Mit dem Ziel, die Lebensbedingungen der Arbeiter zu verbessern. Euer Bund ist verpflichtet, den wirklichen Interessen der Jugend scharfe Beachtung zu schenken und sie sowohl angesichts der ökonomischen Organe wie der Gewerkschaften zu verteidigen. Aber euer Bund, genauso wie die Gewerkschaften und genauso wie die Parteien, geht davon aus, dass die Verbesserung der Lage der Arbeiterklasse vollzogen wird auf der Basis der ursprünglichen sozialistischen Akkumulation – das heißt, dass wir eine solche Menge materieller Werte produzieren müssen, so dass wir die Auslagen für die Produktion decken, ihren Zusammenbruch nicht zulassen und zur gleichen Zeit langsam, wenn auch nur geringfügig, die Produktion steigern. Nur unter dieser Bedingung kann der materielle Standard der Arbeiterklasse verbessert werden. Aber die Menschewiken gehen davon aus, dass die Arbeiterklasse zum sozialistischen Aufbau unfähig ist, und dass die Werksanlagen oder Fabriken entweder den alten oder den neuen Besitzern ausgehändigt werden müssen. Daher stellt der Streik natürlich nichts anderes dar als organisierte Sabotage durch einzelne Gruppen und weniger entwickelte Teile der Arbeiterklasse, und gegen die Arbeiterklasse als Ganze wollen die Menschewiken die Untergrabung unserer primitiven sozialistischen Akkumulation organisieren.

Der führende Kopf des internationalen Menschewismus, der österreichisch-deutsche Theoretiker Otto Bauer entwickelt in seinen Schriften, die dem »Neuen Kurs« in der Sowjetrepublik gewidmet sind, die gleichen Gedanken und skizziert die gleichen Perspektiven, wie sie auch in der Plattform unserer russischen Menschewiken enthalten sind. Ich werde euch aber zwei Zitate vorlesen: »Nach langem Zögern hat die Sowjetregierung nun endlich beschlossen, ausländische Kredite oder die Schulden des Zarismus zu begleichen.«

Es gilt gleich zu bemerken, mit welcher unverschämten Ignoranz der internationale Menschewismus über Sowjetrussland spricht, weil wir, wie ich gerade zitiert habe, Anfang 1919 ohne Zögern und in scharfer Form sagten – wir sagten es nicht, wir schrien es der ganzen Welt zu –, dass wir ihnen alle zaristischen Schulden zurückzahlen würden, wenn ihr internationalen Mörder uns nur in Frieden lassen würdet. Wenn wir

1919 tatsächlich direkt anboten, die Schulden zu bezahlen, erklären wir jetzt bloß, dass wir einverstanden sind, die alten Schulden unter der Voraussetzung eines Kredits zu diskutieren, der uns erlaubte, einen großen ökonomischen Sprung vorwärts zu machen.

Doch das geht über schamlose Fälschung hinaus: Hört, was unser Theoretiker in seinem Buch sagt:

»Der Wiederaufbau einer kapitalistischen Wirtschaft kann nicht unter der Diktatur der Kommunistischen Partei erfolgen. Der *neue Kurs* in der Volkswirtschaft erheischt einen neuen Kurs in der Politik.«*

Ihr kennt den »neuen Kurs in der Politik«, wie er Bauers Herz lieb ist: das ist Demokratie, Parlamentarismus. Wer aber sagt ihm eigentlich, dass die Aufgabe des neuen Kurses in der Restauration einer kapitalistischen Wirtschaft besteht? Er betrachtet dies als unbedingte Aufgabe; das ist zum Teil erklärlich durch das Unverständnis eines von uns häufig benutzten Ausdrucks, dass wir nun Staatskapitalismus hätten. Ich will nicht zu einer Bewertung dieses Begriffs übergehen; denn wir brauchen in jedem Fall nur näher zu bestimmen, was wir darunter verstehen. Unter Staatskapitalismus verstanden wir alle Eigentum, das dem Staat gehört, der selbst in den Händen der Bourgeoisie war, die die Arbeiterklasse ausbeutete. Unsere Staatsunternehmen arbeiten nach kommerziellen, auf dem Markt beruhenden Grundsätzen.

Aber wer hat hier die Macht? Die Arbeiterklasse. Hierin liegt der prinzipielle Unterschied zwischen unserem »Staatskapitalismus« in Anführungszeichen und dem Staatskapitalismus ohne Anführungszeichen.

Was bedeutet dies in der Perspektive? Genau das. Je mehr der Staatskapitalismus sich, sagen wir, im hohenzollernschen Deutschland, entwickelte, desto machtvoller konnten die Junker und Kapitalisten Deutschlands die Arbeiterklasse niederhalten. Je mehr unser »Staatskapitalismus« sich entwickelt, desto reicher wird die Arbeiterklasse werden, d. h. desto fester wird das Fundament des Sozialismus werden. Und unsere Aufgabe ist sicher nicht die Restaurierung des Kapitalismus, und sicher ist unter der Kommunistischen Partei die Restaurierung des Kapitalismus unmöglich. Für diese Bescheinigung fühlen wir uns Herrn Otto Bauer zu großem Dank verpflichtet, d. h., wir können auch ihm versichern und seinen Anhängern und Lehrern, dass, solange die Macht in

* Otto Bauer, Der »neue Kurs« in Sowjetrussland, in: Otto Bauer, *Werkausgabe* Band 2, Wien 1976, S. 455.

den Händen der Kommunistischen Partei bleibt, die Restauration des Kapitalismus in Russland unmöglich ist. (Beifall)

So schreiben die Knechte des internationalen Menschewismus über uns. Doch die gleichen Menschewiken erklären, dass wir Kommunisten der Staatsmacht eine zu große Bedeutung beimessen. Mithilfe der Staatsmacht kann man durch Zwang ein neues System errichten und so weiter und so fort. Aber warum denn nur misst die Bourgeoisie der Staatsmacht eine so wichtige Bedeutung bei, wenn die Staatsmacht keine entscheidende Rolle in ökonomischen Belangen spielte?

Genossen, es gibt eine Zeitschrift »Russkaya Mysl« (Russischer Gedanke), die im Ausland erscheint und eine der zuverlässigsten Zeitungen der emigrierten russischen Bourgeoisie ist. In dieser Zeitung ist in der internationalen Übersicht Russland in zwei Teile gespalten: erstens das freie Russland, das liegt im Fernen Osten, wo Merkulow – gesegnet sei sein Angedenken – herrschte und zweitens das von der Dritten Internationale besetzte Russland. Das Russland, das unter dem Bajonett Japans lag, war frei. Warum? Weil dort die Macht in den Händen der bürgerlichen Elemente lag. Und alles, was noch von Russland übrig blieb, war ein Gebiet mit ausländischer Besetzung. Warum? Weil die Staatsmacht in den Händen der Bourgeoisie lag. So schätzt die Bourgeoisie die Bedeutung der Staatsmacht ein.

Die Bourgeoisie macht der Arbeiterklasse Zugeständnisse: allgemeines Wahlrecht, Sozialgesetze und Arbeitsrecht, allgemeine Sozialversicherung, die Kürzung des Arbeitstages. Die Bourgeoisie macht Schritt für Schritt einen Rückzug. Warum? Sie taktiert nur; die herrschende Klasse kämpft um ihre Herrschaft, um die Ausbeutung der anderen Klasse. Die Reformisten glauben sicher, dass sie das bürgerliche System nach und nach zu einem sozialistischen machen werden. Und wir erwidern darauf: Unsinn! – solange die Macht in den Händen der Bourgeoisie ist, werden sie die Ausmaße jeder Reform bestimmen, und sie wissen bis zu welchem Punkt sie eine Reform zugestehen können. Und genau zu diesem Zweck haben sie die Macht in den Händen.

Die gleiche Wechselbeziehung zwischen Staatsmacht und Reform existiert auch bei uns, aber mit dem winzigen Unterschied, dass hier die Arbeiterklasse eine Macht ist und sie ebenso der Bourgeoisie Zugeständnisse macht: Handelszugeständnisse, freier Handel, das Recht auf Profit und das Recht, ihre bourgeoise Seele und ihren bourgeoisen Leib ungestraft durch die Straßen von Moskau zu tragen. Dies bedeutende Zugeständnis wurde gewährt, aber es wurde von der herrschenden

Arbeiterklasse gewährt, die Soll- und Haben-Bücher ihres Staats führt, und die sagt: »Bis an diese Grenze will ich ein Zugeständnis machen, aber nicht weiter.« Dann kommt Otto Bauer daher und sagt, dass unter diesen Bedingungen der Kapitalismus nicht gedeihen kann. Genau aus diesem einfachen Grund ist auch eine Grenze errichtet worden, damit er nicht gedeihen kann! (Beifall)

Dies ist eine sehr einfache Sache, aber dennoch ist es hochkompliziert, denn viele junge Zähne können noch im Kampf daran ausgebissen werden, und der Kampf wird anhalten und sich hinziehen. Die ursprüngliche sozialistische Akkumulation wird viele Narben auf dem Rücken der Arbeiterklasse und ihrer Jugend hinterlassen. Deswegen stellt die Erziehung dieser Jugend, die Erziehung ihrer bewusstesten Teile, eine Frage auf Leben und Tod für uns dar.

Die Geschichte jener fünf Jahre der Revolution muss den Grundstoff für diese Erziehung liefern.

Ihr müsst euch eurer Stellung in Raum und Zeit ganz und gar bewusst sein. Wozu diese Schulung, Lernen und Erziehung? Es sind die Fertigkeiten, die Entwicklung der Fähigkeit, euch unter den Bedingungen von Zeit und Raum zurechtzufinden. Ihr müsst das Land, in dem ihr lebt, die Länder, die uns umgeben, kennen, und ihr müsst die Geschichte unseres Landes kennen, sei es auch nur die der letzten zehn oder fünfzehn Jahre, die Zeit am Vorabend des Oktober, die Zeit der Koalition, die Kerenski-Zeit, die wesentlichen Dinge in der Geschichte unserer kleinbürgerlichen Parteien usw. All dies muss zum Erfahrungsschatz jedes bewussten jungen Arbeiters werden, weil noch viele Kämpfe kommen werden und die Entwicklung der Revolution im Westen systematisch voranschreiten wird, obschon langsamer als wir erwarteten.

Seht euch nur an, wie viele Schwankungen und Veränderungen in den Reihen der Arbeiterklasse selbst stattgefunden haben! In Italien, nach einem Aufschwung ein Niedergang, Verrat und danach die Spaltung in der Sozialistischen Partei. In Deutschland die Dreiteilung der Partei: die Sozialdemokraten, Unabhängigen und Kommunisten. Und dann die Vereinigung der Unabhängigen mit den Sozialdemokraten – wie um das Lager des Feinds zu stärken. Was bedeutet das? Es sind Schritte in dem Prozess der revolutionären Entwicklung der Arbeiterklasse, und diese Schritte laufen oft ziemlich zufällig ab. Die Geschichte hebt die Arbeiterklasse am Kragen hoch, schüttelt sie, dreht sie in dieser und jener Weise und verhilft ihr zu einem Blick auf die sozialistischen Parteien von verschiedenen Seiten, einmal lässt sie die deutschen

Menschewiken in allen revolutionären Regenbogenfarben schillern und dann wirft sie sie in den Schoß einer bürgerlichen Koalition.

So schreitet die Arbeiterklasse im Westen allmählich vorwärts und stärkt ihre wirklich revolutionären Parteien. Der dritte Kongress der Komintern sagte den jungen ungeduldigen Kommunistischen Parteien:

Liebe Genossen, denkt ja nicht, dass ihr am gleichen Tag, an dem ihr erklärt, ihr hieltet mit Herz und Seele zu Russland und zum Kommunismus, schon eure Fähigkeit entdeckt habt, die Staatsmacht zu gewinnen. Ihr müsst vor allem die überwältigende Mehrheit der Arbeiterklasse gewinnen, ohne die überwältigende Mehrheit der Werktätigen könnt ihr keine proletarische Revolution machen. Denn in Russland haben wir sie dadurch durchgeführt, dass wir die überwältigende Mehrheit der arbeitenden Masse hinter uns hatten. Daher ist sowohl das Programm wie die Taktik der Einheitsfront zu verstehen. Die Parole der Einheitsfront ist ein ständiger Aufruf an die organisierten und die unorganisierten Massen, auch wenn sie unter anderen Fahnen marschieren, eine Aufforderung zum vereinten gemeinsamen Kampf gegen den Klassenfeind.

Das war die Lehre, die der dritte Kongress den Kommunistischen Parteien erteilte, die unbedacht vorauseilten. Das ist eine Lehre in revolutionärer Strategie, und diese Lehre blieb nicht ohne Früchte.

Wir können sehen, wie im Laufe des letzten Jahres, während wir, man kann zwar sagen keine glänzenden, so doch aber beständige Fortschritte gemacht haben, die Bourgeoisie auf der ganzen Welt, indem sie sich die Erfahrungen in Russland zu eigen machte und die langsame Entwicklung der proletarischen Revolution ausnutzt, ihre Kader zum Kampf fertig macht. In Italien stellt Mussolini, einer der abtrünnigen Menschewiken, Faschistenbanden zusammen, aus dem verkommenen Menschenabschaum aus den Straßen der Hauptstädte, und mittels dieser bewaffneten faschistischen Banden hält er ganz Italien unter seinem Terror, und die Bourgeoisie mit ihren Parlamenten, ihrer Presse, ihren Universitäten, Akademien und Kirchen weicht voller Respekt vor diesen Banditen zurück: »Geht voran und herrscht.« Jetzt ist Mussolini ein Monarchist und ist bereit, alle Einrichtungen, die dem Zwecke der Beibehaltung der Unterdrückung und Ausbeutung der Arbeiter dienen, abzudecken. In Frankreich werden royalistische Bandengruppen, die zur Restauration der Monarchie gebildet worden waren, zu den Lieblingen der herrschenden Bourgeoisie, ihre Kampfabteilung gegen den aufkommenden Kommunismus. Hier ist der unverhohlen bürgerliche, legale Staat in seiner parlamentarisch-demokratischen Form.

Dort nimmt die Organisierung konterrevolutionärer Banden Gestalt an, halb heimlich, aber vor aller Augen, in Voraussicht des Tages und der Stunde, wo es zum schicksalsschweren Zweikampf zwischen dem Proletarier und dem Bourgeois kommen wird. Das heißt, dass man sich in Europa wie in Amerika auf die Revolution systematisch vorbereitet, Schritt für Schritt, unerbittlich und mit knirschenden Zähnen. Sie wird langatmig, hingezogen, brutal und blutig sein. Wir nahmen die Macht im Oktober fast in einem Schwung. Wir erwischten unseren Feind, als er die Balance verloren hatte. Erst nach dem Oktober fingen unsere Bourgeoisie und unsere Landadeligen an, konterrevolutionäre Elemente zu mobilisieren und eine Kampflinie zu errichten. Für uns lagen die Hauptschläge nicht vor dem Oktober, nicht vor der Eroberung der Macht, sondern nach der Eroberung der Macht. In Europa werden die Dinge, so weit es vorausgesehen werden kann, einen anderen Verlauf nehmen. Sogar noch vor der letzten Entscheidungsrunde legen die konterrevolutionären Elemente mehr Erfahrung an den Tag als bei uns; sie haben ein unermesslich höheres kulturelles und technisches Niveau; sie machen Gebrauch von all ihren Reserven; sie stellen alle Elemente auf die Beine; sie spinnen die Fäden einer Kampforganisation, sie übernehmen die Gesamtheit der Presse; sie errichten ihre Geldfonds; sie haben ihre raubgierige faschistische Vorhut.

Nachdem das Proletariat in Europa die Macht errungen hat, wird die Konterrevolution nicht lange irgendwelche Reserven zum Kampf übrig haben. Aus diesem Grund kann man hoffen, dass nach der Machteroberung das europäische Proletariat zum sozialistischen Aufbau viel unmittelbarer und zügiger übergehen wird. Aber bis zur Machtergreifung liegt der Weg eines großen heftigen und brutalen Kampfes noch vor uns, und das bedeutet außerdem, dass die ganze Weltlage empfänglich bleibt für alles Unerwartete.

Die diplomatischen Verhandlungen, die ich schon zu Beginn meines Berichts beschrieben habe, dürften als Folge neuer Konflikte abgebrochen werden. Im Nahen Osten ist ein blutiger Knoten zusammengebunden worden, der noch gelöst werden muss. Im Fernen Osten stellen wir die fernöstliche Republik wie ein Schild vor uns, wo die Arbeiter und Bauern sich gezwungen sahen, ihr demokratisches Regime beizubehalten, während sie ihr eigenes Sowjetregime zu errichten suchten und sich vollständig unserer Föderation anschließen wollten. Warum? Weil die Amerikaner sagten, dass Sowjetrussland überrannt werden muss, weil es antidemokratisch ist. Wir hatten in den letzten Jahren im Fernen Osten ein Weltbeispiel einer kleinen, friedlichen Demokratie, in der eine Nationalversammlung und Ministerien auf der Grundlage der »allerbesten« Wahlgesetze gebildet wurden. Aber was geschah? Dieses Land war die ganze Zeit lang ein Besatzungsgebiet und nicht nur durch Zustimmung ein Gebiet für die japanische Armee, sondern auch mit Unterstützung oder stillschweigender Duldung einiger und mit der unmittelbaren aktiven Hilfe anderer imperialistischer Staaten, vor allem Frankreichs.

Aber auch in Japan wird der Boden unter den Füßen der besitzenden Klasse heiß. Alles deutet darauf hin, dass Japan gegenwärtig sein 1903 oder 1904 durchmacht, am Vorabend seines 1905, mit dem Unterschied, dass der Zeitraum zwischen 1905 und 1917 in Japan um einiges kürzer sein wird, als es bei uns war, denn die Geschichte läuft jetzt mit einer weit größeren Geschwindigkeit als in den Jahrzehnten, die dem Weltkrieg vorangingen.

Von daher stammt der eklatante Mangel an Selbstvertrauen der japanischen herrschenden Klasse. Sie ziehen ihre Streitkräfte zurück, weil in diesen Streitkräften die revolutionäre Propaganda – die verbreitet wurde und natürlich auf unserem Territorium gemacht werden wird – auf günstigen Boden fällt. Und sie luden uns, während sie ihre Truppen abzogen, zu Friedensverhandlungen ein, wo sie uns vorschlugen, ihnen nicht mehr und nicht weniger als die Hälfte von Sachalin zu überlassen. Warum? Weil es dort wertvolle Bodenschätze gibt. Aber das russische Volk hat auch Gefallen an Naturreichtümern. Unser abgesandter Genosse Joffe erklärte dort das Gleiche wie unsere Gesandten in Genua: »Russland wird sich nicht selbst aufgeben und wird sich nicht selbst ausverkaufen.«

Die Verhandlungen wurden abgebrochen. Was das für morgen bedeutet, wissen wir nicht. Es gab den japanischen Diplomaten, der dort die Gespräche führte, der uns mit dem Finger drohte: »Wissen Sie, dass der Abbruch der Verhandlungen Folgen nach sich ziehen kann?« – Folgen? Aber wir haben sie erlebt. – Besetzung? Wir haben schon die Besetzung des Fernen Ostens erlebt.

In Genua hatten wir Abrüstung vorgeschlagen. Uns wurde die Aufnahme dessen in die Tagesordnung verweigert. Wir schlugen unseren nächsten Nachbarn Abrüstung vor. Wie ihr wisst, erwiderte Rumänien: »Ich stimmte mit euch darüber überein, über Abrüstung zu diskutieren, aber als Vorbedingung schenkt ihr mir Bessarabien.« Die 150-Millionen-starke Nation schlägt ihren Nachbarn vor, sich an einen gemeinsamen Tisch zu setzen, um Übereinstimmung über die Verringerung und Erleichterung der militärischen Lasten zu erzielen, und als Antwort stopft sich Japan im Fernen Osten halb Sachalin in die Tasche, während Rumänien von uns die offizielle Anerkennung als Besitzer Bessarabiens fordert, das es gestohlen hatte.

Hier, Genossen, habt ihr unsere internationale Lage. Sie ist besser als im Februar 1919. Es ist noch nicht so lange her, dass Clemenceau seine Kriegsschiffe in die Schwarzmeer-Häfen und nach Odessa sandte, und es war erst vor kurzem, dass ein Ex-Minister aus Clemenceaus Regierung, ich glaube Herriot, ehemaliger und zukünftiger Minister, unsere Landesgrenzen verließ. Er machte eine Reise hierher, nahm sorgfältig Bestand auf »über die Wiederaufnahme von Beziehungen« und teilte mir im Gespräch etwa dies mit: »Ihre Revolution ist im Wesentlichen, wohl natürlich mit einigen Änderungen, die Tochter unserer alten Revolution, bis auf die Tatsache, dass die Mutter ihre Tochter noch nicht anerkennt.« (Heiterkeit). Ich meinerseits sagte, dass die Formulierung sehr glücklich sei, besonders wenn sie Poincaré überzeugte (ich weiß nicht, wodurch er mit dieser Mutter-Revolution verbunden ist: Wenn er auch ein Sohn ist, dann muss er ein ganz besonderer Sohn sein, wofür es einen treffenden Ausdruck im Russischen gibt). Jedenfalls hat sich die Lage ein wenig gewandelt. Aber die Gefahr bleibt noch vollständig bestehen.

Deswegen, Genossen, können wir heute nicht abrüsten, und werden wir es wahrscheinlich auch morgen nicht können. Und deshalb hat neben unserer wirtschaftlichen und kulturellen Arbeit die Frage unserer Armee und Flotte für uns eine ungeheure Bedeutung. Da ich zu einer Jugendversammlung spreche: unsere Armee und unsere Flotte bilden jetzt nichts anderes als den bewaffneten Bund der Jugend. Die 1901 geboren wurden, dienen gerade bei uns, und wir kommen jetzt zum Jahrgang 1902. Die Verbindungen zwischen Armee und Arbeiter- und Bauernjugend ist unmittelbar und lebendig. Durch die Armee haben wir in den letzten Jahren die Arbeiter- und Bauernjugend in der Ukraine und auf der Krim einbezogen. Wir haben den Jahrgang 1901 einberufen. Hier gibt es wieder einen ungeheuren Unterschied zu 1918 und 1919, als es keinen Staatsapparat gab, zu einer Zeit, als der Bauer sich von einem Fuß auf den anderen stellte und nicht wusste, ob eine Armee nötig sei. Jetzt schließt sich überall, sogar auf der Krim, die erst kürzlich befreit wurde, die Arbeiter- und Bauernjugend ohne Zwang, freiwillig und gern den Reihen der Roten Armee an. Wir müssen diese Stimmung weiter stärken und sie in eine klare Form des politischen Verständnisses münden lassen. Das ist die Hauptaufgabe aller unserer Organe und Institutionen und vielleicht allem voran des Kommunistischen Bunds der Jugend.

Ich habe schon gesagt, dass wir nicht auf die empirische Erfahrung der Jungarbeiter in den Betrieben vertrauen können. Wir müssen mit bestimmten Verallgemeinerungen, die die Lage des Arbeiters in der Gesellschaft charakterisieren, an sie herantreten. Diese Notwendigkeit entspringt dem Charakter der Übergangsperiode unserer gesellschaftlichen Entwicklung. Der junge Arbeiter muss nicht nur seinen Platz in der Gesellschaft, im Werk und auf dem Feld kennen, sondern er muss gleichfalls seinen Platz auf der Welt kennen. Die Frage seiner Weltanschauung erhält eine entscheidende Bedeutung.

Gegenwärtig ist es für uns unentbehrlich, zu jungen Arbeitern und zweitens auch zu jungen Bauern mit einem vollständigeren und weiteren Verständnis der Dinge zu gehen. Gegenwärtig steht das Leben einer ganzen Klasse und eines ganzen Volkes unmittelbar und klar vor uns, und man kann zum Sozialismus nur auf dem Wege der größten Opfer und der Aufbietung von Kraft, Blut und Nerven der Arbeiterklasse gelangen, nur dann, wenn die Arbeiterklasse der festen Überzeugung ist, dass es stimmt, dass wir hier auf dieser Erde und auf diesem Boden das Neue schaffen müssen, dass hier die Krönung aller unserer Ziele liegt und dass es außer dem nichts geben kann.

Religion beschwichtigt und zügelt. Religion ist ein Gift, gerade während einer revolutionären Epoche und in einer Periode der extremen Schwierigkeiten, die auf die Machteroberung folgen. Das wurde von einem – was seine politischen Anschauungen angeht – Konterrevolutionär, aber scharfsinnigen Psychologen wie Dostojewski verstanden. Er sagte:

»Atheismus ist undenkbar ohne Sozialismus, und Sozialismus ist undenkbar ohne Atheismus. Die Religion verneint nicht nur den Atheismus, sondern auch den Sozialismus.« Er hatte verstanden, dass das himmlische Paradies und das irdische Paradies einander ausschließen. Wenn dem Menschen ein Jenseits versprochen wird, ein Königreich ohne Ende, lohnt es sich dann, sein eigenes Blut und das seiner Brüder und seiner Kinder zu vergießen, um gerade so ein Königreich hier auf dieser Welt zu errichten? Das ist die zentrale Frage. Wir müssen die revolutionäre Weltanschauung vertiefen. Wir müssen die religiösen Vorurteile in der Jugend mit der allergrößten pädagogischen Achtsamkeit der Ausgebildeten gegenüber den weniger Gebildeten bekämpfen. Wir müssen zu ihnen gehen und den Atheismus propagieren, denn nur diese Propaganda bestimmt den Platz des Menschen in dieser Welt und zeichnet ihm einen Kreis bewusster Aktivität hier auf der Erde auf.

Ich habe schon gesagt, dass die Revolution die Formationen gesellschaftlicher Existenz und die Klassen- und Staatsstruktur bloßlegt und den Betrug und die Heuchelei der bürgerlichen Ideologie enthüllt. Das bezieht sich nicht nur auf irdische, sondern auch auf himmlische Dinge.

Das beste Beispiel dafür gibt der amerikanische Bischof Brown. Schaut euch seine Broschüre über Kommunismus und Christentum an. Der amerikanische Bischof, dessen Porträt in die Broschüre eingeheftet ist, trägt noch seine bischöflichen Kleider. Ich stelle mir vor, dass er es bis jetzt geschafft hat, sie abzulegen. Auf der Vorderseite der Schrift ist ein Hammer mit Sichel und eine aufgehende Sonne. Und dieser Bischof sagt in einem Brief an eine andere Kirchenpersönlichkeit Folgendes: »Ein Gott, der auch nur die geringste Rolle im englisch-deutschen Krieg, im Versailler Frieden oder in der Blockade Russlands gespielt hätte, ist für mich kein Gott, sondern ein Teufel. Wenn Sie sagen, dass der christliche Gott nicht am Krieg teilnahm, werde ich entgegnen, dass diese Ereignisse die größten Leiden, die die Menschheit in den letzten Jahren durchgemacht hat, darstellen und, wenn er, Gott, sie nicht abwenden wollte oder es nicht könnte, warum sollten wir uns denn in so einem Fall ihm zuwenden?«

Das sind die tragischen Worte eines Bischofs, der an seinen Gott geglaubt hatte und vor dem der Krieg und die Revolution die schrecklichen Geschwüre ihres Unheils offen legten. Und er fragt: »Wo ist mein Gott? Entweder wusste er es nicht, wollte es nicht oder wusste nicht wie. Wenn er es nicht wusste, dann ist er kein Gott. Wenn er es nicht wollte, dann ist er kein Gott. Wenn er nicht wüsste, wie, dann ist er kein Gott.« Und er wird zum Materialisten und Atheisten und sagt, dass die Religion der Klassennatur der Gesellschaft entspringt.

Gerade diese vulkanischen Epochen gesellschaftlicher Explosionen stellen klipp und klar die Frage einer religiösen Weltanschauung und wir müssen, weil wir die Erfahrung unserer Revolution, unserer Leiden und Katastrophen haben, diese Frage vor das Bewusstsein und vor das theoretische Gewissen der jüngeren Generation der Arbeiterklasse stellen. Derselbe Bischof sagt dann weiter: »Wenn man nur einen durchschnittlich aufrichtigen, humanen und intelligenten Menschen an die Spitze des Universums stellen könnte, dann wäre die Ordnung weitaus besser, und es gäbe weniger Gewalttätigkeiten und Blutvergießen als zur Zeit.« Diese Frage ist eine Frage der Erziehung unserer jungen Arbeiter. Den Stoff dazu gibt es überall, von den Werkszellen, wo der Prozess unserer ursprünglichen sozialistischen Akkumulation in noch sehr brutalen Formen stattfindet und noch für lange Zeit schmerzhafte Formen behalten wird, bis zum ganzen Kosmos und zum Platz des Menschen auf der Welt.

Genossen, es ist für den jungen Arbeiter notwendig, sich an sein Gestern zu erinnern, das Gestern seiner Klasse. In diesem Zusammenhang habe ich mich an ein Buch des sehr bekannten Führers der Menschewiken Dan erinnert, das den kleinbürgerlichen und versteinerten Charakter des Menschewismus aufzeigt. Das Buch (wenn wir reicher wären, hätten wir es mit großer Auflage wieder veröffentlichen und überall verteilen sollen) ist ein brillanter Ausdruck der dummen Arroganz der Mittelklasse.

Dieser Führer der Menschewiken berichtet den russischen Emigranten und der europäischen Bourgeoisie (denn das Buch ist ins Deutsche und wahrscheinlich auch in andere Sprachen übersetzt worden), wie wir als Analphabeten Nachrichten in unseren Gefängnissen geschrieben haben. Analphabetentum! Natürlich, wir sind völlig vertraut mit unserem russischen Analphabetentum, es sei verflucht! Aber es handelt sich um das Analphabetentum unserer herrschenden Arbeiterklasse, gegen das wir rücksichtslos und mit allen Mitteln kämpfen werden. Aber von der Arbeiterklasse zur europäischen Bourgeoisie zu laufen, um herauszustellen: »Seht sie euch nur an, was für ungewaschene Analphabeten sie sind!« – Nein, das ist keine Beschäftigung für uns, sondern für die Herren »Sozialisten«.

Das ganze Buch ist angefüllt mit diesem scheußlichen und elenden Wehklagen, dem Hohn und den mit Halbwahrheiten gemischten Lügen. Aber ich will nicht aus diesem Grund darüber reden. Neben anderer vulgärer Faselei bringt Dan zwei sehr kräftige Fakten mit ein. Er spricht vom Klassenstolz und dem Gerechtigkeitsgefühl, das er bei unseren Rotarmisten und Arbeitern bemerkt hat. Ein Rotarmist berichtete ihm im Gefängnis, wie er auf der Krim gelebt und von Wrangel mobil gemacht wurde. »Er lebte und aß gewöhnlich weit besser und reichlicher als in Sowjetrussland. Aber die Herrschaftsattitüden der Offiziere gegenüber den Arbeitern und Bauern waren es, womit er sich nicht abfinden konnte, und er war genau deswegen bereit, den Bolschewiki alles zu vergeben!« Der wrangelsche Deserteur, der vermutlich besser unter Wrangel aß, kam zu uns und so stößt er als Wache im Gefängnis auf den Menschewiken Dan, der dann wieder anfängt, ihn auszutesten und zu verführen. Dan führt seine eigenen Reden nicht an, doch wir kennen sie trotzdem: Dan weist auf das Brot und den Hafer, das nicht durchgebackene Brot und so weiter und so fort und bekommt die Antwort des Soldaten:

»Ja, ich war mal bei Wrangel, wir waren besser ernährt, aber dort haben sie Herren und hier nicht.«

Ein zweites Beispiel. In dem Gefängnis gab es einen Rotarmisten, der die Menschewiken und Sozialrevolutionäre ausgezeichnet behandelte, doch aus irgendeinem Grund rief einer der Sozialrevolutionäre, als er in die Zelle kam, seinen sozialrevolutionären Kollegen zu: »Meine Herren, machen wir einen Spaziergang!« Der Rotarmist, der an der Tür hockte, sprang wie gestochen auf und schrie »Wagt es nicht!« Genossen, ihr hättet es nicht besser sagen können. Der gutherzige Rotarmist lag irgendwo herum und achtete auf gar nichts. Der Sozialrevolutionär kommt rein, äußert die Worte »meine Herren«, und wie gestochen steht der Rotarmist auf und sagt: »Ich werd's euch zeigen – meine Herren!« Das ist das grundlegende Bewusstsein, dessen Vorhandensein bedeutet, dass die Kommunistische Partei die Restauration des Kapitalismus verhindern kann.

Wenn aber unsere Martow und Dan in ihrer neuen Grundsatzerklärung sagen, dass wir unsere Fabriken und Werke den Herren übergeben müssen, heißt es nicht länger, »meine Herren, möchten Sie einen Spaziergang machen«, sondern »meine Herren, möchten Sie unsere Werke und Fabriken übernehmen«. Und was würde unser Rotarmist dann sagen?

Unter den jungen Arbeitern das Bewusstsein über die Arbeiterklasse, die gestern unterdrückt war, heute zwar noch leidet, aber die Macht ausübt, zu unterstützen, zu stärken und zu entwickeln – das ist unsere erste und wesentliche Aufgabe. Ja, die Neue Ökonomische Politik ist ein Zugeständnis, ein schwerwiegendes Zugeständnis, doch das ist eine taktische Frage, eine Frage der Taktik der herrschenden Klasse. »Hier gibt es keine Herren«, sagt der Rotarmist zu Dan. Es gibt keine Herren, und es wird auch keinen in der Rolle der herrschenden Klasse mehr geben. Die Arbeiterklasse als ganze und ihre Jugendabteilung in Form des Kommunistischen Jugendverbands Russlands und die von ihm geführten Organisationen, werden dieses Bewusstsein die Jahre hindurchtragen, in denen noch Zugeständnisse gemacht werden müssen.

Vor allen Dingen, Genossen, müssen wir lernen, vor allen Dingen lernen. Und weil der Kampf lang hinausgezogen sein wird, ununterbrochen bis zum weltweiten Sieg der Arbeiterklasse, müssen wir also nicht überhastet, sondern ernsthaft und lange Zeit lernen. Die Wissenschaft ist keine einfache Sache, einschließlich der Gesellschaftswissenschaft, sie ist Granit, und die jungen Zähne müssen sich darin festbeißen, denn wenn die Lage im Land gegenwärtig schwierig ist und wenn die Übergangsperiode das Verständnis des Klassencharakters des Staats erschwert, dann muss uns die Wissenschaft mit ihrer Fähigkeit zu verallgemeinern zu Hilfe kommen.

Die kommenden Jahre werden die Lehrjahre sein. Sie müssen zu den Jahren der intensiven Arbeit junger Arbeiter als der Vorhut der Arbeiterklasse werden, sowohl in der Erziehung, wie in der Selbsterziehung. Dieser Kampf, der vor uns liegt, ist außerordentlich hart. Er verzehrt die Kräfte der älteren Generation. Wir, die Männer des ersten Einsatzes, werden älter.

Die Männer des zweiten Aufgebots gingen aus den Jahren des stürmischen Bürgerkriegs hervor. Auf die eine oder andere Art lernten sie etwas, aber theoretisch lernten sie wenig. Die Männer des dritten Aufgebots der Arbeiterklasse, das ist eure Generation, treten nicht in einer solch fieberhaften Atmosphäre in das bewusste Leben ein. Ihr müsst lernen, vorwärts zu kommen und die Arbeit von der älteren Generation zu übernehmen, von der ein Teil langsam ans Ende seiner Zeit kommt.

Deswegen, Genossen, ist die Frage des Jugendverbands eine Frage auf Leben und Tod für unsere Revolution und eine Frage des Schicksals der revolutionären Bewegung auf der ganzen Welt. Lasst mich euch und durch euch die empfänglichsten, aufrichtigsten und bewusstesten Schichten des jungen Proletariats und der fortschrittlichen Bauernschaft aufrufen: lernt, übt euch am Granit der Wissenschaft, härtet euch und bereitet euch darauf vor, dass ihr die Dinge übernehmen müsst. (Beifall)

Ein kleines Stück einer großen Frage

Auf einer der unzähligen Diskussionen zur Frage unseres Staatsapparates hat Genosse Kisseljow, der Vorsitzende des Kleinen Rates der Volkskommissare (Sownarkom) eine Seite dieser Frage, die von unermesslicher Bedeutung ist, angesprochen bzw. daran erinnert. Es geht darum, wie und auf welche Weise der Staatsapparat mit der Bevölkerung in unmittelbare Beziehung tritt, wie er mit ihr »spricht«, wie er Besucher, Beschwerdeführer, Antragsteller, in altem Sprachgebrauch »Bittsteller«, empfängt, mit welchen Augen er sie betrachtet, mit welcher Sprache er mit ihnen spricht und ob er überhaupt immer mit ihnen spricht.

Man muss bei diesem Teil der Frage übrigens zwei Seiten unterscheiden: Form und Wesen.

In allen zivilisierten demokratischen Ländern »dient« die Bürokratie verständlicherweise dem Volke, was sie nicht daran hindert, sich als eine fest gefügte Berufskaste über das Volk zu erheben, und wenn die Bürokratie den kapitalistischen Magnaten tatsächlich »dient«, d. h. Männchen macht, so verhält sie sich zu Arbeitern und Bauern gleichermaßen, ob in Frankreich, der Schweiz oder in Amerika, von oben herab wie zu einem Verwaltungsobjekt. Aber dort, in den zivilisierten »Demokratien«, wird das in die bekannten Höflichkeits- und Umgangsformen gekleidet – in einem Land mehr, in einem anderen weniger. Wenn es erforderlich ist (und dies kommt täglich vor) wird die Decke der Höflichkeit ohne Mühe durch die Faust des Polizeiapparates zerrissen. Streikende werden auf den Polizeirevieren in Paris, New York und den anderen Zentren der Welt geschlagen. Aber im Allgemeinen ist die offizielle »demokratische« Höflichkeit im Umgang der Bürokratie mit der Bevölkerung ein Produkt und Erbe der bürgerlichen Revolutionen. Die Ausbeutung des Menschen durch den Menschen blieb erhalten, nur die Form hat sich geändert, wurde weniger »grob«, drapiert mit den Dekorationen der Gleichheit und aufpoliert mit Höflichkeit.

Unser sowjetisch-bürokratischer Apparat – ist ein besonderer; er ist vielschichtig und trägt in sich die Gewohnheiten der Epochen neben den Keimen künftiger Beziehungen. Höflichkeit als allgemeine Regel gibt es bei uns nicht. Dafür Grobheiten als Erbe der Vergangenheit, soviel man will. Doch die Grobheit ist bei uns nicht einheitlich. Es gibt sie als einfältige und kumpelhafte, eine verständlicherweise wenig schmeichelhafte, aber nicht erniedrigende Grobheit. Sie wird völlig unerträglich und objektiv reaktionär in den Fällen, wo unsere jungen Belletristen mit ihr prahlen, wie mit einer »künstlerischen« Errungenschaft. Die fortschrittlichen Elemente der Werktätigen verhalten sich zu einer solchen Vereinfachung organisch feindselig, denn sie sehen in der Grobheit der Sprache und des Umgangs den Stempel der alten Sklaverei und streben danach, sich die Sprache der Kultur, mit seiner inneren Disziplin, anzueignen. Aber das nur nebenbei...

Neben der einfältigen, sozusagen gleichgültigen, bäuerlichen, gewöhnlichen und passiven Grobheit haben wir noch eine besondere, »revolutionäre« Grobheit der Vorkämpfer – aus Ungeduld, aus dem brennenden Streben, es besser zu machen, aus Verärgerung über unsere Oblomowerei*, aus kostbarer nervlicher Anspannung. Natürlich ist diese Grobheit für sich genommen wenig anziehend, und wir werden uns von ihr lösen, aber dem Inhalt nach wird sie nicht selten aus derselben revolutionär-moralischen Quelle gespeist, die mehr als einmal in diesen Jahren Berge versetzt hat. Hier braucht nicht der Inhalt geändert werden, denn er ist in der Mehrheit der Fälle gesund, schöpferisch, progressiv, sondern nur die raue Form...

Aber bei uns gibt es noch – und hier ist der Haken! – die alte, herrschaftliche, mit einem Nachgeschmack von Leibeigenschaft, böse und mit Niedertracht erfüllte Grobheit. Es gibt sie noch, und sie auszutreiben, wird nicht leicht sein. In den Moskauer Dienststellen, besonders in denen, die im Blick der Öffentlichkeit stehen, tritt das Gutsherrentum nicht in seiner kriegerischen Form zu Tage, d. h. mit Anschreien und Händefuchteln vor der Nase des Bittstellers usw., sondern ist in den meisten Fällen vom Charakter her seelenloser Formalismus.

Natürlich ist das nicht die einzige Quelle von »Bürokratismus und Amtsschimmel«, aber eine sehr wesentliche: die vollständige Teilnahmslosigkeit gegenüber dem lebendigen Menschen und dessen lebendigen Sorgen. Wenn man auf einem besonders empfindlichen Film die Manieren, Antworten, Erklärungen, Anweisungen und Vorschriften aller Zellen des bürokratischen Organismus nur von einem Tag in Moskau abbilden könnte – die Aufnahme wäre außerordentlich verdichtet,

* Sprichwörtlich für Passivität und Trägheit. Der Begriff entstand nach dem Roman »Oblomow« von Iwan Gontscharow, in dem der Adlige Ilja Oblomow lethargisch in seiner Gedankenwelt lebt, unfähig zu handeln.

aber mehr noch in der Provinz und besonders an dem Punkt, wo die Stadt mit dem Dorf in Berührung kommt, und dieser Punkt ist noch der allerwichtigste.

Der Bürokratismus – das ist eine sehr komplizierte und keinesfalls einheitliche Erscheinung, eher eine Kombination vieler Erscheinungen und Prozesse unterschiedlicher historischer Herkunft. Und die Ursachen, welche den Bürokratismus fördern, sind auch unterschiedlich. Den ersten Platz nehmen hier selbstverständlich unsere Kulturlosigkeit, die Rückständigkeit und die Unbildung ein. Die allgemeine Unordnung des sich in ständigem Umbau befindlichen Staatsapparates (aber ohne das geht es nicht in einer revolutionären Epoche) erzeugen von sich aus eine Vielzahl unnötiger Reibungen, die den wichtigsten Teil des Bürokratismus ausmachen. Eben unter diesen Bedingungen zeigt sich die klassenmäßige Unterschiedlichkeit des Sowjetapparates, im Besonderen seine in ihm anzutreffenden gutsherrlichen, bürgerlichen und amtlich-sowjetischen Gewohnheiten, in besonders abstoßenden Formen.

Deshalb muss auch der Kampf gegen den Bürokratismus vielschichtigen Charakters sein. Seine Grundlage bildet der Kampf gegen Kulturlosigkeit, gegen Unbildung, gegen Schmutz und gegen Armut. Eine technische Verbesserung des Apparates, eine Verringerung des Personals, das Erreichen von mehr Korrektheit, Genauigkeit und Pünktlichkeit in der Arbeit der Staatsmaschine und andere Maßnahmen dieser Art lösen die historischen Fragen natürlich nicht, begünstigen aber eine Abschwächung der negativsten Seiten des Bürokratismus. Von gewaltiger Bedeutung ist die Herausbildung einer neuen Art der sowjetischen »Bürokratie« und neuer »Fachleute«. Und hier darf man sich verständlicherweise nicht selbst betrügen, wie schwierig es unter Übergangsbedingungen ist, mit Lehrern, die wir als Erbe der Vergangenheit erhalten haben, Zehntausende neuer Arbeiter auf eine neue Art zu erziehen, d. h. im Geiste von Arbeit, Einfachheit und Menschlichkeit. Es ist schwer, aber nicht unmöglich, nur nicht auf einmal, sondern Schritt für Schritt, durch das »Hervorbringen« einer besseren und immer besseren sowjetischen Jugend.

Alle diese Maßnahmen, die auf mehr oder weniger lange Zeitspannen ausgerichtet sind, bedeuten jedoch auf gar keinen Fall den Verzicht auf den unverzüglichen, tagtäglichen und unversöhnlichen Kampf gegen bürokratische Unverschämtheit und amtliche Verachtung des lebendigen Menschen und seiner Anliegen, gegen den wahrlich verrotteten Tintennihilismus, hinter dem sich entweder tote Gleichgültigkeit zu allem auf der Welt oder ängstliche Hilflosigkeit, die sich ihre eigene Schwäche nicht eingestehen will, bewusste Sabotage oder der organische Hass des degradierten weißen Knochens auf die Klasse, die ihn degradiert hat, verbirgt. Und hier ist einer der wichtigsten Ansatzpunkte für den revolutionären Hebel.

Es muss erreicht werden, dass der einfache graue Mensch aus der werktätigen Masse aufhört, sich vor den staatlichen Einrichtungen, mit denen er es zu tun hat, zu fürchten. Man muss ihm dort mit umso mehr Aufmerksamkeit entgegenkommen, je hilfloser, d. h. je finsterer und ungebildeter er ist. Im Grunde bedarf es des Wollens zur Hilfe und nicht des einfachen Abfertigens.

Dafür ist neben allen anderen Maßnahmen die ständige Aufmerksamkeit unserer sowjetischen öffentlichen Meinung gegenüber dieser Frage und deren breitestmögliche Erfassung erforderlich, insbesondere vonseiten aller tatsächlich sowjetischen, revolutionären und kommunistischen, letztlich einfach der feinfühligen Elemente des Staatsapparates, derer es zum Glück nicht wenige gibt: auf sie stützt er sich und entwickelt sich weiter.

Die Presse kann auf diesem Gebiet eine direkte und entscheidende Rolle spielen. Leider bringen unsere Zeitungen in der Regel außerordentlich wenig erzieherische Artikel über den Alltag. Wenn sie aber etwas bringen, dann nicht selten einförmige Berichte wie: wir haben da ein Werk, es heißt so und so, das Werk hat eine Gewerkschaftsleitung und einen Direktor, die Gewerkschaftsleitung »gewerkschaftsleitet«, und der Direktor »direktoriert« usw. usw. Dabei ist doch unser lebendiges Leben so reich an leuchtenden und lehrreichen Episoden, Konflikten und Widersprüchen, besonders auf der Linie, auf welcher der Staatsapparat mit der Bevölkerung in Berührung tritt! Hier muss man nur die Ärmel hochkrempeln.

Es versteht sich, dass man eine solche entlarvend-erzieherische Arbeit nach allen Kräften vor Gehässigkeit, Intrigen, unbegründeter Hetze, Scheinheiligkeit und jeglicher Demagogie abschirmen und schützen muss. Diese Arbeit ist jedoch, wenn sie richtig gemacht wird, lebensnotwendig, und unsere führenden Zeitungen sollten sich, meiner Meinung nach, allseitig einen Plan zu ihrer Durchführung überlegen. Dazu brauchen wir Journalisten, die die ehrliche sowjetische Seele mit der Findigkeit eines amerikanischen Reporters kombinieren können. Wir haben sie. Genosse Sosnowski hilft sie zu mobilisieren. In ihr Redaktionsmandat muss man schreiben (ohne mit ironischen Erinnerungen an Kosma Prutkow* zu schrecken): Grabe bis zu den Wurzeln!

Das »Kalenderprogramm« des gesamtrussischen Kampfes könnte so lauten: Wenn es uns gelänge, im Verlauf des nächsten halben Jahres – genau und leidenschaftslos, mit zwei- und dreifacher Prüfung – in der gesamten UdSSR hundert Bürokraten anhand ihrer eingefleischten Nichtachtung der werktätigen Massen aufzuspüren, wenn wir diese hundert mit gesamtrussischer Bekanntmachung und genauer Motivierung, ja, und noch möglicherweise durch öffentliches Gericht aus dem Staatsapparat hinauswerfen könnten, ohne das Recht auf Wiedereinstellung, wann und wie auch immer – so wäre das schon ein guter Anfang. Natürlich, Wunder dürfen wir davon nicht sofort erwarten. Aber beim Ersetzen des Alten durch das Neue ist ein kleiner praktischer Schritt vorwärts wertvoller als das allergrößte Gerede.

* Kosma Prutkow – Die beiden Dichter Graf Alexej K. Tolstoi und Alexej M. Shemtschushnikow veröffentlichten gemeinsam mit dem Bruder des letzteren, Wladimir M., in den 50er und 60er Jahren des 19. Jahrhunderts unter dem Namen der fiktiven Person »Kosma Prutkow« in den Zeitschriften »Iskra«, »Sowremennik« und »Raswletschenije« (»Der Funke«, »Der Zeitgenosse« und »Unterhaltung«) Verse, Fabeln, Aphorismen, Komödien und literarische Parodien, in denen die Wichtigkeit und die Tiefsinnigkeit des Tones die absichtliche Banalität des Inhaltes humoristisch kontrastieren. Viele populäre Redewendungen und geflügelte Worte daraus sind in den allgemeinen Sprachgebrauch übergegangen.

Gegen den aufgeklärten Bürokratismus (aber auch gegen den nicht aufgeklärten)

Ich wende mich – und wahrscheinlich nicht zum letzten Mal – den Fragen des Arbeitsalltags zu, um diese, meiner Meinung nach wertvolle und eben erst beginnende Bewegung um die Fragen des Alltags vor einer Kritik in Schutz zu nehmen – die, so wenig sie aufgeklärt ist, bürokratisch ist.

Der aufgeklärte Bürokratismus ist der Meinung, dass eine Diskussion über Alltagsfragen – in der Presse, auf Versammlungen oder in Zirkeln – völlig überflüssig sei. Wozu auch nutzlos Worte verlieren, wenn seitens der Macht Taten gefordert sind, in Form der Schaffung von Kinderkrippen, öffentlichen Speisesälen und Wäschereien, Kommunehäusern usw.? Der durchschnittliche bürokratische Schwachkopf sagt gerne (aber noch lieber flüstert er oder macht Andeutungen): »All das ist doch umsonst, nur Gerede«... Der Bürokrat hofft, dass, »wenn wir einmal reich sind«, er natürlich einen genialen Finanzplan in der Tasche haben wird, – und dann ... oh, dann beglücken wir das Proletariat ohne »Gerede« mit einem kulturvollen Alltag wie mit einem Festkleid. Interessant ist, dass die Genossen, die sich gegen diesen tötenden Formalismus wenden, bisweilen selbst in die gleiche Sünde verfallen, nur von der anderen Seite.

Einen solchen Fall hatten wir mit der Genossin Winogradskaja, die sich in Nr. 164 der »Prawda« zu meinem Artikel über den Alltag äußerte. Die Autorin greift die »Oberen« und den sturen sowjetischen Bürokratismus mit den Argumenten des aufgeklärten Bürokratismus an. Auf den Artikel der Genossin Winogradskaja muss man unbedingt eingehen, weil ihre Fehler Wasser auf die Mühlen dieser Sturheit gießen, gegen die sich dieser Artikel richtet. Die verantwortlichen Müller der Sturheit können sich keine bessere Kritik wünschen.

Das Schema der Betrachtungen von Genossin Winogradskaja sieht wie folgt aus:

Die Aufgabe bestehe nicht in der Beleuchtung des Alltags, weil »wir (?) nämlich wissen, dass sich der Alltag insgesamt bei uns zu neun Zehnteln genau so erhalten hat, wie er bei unseren Vorvätern war«, sondern in der Veränderung des Alltages, durch entsprechende Regierungsmaßnahmen.

Man könne von den Belletristen keine Widerspiegelung des Alltags fordern, »da sich der Alltag bei uns noch im Stadium der Entwicklung befindet, d. h. alles ist in Bewegung, voller Widersprüche, bunt und nicht einheitlich«.

Ja, das ist auch nicht nötig: »Für unsere Partei sind die entsprechenden Fragen theoretisch und programmatisch schon seit langem gelöst. Was die proletarischen Massen anbetrifft, so braucht man sie nicht zu agitieren... Der Arbeitsprozess in den Betrieben bringt bei den Arbeitern selbst den Geist von Kollegialität und Gemeinschaftsgefühl hervor«.

Das ganze Unglück besteht darin, dass »wir« bestens wissen, was zu tun sei, jedoch infolge der Sturheit der sowjetischen Organe und deren Leiter nichts tun.

Hingegen, der Alltag ist so schnell wie möglich zu reorganisieren, sonst zieht uns die Neue Ökonomische Politik die Schlinge um den Hals: »der kleinbürgerliche und der Alltag der Beamten werden die Wiedergeburt der herrschenden Klasse und ihrer Partei hervorrufen«.

Die Thesen des Artikels stehen, wie wir sehen, in klarem Widerspruch zueinander. Anfangs erfahren wir, dass es nicht erforderlich sei, den Alltag zu erkennen, da er zu neun Zehnteln genau so wäre, wie bei unseren Vorvätern. Dann jedoch teilt man uns mit, dass es unmöglich sei, eine Darstellung des Alltages zu fordern, da »alles in Bewegung, voller Widersprüche, bunt und nicht einheitlich« ist. Und endlich im letzten Moment erfahren wir, dass die NÖP die kleinbürgerliche Lebensweise in die Arbeiterschaft hineinzutragen droht, d. h. dieselbe, die dort ohnehin zu »neun Zehnteln« herrscht. Die Autorin des Artikels denkt zu schematisch und verfällt daher in Widersprüche. In unserem Alltag gibt es die aus der Vergangenheit ererbte materielle Basis, aber es gibt eine neue geistige Verfassung. Zum Begriff der Familie gehören die Küche und die haushälterische Seite, aber auch die Beziehungen zwischen Mann, Frau und Kind, wie sie sich unter den Verhältnissen der sowjetischen Gesellschaft entwickeln – mit neuen Zielen, Aufgaben, Rechten und Pflichten des Ehemanns und der Kinder. Die gesamte Frage steht auch im Widerspruch zwischen der materiellen Produktionsbasis des Alltags und den neuen Aufgaben, Bedürfnissen und Funktionen, die in den Alltag Eingang gefunden haben und einen gewaltigen Platz im Leben zumindest der Vorhut der Arbeiterklasse einnehmen. Die Aufgabe des Erkennens des Alltags besteht darin, anschaulich, konkret und überzeugend die Widersprüche zwischen der überlebten materiellen Hülle des Alltags und den neuen Beziehungen und Anforderungen in den Augen der Massen darzustellen.

Aber das wissen »wir« doch ganz genau, wiederholt Genossin Winogradskaja einige Male. All diese Fragen seien »theoretisch und programmatisch« für uns längst gelöst. Ja, aber schlägt denn jemand vor, die theoretische oder programmatische Lösung zu verändern? Nein, man muss der Masse durch ihre Avantgarde helfen, sich den Alltag anzuschauen, über den Alltag nachzudenken, sich kritisch zu ihm zu verhalten, zu verstehen, was zu verändern ist, und diese Veränderungen kräftig zu wollen. Wenn man uns sagt, dass es nicht notwendig sei, die Arbeitermassen zu »agitieren«, weil der Arbeitsprozess ohnehin in ihnen das Gemeinschaftsgefühl hervorbringen würde, so ist man dem gegenüber einfach sprachlos. Wenn zur Lösung der Fragen des Sozialismus dieses »Gemeinschaftsgefühl«, das der Arbeitsprozess hervorbringen soll, ausreichend sei, wozu benötigen wir dann überhaupt eine kommunistische Partei? Gerade darin besteht doch der Sinn, dass vom vagen Gefühl der Gemeinschaft bis zum festen Willen zur bewussten Umgestaltung der Lebensweise – ein gewaltiger historischer Weg liegt. Auf eben diesem Weg hat die Tätigkeit unserer Partei ihre Bedeutung.

Wenn »wir« all das so hervorragend wissen, wenn all diese Fragen theoretisch und programmatisch gelöst sind, wenn man die Massen nicht agitieren muss, weil die Produktion in ihnen das Gefühl der Gemeinschaft erzogen hat – warum ist dann unser Alltag zu neun Zehnteln derselbe wie bei unseren Vorvätern? Die Antwort der Genossin Winogradskaja ist mehr als einfach: Schuld sind die sturen, konservativen »Oberen« der sowjetischen Behörden. In dieser Frage bin ich am wenigsten geneigt, als deren Anwalt aufzutreten. Aber warum haben wir sture sowjetische Behörden? Warum gestattet man ihnen stur zu sein? Sie sind doch nicht allein auf der Welt, es gibt die Partei, es gibt die Gewerkschaften, und es gibt schließlich außer den »Oberen«, d. h. den zentralen Staatsorganen, die örtlichen, Stadt- und Kreissowjets, die eng mit den Massen verbunden sind. Warum ist es letzten Endes so, »dass wir wissen, was zu tun ist, jedoch selbst die allerersten Schritte auf dem Wege voran nicht tun«?

Es ist nicht wahr, dass »wir« all diese Fragen so hervorragend kennen. Woher, wenn sie nicht beleuchtet werden? Aus dem Programm? Das Programm wurde 1919 auf der Grundlage allgemeiner historischer Überlegungen und Prognosen geschrieben; eine Beurteilung des Alltages, wie er sich im Jahre 1923 entwickelte, gibt es nicht und konnte es auch nicht geben. Aber die Arbeiter selbst – könnte man entgegenhalten – kennen ihren Alltag? Das wäre dasselbe, als sagte man: »Die Arbeiter wussten selbst, auch ohne Marx, um ihre Ausbeutung.« Sie wussten es empirisch, bedurften jedoch der gedanklichen Verarbeitung und theoretischen Verallgemeinerung der tatsächlichen Ausbeutung. Das bezieht sich voll und ganz auch auf das Alltagsleben. Ist diese Arbeit bereits getan? Nicht im Geringsten. Ich erinnere mich an die äußerst interessante Bemerkung des Genossen Ossipow auf der Moskauer Konferenz:»Ja, wir Kommunisten kennen unsere eigene Familie nicht – ganz zu schweigen von fremden. Man geht früh, kommt spät, die Frau sieht man selten, die Kinder fast gar nicht. Und erst jetzt, wo die Frage der Familie zum Gegenstand der Parteidiskussion geworden ist, beginnt man sich dunkel an etwas zu erinnern, in Zusammenhang zu bringen, zu verbinden, um dazu seine Meinung sagen zu können« (ich zitiere aus dem Gedächtnis).*

Marx hat wirklich einmal gesagt – und er sagte es nicht schlecht –, dass die Welt hinreichend interpretiert wurde, es ist nun Zeit, sie endlich zu verändern. Aber Genossin Winogradskaja, so scheint mir, führt diese Worte von Marx völlig unangebracht als Beweis gegen die »idealistische Beleuchtung« der Alltagsfragen an. Der Gedanke von Marx bestand gerade darin, dass die philosophische und programmatische Lösung der Fragen der Welt – ungeachtet der »sturen Oberen« – völlig unzureichend ist, – man muss diese Fragen dann, wenn sie sich tatsächlich stellen, den Massen zugänglich machen. Die kritische Idee, welche die Massen bei der Seele packt, wird zur revolutionären Kraft, gegen die die Sturheit der stursten Oberen machtlos ist. Die kritische Aufdeckung der Gegensätze des Alltags, das ist genau die Anwendung der marxschen Methode.

Ja, ist es denn nicht ohnehin klar, erwidert Genossin Winogradskaja, dass man öffentliche Kantinen, Wäschereien und Kinderkrippen einrichten muss! Aber warum werden sie dann trotzdem nicht gebaut? – fragen wir. Ja eben deshalb, weil das der Arbeiterklasse innewohnende vage Gemeinschaftsgefühl für den systematischen Umbau des Alltagslebens völlig unzureichend ist. Die Ansicht, wonach alles nur vom Stumpfsinn der sowjetischen Oberen abhinge, ist bürokratisch, allerdings – mit negativem Vorzeichen. Selbst die aktivste und initiativreichste Regierung ist ohne die große selbstständige Tätigkeit der Massen zur Umgestaltung des Alltagslebens nicht in der Lage. Im Bereich des Alltags dringen wir doch bis in die letzte soziale Zelle vor – die

* Siehe Seite 84 in dieser Ausgabe.

Familie. Ohne die freiwillige Eingruppierung dieser Zellen in das Gemeinwesen kann der Staat nichts Ernsthaftes und Tiefgreifendes auf dem Gebiet der Familienwirtschaft erreichen.

Die Frage stellt sich überhaupt nicht so, als ob lediglich die materiellen Einrichtungen des neuen Alltagslebens fehlten: Gemeinschaftsspeisesäle, Kinderkrippen und Kommunehäuser. Wir wissen doch, dass viele Frauen ihre Kinder nicht in die Krippen geben wollten, ja, und jetzt auch nicht wollen – infolge von Vorurteilen, Sturheit und Rückständigkeit. Viele Häuser, die zu Kommunehäusern gemacht wurden, sind verschmutzt und ruiniert. Die dort eingezogenen Familien verhielten sich nicht selten zu den Kommunehäusern nicht wie zu den materiellen Voraussetzungen des neuen Alltagslebens, sondern wie zu vom Staat zur Verfügung gestellten Baracken. Im Ergebnis fehlender Vorbereitung, eines nicht durchdachten Herangehens, fehlender Selbstdisziplin und der Kulturlosigkeit sind die Familienkollektive nicht selten zerfallen. Wir brauchen eine kritische Durcharbeitung der Alltagsfragen, ein bewusstes und behutsames Herangehen, eine feste Sicherung des Hinterlandes bei der Bewegung nach vorn – was wir brauchen, ist eine Erhöhung des Alltagsbewusstseins und der Alltagsansprüche der Arbeiter und Arbeiterinnen, insbesondere der Letzteren.

Es kann nicht schaden, das Verhältnis zwischen der Initiative des Staates und dem selbstständigen Handeln der Massen auf dem Gebiet des Alltags an zwei, drei brennenden Beispielen zu zeigen. Gegenwärtig beginnt Genosse Kershenzew* energisch die Sorge um die Pünktlichkeit (und die Zeit ist ein wichtiges Element des Alltags!) in organisatorische Formen zu gießen. Geht man an diese Sache bürokratisch heran, könnte man sagen: lohnt es, darüber zu sprechen, Propaganda zu betreiben, eine Gesellschaft mit Mitgliedsabzeichen zu gründen usw. usw.? Ist es nicht einfacher ein Dekret zu erlassen, das alle verpflichtet, pünktlich zu erscheinen, und alle Verspätungen bestraft? Aber das Problem besteht genau darin, dass so ein Dekret bereits existiert. Es müssen schon drei Jahre her sein (ich habe kein Material zum Nachschlagen zur Hand), als ich mit energischer Unterstützung des Genossen Lenin sowohl auf parteilicher als auch auf Sowjetebene eine Anordnung bezüglich des pünktlichen Beginns von Sitzungen, Beratungen und Kommissionen usw.

* P. Kershenzew arbeitete1923–1924 auf dem Gebiet der wissenschaftlichen Arbeitsorganisation, gründete die »Liga wremeni« (»Gesellschaft der Zeit«) und redigierte das Journal »Wremja« (»Die Zeit«).

einführte. In der Anordnung wurden, so wie erforderlich, auch die Strafen für Verstöße festgelegt. Einen gewissen Einfluss hatte dieses »Dekret«. Aber leider einen minimalen. Sehr, sehr verantwortliche Funktionäre erlauben es sich bis auf den heutigen Tag, sich zu Sitzungen um eine halbe Stunde und mehr zu verspäten: Ihnen selbst scheint es, dass das in Folge ihrer »Überlastung« geschehe, tatsächlich jedoch – in Folge ihrer Schlampigkeit und der Geringschätzung der Zeit, der eigenen und der anderer. Ein Mensch, der sich überall verspätet, weil er »so fürchterlich beschäftigt ist«, arbeitet in der Regel weniger und schlechter als jemand, der immer rechtzeitig erscheint... Es ist jedoch interessant, dass während der Diskussion über die »Gesellschaft der Zeit« diese Anordnung vergessen wurde. Ich jedenfalls habe in der Presse keine Hinweise gefunden. Allein das zeugt davon, wie schwer es ist, (schlechte) Angewohnheiten nur auf dem einen, staatlichen Wege zu verändern. Es versteht sich, dass gerade jetzt die erwähnte Anordnung aus der Vergessenheit zurückgerufen und zu einem Stützpfeiler der Tätigkeit der »Gesellschaft der Zeit« gemacht werden muss. Nur wenn die aktive Sorge um Genauigkeit und Pünktlichkeit die fortschrittlichen Elemente der Arbeiterklasse erfasst, werden die reglementierenden Maßnahmen des Staates nicht ergebnislos bleiben. Die »Verantwortlichen« werden sich davor hüten, Hunderten und Tausenden Menschen die Arbeitszeit zu stehlen, wenn sie unter den Beschuss der öffentlichen Aufmerksamkeit geraten.

Noch ein Beispiel. Schon seit einigen Jahren wird von »Oben« der Kampf gegen die schlechten Druckerzeugnisse, gegen schlechte Korrektur und gegen schlechte Broschur geführt. Gewisse Erfolge wurden in dieser Richtung erzielt. Aber diese Erfolge sind völlig unzureichend. Und es besteht kein Zweifel daran, dass die Sünden unserer polygraphischen Kunst nicht mit dem technischen Zustand der Ausrüstung zu erklären sind, sondern mit den geringen Ansprüchen der Masse der Leser, d. h. mit ihrer unzureichenden Kultiviertheit. Ich habe schon einmal darauf hingewiesen, dass die »Rabotschaja Gazeta« (»Arbeiterzeitung«) aus irgendeinem Grunde quer gefaltet wird und nicht längs (jetzt soll sich das geändert haben?). Jeder Leser musste, bevor er zu lesen begann, die Zeitung auseinander falten, sie auf menschliche Weise zusammenlegen und das Mittelblatt dort einfügen, wo es hingehört. In der Straßenbahn zum Beispiel ist das bisweilen keine leichte Übung. Kein einziger europäischer bürgerlicher Herausgeber würde dem Leser auf diese Weise eine Zeitung anbieten. Die Zeitung »Rabotschaja Moskwa« (»Das

Arbeitermoskau«) gibt ihre acht Seiten ungeschnitten heraus. Man muss die Zeitung schneiden, mit dem, was man gerade zur Hand hat, am häufigsten einfach mit der Hand, wobei der Text vielfach zerreißt, die Zeitung zerknüllt und man sie schlecht an einen anderen nach dem Lesen weitergeben kann. Soweit mir bekannt ist, werden nirgends in der Welt Zeitungen ungeschnitten verkauft. Ist es nicht abscheulich, dass unsere Leser derartige Dinge dulden?

Vom Standpunkt des aufgeklärten Bürokratismus liegt das Übel in der Sturheit der Herausgeber. Diese Sturheit ist zweifellos wahrhaft barbarisch. Gegen sie haben wir den Kampf geführt (sogar durch Parteitagsbeschlüsse!) und werden es auch weiterhin tun. Aber ungleich wichtiger und bedeutsamer sind Passivität und Unachtsamkeit sich selbst gegenüber, die Anspruchslosigkeit, d. h. Kulturlosigkeit, die die Zeitungskonsumenten charakterisiert. Wenn die Abonnenten nur zweimal kollektiv mit der Faust oder vielleicht nur mit der flachen Hand auf den Verlagstisch hauen würden (kulturvoll – klopfen), so würde es der Verlag nicht wagen, die Zeitung ungeschnitten erscheinen zu lassen. Und deshalb ist es nützlich, Fragen, wie das Schneiden der Zeitung oder die Broschur von Büchern, bei uns zum Gegenstand von Überlegungen, der Kritik und Beratungen breiter Kreise zu machen. Das ist eines der Mittel zur Erziehung einer Alltagskultur.

In noch stärkerem Maße bezieht sich das auf das schwierigste, alle Seiten des Menschen umfassende System der Beziehungen des persönlichen und des Familienalltags. Man darf sich die Sache nicht so vorstellen, dass der Staat abseits von den Arbeiterwohnungen neue Kommunehäuser baut, anständig ausgerüstet, eingerichtet und versorgt, um dann das Proletariat zur Umsiedlung in die Bedingungen einer neuen Lebensweise einzuladen. Selbst wenn eine solche gigantische Maßnahme aus materieller Sicht (wovon nicht einmal die Rede sein kann) verwirklicht werden könnte, brächte sie nicht die erforderlichen Resultate: In einen neuen Alltag kann man nicht übersiedeln; man wächst spontan hinein, so wie es früher war – oder man schafft ihn bewusst von unten nach oben, so wie es künftig sein wird. Die Reorganisation des Alltagslebens muss und kann man schon jetzt auf der Grundlage der Mittel beginnen, die mit unseren sowjetischen Löhnen gegenwärtig zur Verfügung stehen. Wie hoch auch das Niveau der Löhne sein wird, das kollektive Wirtschaften ist günstiger als das individuelle. Eine Küche im Haus, erweitert auf Kosten eines oder zweier benachbarter Zimmer, ist günstiger als fünf geschweige denn zehn Küchen usw.

Aber wenn Veränderungen nur durch die Initiative der Massen – mit der Unterstützung der Regierung – erreicht werden können, dann ist es völlig offensichtlich, dass das »vage Gefühl der Gesellschaftlichkeit« nicht ausreicht. Man braucht ein klares Verständnis dessen, was vorhanden ist, und dessen, was sein soll. Erinnern wir uns, dass der Übergang vom individuellen Arbeitsvertrag zum kollektiven eine gewaltigen Schritt in der Entwicklung der Arbeiterklasse darstellt. Hierfür war die mühseligste Arbeit der Gewerkschaften erforderlich, die Erläuterung des Charakters des Arbeitslohnes, die detaillierteste und sorgfältigste Beratung über die Fragen des Arbeitslohnes auf unzähligen Mitglieder-, Delegierten- und sonstigen Versammlungen. Der Übergang von der individuellen Familienwirtschaft zur kollektiven ist ungleich schwieriger, komplizierter und unermesslich bedeutsamer. Wenn sich der alte, geschlossene Familienalltag hinter dem Rücken der Menschen formte, so kann der kollektive Familienalltag nur als Ergebnis der bewussten Anstrengungen aller daran Interessierten entstehen. Aber dafür müssen als erstes die Widersprüche zwischen den neuen Lebensbedürfnissen und der alten materiellen Hülle des Alltags aufgedeckt und dadurch unerträglich werden. Darin besteht überhaupt die Aufgabe einer revolutionären Partei. Wenn die Arbeiterklasse tatsächlich erkennen würde, worin die Widersprüche des Alltages bestehen, wenn sie diese Frage klar durchdenken würde, wenigsten in der Person ihrer Avantgarde – keinerlei Sturheit sowjetischer Bürokraten könnte sich dem widersetzen.

Ich denke, die Abfuhr an das bürokratische Herangehen zu Fragen des Alltags am besten mit der lehrreichen Schilderung des Genossen Kartschewski (MSPO)* zu beenden, so wie er – völlig richtig – aus genossenschaftlicher Sicht an die Umgestaltung der Hauswirtschaft heranging.

»Am Tag der Internationalen Genossenschaft«, schreibt mir Genosse Kartschewski, »hatte ich mit meinen nächsten Nachbarn – armen Leuten, Arbeitern – ein Gespräch über die Genossenschaft. Schnell war ihnen nicht beizukommen.

›Zum Teufel mit den Genossenschaften! Was haben wir davon? Teurer als auf dem Markt. Und dazu der weite Weg.‹ Und so weiter. Ich habe es anders probiert. ›Nehmen wir an, dass unsere genossenschaftliche Praxis zu 90% hinkt. Gut, einverstanden. Lasst uns zunächst kurz mit

* Moskowskij Sojus Potrebitelskich Organisazii – Moskauer Verband der Konsumorganisationen – d. Übers.

der Idee und den Aufgaben einer Genossenschaft beschäftigen, wobei wir, der größeren Klarheit wegen und unter Beachtung unserer Eigentümernatur, von unseren eigenen Bedürfnissen und Interessen ausgehen wollen.‹

Natürlich waren alle mit mir einverstanden, dass ein Klub, eine Kinderkrippe, ein eigener Speisesaal, ein Kinderspielplatz, eine Schule, eine Wäscherei usw. gebraucht werden.

›Lasst uns nun nachdenken, wie wir das verwirklichen können.‹ Da sprang einer auf: ›Ihr wolltet doch die Kommune bauen, und es ist nichts dabei herausgekommen.‹ Ich wies ihn zurück. ›Was heißt hier *ihr*?‹ Denn allen war die Notwendigkeit dieser Einrichtungen klar.

›Ihr habt doch selbst gerade noch geklagt, dass die Kinder feuchte Kellerluft atmen und die Frau wie eine Sklavin an die Küche gefesselt ist. Das bedeutet, dass das unsere gemeinsame Angelegenheit ist. Lasst uns alles so einrichten, dass es besser wird. Wie aber einrichten? In unserem Hause gibt es acht Wohnungen. Der Hof ist klein. Für vieles gibt es keinen Platz, und das, was man einrichten könnte, ist teuer.‹

So überlegten sie und diskutierten. Ich machte einen Einwurf: ›Das Quartier‹. Darauf wurden ohne Ende Vorschläge und verschiedenste Möglichkeiten vorgebracht. Charakteristisch war der erste Vorschlag von einem als Eigentümer Denkenden: ›Wir sind doch nicht Eigentümer des Hauses, wir müssen die Zäune niederreißen und müssen für das Quartier eine Müllgrube anlegen, um die Luft nicht zu verpesten.‹ Ein anderer: ›In der Mitte bauen wir einen Kinderspielplatz.‹ Ein dritter: ›Wir bitten die Sowjetmacht, dass sie uns ein großes Haus in unserem Quartier zuteilt, notfalls verteilen wir uns um und richten dort einen Klub und eine Schule ein.‹ Und dann prasselte es nur so: ›Und ein Speisesaal‹, ›und eine Kinderkrippe?‹. ›Ihr denkt nur an euch selbst‹, sagten die Frauen, ›für uns habt ihr nichts‹. Mit einem Wort, für alle wurde endlich ›Amerika‹ entdeckt.

Jetzt fragen mich bei jedem Treffen besonders die Frauen: ›Nun was, wo ist Ihre Idee? Los, wir machen irgendetwas, – bestimmt wird es gut.‹ Man schlägt vor, eine allgemeine Versammlung im Quartier einzuberufen. In jedem Quartier gibt es 10 bis 20 Kommunisten. Ich denke, mit Unterstützung der Partei- und Sowjetorgane könnte man versuchen etwas zu machen…«

Die Moral dieses kleinen Versuchs, der vollständig mit den vorstehend entwickelten allgemeinen Überlegungen übereinstimmt, ist völlig klar. Die Fragen des Alltagslebens müssen durch die Mühlen des kollektiven proletarischen Bewusstseins hindurch. Die Mühlen mahlen zuverlässig und werden mit dem Material zurechtkommen.

Und noch eine zweite Moral: »Ihr denkt nur an euch selbst«, sagten die Frauen Genossen Kartschewski, »für uns aber interessiert ihr euch nicht«. Der alltägliche männliche Egoismus kennt tatsächlich weder Maß noch Grenzen. Um das Alltagsleben vollständig umgestalten zu können, muss man es mit den Augen der Frauen betrachten können. Aber darauf, so hoffe ich, werden wir noch gesondert zu sprechen kommen.

Leninismus und Bibliotheksarbeit

Genossen, gestattet mir als erstes, euren Kongress zu begrüßen, den ersten Kongress der sowjetischen Bibliotheksarbeiter. Dieser Kongress wurde von Glawpolitproswet* einberufen und ist für unser Land von ganz besonderer Bedeutung. Ein Bibliothekar ist bei uns – das weiß jeder, der das von Wladimir Iljitsch (Lenin) diesbezüglich Gesagte gelesen hat – ein Bibliothekar ist bei uns kein Beamter für Bücher, sondern ein Bibliothekar ist ein Kulturkämpfer, sollte einer sein und muss einer werden, ein Rotarmist der sozialistischen Kultur. Und genau diesen Kongress der Kämpfer der sozialistischen Kultur begrüße ich aus tiefster Seele! (Beifall)

Genossen, kaum begonnen, habe ich schon zwei- oder dreimal das Wort »Kultur« verwendet. Doch was ist denn das – Kultur? Kultur, das ist die Gesamtheit des Wissens und Könnens – des gesamten Wissens und Könnens, das von der Menschheit in ihrer ganzen vorangegangenen Geschichte angehäuft wurde. Wissen um zu können! Wissen über all das, was uns umgibt, und um das, was uns umgibt, im Interesse des Menschen zu verändern und verändern zu können. Gewiss gibt es in der Welt ganz andere Definitionen von Wissenschaft und Kultur, idealistische, abgehobene, hochtrabende, durch und durch verlogene und auf »ewige Werte« bezogene und ähnlichen Unsinn. Das alles fegen wir hinweg. Wir werden die konkret-historische, materialistische Definition der Kultur übernehmen, die uns der Marxismus-Leninismus lehrt. Kultur ist die Kombination von Können und Wissen in der Geschichte der Menschheit (Völker und Klassen). Das Wissen erwächst aus der Praxis des Menschen, aus seinem Kampf mit den Kräften der Natur; das Wissen dient der Verbesserung dieser Praxis, der Erweiterung der Methoden des Kampfes mit den verschiedensten Hindernissen und der Stärkung der Macht des Menschen. Wenn wir den Begriff Kultur so bewerten, wird es uns auch leichter fallen zu verstehen, was Leninismus ist. Denn der Leninismus ist auch Wissen und Können – und ebenfalls Wissen nicht um des Wissens willen, sondern für das Können. In diesem Sinne und nicht nur in diesem ist der Leninismus die Schlussfolgerung und die höchste Krönung aller vorangegangenen Kulturen des Menschen. Der Leninismus ist das Wissen (und Können) darüber, wie die Kultur, d. h.

* Hauptverwaltung für politische Aufklärung – d. Übers.

das gesamte, in den vorangegangenen Kulturen angesammelte Wissen und Können im Interesse der werktätigen Massen nutzbar gemacht werden kann. Das ist das, was der Leninismus von seinem Grunde her ist.

Die Menschheit verfügt über gewaltige Errungenschaften auf allen Gebieten. Wenn es diese nicht gäbe, dürfte man auch nicht von Kommunismus reden. Eine der grundlegendsten ist die Technik – wiederum Wissen und Können, gerichtet auf den unmittelbaren Kampf mit den Kräften der Natur, um diese dem Menschen zu unterwerfen. Auf der Grundlage der Technik erwachsen Klassen, Staat, Recht, Wissenschaft, Kunst und Philosophie usw. usw. – eine ganze Hierarchie von Verfahren und Methoden des Wissens und Könnens. Viele dieser Bereiche und Methoden der Kultur sind für den Menschen im allgemeinen von Nutzen, weil sie ihm die Natur unterordnen. Es existiert jedoch auch solches Wissen und Können – und davon nicht zu wenig – welches nur der Ausbeuterklasse nutzt, d. h. nur ein ganz spezielles Ziel hat: die Ausbeutung aufrecht zu erhalten, sie schön zu färben, zu verdecken und zu maskieren – und was folglich in der weiteren Entwicklung der Menschheit abgeworfen werden muss. Insbesondere werden wir, wie ich schon sagte, das idealistisch-hochtrabende, halbreligiöse Kulturverständnis hinwegfegen, welches ebenso aus der Klassenherrschaft erwächst und der Bemäntelung der Tatsache dient, dass die Kultur ein Monopol der Besitzenden ist und in erster Linie der Ergötzung der herrschenden Klasse dient. Der Leninismus besteht aus dem kühn-revolutionären und gleichzeitig zutiefst sachlichen Zugang zur Kultur. Er lehrt die Arbeiterklasse, aus der gigantischen Anhäufung der Kultur das auszuwählen, was der Arbeiterklasse heute für ihre soziale Befreiung und Umgestaltung der Gesellschaft auf neuen Grundlagen am wichtigsten ist. Leninismus ist das Wissen über den Aufbau der Gesellschaft und ihrer Entwicklung und das Vermögen, sich zu jeder Stunde in der historischen Situation zu orientieren, um korrekt und gekonnt so tief wie möglich auf das Umfeld, das gesellschaftliche Leben, im Interesse der proletarischen Revolution in den Ländern des Kapitalismus – und im Interesse des sozialistischen Aufbaus bei uns einzuwirken. So ist das Wesen des Leninismus. Dieses Wesen des Leninismus muss jeder Lehrer, jeder Arbeiterkorrespondent, jeder, der das Analphabetentum beseitigen will, und jeder Bibliothekar verstehen und verwirklichen, wenn sie nicht einfach Beamte des Sowjetstaates sein wollen, sondern bewusste Kulturarbeiter, die mit dem Buch, dem Artikel und der Zeitung immer tiefer und tiefer in die Massen eindringen müssen, wie ein Bergmann, der mit der Hacke immer tiefer und tiefer in den Kohleflöz vordringt.

In diesem Sinne muss gesagt werden, dass jegliche Arbeit, die wir jetzt auf den Gebieten von Wirtschaft und Bildung leisten, wie sehr diese Arbeit auch eingeschränkt sein mag, im Rahmen der leninschen Methode der Orientierung an den gegebenen Bedingungen und der leninschen Methode des Einwirkens auf diese Bedingungen erfolgen kann und muss. Die Hauptaufgabe unseres Staates, in dem die Arbeiterklasse an der Macht ist, unterstützt von allen bewusst Denkenden aus unserer millionenstarken Bauernschaft, besteht in der Nutzbarmachung aller kulturellen Errungenschaften für den materiellen und geistigen Aufschwung der Massen. Unser Land ist jetzt staatlich organisierter Leninismus. Das ist die erste gigantische Erfahrung dieser Art in der Geschichte, die nicht in einem kleinen Kreis und nicht in der Illegalität vollzogen wurde, nicht so, wie wir seinerzeit kämpfen mussten und wie das jetzt in den kapitalistischen Ländern ist, als revolutionäre Partei, die um die Macht kämpft, sondern als staatliche Organisation, die die Methode des Marxismus-Leninismus anwendet, um die gesamte angehäufte Kultur für die Umgestaltung der Gesellschaft auf sozialistischen Grundlagen einzusetzen.

Als wir diesen Staat unter der Leitung von Wladimir Iljitsch schufen und mit gemeinsamen Anstrengungen im Rohbau fertig stellten, fühlten wir erstmals tatsächlich, wie weit wir zurückgeblieben waren, wie wenig kultiviert wir sind. Und die elementarsten kulturellen Aufgaben stellten sich in ihrem vollen Umfang und ihrer ganzen Konkretheit.

Man kann fragen – mich hat man unlängst danach gefragt – wie es zu erklären ist, dass die Kommunistische Partei in unserem kulturell rückständigen Land den Staat leitet, während sie in den Hochkulturländern, wie zum Beispiel in England, erst eine noch sehr schwache Größe darstellt? Auf diese Frage habe ich in einem anderen Vortrag* geantwortet. Ich werde hier nur das Notwendigste sagen.

Bei oberflächlicher und flüchtiger Betrachtung dieser Frage könnte der Eindruck entstehen, dass der Kommunismus in umgekehrter Proportionalität zum Kulturniveau eines Landes steht, d. h. je höher das Kulturniveau desto schwächer der Kommunismus und umgekehrt. Natürlich, wenn diese Schlussfolgerung richtig wäre, bedeutete dies das

* Vortrag, gehalten am 21. Juni 1924 auf dem fünften Allunionskongress der Heil- und Sanitätsarbeiter. Veröffentlicht in der »Iswestija ZIK SSSR« (»Nachrichten des Zentralen Exekutivkomitees der UdSSR«) am 13. Juli 1924 (Nr. 158) unter der Überschrift »Welche Etappe durchlaufen wir«.

Todesurteil für den Kommunismus, denn der Kommunismus ist ein unversöhnlicher Feind der tolstoischen und jeglicher anderen Negation der Kultur: Sein Schicksal ist vollständig mit dem Schicksal der Kultur verbunden. »Das ist die Frage, die uns quält«, schrieb mir eine Lehrerin, und man kann die Psychologie eines Intellektuellen verstehen, der sich dem Kommunismus langsam mit Zweifeln und Schwankungen nähert und sich mit der Frage der Wechselbeziehungen zwischen Kommunismus und Kultur quält. Aber auch hier, Genossen, gibt uns gerade der Leninismus, d. h. die theoretische Verallgemeinerung und praktische Methode des Kommunismus, den Schlüssel zum Verständnis dieses Widerspruchs.

Warum errangen wir Kommunisten die Macht in Russland früher? Weil wir einen schwächeren Gegner hatten – die Bourgeoisie. Worin bestand ihre Schwäche? Sie war nicht so wohlhabend und nicht so kultiviert wie die englische Bourgeoisie, die sowohl über gigantische finanzielle als auch kulturelle Reichtümer und ebenfalls über gigantische Erfahrungen hinsichtlich Behandlung und politischer Unterdrückung der Volksmassen verfügt. Das verlieh ihr die Möglichkeit, wie die Erfahrung zeigt, auf lange Sicht das Erwachen als Klasse und die politische Selbstbestimmung des Proletariats zurückzuhalten. Wenn wir uns vorübergehend, und dass es vorübergehend war, kann man ohne Umschweife anerkennen, als weitsichtiger, fester und klüger als die Arbeiterparteien der fortgeschrittenen Länder erwiesen haben, so nicht wegen unseres russischen Verstandes, sondern wegen der Erfahrung der Arbeiterklasse der ganzen Welt verallgemeinert durch die Theorie des Marxismus, der Theorie und Praxis des Leninismus. Aber warum haben gerade wir diese Erfahrung verallgemeinert und in die Tat umgesetzt? Weil über uns nicht die Hypnose einer mächtigen bürgerlichen Kultur stand. Hierin bestand unser revolutionärer Vorteil. Unsere Bourgeoisie war so ein erbärmlicher historischer Nachzügler, dass alles Große und Wichtige aller Klassen in den letzten Jahrzehnten nicht zur Bourgeoisie hingezogen wurde, sondern zu den Werktätigen. Tschernyschewski stand nicht an der Seite der Bourgeoisie, sondern an der Seite von Bauernschaft und Arbeiterklasse, sofern man diese von der Bauernschaft unterschied. Der größte Mensch, der durch die neueste Geschichte geschaffen wurde – Lenin – führte bei uns keine kleinbürgerlichen Jakobiner an, so wie es ihm widerfahren wäre, wenn er im 18. Jahrhundert geboren worden wäre, sondern ein revolutionäres Proletariat. Auf diese Weise hat der historisch verspätete, erbärmliche und impotente

Charakter unserer Bourgeoisie die große Unabhängigkeit und Kühnheit und die große Spannweite der Avantgarde der Arbeiterklasse bedingt. Als wir jedoch dank dieser Umstände als erste die Macht errungen hatten und das Erbe betrachteten, welches uns vom Zarismus und der besiegten Bourgeoisie zufiel, so zeigte sich, dass das Erbe im höchsten Maße erbärmlich war. Wir wussten natürlich auch früher, vor der Revolution, dass unser Land rückständig ist, aber praktisch konnten wir es erst nach der Erringung der Macht, nach der Oktoberrevolution ermessen.

Aber wie sieht es in dieser Beziehung in Europa aus? In Europa ist es für die Arbeiterklasse ungleich schwerer, die Macht zu erobern, da der Feind stärker ist. Aber an die Macht gelangt, wird es für sie ungleich leichter sein, den Sozialismus zu errichten, da ihr ein wesentlich größeres Erbe zufällt. Eine höhere Kultur und eine höher entwickelte Technik werden sich letztendlich bemerkbar machen. Wenn wir eher die Macht errungen haben als das englische Proletariat, so ist damit noch nicht gesagt, dass wir früher als das englische Proletariat den vollständigen Sozialismus erreichen und erst recht den Kommunismus. Nein, auf der Ebene der Politik haben wir dank der historischen Besonderheiten unserer Entwicklung die Arbeiterklasse aller anderen Länder überholt, stemmten uns jedoch dann gegen die eigene kulturelle Rückständigkeit und sind nun gezwungen, uns langsam vorwärts zu bewegen, Zentimeter für Zentimeter.

Wann werden die englischen Arbeiter wirklich an die Macht gelangen, nicht in der Art der menschewistischen Regierung MacDonalds, sondern zur Diktatur des Proletariats? Ob das in fünf oder zehn Jahren sein wird, ist schwer vorauszusagen. Aber wie viel Zeit benötigen wir, um der ganzen Bevölkerung das Lesen und Schreiben zu lehren, sie mit Buch und Zeitung zu versorgen? Bei uns sind im europäischen Teil der Union wesentlich mehr als die Hälfte der erwachsenen Bevölkerung Analphabeten, mir scheint ungefähr 57 %. Unlängst las ich, dass 20 % der erwachsenen Bevölkerung Moskaus Analphabeten sind, das heißt ein Fünftel. Wir müssen immer daran denken!

Bei uns in Moskau tagt gegenwärtig – und das ist unser Stolz! – der fünfte Kongress der Kommunistischen Internationale, und die besten Kämpfer aus der ganzen Welt kommen zu uns, um zu lernen – und es gibt etwas zu lernen, in der Schule Lenins! Aber zur selben Zeit geht man durch die Straßen Moskaus und sieht fünf Menschen vorübergehen und sagt zu sich: Im Durchschnitt ist einer von ihnen ein Analphabet.

Das ist unsere Revolution mit all ihren Widersprüchen! Man könnte es bildlich folgendermaßen verdeutlichen. Das europäische Proletariat hat kultivierten Boden unter den Füßen, sagen wir durchgängig Asphalt. Aber der Besitzer der europäischen Straßen – ist die Bourgeoisie. Sie zieht auf dieser Straße einen Kreidestrich (die bürgerliche Gesetzlichkeit!) und sagt: Hier darfst du gehen und hier nicht. Und der Bereich, in den man nicht darf, ist 90 oder 99 mal größer, als der, in den man darf. Dagegen kann man nichts machen: Sie hat die Macht, ihr Arm herrscht. Außerdem sind der Arbeiterklasse der kapitalistischen Länder ordentlich die Füße gebunden (Polizei, Richter, Gefängnisse), damit die Verbotslinie nicht übertreten wird. Also: unter den Füßen – Asphalt, aber die Füße gebunden und der Weg gesperrt. Wir sind in diesem Sinne frei. Die Macht ist bei uns in den Händen der Arbeiterklasse. Es gibt keine Maßnahmen im Bereich von Wirtschaft oder Kultur, überhaupt nichts, was wir nicht im Interesse der Werktätigen wagen würden. Wir wagen alles. Über uns haben wir keine Herren. Uns hindern nur Rückständigkeit und mangelnde Mittel. Unsere Füße sind frei, nicht gebunden; niemand schreibt uns mit Kreide den Weg vor, aber wir haben keinen Asphalt unter den Füßen, sondern einen Feldweg, der noch dazu von Rinnen und Pfützen unterbrochen ist. Es ist klar, dass die Geschwindigkeit auf unserem Weg in den ersten Jahren nicht groß sein kann. Unsere Arbeit muss höchst hartnäckig sein. Aber in der Zwischenzeit wird sich unversehens auch das englische Proletariat seine Füße befreit haben. Wenn es die Bourgeoisie erst verjagt hat, sind ihm die Wege geöffnet. Aber unter den Füßen hat es Asphalt. Deshalb wird uns in 15 bis 20 Jahren – diese Fristen sind natürlich nur Beispiele – dieses englische Proletariat, auf dessen Konservatismus wir heute so oft und völlig berechtigt schimpfen, auf dem Gebiet des Aufbaus des Sozialismus unversehens überholt haben. Wir werden deswegen natürlich nicht gekränkt sein. Tut eure Pflicht, überholt uns, wir warten schon lange darauf, ihr und wir werden dabei gewinnen. (Lachen, Beifall)

Genossen, ich spreche wirklich nicht deshalb darüber, um euch und mir selbst angesichts der Größe der Aufgaben, die vor uns stehen, den Mut zu nehmen, sondern deshalb, um mit Hilfe der Methode des Leninismus die Widersprüche zwischen unseren politischen Errungenschaften und unseren heutigen kulturellen und wirtschaftlichen Möglichkeiten zu erklären. Diese Widersprüche zu verstehen, bedeutet den Weg zu ihrer Beseitigung zu finden. Wir werden uns daran erinnern, dass im Leninismus das Wissen immer der kürzeste Weg zum Können ist.

Die Widersprüche zwischen den Losungen und den realen Möglichkeiten spüren wir auf Schritt und Tritt, überall. Aber unser Weg besteht nicht darin, auf Losungen zu verzichten, d. h. auf die prinzipiellen Aufgaben, die sich aus der Oktoberrevolution ableiten, sondern in der systematischen, hartnäckigen und unermüdlichen Ausweitung unserer wirtschaftlichen und kulturellen Möglichkeiten. Unsere Armut diktiert uns im Bereich der Kultur ein streng sachliches, wirtschaftliches, berechnendes und fast spartanisches Vorgehen: Sparsamkeit, strenge Auswahl und Zweckmäßigkeit.

Das bezieht sich in erster Linie auf Bücher und Zeitungen. Nehmen wir die Jubiläumsausstellung von Gosisdat*. Als ich sie besuchte, konnte ich mit reinem Gewissen sagen: Es gibt etwas zu loben, die Erfolge der vergangenen fünf Jahre sind groß! Wenn wir ein Buch aus dem Jahre 1918 nehmen, nicht selten mit zufälligem Inhalt, flüchtig geschrieben, irgendwie gedruckt, auf grauem Papier mit einer Unmenge von Druckfehlern und nicht gebunden, sondern geheftet usw., und zum Vergleich eines der heutigen Bücher auswählen, bemerken wir eine sorgfältigere Arbeit, überall gefällige Buchdeckel, fast immer lithographisch und nicht typographisch (was nun wirklich Luxus ist!), so ist der sich darin zeigende Fortschritt gewaltig. Doch all das können wir dennoch nur als Fingerübung, Probespiel oder Training bezeichnen, nicht aber als richtiges Spiel auf dem Instrument des Verlagswesens. Und man muss hoffen, dass Gosisdat das auch selbst versteht. Die Auflage der Bücher ist bei uns im Vergleich zum Bedarf des Landes verschwindend gering. Die Auswahl der Bücher, die für uns unbedingt und absolut notwendig sind, konnten wir noch nicht herstellen. Wir müssen hier unser grundlegendes Vorgehen weniger auf eine große Zahl von Titeln orientieren, als vielmehr auf hohe Auflagen eines Minimums an Büchern, die für die Leser, auf die wir unser Augenmerk richten, unbedingt erforderlich sind. Diese Bücher müssen aus der Menge der schon vorhandenen Bücher geschaffen oder ausgewählt werden. Eine solche Auswahl zu treffen, ist eine gewaltige Arbeit, die nur kollektiv und unter Berücksichtigung der Erfahrungen aus den Schulen, Kursen und Bibliotheken bewältigt werden kann, wobei die vorhandenen Bücher korrigiert und verbessert werden, bei denen ein Bedarf nach solchen Verbesserungen und Ergänzungen besteht. Die Auflage unserer wichtigsten Bücher, d. h. derjenigen, die für die Arbeiter- und Bauernrepublik besonders wichtig sind, sollte

* Der Staatsverlag – d. Übers.

dementsprechend 100 000, 500 000 oder 1 000 000 betragen und dann immer weiter gesteigert werden. Diese Auflagenhöhe ist der beste Maßstab für die Erfolge unserer kulturellen Arbeit.

Wir drucken, wenn wir alle unsere Zeitungen zusammenrechnen, gegenwärtig nur, wenn ich mich nicht irre, drei Millionen Zeitungen pro Tag – eine verschwindend geringe Größe im Vergleich zu unseren gigantischen Aufgaben und der vorhandenen Nachfrage im Lande. Und hier kann ein staatliches und zentralisiertes Vorgehen – abhängig von den Bedingungen der örtlichen Aktivitäten – hinsichtlich der richtigen Auswahl und Verteilung der für die werktätigen Massen notwendigen Bücher und Zeitungen enorm förderlich sein. Man darf dabei nicht eine Minute die Eigenschaften der Masse unserer Leser vergessen: Sie verfügen noch nicht über das Wissen und Können eines Lesers – das Wissen, welches Buch für ihn wichtig ist, und das Können, dieses Buch zu finden. Da also unser Leser nicht in der Lage ist, sein Buch zu finden, muss unser Buch in der Lage sein, seinen Leser zu finden. Das ist die Aufgabe des Bibliothekars!

Ins Zentrum unserer Bildungsarbeit müssen wir noch für lange Zeit die Zeitung stellen – weil wir noch nicht auf die Notwendigkeit der politischen Orientierung verzichten können und noch lange nicht werden können, da wir von kapitalistischen Ländern umzingelt sind, die proletarische Revolution noch fast überall bevorsteht und weil in der gegenwärtigen Situation, unter den gegebenen kulturellen Bedingungen und angesichts der vorhandenen Ressourcen die Zeitung das erschwinglichste Bildungswerkzeug mit der größten Breitenwirkung überhaupt ist. Um die Zeitung herum können und müssen wir ein ganzes System kulturpolitischer, erzieherischer und bildender Einflussnahme aufbauen. Die Zeitung, natürlich nicht als Organ, das über dieses und jenes berichtet, sondern die Zeitung als Arbeitsinstrument der Bildung, als Werkzeug des Wissens und Könnens, als unmittelbarer, alltäglicher und praktischer Ausdruck des Leninismus in politischer und wirtschaftlich-erzieherischer Wirkung. So zu sein, danach streben unsere Zeitungen. Zu dem sind sie noch lange nicht geworden. Zu dem müssen sie werden. Zu dem können sie werden, wenn sie sich nur auf die Zehntausende und danach Hunderttausende Bibliotheken stützen, auf die Lesestuben, »Hütten«* und die anderen Kultur- und Bildungszellen vor Ort,

* Die »Lesehütten« mit einer Bibliothek dienten der Erziehungs- und Kulturarbeit auf dem Dorf.

die nicht nur die Zeitungen von oben nach unten entgegennehmen, sondern es auch lernen und können, auf die Zeitung von unten nach oben einzuwirken. Das ist eine große und wichtige Aufgabe. Aber dafür ist es erforderlich, die Zeitung so zu organisieren, dass sie ein echtes Werkzeug der täglichen oder zumindest wöchentlichen (in der ersten Zeit) Einflussnahme, ein Instrument der aufeinander abgestimmten Bildungsanstrengungen wird.

Betrachten wir diese Frage näher. Auf einen vorderen Platz in der Kultur- und Bildungsarbeit rückt bei uns jetzt – ich rede vom Dorf – die Lesehütte. Wenn die Zeitung im Zentrum der »Hütte« stehen soll, so muss an der Wand dieser Hütte eine politische Karte hängen. Ohne dem ist die Zeitung keine Zeitung. Die Propaganda für politisch-geografische Karten betreibe ich schon seit langem, aber bisher noch mit geringem Erfolg. Vielleicht wird der Bibliothekskongress meine Initiative in dieser Richtung unterstützen. (Beifall)

Genossen, die Zeitung ist nicht nur für den Bauern da, sondern auch für den Arbeiter oder die Arbeiterin, die blind sind, wenn geografische Begriffe für sie nur leere Worte sind, wenn sie nicht wissen, sich nicht vorstellen können und nicht darüber nachgedacht haben, wie man sich die Ausmaße und die gegenseitige Lage von Frankreich, England, Deutschland und Amerika vorzustellen hat. Gewiss kann man den Dorfkomsomol oder die Dorfversammlung dazu aufmuntern und anspornen, die »Internationale« zu singen und dem fünften Kongress der Komintern ein Grußschreiben zu senden. Das machen wir hervorragend und fast automatisch. (Lachen)

Aber, Genossen, die Bauern und Arbeiter, die ein Grußschreiben senden, sollten sich möglichst konkret vorstellen können: Was ist die Komintern, aus welchen Ländern kommen die Delegierten und wo liegen diese Länder – wenigstens ein bisschen oder nur bildlich. Es ist notwendig, dass sie, wenn sie eine Nachricht lesen oder hören, sich vorstellen können, welchem lebendigen Teil unseres Planeten diese Nachricht zuzuordnen ist. Und wenn also tagtäglich oder zunächst mindestens einmal in der Woche in dieser Bibliothekshütte beim Lesen und Erläutern der Zeitung der Bibliothekar oder der »Isbatsch«* (dieses wunderliche Wort kam jetzt in Gebrauch, und da kann man nichts machen, man muss es in seinen Wortschatz aufnehmen) – wenn er also, sage ich, beim

* Hüttenvorsteher; personifizierende Ableitung von »isba«, die Hütte – d. Übers.

Erläutern einer Nachricht mit dem Finger auf die Karte zeigt, so vollbringt er allein damit eine wirkliche kulturelle Tat, denn diese Nachricht im Zusammenhang mit der Landkarte prägt sich auf ganz andere Weise im Gehirn ein, fester und sicherer. Das ist doch eine ganze Epoche in der persönlichen Entwicklung eines Lesers, wenn er beginnt sich vorzustellen, was England ist – das ist eine von Europa abgetrennte Insel. Ihm werden dann sofort die Handels- und politischen Beziehungen Englands verständlicher, die durch dessen Lage in der Welt bestimmt sind. Übrigens, ich entschuldige mich, euch brauche ich den Nutzen der Geografie nicht zu erklären, aber ich muss sagen, dass es für einige unserer Einrichtungen sicherlich nicht unnütz wäre, diese zu wiederholen. (Lachen)

Hier ist größter Nachdruck erforderlich. Ich möchte allerdings nicht falsch verstanden werden. Keinesfalls möchte ich die Verantwortung einseitig auf den Gosisdat abwälzen. Gosisdat und alle anderen Verlage arbeiten bei uns jetzt nach der wirtschaftlichen Rechnungsführung, d. h. es wird das verlegt, wonach unter den gegenwärtigen Bedingungen eine Nachfrage bestehen könnte, und der hier beobachtete Wille des Verbrauchers spielt dabei keine untergeordnete Rolle. Aber die Verbraucher sind die Bibliothek und die Lesestube. Wir können auf Dutzende von Büchern verzichten, die bisweilen mit verschiedenen Worten und dabei in schlechter Aufmachung ein und dasselbe erzählen. Derart schlampig gemachte Bücher zu Tagesthemen erscheinen bei uns in unerklärlicher Menge. Unter Bedingungen einer strengen Auswahl könnte man auf diese zugunsten einer Landkarte vollständig verzichten, die dann im Laufe einer Reihe von Monaten oder vielleicht auch Jahren an einer Wand hängt und lehrt. Ich habe mich beispielsweise vor diesem Vortrag überall, wo es möglich war, erkundigt, ob es bei uns ein Nachschlagewerk für Zeitungen gibt, ein Nachschlagewerk, das geeignet ist, dabei zu helfen, sich in einer Zeitung zurecht zu finden. Es stellte sich heraus, dass es so etwas nicht gibt. Ich weiß nicht, ob bei ihnen auf dem Kongress darüber gesprochen wurde. Aber diese Frage verdient Beachtung. Mir wurden eine Reihe von periodischen Zeitschriften zugesandt, in denen einzelne Artikel darüber enthalten waren, wie man eine Zeitung benutzt. Einige sind für Verantwortliche in dieser Angelegenheit sehr nützlich, aber es ist überhaupt nicht das, was ich meine – es sind allgemeine methodologische Hinweise, aber ein sachliches Handbuch, das man in jenen »Hütten« oder in der Bibliothek auf den Tisch unter der Karte, auf dem die Zeitungen liegen, stellen könnte und das über grundlegende geografische, ökonomische, statistische und andere Angaben klar ausgedrückt und jedem schriftkundigen Leser verständlich Auskunft geben könnte – ein solches Handbuch gibt es nicht. Was bedeutet das? Das bedeutet, Genossen Bibliothekare, dass der Druck des Lesers von unten auf Autoren und Verlage durch sie noch nicht organisiert wurde.

Genossen, bei uns ist die Bildungsarbeit in den Händen des Staates und seiner Führerin, der Kommunistischen Partei monopolisiert. Könnte es anders sein? Unter den Bedingungen der Revolution und unter den Bedingungen der Diktatur des Proletariats wäre jeder Rückzug vom auf die werktätigen Massen gerichteten Bildungsmonopol der Untergang. (Beifall)

In einer Zeit, in der die Bourgeoisie, die über mächtige Mittel in der ganzen Welt verfügt, erbarmungslos jeden einzelnen kommunistischen Lehrer entfernt, wären wir, die Leiter des einzigen und von Feinden umgebenen Arbeiterstaates in der Welt, einfach blind oder schwachsinnig, wenn wir Vertretern der bürgerlichen Weltanschauung Zugang zur Bildungsarbeit verschaffen würden. Am Bildungsmonopol halten wir vollständig und bedingungslos fest, bis sich Arbeiterklasse und Bauernschaft gemeinsam mit ihrer Führerin – der Kommunistischen Partei – im sozialistischen Gemeinleben, einem Bestandteil der Sowjetischen Weltrepublik, aufgelöst haben, was morgen noch nicht sein wird, aber übermorgen oder überübermorgen. Aber bis zu dieser Zeit müssen Monopol wie Macht und so auch die Bildungsarbeit, die die ideologische Grundlage der Macht bildet, in den Händen des Arbeiterstaates und seiner Führerin – der Kommunistischen Partei – erhalten bleiben. (Beifall)

Aber gleichzeitig, Genossen, sind wir hinreichend nüchterne Politiker um zu wissen und zu verstehen, dass das Bildungsmonopol seine Nachteile, seine negativen Seiten und seine Gefahren hat. Das Bildungsmonopol ist fähig, bei falscher Einrichtung, Formalismus und Routine hervorzubringen. Worin besteht das Kennzeichen des Formalismus? Darin, dass dieser Form ohne Inhalt ist. Worin besteht seine Gefahr? Darin, dass das Leben an ihm vorbeigeht. Wie kann die Gefahr des Formalismus gebannt werden? Durch den organisierten und immer lebendigen Druck der Bildungskonsumenten, d. h. der unteren Volksschichten. Und hierin besteht die Rolle des Bibliothekars und des Leiters der »Hütten«. Überhaupt ist die Rolle der Kulturarbeiter in den unteren Volksschichten entscheidend. Wir propagieren hier von oben den Nutzen der geografischen Karten, aber man gibt sie nicht heraus. Warum? Weil sie nicht gefordert werden. Wenn aber aus den unteren Volksschichten, aus tausend, zweitausend oder dreitausend Bibliotheken und »Hütten« der

Schrei erschallt: »Landkarten her!« – so wird Gosisdat diese herausgeben (Beifall) und zwar zu einem erschwinglichen Preis. Das betrifft auch die Bücher. Sind alle Bücher, die wir herausgeben, lebensnotwendig wie Brot? Ich habe schon darüber gesprochen: Nur der zehnte Teil von ihnen wird wirklich gebraucht. Warum ist das so? Weil noch ein großer Teil unserer Verlagsarbeit in großem Maße entlang der Linien der alten Trägheit verläuft, nach althergebrachten Interessen, alter Psychologie und den alten Gewohnheiten des alten Lesers, aber an den gegenwärtigen Massenleser finden wir nur mit größter Mühe Anschluss. Überdies geht aus unserer unvollkommenen Statistik hervor, dass auf einen lesekundigen Bauern in den Bibliotheken (wenn ich mich irre, werden mich die verbessern, die es besser wissen) kaum 3/4 Buch kommen – 3/4 Buch auf einen lesekundigen Bauern in den Bibliotheken!

(N. K. Krupskaja: Weniger.)

Ich entschuldige mich in diesem Falle für meine überaus optimistische Statistik. Es ist völlig klar, dass in einer solchen Situation von zehn Büchern, von denen neun nur mehr oder weniger – und dabei eher weniger als mehr – notwendig sind, das beste und notwendigste Buch auszuwählen und in einer verzehnfachten Menge herauszugeben, schon an und für sich eine kulturelle Errungenschaft ist. Warum? Weil zehn ungefähr gleiche oder einander ähnliche Bücher oder Bücher, die nur zweitrangige Nuancierungen darstellen, von ein und dem selben Leser gelesen oder nur durchgeblättert werden, einem Leser, der sich, mit Verlaub gesagt, an dieser Literatur bereits überfressen hat. Wenn man jedoch an Stelle dieser zehn verschiedenen Bücher nur eines herausgibt, das aber in zehnfacher Auflage, so gelangt dieses an einen Leser der einen echten Hunger und echten Durst auf Lesen und Wissen verspürt. Aber auch hier greift der Tote nach dem Lebendigen, wie man so schön sagt. Sich aus dieser Trägheit der Verlagsarbeit an den eigenen Haaren herauszuziehen, ist sehr schwer. Der Masse zuzuhören, zuzuhören, was sie denkt und will, all das zu verstehen, in dem man in Gedanken über all diejenigen hinwegspringt, die bürokratisch für die Masse denken, ihr aber nicht zuhören – dafür braucht man einen leninschen Kopf. Ihr habt jetzt die Möglichkeit, alles zu lesen, was Lenin geschrieben hat. Ich rate es euch – es ist sehr nützlich! – speziell in diesen Büchern die Stellen zu unterstreichen, wo er auf die Masse gehört hat, was sie will und was sie braucht – nicht nur was sie will, sondern auch was sie noch nicht gelernt hat zu wollen... Mit dem individuellen Ohr auf alles hören zu können – das ist nur Menschen gegeben, wie sie nur einmal im Jahrhundert geboren werden. Aber organisiert und kollektiv kann man der Masse zuhören mit einem großen, verzweigten, elastischen und lebendigen Apparat, der aktiv die materiellen und kulturellen Bedürfnisse der Masse bedient. Der Bibliotheksarbeiter wäre kein Bibliotheksarbeiter eines sozialistischen Landes, wenn er nur Regale voller Bücher verwaltet, dabei nicht die Bedürfnisse seiner Leser heraushört und nicht auch Organ zur Weitergabe dessen nach oben ist, was er herausgehört hat – als Druckmittel auf die Autoren und Verleger. Das ist die wichtigste Aufgabe des neuen sowjetischen sozialistischen Bibliotheksarbeiters. (Beifall)

Mit den herausgestellten Aufgaben sind natürlich auch viele andere verbunden. Der Hauptwiderspruch in unserer Situation ist der: Die Macht befindet sich in den Händen der Werktätigen, aber die Werktätigen haben sich bei weitem noch nicht die elementarste Kultur angeeignet. Daher rühren die Widersprüche. Die Gleichberechtigung von Mann und Frau ist vollständig. Damit aber eine Frau bis zu jenen realen Möglichkeiten gelangt, über die sogar bei unserer Armut jetzt ein Mann verfügt, muss sie mit ihren Lese- und Schreibfähigkeiten mit dem Mann mindestens gleichziehen. Die »Frauenfrage« bedeutet deshalb bei uns in erster Linie Kampf gegen das weibliche Analphabetentum. Wegen der geringen Kultur bleiben viele Dekrete nur auf dem Papier stehen. Gibt es in unserem Land Willkür? Es gibt sie und in großem Umfang. Woher rührt sie? Nicht aus den Bedingungen der Klassenherrschaft, sondern aus der kulturellen Machtlosigkeit, aus der Unbildung und aus dem Gefühl der Schutzlosigkeit, das überdies seine Wurzeln in der Unfähigkeit hat, sich zurechtzufinden, zu lesen, sich zu beschweren oder sich an die nötigen Stellen zu wenden. Und hierin wiederum besteht eine der Hauptaufgaben der dörflichen Lesehütten und der dörflichen Bibliotheken, gegen dieses Gefühl der Schutzlosigkeit einen erbarmungslosen Kampf zu führen. Beim Bibliothekar kann und muss man sich beschweren können. Ich habe diesbezüglich ein interessantes Zitat von Wladimir Iljitsch gefunden: Er schlug vor, bei den Bibliotheken Beschwerdestellen einzurichten. Auf den ersten Blick erscheint das paradox, als sei das nicht der rechte Ort, aber auch hier wurde indessen die Psychologie der werktätigen Massen erlauscht. Wer von den Arbeitern und Bauern soweit erwacht ist, dass es ihn in die Bibliothek zieht, für den ist die Bibliothek die Quelle etwas Höheren – Erkenntnis und Gerechtigkeit. Richtet bei den Bibliotheken Beschwerdestellen ein, schafft dort eine Atmosphäre, die jeden Bauer und jede Bäuerin und in erster Linie den oder die, die den Sowjetbeamten fürchten, davon überzeugt, dass man zum

Bibliothekar, zum »Isbatsch«, gehen kann. Er lässt einen nicht im Stich, behandelt einen nicht gemein, sondern rät oder schreibt an die Zeitung, veröffentlicht und verteidigt. In dem Jahrhunderte lang bedrängten werktätigen arbeitenden Menschen dieses Gefühl der Schutzlosigkeit zu vernichten, heißt damit, die Willkür zu töten, denn Willkür ist selbstverständlich unvereinbar mit dem Regime, an dem wir bauen und das wir bei weitem noch nicht fertiggestellt haben.

Durch diese Arbeit wird die Bibliothek die besten Kräfte des Dorfes an sich binden, sich auf sie stützen und über sie ihren Einfluss ausüben. In diesem Zusammenhang möchte ich die Mitarbeiter in den Bibliotheken besonders darum bitten, ihre Aufmerksamkeit den demobilisierten Rotarmisten zuzuwenden. Sie können unter der Bedingung, dass es ein Zentrum gibt, um das sie sich scharen können, im Dorf Träger der kollektiven Wirtschaftsweise und Träger der Kulturarbeit werden. Gegenwärtig durchlebt unser Dorf sehr schwierige und tiefgreifende Prozesse, die von gewaltiger wirtschaftlicher und kultureller Bedeutung sind. Es zerfällt in Schichten, im Dorf entsteht erneut und schnell eine Kulakenschicht. Und es muss klar verstanden werden, dass jeder fortschrittliche Bauer, der aktiv und gebildet ist und der weiß, was die Sowjetmacht ist, der sich in den Gesetzen auskennt, der agronomische Vorträge gehört und eine Landwirtschaftsausstellung besucht hat, – ein jeder solcher Bauer im Dorfe kann eins von beidem werden: entweder – Träger der sozialistischen Kultur oder – Kulak. Denn was ist ein Kulak? Ein Kulak – das ist in der Mehrzahl der Fälle ein befähigter, geschickter und kräftiger Bauer, der seine ganze Kraft dafür einsetzt, seine individuelle Wirtschaft auf Kosten anderer voranzubringen. Und unsere demobilisierten Rotarmisten, die jetzt in ihrer Masse die besten Elemente der Bauernschaft sind, sind fähig, sich um Schule, Kooperative und Bibliothek zu gruppieren, sie sind hingegen auch fähig, einen neuen europäisierten Kulaken hervorzubringen. Warum? Weil sie lesen und schreiben können. Das haben wir ihnen in der Armee beigebracht, wo sie Analphabeten gewesen sind. Sie sind gewohnt, Zeitung zu lesen, sie kennen die Adressen der sowjetischen Instanzen, sie kennen die Gesetze, sie wissen, was die Kommunistische Partei ist – mit einem Wort, sie sind keine finsteren und ungebildeten Bauern, wenn sie auch aus den entlegensten Winkeln kamen, sie hörten in der Armee agronomische Vorträge und besuchten Musterwirtschaften bei unseren Landwirtschaftsschulen usw. Und wenn sie im Dorf sich selbst überlassen bleiben würden, würden sie all diese angesammelte Überlegenheit auf die eigene Wirtschaft und den eigenen Gewinn ausrichten, was aber bedeutet, dass sie sich, von ihnen selbst unbemerkt, in zwei bis drei Jahren in europäisierte Kulaken verwandeln könnten. Das ist eine reale Gefahr. Aber andererseits kann sich dieser junge und kultiviertere Bauer, wenn er sofort bei seiner Rückkehr von der Armee zur Arbeit herangezogen wird, als bereit und fähig erweisen, seine ganze Energie auf die Genossenschafts- und Kooperativarbeit zu richten, und somit ein unschätzbarer Arbeiter der Gesellschaft werden.

Da ich die Rotarmisten erwähnt habe, füge ich hinzu: Wenn wir Rotarmisten entlassen, auf die ihr euch in eurer Kulturarbeit stützen könnt, so erwarten wir von euch, den Kulturarbeitern im Dorf, neue, kultiviertere und qualifiziertere junge Männer für die Armee. Ihr wisst, dass wir die Armee immer mehr und mehr auf die Geleise einer Miliz überführen. Damit verringern wir unseren Anteil am Budget, und je geringer der Teil ist, den die Armee verschlingt, um so mehr Mittel können und müssen für Kultur- und Bildungsarbeit bereitgestellt werden. Aber auch hier gilt: eine Gefälligkeit für die andere. Ihr seid verpflichtet, uns einen gebildeteren und entwickelteren jungen Mann zu geben. Denn das Milizsystem erfordert einen aufnahmefähigeren Rotarmisten, der, nach Durchlaufen der vormilitärischen Ausbildung und danach von Grund- und Wiederholungslehrgängen, alle Elemente des Militärwesens nicht im Geringsten schlechter beherrschen darf als ein Soldat, der eine lange Kasernenausbildung durchlaufen hat. Bibliothekar und »Isbatsch« sind bedeutende Teilnehmer beim Aufbau der Roten Armee.

Gestattet mir abschließend, dass ich mich nochmals der Zeitung zuwende, diesem wichtigen Werkzeug der politischen Erziehung. Ich habe mir die heutige »Iswestija« gekauft, die Meldungen angesehen und fragte mich angesichts dieses Kongresses: Wie werden diese Meldungen von der Masse der Leser verstanden? Werden sie erklärt oder erläutert? Wie werden sie vom Bauern aufgenommen? Aus Sicht unserer internationalen Lage sind die polnische und die rumänische Frage, wie ihr wisst, von außerordentlichem Interesse. Ich habe mir deshalb zwei Meldungen näher angeschaut, weil sie gerade diese Länder betreffen. Eine Meldung aus Warschau lautet, dass »der Marszaiek des Sejms die Interpellation des ukrainischen Klubs nicht entgegengenommen hat, weil ein Teil dieser Interpellation in ukrainischer Sprache geschrieben war«. Ich spreche nicht über den komplizierten Aufbau der Meldung selbst – deswegen führe ich mit Rosta (Russische Telegraphenagentur) und den Redaktionen einen lange währenden Bürgerkrieg. (Lachen) Ich kann jedoch meine Befürchtungen nicht verbergen, dass diese Meldung in derselben unverständlichen Weise in allen anderen Zeitungen erscheint. Ich denke, dass nicht nur der gebildete Bauer die Meldung in dieser Form nicht verstehen wird – auch der »Isbatsch« wird sie wohl nicht verstehen. Denn er weiß nicht, wer dieser »Marszaiek« ist, muss aber erklären, dass dies der Präsident des Sejms, d. h. des Parlaments, ist und dass er die Interpellation (Anfrage) nur deshalb nicht entgegennahm, weil ein Teil dieses Dokuments in ukrainischer Sprache geschrieben war. Stellen wir uns vor, dass wir in einer Lesehütte sind und vor uns eine Landkarte hängt, auf der Polen eingezeichnet ist. Jedem kann gezeigt werden, dass Polen an unser Land grenzt und uns von Deutschland trennt. Zur Karte gibt es ein Nachschlagewerk, und im Nachschlagewerk steht, wie viel Ukrainer in Polen leben und wie viel nationale Minderheiten es überhaupt gibt, und der Bauer erfährt, dass die nationalen Minderheiten mit ungefähr 45% fast die Hälfte der Bevölkerung Polens ausmachen. Wenn man ihm jetzt sagt, dass die Ukrainer in Polen einen Antrag an ihr »demokratisches« Parlament richteten, wobei sie einen Teil dieses Antrages »auf ukrainisch«, d. h. in ihrer Muttersprache geschrieben haben, und dass der demokratische Präsident des demokratischen Parlaments einer demokratischen Republik es aus diesem Grund ablehnt, die Erklärung entgegenzunehmen, so bereichern wir sogleich den Zuhörer mit einer treffenden Vorstellung über Polen. Eine bessere Agitationsrede als eine verständliche und ruhige Erläuterung dieser vier komplizierten Zeilen der Meldung ist nicht nötig.

Dann folgt eine Meldung über Rumänien. Dort lesen wir: »In Bessarabien sind faktisch fast alle Schulen der nationalen Minderheiten geschlossen. In der Bukowina wurden alle Schulen, nicht nur die gemischten, sondern auch die ukrainischen zerstört.« Wie wir sehen, betrifft auch diese Meldung die nationale Unterdrückung. In jeder Ausgabe sind Meldungen, die die klassenmäßige oder nationale Unterdrückung oder den Widerstand der Unterdrückten in den kapitalistischen Ländern usw. charakterisieren. Das alles ist eine unschätzbare Schule, besonders für die Jugend. Um diese Meldungen herum, wie um einen Angelpunkt, kann man eine hervorragende Erziehungsarbeit aufbauen. Doch dazu sind verständige Erläuterungen erforderlich, damit dieses wertvolle Material nicht spurlos zu 9/10 an 99/100 der gebildeten Bevölkerung unseres Landes vorbeigeht. Wir brauchen Nachschlagewerke und Lehrbücher. So etwas gibt es fast gar nicht. Gleichzeitig drucken wir eine Vielzahl von Reden und Vorträgen über ungefähr ein und dieselben Themen, und sie gelangen zu denen, die im Allgemeinen ohnehin damit vertraut sind, worum es in ihnen geht. Auf diesem Gebiet sind ernsthafte Fortschritte notwendig. Das Buch muss ins Volk kommen.

Stellen wir uns vor, dass es bei uns 50 000 Lesehütten gibt oder selbst 100 000, und in jeder Hütte gibt es eine Zeitung. Nicht drei und nicht fünf, wie wir Sowjetbeamten gewohnt sind sie zu lesen, sondern eine Zeitung, in der die wichtigsten Informationen klar und genau dargelegt sind. An der Wand hängt eine Karte, auf der alle Länder eingezeichnet sind, und es gibt Nachschlagewerke, in denen die Einwohnerzahl der Länder sowie ihre klassenmäßige und nationale Struktur usw. nachgelesen werden können. Nachdem der »Isbatsch« die aktuelle Zeitung bekommen hat, bewaffnet er sich mit einem Nachschlagewerk und erklärt die Nachrichten vor der Karte, wobei er soviele Leute wie möglich – und in erster Linie die demobilisierten Rotarmisten – einbezieht. So eine Lesehütte ist eine unersetzliche Schule des Leninismus, sie erzieht die Bürger auf dem Dorf, indem sie ihnen beibringt, sich in der internationalen Lage zu orientieren, damit sie im Falle eines Falles bewusst und vielleicht auch mit der Waffe in der Hand auf sie einwirken können. Wir müssen vor allem solche Bibliothekare, Leiter von Lesestuben und Lesehütten erziehen und diese verstreuten Stätten der Kultur eng mit dem Zentrum verbinden. Das ist möglich, das ist realisierbar und das werden wir realisieren. Nur dann schafft sich unser kultureller Aufbau die erforderlichen lokalen Hebel. Nur dann eröffnet die Oktoberrevolution vor den Massen ihren gesamten schöpferischen Gehalt. Wird das bald sein? Das hängt natürlich von objektiven Ursachen ab, aber in nicht geringem Maße auch von unseren Fähigkeiten.

Wir haben einen teuflischen Feind, den man den Schlendrian nennt. Dieser Feind, der seinerseits unsere Kulturlosigkeit widerspiegelt, macht einen selbstständigen Kampf mit ihm erforderlich. Wir schaffen jetzt bullenstarke Lesehütten, bullenstarke Bibliotheken und bullenstarke Organisatoren. Das ist hervorragend. Mobilisieren wir doch diese bullenstarken Bibliotheken, bullenstarken Hütten und bullenstarken Organisatoren zum Kampf gegen den Schlendrian.* (Beifall)

Ich bezweifle nicht, Genossen, dass ihr verstanden habt, dass ich nicht über irgendeinen Amtsbezirks-Schlendrian rede (Lachen), sondern über

* Hier verwendet Trotzki ein Wortspiel mit dem russischen Wort »wol«, der Bulle, Ochse. Er setzt es zusammen mit »Lesehütten«, »Bibliotheken« und »Organisatoren« und stellt es dem Schlendrian, in russisch »wol-okita« gegenüber. Das Wort Schlendrian ist im Russischen abgeleitet von »hinauszögern« oder »verschleppen«.

unseren allrussischen und Allunions-Schlendrian – der Kuckuck soll ihn holen! (Lachen) Noch zu einer anderen Frage. Heute las ich in der Zeitung in einer Kurznachricht, dass SakKino* in Tiflis für den Film »Die Roten Teufelchen« mit dem Roten Banner ausgezeichnet wurde. Freilich ist nichts dabei, dass man die gute Arbeit des Kinos würdigen möchte. Im Gegenteil, das ist hervorragend. Das Kino ist eine mächtige Waffe, und wenn wir erreichen, dass in unseren bullenstarken Lesehütten ein bullenstarkes Kino entsteht, dann heißt das, dass wir es bis zum Sozialismus nicht mehr weit haben, denn einen besseren Verbündeten als das Kino kann man sich nicht vorstellen. Dazu wollte ich aber nicht sprechen, sondern darüber, wie unbeholfen wir Grüße ausdrücken und Verdienste würdigen. Immer wird feierlich ein rotes Banner überreicht. Wir hatten unlängst eine Vielzahl von Jubiläen, anlässlich zweiter, dritter und fünfter Jahrestage, und fast zu jedem Anlass wird feierlich ein rotes Banner überreicht. Wozu und weshalb? Wenn wir nachrechnen, wie viel Mittel für das Überreichen von roten Bannern ausgegeben werden, so stellt sich heraus, dass es viel ist. Aber wie wäre es, wenn wir rufen würden: Bei allen Jubiläen, von denen wir ein kleines Übermaß haben, überreichen wir kein rotes Banner, sondern stellen diese Mittel dem örtlichen Bibliotheksfond für den Ankauf von Büchern zur Verfügung. Auf jedes Buch, das von diesen Mitteln gekauft und an die örtliche Bibliothek geschickt wird, wird auf den Einband (unbedingt gebundene Bücher) ein Stempel gesetzt, dass dieses Buch zur Würdigung der Verdienste zum Beispiel jenes Transkaukasischen Kinos bei der Produktion von »Die Roten Teufelchen« oder aus irgendeinem anderen Anlass angeschafft wurde. Mir scheint, dass ein solches Herangehen besser, inhaltsreicher und kulturvoller ist.

Natürlich sind Fahnen als Symbol des revolutionären Kampfes notwendig, aber das Überreichen von Fahnen als Routine, als etwas Verpflichtendes und gleichzeitig für niemanden Nützliches ist lächerlich und schädlich. Weshalb sollten die Bibliothekare hierzu nicht ihre Stimme erheben und von den Zeitungsleuten unterstützt werden: »Lasst uns künftig alle großen Erfolge oder Erinnerungen an Erfolge oder Erinnerungen an große Misserfolge durch die Erweiterung der Ressourcen für die Kultur- und Bildungsarbeit auf dem Lande begehen.« Stellen wir diese Lesehütte ins Zentrum der Aufmerksamkeit – sie braucht Bücher, Nachschlagewerke, eine geografische Karte, sie braucht die Klassiker und die Bücher

* Transkaukasisches Filmstudio – d. Übers.

Lenins. Und das werden wir ihr geben. Und auf ein jedes solches Buch kommt der entsprechende Stempel. Das wird außerdem auch für den Leser eine Art Unterricht in sowjetischer Geschichte werden...

Genossen, wenn euer Kongress unserer zu Stillstand neigenden gesellschaftlichen Meinung im Zentrum solch belebende Anstöße in verschiedene Richtungen gibt, so ist allein durch diesen einen Kongress eine ernsthafte und gute Arbeit geleistet. Man muss um jeden Preis die Angewohnheiten und Traditionen der Leibeigenschaft und des intellektuellen Herrentums niederringen, die in den Worten eines unserer alten Satiriker ausgedrückt sind: »Der Schriftsteller schreibt vor sich hin, und der Leser liest vor sich hin.« Nein, Schriftsteller, Verleger, Bibliothekar und Leser müssen am gleichen Strang ziehen. Und das kann nur durch organisierten Druck von unten, der Kontrolle von oben und durch Kontrolle und Auswahl erreicht werden. Der Leser muss kühner, fordernder und aktiver werden. Der Bibliothekar muss ihn darin unterweisen. Man muss dem Leser beibringen, dass er das nicht nur über sich ergehen lässt, was für ihn geschrieben wurde, sondern auch das einfordert, was er benötigt, und dass er mit dem Redakteur schimpft – natürlich auf höfliche Weise (Lachen) – wenn dieser nicht das macht, was benötigt wird. Ihr, Genossen, seid die Mittelsleute, die Hebel, die Agenten dieses schöpferischen Zusammenwirkens des Oben und Unten. Hoch leben die aktiven Vermittler, die wertvollsten Hebel im System der sowjetischen Kultur! (Lang anhaltender Applaus)

Antworten auf schriftliche Anfragen:

»War es richtig, die Revolution bei uns durchzuführen, wenn uns das englische Proletariat in rund fünfzehn Jahren sowieso ins Schlepptau nehmen muss?«

Aus dieser Frage ersehe ich, dass der Fragesteller entweder meinen Gedanken nicht richtig verstanden hat oder ich den Gedanken möglicherweise nicht hinreichend genau entwickelt habe.

1. Wenn die Revolution nicht im Jahre 1917 stattgefunden hätte, wären wir heute eine europäische oder richtiger eine amerikanische Kolonie, und das europäische Proletariat müsste uns dann tatsächlich ins Schlepptau nehmen, um uns aus der Sklaverei herauszuholen.

2. Das englische Proletariat überholt uns beim Aufbau des Sozialismus erst, nachdem es die Macht erobert hat, aber die Macht kann es nur

im Kampf, d. h. durch eine Revolution erobern, genau so wie wir es mussten.

3. Unsere Revolution als wichtigste historische Tatsache erleichtert dem englischen Proletariat den Weg zur Macht und den Aufbau des Sozialismus außerordentlich. Oberflächlich betrachtet, sieht es so aus, als ob das nicht so wäre, weil sich die Hoffnungen auf eine schnelle revolutionäre Entwicklung in Europa nicht bestätigt haben. Man muss sich aber in diese Frage hineindenken, um zu verstehen, dass sich die Bewegung im Westen ohne unsere Revolution unvergleichlich langsamer entwickeln würde.

4. Ob uns das englische Proletariat ins Schlepptau nimmt, wann und wie es das tut, ist schwer vorauszusagen. Aber was bedeutet das: ins Schlepptau nehmen? In diesem Falle bedeutet es, dass das englische Proletariat nach der Erringung der Macht und der Enteignung der Bourgeoisie mit seiner organisatorischen, technischen und jeglichen anderen Hilfe unseren Aufbau des Sozialismus beschleunigen wird. Diese Hilfe wird keine philanthropische Hilfe sein, da wir den Aufbau des Sozialismus in England mit unserem Getreide, Holz und anderen Rohstoffen unterstützen werden. Könnte uns das englische Proletariat »ins Schlepptau« nehmen, wenn wir unter bürgerlichen Verhältnissen leben würden? Bestimmt nicht. Somit zeugen die Zweifel des Fragestellers bezüglich der Frage, ob es richtig war, diese Revolution durchzuführen, davon, dass er die Grundlagen dieser Frage nicht durchdacht hat.

> »Könnte es nicht doch so kommen, dass wir die europäischen Arbeiter nicht nur bezüglich der Revolution, sondern auch bezüglich der Schaffung einer sozialistischen Kultur überflügeln?«

Natürlich, das ist nicht ausgeschlossen. Wenn sich die gegenwärtige europäische Ordnung, in der die Bourgeoisie bereits unfähig ist, die Dinge zu richten, aber das Proletariat noch nicht in der Lage ist, die Macht zu übernehmen, lange hinzieht; wenn die Bourgeoisie auf diesem Wege Europa in einen neuen Krieg treibt, in dem die europäische Wirtschaft und Kultur noch stärker ausbluten, ist es theoretisch gesprochen nicht ausgeschlossen, dass wir ein sehr hohes Niveau in Wirtschaft und Kultur erreichen, ehe das Proletariat des Westens die Macht erringt und den Weg des sozialistischen Aufbaus beschreitet. Diese Art von Perspektive setzt folgerichtig eine sehr langsame revolutionäre Entwicklung des übrigen Europa und den Erfolg unserer wirtschaftlichen und kulturellen Arbeit voraus. Allerdings zwingt uns nichts zu glauben, dass die europäische Revolution für lange Jahre verschoben wurde. Wenn sie jedoch, sagen wir zum Beispiel, im nächsten Jahrzehnt ausbricht, so spricht alles dafür, dass das europäische Proletariat, nach dem es den Widerstand der eigenen Bourgeoisie überwunden hat, uns auf dem Weg der Schaffung einer neuen gesellschaftlichen Ordnung und Kultur überholen wird. Aber wir werden natürlich alle Kräfte einsetzen, um nicht zurückzubleiben.

»Warum haben wir so eine unmögliche Presseinformation?«

Die Formulierung dieser Frage ist außerordentlich streng. Einige Erfolge auf dem Gebiet der Presseinformation haben wir erreicht. Aber im Großen und Ganzen ist die Presseinformation tatsächlich schwach. Worin drückt sich das aus? In vielem: Erstens darin, dass die Korrespondenten aufgrund ihrer alten Fertigkeiten und Gewohnheiten auf Schritt und Tritt über Dinge berichten, die keine besondere Aufmerksamkeit verdienen; zweitens bemerken sie aus demselben Grunde nicht, was unsere Presse in erster Linie interessieren sollte; drittens fehlen in den übermittelten Meldungen der notwendige Zusammenhang und die Kontinuität; und viertens werden die Meldungen so gedruckt, wie sie empfangen werden, das heißt in äußerst unverständlicher Form. Woher kommt das? Von all jenen Ursachen, über die wir im Vortrag gesprochen haben: von der unzureichenden Entwicklung der allgemeinen Kultur und besonders der Zeitungskultur. Das Zeitungswesen hat seinen besonderen Bereich des Wissens und Könnens, d. h. der Kultur. Wie kann man gegen die aufgezählten Mängel ankämpfen? Mit denselben Methoden, über die wir im Vortrag gesprochen haben: durch den Druck des Lesers oder wenigstens des Mittelsmannes zwischen Leser und Zeitungsmacher, in diesem Falle des aktiven Bibliothekars, des Leiters der Lesestube. Die Pressemeldungen müssen unmittelbar beim Verbraucher geprüft werden – beim einfachen Leser. Die Meldungen werden solange in schlechter Form angeboten, wie sie nur von den Oberen richtig gelesen werden, die sowieso verstehen, was die Meldungen enthalten. Wenn wir aber über die Bibliotheken und Lesestuben breiten Kreisen der Werktätigen das tägliche Lesen und Hören der Zeitung beibringen, dann wird sich auch der konservativste und trägste Zeitungsmann dem Druck der Forderungen und Proteste der Leser beugen müssen. Es ist die Aufgabe der Bibliothekare, diese Forderungen und Proteste zu organisieren.

Der Schutz der Mutter und der Kampf für Kultur

Die Lage der Mutter und des Kindes hängt erstens von der Entwicklung der Arbeitsleistung ab, vom allgemeinen wirtschaftlichen Niveau des Landes, und zweitens von der Gemeinschaft, von der Art und der Ausnutzung des Reichtums des Landes. Die Technik steht unter dem Druck des Westens. Wir beteiligen uns am europäischen Markt, d. h. wir kaufen und verkaufen; als Kaufleute sind wir, d. h. unser Land, darauf bedacht, möglichst teuer zu verkaufen und billig einzukaufen. Kaufen und verkaufen kann derjenige günstig, welcher selbst billig erzeugt und das ist nur dann möglich, wenn die Technik und die Organisation der Produktion auf der Höhe der Zeit sind. In Sowjetrussland haben wir auf wirtschaftlichen Gebiet einen neuen Maßstab, der zu einer Angleichung an die europäische und amerikanische Technik führen muss. Alsdann muss es unser Bestreben sein, sie zu überflügeln.

Als neulich 130 km von Moskau ein Kraftwerk – Schaturskaja Stantzia – eröffnet wurde, durften wir darin die größte technische Errungenschaft erblicken. Das Elektrizitätswerk von Schatura ist auf einem Torffeld errichtet worden. Es sind genügend Torffelder vorhanden und wenn wir es lernen werden, die schlummernden Energien dieser Moore in Elektrizität umzuwandeln, so wird sich das auch günstig auf die Mutterschaft und die Säuglinge auswirken. Die Ehrungen der Erbauer dieser Station gaben uns ein deutliches Bild unserer Kultur mit all ihren Widersprüchen. Wir fuhren gemeinsam von Moskau nach Schatura. Was bedeutet Moskau? Die Provinzabgeordneten sehen, wenn sie zum ersten Mal nach Moskau kommen, dass es das Zentrum der Sowjetunion ist, das Weltzentrum der Ideen, die die Arbeiterbewegung anleiten. Schatura (etwas über 100 Werst* von Moskau entfernt) ist nach Größe und Konstruktion das einzige Kraftwerk der Welt, in welchem ausschließlich aus Torf Elektrizität gewonnen wird.

Auf der Fahrt nach Schatura sahen wir zum Fenster des Zuges hinaus. Wie im 17. Jahrhundert muteten die vorüberziehenden Dörfer und der dichte undurchdringliche Wald an. Die Revolution hat natürlich auch in den in der Umgebung von Moskau liegenden Dörfern das kulturelle Niveau gehoben. Jedoch sind noch viele Merkmale der mittelalterlichen furchtbaren Rückständigkeit vorhanden, besonders in der Frage

* Altes russisches Längenmaß. Ein Werst entspricht 1,06 Kilometer.

von Mutter und Kind. Dennoch ist die Säuglingssterblichkeit erheblich zurückgegangen.

Man muss Moskau und Schatura näher bringen, denn Letzteres verkörpert die entwickelte Technik, als Symbol des Fortschritts. Hier kann man die Worte W. I. Lenins anführen, die besagen: der Sozialismus ist die Sowjetmacht plus Elektrifizierung. Man muss Sorge tragen, dass die Lebensweise nicht hinter den technischen Errungenschaften zurückbleibt. Das ist eine sehr wichtige Aufgabe, denn die Sitten und Gebräuche sind viel konservativer als die Technik.

Der Bauer und die Bäuerin, der Arbeiter und die Arbeiterin, sehen keine unmittelbaren Beispiele des Neuen vor sich, sie sehen keine zwingende Notwendigkeit, sich diesem Neuen anzupassen. In technischer Beziehung ruft uns Amerika zu: erbaut Schatura, sonst fressen wir euren Sozialismus mit Haut und Haaren! Die Lebensweise hat sich davon abgekapselt und empfindet nicht unmittelbar den gegen sie geführten Schlag; daher ist hier besonders eine Initiative für die gemeinschaftliche Arbeit notwendig.

Große fortschrittliche Arbeit wurde auch in den Dörfern geleistet. Die Thesen des Kongresses weisen darauf hin, dass in den Dörfern die Notwendigkeit für Säuglingsheime besteht und dass die Bauern deren Gründung auch verlangen, während noch vor gar nicht langer Zeit selbst in den Städten den Säuglingsheimen Misstrauen entgegengebracht wurde. Die Sinnesänderung in bäuerlichen Kreisen ist schon ein großer Fortschritt, denn nach und nach wird sich die Bauernfamilie umstellen. Wenn auch unser Proletariat, das aus dem Bauernstand hervorging, in 30 bis 50 Jahren dem europäischen Proletariat gleichkam und es auf dem Feld des Klassenkampfes nachher überholte, so ist in der Lebensweise des Proletariats, in der Familie noch vieles von der früheren Leibeigenschaft übrig geblieben. In der kleinbürgerlichen Familie und der des Intellektuellen sind noch viel mehr Anzeichen der früheren Leibeigenschaft zu finden als beim Proletariat. Wir müssen uns zur Aufgabe machen, die althergebrachte Form der Familie zu ändern.

Ich möchte ein Argument, das mich beschäftigt, anführen. Es lautet etwa folgendermaßen: Wie kann man der »unverheirateten« Mutter, d. h. der Mutter, die nicht standesamtlich getraut ist, die gleichen Rechte gegenüber dem Vater geben wie der »verheirateten« Mutter? Heißt das nicht, der Frau eine Beziehung aufzuzwingen, die sie nicht eingehen würde, wenn das Gesetz ihr das Recht gegenüber dem Vater nicht verweigern würde?

Genossen, das ist so ungeheuerlich, dass es einen wundert: Leben wir in einer Gesellschaft, die sich in eine sozialistische verwandelt, d. h. in Moskau oder Schatura, oder leben wir zwischen Moskau und Schatura im schlummernden Wald? Nicht nur, dass die Einstellung zur Frau hier nicht kommunistisch ist, nein, sie ist reaktionär und philisterhaft im schlimmsten Sinne des Wortes. Wie kann man annehmen, dass die Rechte der Frau, die die Folgen jeder Heirat unabhängig von der Dauer der Beziehung zu tragen hat, in unserem Land zu stark geschützt würden. Ich glaube, es ist nicht nötig zu zeigen, wie ungeheuerlich diese Fragestellung ist. Aber es ist symptomatisch und beweist, dass es in unseren traditionellen Ansichten, Vorstellungen und Gewohnheiten vieles gibt, das wirklich dumm ist und mit einem Rammbock zerstört werden muss.

Der Kampf für Mutter und Kind unter den bestehenden Bedingungen heißt im besonderen, gegen den Alkoholismus zu kämpfen. Man kann nicht für die Verbesserung der Lage der Mutter und des Säuglings kämpfen, ohne offen gegen den Alkoholismus vorzugehen. Wenn wir die Mutter- und Säuglingsfrage in eine Reihe von Fragen zerlegen und im besonderen den Kampf gegen den Alkohol hervorheben, so legen wir uns deutlich Rechenschaft darüber ab, dass der wichtigste Teil des Kampfs für die Beständigkeit der ehelichen Verbindungen und Beziehungen darin besteht, das Kulturniveau des Volkes bedeutend zu heben. Mit allgemeiner Propaganda und mit Predigten kann man der Sache nicht nützen.

Es sind Gesetze unerlässlich, die die Mutter in ihrer schwersten Zeit schützen und für den Säugling sorgen. Wenn wir die Gesetze machen, so keinesfalls zugunsten des Vaters, denn die Rechte der Mutter, auch wenn sie juristisch gesichert sind, werden in der Wirklichkeit durch die alten Gewohnheiten doch nicht genügend geschützt, solange wir nicht den weitgehend entwickelten Sozialismus oder Kommunismus haben werden.

Also muss man den Kampf auf verschiedenen Gebieten führen, inbegriffen den Kampf gegen den Alkohol, der nicht an letzter Stelle stehen darf. Die Hauptsache ist, wiederhole ich, die Hebung der menschlichen Persönlichkeit. Je höher der Mensch geistig steht, desto höher sind seine Ansprüche an seine Mitmenschen; je höher die gegenseitigen Anforderungen sind, desto fester das Band. Die gestellten Aufgaben unserer Gemeinschaftsarbeit lösen sich durch die Hebung des Handels, der Landwirtschaft, des Wohlstands, der Kultur und der Bildung.

Vor einiger Zeit besuchte ich zwei große landwirtschaftliche Dorfkommunen. Selbstverständlich sind sie kein »Schatura« unseres Zeitalters, aber man konnte dort große kulturelle Fortschritte bemerken, so z. B. sind dort Krippen vorhanden, die auf der gemeinsamen Arbeitskooperative aufgebaut sind als ein Bestandteil einer großen Familie. Diese Kinderheime bestehen aus Abteilungen für Jungen und Mädchen, sie besitzen eine gemeinsame Küche, einen gemeinsamen Speiseraum und eine Klubbibliothek. Diese Einrichtungen bedeuten einen großen Schritt vorwärts im Vergleich zu der Bauernfamilie. Die Frau fühlt sich in der Kommune als gleichberechtigter Mensch.

Natürlich bin ich mir darüber klar, dass das Gesagte nur eine kleine Oase ist, und dann ist es noch nicht erwiesen, dass diese Oase sich aus sich selbst heraus erweitern kann, denn die Arbeitsleistung in diesen Kommunen ist noch lange nicht gesichert. Man kann nur die Lage der Mutter und des Säuglings verbessern, wenn die Volkswirtschaft sich fortentwickelt. Der Keim der neuen Möglichkeiten in den landwirtschaftlichen Kommunen ist vorhanden und ist besonders wertvoll, weil ab und zu in der Handelswirtschaft ein Aufflackern kapitalistischer Regungen zu beobachten ist. Umso wertvoller sind alle möglichen Formen der Kooperative in den Dörfern, alle Formen kollektiver Art der Lösung wirtschaftlicher, kultureller oder anderer Lebensfragen. Die Tatsache, dass das Dorf die Errichtung von Krippen verlangt, ist von großer Bedeutung, besonders wenn wir zugleich mit den Kinderheimen kleine Landwirtschaftskommunen errichten.

Ich interessierte mich für die Beziehungen der Bauernschaft zu der Kommune »Der kommunistische Leuchtturm«. Dieser »Leuchtturm« weist hauptsächlich in den Kosakengebieten und teilweise unter den Sekten und Baptisten, d. h. unter ziemlich konservativen Elementen, den Weg. Die alte Feindschaft zur Kommune ist verschwunden. Die Kommune ist eine Keimzelle der Zukunft. Die Zukunftsarbeit besteht in der Entwicklung der Industrie, die dem Dorfe die technische Basis für die Industrialisierung der Landwirtschaft geben wird. Wenn diese Pläne durchgeführt sein werden, dann werden sich im Zusammenhang mit ihnen neue Beziehungen zur Frau und zum Kind entwickeln.

Die Bedeutung der gesellschaftlichen Struktur wird durch die Entwicklung der Produktivkräfte bestimmt. Man kann aber auch von einer anderen Seite an diese Frage herantreten. Die Entwicklung der Produktivkräfte ist kein Selbstzweck. Nicht zuletzt benötigen wir sie, um eine Persönlichkeit heranzubilden, einen bewussten Menschen, der keinen

Herrn auf der Erde über sich hat und keinen Herrn, aus der Furcht geboren, im Himmel; einen Menschen, der alles Schöne und Gute, das die verflossenen Jahrhunderte schufen, in sich aufnimmt, der solidarisch mit allen anderen vorwärts schreitet, neue kulturelle Kostbarkeiten schafft, neue persönliche Beziehungen anknüpft und die bestehenden in der Familie neu orientiert, höhere, vornehmere als die, die auf dem Boden der Versklavung der Klassen entstanden sind. Für uns ist die Entwicklung der Arbeitsleistung wichtig als materielle Voraussetzung für das höhere menschliche Individuum, einen nicht in sich verschlossenen, sondern kooperativen Menschen. Aus der Beziehung der menschlichen Gemeinschaft zur Frau und zum Kinde wird man vieles beurteilen können.

Die menschliche Psyche entwickelt sich nicht gleichzeitig in allen ihren Teilen. Wir leben in einem politischen und revolutionären Zeitalter. Wenn der Arbeiterstand sich im Kampfe entwickelt, so formt sich alles erst in revolutionär-politischer Hinsicht. Die Zellen des Bewusstseins, wo die Ansichten über Familie und Tradition, die Beziehungen der Menschen zueinander, zu der Frau und zu dem Kinde entstehen, diese Zellen bleiben oft unberührt. Deshalb werden wir noch lange beobachten können, dass trotz der Entwicklung der Volkswirtschaft noch sehr viel Mittelalterliches in den persönlichen Beziehungen der Menschen zueinander vorhanden sein wird. Daher wird das Kriterium für die Beurteilung unserer Kultur die Beziehung zur Frau und zum Kinde sein.

Kultur und Sozialismus

I. Technik und Kultur

Vor allem wollen wir daran erinnern, dass Kultur ehemals beackertes, bearbeitetes Feld bedeutete – im Gegensatz zu dem noch jungfräulichen und unberührten Wald und dem Rodeland. Die Kultur wurde der Natur, d. h. das, was durch Menschenkraft erworben wurde, den elementaren Gaben der Natur gegenübergestellt. Diese Gegenüberstellung hat in ihren Grundlagen heute noch ihre Geltung.

Kultur ist alles, was der Mensch geschaffen, erbaut, erkämpft und sich angeeignet hat im Laufe seiner ganzen Geschichte – im Unterschied zu alldem, was von der Natur geboren, einschließlich dem, was von der Naturgeschichte der Menschen, als vom Tier abstammend, gegeben worden ist. Die Wissenschaft, die den Menschen als ein Produkt der Entwicklung der Tiere ansieht, nennt sich Anthropologie. Aber von dem Augenblick an, da der Mensch sich von dem Tierreich absonderte – und dies geschah ungefähr zu der Zeit, als er zum ersten Mal die primitive Waffe in die Hand nahm (einen Stein, einen Stock) und mit diesen Werkzeugen seinen Körper bewaffnete – von diesem Zeitpunkt an entstand die Gründung der Kultur, d. h. begann die Anhäufung jeder Art von Kenntnis und vom Vermögen, den Kampf gegen die Natur aufzunehmen und sie sich zu unterwerfen.

Wenn wir von der Kulturanhäufung durch frühere Generationen sprechen, so stützen wir uns im Geiste vor allem auf materielle Errungenschaften der Kultur, und zwar Waffen, Maschinen, Gebäude, Denkmäler usw. Ist das die Kultur? Unbedingt ist die Kultur in ihren wesentlichen Bestandteilen eine materielle Kultur. Sie schafft auf dem Fundament der Natur den grundlegenden Rahmen unseres Lebens, unserer Lebensart, unseres Schaffens. Doch der kostbarste Teil der Kultur erscheint in den Ablagerungen in dem Bewusstsein des Menschen selbst, in jenen unseren Griffen, Gewohnheiten, Anpassungsvermögen, erworbenen Fähigkeiten, die aus der ganzen vorherigen materiellen Kultur erwachsen sind und sich auf dieselbe stützend, diese Kultur umformen. Wir wollen daher ein für allemal daran festhalten: Die Kultur erwächst aus dem Kampf des Menschen mit der Natur für seine Existenz, zur Verbesserung seiner Lebensbedingungen, zur Erhöhung seiner Macht. Aber aus dieser Grundlage erwachsen auch die Klassen. In dem Prozess der Anpassung an die Natur, im Kampfe gegen ihre feindlichen Kräfte, gestaltet sich die menschliche Gesellschaft zu einer komplizierten Klassenorganisation. Der Bau der Klassengesellschaft bestimmt aber in entscheidendem Grade Inhalt und Form der menschlichen Geschichte, das heißt ihre materiellen Beziehungen und ihre ideologischen Widerspiegelungen. Damit ist gesagt, dass die historische Kultur einen Klassencharakter hat.

Die sklavenbesitzende Gesellschaft, die feudal-leibeigene und die bürgerliche Gesellschaft erzeugten auch eine entsprechende Kultur, auf verschiedenen Etappen verschiedenartige Kulturen mit zahllosen Übergangsformen. Die historische Gesellschaft ist eine Organisation des Ausnutzens des einen Menschen durch den andern. Die Kultur dient der Klassenorganisation der Gesellschaft. Die ausbeutende Gesellschaft erzeugt eine Kultur der Ausbeutung. Aber dann sind wir also gegen die ganze Kultur der Vergangenheit?

Es ergibt sich tatsächlich ein tiefer Widerspruch. Alles, was durch die Anstrengungen des Menschen erkämpft, geschaffen, erbaut worden ist und was dazu dient, die Macht des Menschen zu erhöhen, ist die Kultur. Da es sich aber nicht um den individuellen Menschen handelt, sondern um den gesellschaftlichen, da die Kultur in ihrem Wesen eine gesellschaftlich-geschichtliche Erscheinung ist, da die historische Gesellschaft eine Klassengesellschaft war und bleibt, so entpuppt sich die Kultur als eine grundlegende Waffe der Klassenunterdrückung. Marx hat gesagt: »Die Gedanken der herrschenden Klasse sind in jeder Epoche die herrschenden Gedanken.«* Das bezieht sich auch auf die Kultur im Ganzen. Wir aber sagen der Arbeiterklasse: Erobere die Kultur der Vergangenheit, sonst wirst du den Sozialismus nicht aufbauen! Wie soll man das verstehen?

Über diesen Widerspruch straucheln viele und straucheln nur darum so oft, weil sie an den Begriff der Klassengesellschaft nur oberflächlich – halb idealistisch – herangehen, dabei vergessend, dass sie in ihrer Grundlage die Organisation der Produktion ist. Jede Klassengesellschaft bildete sich aus bestimmten Mitteln der Auseinandersetzung mit der Natur, und diese Mittel haben sich jedes Mal mit der Entwicklung der Technik geändert. Welches ist nun die Grundlage aller Grundlagen: die Klassenorganisierung der Gesellschaft oder die Produktivkräfte?

* Karl Marx, Friedrich Engels, »Die deutsche Ideologie«, *Marx-Engels-Werke*, Berlin 1959, Bd. 3, S. 46.

Zweifellos sind es die Produktivkräfte. Denn eben auf diesen, auf einem bestimmten Niveau ihrer Entwicklung, gestalten und verändern sich eben die Klassen. In den Produktivkräften offenbart sich die verdinglichte wirtschaftliche Fertigkeit des Menschen; seine historische Fähigkeit, seine Existenz zu sichern. Auf dieser dynamischen Grundlage erwachsen die Klassen, die durch ihre Wechselbeziehungen den Charakter der Kultur bestimmen.

Und so müssen wir uns bezüglich der Technik vor allen Dingen fragen: Erscheint sie nur als die Waffe der Unterdrückung? Es genügt, die Frage so aufzuwerfen, um gleich die Antwort zu bekommen: Nein, die Technik ist die grundlegende Eroberung der Menschheit; wenn sie auch bis jetzt der Ausbeutung als Werkzeug diente, erscheint sie doch gleichzeitig als grundlegende Bedingung der Befreiung der Ausgebeuteten. Die Maschine erstickt den Lohnsklaven. Aber man kann sich nur durch die Maschine befreien. Hier ist die Wurzel der ganzen Frage.

Vergessen wir nicht, dass die treibende Kraft des historischen Prozesses das Anwachsen der produktiven Kräfte ist, die den Menschen von der Gewalt der Natur befreien, so werden wir begreifen, dass das Proletariat das gesamte Wissen und Können, welches von der Menschheit im Laufe ihrer Geschichte erarbeitet worden ist, beherrschen muss, um vorwärts zu kommen, indem es das Leben auf den Grundlagen der Solidarität umbaut.

»Bewegt die Kultur die Technik oder die Technik die Kultur vorwärts?« Eine solche Fragestellung ist falsch. Die Technik kann der Kultur nicht gegenübergestellt werden, denn sie ist ihre grundlegende Triebfeder. Ohne Technik keine Kultur. Die Entwicklung der Technik bewegt die Kultur vorwärts. Doch der Fortschritt der Wissenschaft und der allgemeinen Kultur auf der Grundlage der Technik stellen einen mächtigen Beistand bei der weiteren Entwicklung der Technik dar. Hier besteht eine dialektische Wechselwirkung.

Braucht man ein einfaches, aber treffendes Beispiel des Widerspruches, der in der Technik selbst liegt, so findet man kein besseres, als die Eisenbahn. Sieht man sich die europäische Eisenbahn an, erkennt man Wagen verschiedener »Klassen«. Diese Klassen erinnern uns an die Klassen der kapitalistischen Gesellschaft. Die erste Klasse ist für die privilegierten oberen Schichten, die zweite für die mittlere Bourgeoisie, die dritte für die kleine Bourgeoisie und die vierte für das Proletariat, das sich früher nicht umsonst den vierten Stand genannt hat. An und für sich stellt die Eisenbahn eine kolossale kulturtechnische Eroberung der

Menschheit dar, und diese Eroberung hat im Laufe von einem Jahrhundert das Bild der Erde gründlich verändert. Aber die Klassenstruktur der Gesellschaft wirkt auch auf die Struktur der Verkehrsmittel ein. Und auch unsere Sowjet-Eisenbahnen sind weit entfernt von Gleichheit. Sie sind es nicht nur darum, weil die Waggons von der Vergangenheit ererbt wurden, sondern auch darum, weil die Neue Ökonomische Politik (NÖP) die Gleichheit vorbereitet, aber sie nicht verwirklicht.

Bis zur Erfindung der Eisenbahnen drängte sich die Zivilisation an den Ufern der Meere und der großen Flüsse. Die Eisenbahnen haben der kapitalistischen Kultur ganze Kontinente zugeführt. Als eine der grundlegenden, wenn nicht gar als die grundlegendste Ursache für die Rückständigkeit und Verlassenheit der russischen Dörfer erscheint der Mangel an Eisenbahnen, Chausseen und fahrbaren Wegen. In dieser Hinsicht befindet sich die Mehrzahl unserer Dörfer noch im vorkapitalistischen Zustand. Wir müssen unseren großen Verbündeten und zugleich unseren allergrößten Gegner – die Entfernung – überwinden. Die sozialistische Wirtschaft ist eine Planwirtschaft. Der Plan setzt vor allen Dingen Verbindungen voraus. Das allerwichtigste Mittel einer Verbindung sind die Verkehrsmittel. Jede neue Eisenbahnlinie ist ein Weg zur Kultur und unter unseren Bedingungen gleichzeitig ein Weg zum Sozialismus. Wiederum mit der Erhöhung der Technik der Verkehrsmittel und dem Wohlstand des Landes wird sich die soziale Gestalt der Eisenbahnzüge ändern, die Teilung in Klassen wird verschwinden. Alle werden in weichgepolsterten Wagen reisen,... wenn man bis dahin überhaupt noch mit der Eisenbahn reisen und nicht die für jedermann zugänglichen Flugzeuge vorziehen wird.

Nehmen wir ein anderes Beispiel: die Werkzeuge des Militarismus, die Mittel der Vernichtung. In dieser Sphäre drückt sich die Klassennatur der Gesellschaft besonders grell und abscheulich aus. Aber es gibt keine zerstörende, explodierende und vergiftende Materie, deren Erfindung an und für sich nicht eine kostbare wissenschaftlich-technische Eroberung wäre. Explodierende und vergiftende Materien werden auch für aufbauende und nicht nur für zerstörende Zwecke verwendet und eröffnen auf dem Gebiete der Erfindung und Entdeckung neue Möglichkeiten.

Das Proletariat kann erst dann die Staatsmacht erobern, nachdem es den alten Apparat der Klassenherrschaft zerschlagen hat. Wir haben diese Arbeit so gründlich verrichtet, wie sonst niemals in der Welt. Doch beim Errichten des neuen Apparats stellte es sich heraus, dass man in gewissem, ziemlich bedeutendem Grade die alten Elemente doch verwenden muss. Der weitere sozialistische Umbau des Staatsapparates ist schon unzertrennlich von der politischen, wirtschaftlichen und kulturellen Arbeit überhaupt.

Die Technik braucht man nicht zu zerschlagen. Die von der Bourgeoisie errichteten Werke erobert das Proletariat in dem Zustand, in dem sie der revolutionäre Umsturz vorfindet. Die alte Ausrüstung dient uns noch bis auf den heutigen Tag. Darin offenbart sich am grellsten und unmittelbarsten die Tatsache, dass wir auf das »Erbe« nicht verzichten. Wie wäre es denn auch anders? Die Revolution ist ja vor allen Dingen nur darum gemacht worden, um von dem »Erbe« Besitz zu ergreifen. Doch ist die alte Technik in dem Zustand, in dem wir sie übernommen haben, für den Sozialismus gänzlich unverwendbar. Sie stellt eine kristallisierte Anarchie der kapitalistischen Wirtschaft dar. Die Konkurrenz verschiedener Unternehmungen, die Jagd nach dem Profit, die ungleichmäßige Entwicklung einzelner Zweige, der Rückstand bestimmter Bezirke, die Zerstückelung der Landwirtschaft, die Ausplünderung der menschlichen Kraft – das alles fand in der Technik seinen gusseisernen und kupfernen Ausdruck. Während man jedoch den Apparat der Klassenunterdrückung mit einem revolutionären Schlag zertrümmern kann, kann man den produktiven Apparat der kapitalistischen Anarchie nur nach und nach umbauen. Die Vollendung einer Aufbauperiode – auf der Basis einer alten Ausrüstung – kann uns nur bis zur Schwelle dieser grandiosen Aufgabe führen. Und diese Aufgabe müssen wir unter allen Umständen lösen.

II. Das Erbe geistiger Kultur

Die geistige Kultur ist ebenso widerspruchsvoll wie die materielle. So wie wir keine Bogen und Köcher aus den Arsenalen und Lagern der materiellen Kultur, keine steinernen Werkzeuge und keine Werkzeuge aus der Bronzezeit in Umlauf setzen, sondern möglichst vollendete Werkzeuge neuester Technik nehmen, genau so müssen wir auch an die geistige Kultur herangehen.

Das grundlegende Element der Kultur der alten Gesellschaft war die Religion. Sie figurierte als die allerwichtigste Form menschlichen Wissens und menschlicher Einigkeit. Aber in dieser Form drückte sich in erster Reihe die Schwäche des Menschen gegenüber der Natur und seine Ohnmacht innerhalb der Gesellschaft aus. Die Religion mit allen ihren Surrogaten lehnen wir gänzlich ab.

Anders steht es um die Philosophie. Von der durch die Klassengesellschaft geschaffenen Philosophie müssen wir uns zwei ihrer unschätzbaren Elemente aneignen: den Materialismus und die Dialektik. Eben aus der organischen Verbindung des Materialismus und der Dialektik ist Marx' Methode geboren und sein System entstanden. Diese Methode liegt dem Leninismus zugrunde.

Wenn wir nun ferner zur Wissenschaft in ihrem eigentlichen Sinne übergehen, so wird es offenbar sein, dass wir in ihr ein ungewöhnliches Reservoir von Wissen und Können, das von der Menschheit während ihres ganzen Lebens angesammelt wurde, vor uns haben. Man kann gewiss darauf hinweisen, dass die Wissenschaft, deren Ziel das Erkennen des Bestehenden ist, viele klassentendenziöse Beimischungen enthält. Und so ist es tatsächlich! Denn wenn sogar die Eisenbahn die Privilegien der einen und die Not der anderen widerspiegelt, um wie viel mehr bezieht sich das auf die Wissenschaft, deren Substanz geschmeidiger ist als Metall und Holz, aus denen die Waggons gebaut werden. Aber wir müssen uns darüber Rechenschaft ablegen, dass das wissenschaftliche Schaffen in seinen Grundlagen von dem Bedürfnis der Naturerkenntnis lebt, um die Kräfte der Natur zu beherrschen. Obwohl die Klasseninteressen falsche Tendenzen sogar in die Naturwissenschaft hineingetragen haben und noch hineintragen, so sind doch dieser Verfälschung Grenzen gesetzt, wo sie unmittelbar die Erfolge der Technologie zu stören beginnen. Wirft man einen Blick auf die Naturwissenschaft von unten nach oben, angefangen vom Gebiet der Anhäufung von elementaren Tatsachen, bis zu den höchsten und verwickeltsten Verallgemeinerungen, so sieht man, je mehr die wissenschaftliche Forschung empirisch ist, je näher sie ihrer Materie, der Tatsache steht, desto zweifellosere Resultate ergibt sie. Je weiter das Gebiet der Verallgemeinerung ist, je mehr die wissenschaftliche Forschung sich den philosophischen Fragen nähert, desto mehr unterwirft sie sich der Einwirkung der Klassensuggestion.

Komplizierter, schlimmer steht es um die Gesellschafts- und die sogenannten »Humanwissenschaften«. Auch hier wirkte natürlich im Wesen das Streben, zu erkennen, was ist. Dank diesem Umstand hatten wir, nebenbei gesagt, eine glänzende Schule der klassischen, bürgerlichen Nationalökonomie. Doch das Klasseninteresse, welches sich in den Gesellschaftslehren viel unmittelbarer und gebieterischer ausdrückt als in den Naturwissenschaften, stoppte die Entwicklung des ökonomischen Gedankens der bürgerlichen Gesellschaft schnell. Auf diesem Gebiete sind wir Kommunisten jedoch besser bewaffnet als auf jedem anderen.

Die sozialistischen Theoretiker Marx und Engels haben, angeregt durch den Klassenkampf des Proletariats und gestützt auf die bürgerliche Wissenschaft, die sie kritisierten, die machtvolle Methode des historischen Materialismus und seine unübertroffene Anwendung im »Kapital« geschaffen. Das bedeutet natürlich noch nicht, dass wir immun sind gegen die Herrschaft der bürgerlichen Ideen auf dem Gebiete der Wirtschaftslehre und Soziologie überhaupt. Nein, die allervulgärsten katheder-sozialistischen und die spießbürgerlich-»volkstümlerischen« Tendenzen dringen aus der alten »Schatzsammlung« der Erkenntnis kommend, auf jedem Schritt in unseren Lebenskreis hinein und suchen sich einen Nährboden in den noch ungeformten und widerspruchsvollen Beziehungen der Übergangsepoche. Doch auf diesem Gebiet haben wir die unersetzlichen Kriterien des Marxismus, die durch Lenins Arbeiten geprüft und bereichert wurden. Und wir werden den vulgären Wirtschaftlern und Soziologen einen um so siegreicheren Widerstand entgegensetzen, je weniger wir uns der Erfahrung der heutigen Zeit verschließen, je breiter wir die Weltentwicklung in ihrem Ganzen erfassen werden, indem wir ihre grundlegenden Tendenzen von den konjunkturellen Veränderungen unterscheiden.

In den Fragen des Rechts, der Moral und der Ideologie im Allgemeinen ist die Lage der bürgerlichen Wissenschaft, wenn möglich, eine noch jammervollere als auf dem Wirtschaftsgebiete. Man kann auf diesen Gebieten nur einen kostbaren Kern einer wahren Erkenntnis finden, wenn man Dutzende von Misthaufen professoraler Gelehrsamkeit durchwühlt hat.

Die Dialektik und der Materialismus bilden die grundlegenden Elemente der marxistischen Welterkenntnis. Aber das bedeutet gar nicht, dass man sie als einen jederzeit vorhandenen Dietrich auf jedem beliebigen Gebiet der Erkenntnis anwenden kann. Die Dialektik kann man den Tatsachen nicht aufdrängen; man muss sie aus den Tatsachen, aus ihrem Wesen und ihrer Entwicklung ableiten. Nur eine mühsame Arbeit an einem unübersehbaren Material gab Marx die Möglichkeit, das dialektische System der Wirtschaftslehre auf dem Begriff des Werts als gesellschaftlicher Arbeit aufzubauen. Ebenso sind die geschichtlichen Arbeiten von Marx aufgebaut, sogar seine Zeitungsartikel. Man kann den dialektischen Materialismus auf neue Gebiete der Erkenntnis anwenden, nur wenn man sie von innen heraus beherrscht. Die Säuberung der bürgerlichen Wissenschaft setzt das Beherrschen der bürgerlichen Wissenschaft voraus. Weder eine Bausch- und Bogenkritik, noch das einfache

Kommandieren wird hier etwas ausrichten. Aneignung und Anwendung gehen Hand in Hand mit der kritischen Umarbeitung. Die Methode haben wir, aber diese Arbeit wird für Generationen ausreichen.

Die marxistische Kritik der Wissenschaft muss nicht nur wachsam, sondern auch vorsichtig sein; sonst kann sie in direkte Verleumdung und »Famusowismus«* ausarten. Nehmen wir z. B. die Psychologie. Die Reflexologie Pawlows bewegt sich gänzlich in den Bahnen des dialektischen Materialismus. Sie zerstört endgültig die Wand zwischen der Physiologie und Psychologie. Der einfachste Reflex ist physiologisch und das System der Reflexe gibt die »Erkenntnis«. Die Anhäufung von physiologischen Quanten ergibt eine neue »psychologische« Qualität. Die Methode der pawlowschen Schule ist eine experimentelle und mühsame. Die Verallgemeinerungen werden Schritt für Schritt erkämpft: von dem Hundespeichel bis zur Poesie, d. h. bis zu ihrer psychischen Mechanik (nicht aber bis zum gesellschaftlichen Inhalt), wobei die Wege zur Poesie noch nicht sichtbar sind.

Anders geht die Schule des Wiener Psychoanalytikers Freud vor. Sie geht von vornherein davon aus, dass die treibende Kraft der kompliziertesten und feinsten psychischen Prozesse das physiologische Bedürfnis ist. In diesem allgemeinen Sinne ist sie materialistisch – wenn man von der Frage absieht, ob sie dem Geschlechtsmoment nicht allzu viel Platz einräumt auf Kosten anderer Momente; denn das ist schon ein Streit im Rahmen des Materialismus. Aber der Psychoanalytiker geht an das Problem der Erkenntnis nicht experimentell, von den niedrigsten Erscheinungen zu den höheren heran, von dem einfachen Reflex zum komplizierten, sondern er ist danach bestrebt, alle diese Zwischenstufen durch einen Sprung zu bewältigen: von oben nach unten, vom religiösen Mythos, dem lyrischen Gedicht oder der Traumerscheinung kommt er sofort zur physiologischen Grundlage der Psyche.

Die Idealisten lehren, dass die Psyche selbstständig, dass die »Seele« ein bodenloser Brunnen sei. Sowohl Pawlow als auch Freud nehmen an, dass die Physiologie der Boden der »Seele« ist. Aber Pawlow geht wie ein Taucher auf den Grund hinunter und erforscht mühsam den Brunnen von unten nach oben, Freud steht oben am Brunnen, steht und versucht

* Famusow ist ein hoher Staatsbeamter in der Komödie »Verstand schafft Leiden« von A. S. Gribojedow. Seine Interessen beschränken sich auf die Wahrung seiner Amtswürde, und er fürchtet alles, was die Autorität gefährdet und seine Lage stört.

mit durchdringendem Blick den Umriss des Bodens durch das Dickicht des sich ewig bewegenden und trüben Wassers zu erblicken oder zu erraten. Pawlows Methode ist das Experiment. Freuds Methode ist die Vermutung, die manchmal phantastisch ist. Der Versuch, die Psychoanalyse als »unvereinbar« mit dem Marxismus zu erklären und dem Freudismus einfach den Rücken zu kehren, wäre zu einfach oder richtiger, zu einfältig. Aber wir sind wiederum in keinem Fall verpflichtet, den Freudismus zu adoptieren. Er ist eine Arbeitshypothese, die Vermutungen und zweifellos auch Schlussfolgerungen aufstellen kann, welche auf der Linie der materialistischen Psychologie liegen. Der experimentelle Weg wird seinerzeit die Nachprüfung ergeben. Aber wir haben weder Grund noch das Recht, den anderen Weg mit Verbot zu belegen, der weniger zuverlässig ist, der aber versucht, die Schlussfolgerungen im Voraus aufzustellen, zu denen der experimentelle Weg nur äußerst langsam führt.*

Durch diese Beispiele wollte ich wenigstens teilweise zeigen, sowohl die Vielfalt des wissenschaftlichen Erbes, als auch die Kompliziertheit jener Wege, durch die das Proletariat von ihr Besitz ergreifen kann. Wenn in dem Aufbau der Wirtschaft die Sache nicht durch den Befehl entschieden werden kann und man gezwungen ist, »Handel treiben zu erlernen«, so kann in der Wissenschaft das bloße Kommandieren außer Schaden und Schande nichts einbringen. Hier muss man »das Lernen erlernen«.

Die Kunst ist eine der Formen, durch welche der Mensch sich in der Welt orientiert. In dieser Hinsicht unterscheidet sich das Erbe der Kunst nicht von dem Erbe der Wissenschaft und der Technik und ist nicht weniger widerspruchsvoll als dieselben. Doch im Gegensatz zur Wissenschaft ist die Kunst eine Form der Erkenntnis der Welt, nicht als eines Systems von Gesetzen, sondern als einer Gruppierung von Formen; sie ist zu gleicher Zeit ein Mittel, bestimmte Gefühle und Stimmungen einzuflößen. Die Kunst früherer Jahrhunderte machte den Menschen komplizierter und biegsamer; sie hob seine Psyche auf eine höhere Stufe und bereicherte sie allseitig. Diese Bereicherung ist eine unschätzbare Eroberung der Kultur. Die Erfassung der alten Kunst erscheint darum nicht

* Selbstverständlich hat das nichts mit der Kultivierung eines Pseudo-Freudismus als einer erotischen Spielerei oder einer »Unanständigkeit« gemein. Solche Effekthascherei steht in keiner Beziehung zur Wissenschaft; sie offenbart nur die Stimmung einer Verfallsepoche; das Schwergewicht wird vom Gehirn auf das Rückenmark verlagert. L.T.

nur als eine unbedingte Voraussetzung für die Schaffung einer neuen Kunst, sondern auch für den Aufbau einer neuen Gesellschaft; denn für den Kommunismus braucht man Menschen mit hoher Psyche. Ist indessen die alte Kunst fähig, uns mit künstlerischer Erkenntnis der Welt zu bereichern? Sie ist es. Eben darum ist sie in der Lage, unsere Gefühle zu inspirieren und zu erziehen. Verwerfen wir die alte Kunst in Bausch und Bogen, sind wir sofort geistig ärmer.

Bei uns beobachtet man jetzt hie und da die Tendenz, den Gedanken in den Vordergrund zu stellen, dass die Kunst nur die Suggestion gewisser Stimmungen zum Ziele hat, und nicht die Erkenntnis der Wirklichkeit. Die Schlussfolgerung ist: Welche Gefühle kann uns denn die adlige oder bürgerliche Kunst suggerieren? Diese Fragestellung ist schon im Ausgangspunkt unrichtig. Der Wert der Kunst als Erkenntnismittel – auch für die Volksmassen, gerade für sie – ist nicht kleiner, als ihre »gefühlsmäßige« Bedeutung. Sowohl die Legende als auch das Märchen, das Lied, das Sprichwort und die Volksdichtung vermitteln eine anschauliche Erkenntnis, beleuchten das Vergangene, verallgemeinern die Erfahrung, erweitern den Horizont, und nur in Verbindung damit und dank diesem können sie die Stimmung beeinflussen. Dies bezieht sich auf die Literatur im allgemeinen, nicht nur auf das Epos, sondern auch auf die Lyrik. Es bezieht sich auch auf die Malerei und Bildhauerei. Eine Ausnahme macht im gewissen Sinne nur die Musik, deren Macht gewaltig, aber einseitig ist. Natürlich stützt sich auch sie auf eine besondere Erkenntnis der Natur, ihrer Laute und Rhythmen. Aber hier ist die Erkenntnis so versteckt, und die Ergebnisse der Einwirkung der Natur werden so durch die Nerven des Menschen gebrochen, dass die Musik als sich selbst genügende »Offenbarung« wirkt. Die Versuche, alle Arten der Kunst an die Musik als einer Kunst der »Ansteckung«* anzulehnen, wurden wiederholt gemacht und bedeuteten immer die Verminderung der Stellung des Verstandes in der Kunst im Interesse der vagen Sinnlichkeit in der Kunst, und diese Versuche waren und blieben in diesem Sinne reaktionär... Die schlimmsten sind natürlich die »Kunstwerke«, welche weder eine anschauliche Erkenntnis noch eine

* Trotzki wendet sich gegen Tolstois Kunstauffassung, die von Bucharin aufgegriffen wurde: »... man kann sagen, dass die Kunst ein Mittel zur ›Vergesellschaftung des Gefühls‹ oder wie L. Tolstoi (in seinem Buch ›Was ist Kunst?‹) durchaus richtig definierte, ein Mittel der emotionalen ›Ansteckung‹ der Menschen ist.« Nikolai I. Bucharin, »Theorie des historischen Materialismus«, Hamburg, 1922, S. 215.

künstlerische »Ansteckung« bieten, dafür aber übermäßige Ansprüche stellen. Bei uns werden nicht wenige solcher Werke gedruckt, und leider nicht in den Übungsheften der Kunststudios, sondern in vielen Tausenden von Exemplaren.

Die Kultur ist eine gesellschaftliche Erscheinung. Darum eben ist die Sprache als ein Organ zu der Verwirklichung der Menschengemeinschaft ihr wichtigstes Werkzeug. Die Kultur der Sprache selbst ist die wichtigste Bedingung für die Entwicklung aller Gebiete der Kultur, besonders der Wissenschaft und der Kunst. Wie die Technik sich nicht mehr mit alten Messapparaten begnügt und immer neue Mikrometer, Voltmeter usw. schafft, die höchste Genauigkeit erstrebend und auch erreichend, so ist auch bei der Sprache – der Kunst, die richtigen Worte zu wählen und sie richtig miteinander zu verbinden – stete, systematische, mühsame Arbeit nötig, um höchste Genauigkeit, Klarheit und Schärfe zu erreichen. Die Grundlage dieser Arbeit muss der Kampf mit dem Analphabetentum, der Halbbildung und Unwissenheit sein. Die nächste Stufe dieser Arbeit ist das Beherrschen der klassischen russischen Literatur.

Ja, die Kultur war das Hauptwerkzeug der Klassenunterdrückung. Aber sie selbst und nur sie kann das Werkzeug der sozialistischen Befreiung werden.

III. Unsere kulturellen Widersprüche

Stadt und Land

Die Eigenart unserer Lage besteht darin, dass wir – am Kreuzweg des kapitalistischen Westens und des kolonial-bäuerlichen Ostens – zuerst die sozialistische Revolution vollbracht haben. Das Regime der proletarischen Diktatur wurde zuerst in einem Lande mit einem gewaltigen Erbe an Rückständigkeit und Barbarei aufgerichtet, so dass bei uns zwischen irgendeinem Nomaden in Sibirien und dem Proletarier in Moskau oder Leningrad Jahrhunderte der Geschichte liegen. Unsere gesellschaftlichen Formen sind die des Überganges zum Sozialismus, folglich sind sie unvergleichlich höhere als die kapitalistischen Formen. In diesem Sinne betrachten wir uns mit Recht als das fortgeschrittenste Land der Welt. Doch die Technik, die der materiellen wie jeder anderen Kultur zugrunde liegt, ist bei uns im Vergleich zu den fortgeschrittenen kapitalistischen Ländern eine außerordentlich rückständige. Darin liegt der grundlegende Widerspruch unserer heutigen Wirklichkeit. Die sich daraus ergebende geschichtliche Aufgabe besteht darin, die Technik auf die Höhe der gesellschaftlichen Form zu bringen. Würden wir dies nicht vermögen zu schaffen, so würde unsere Gesellschaftsordnung unvermeidlich auf das Niveau unserer technischen Rückständigkeit zurücksinken. Ja, um die ganze Bedeutung des technischen Fortschritts für uns zu erfassen, muss man sich unumwunden sagen: Würden wir es nicht verstehen, die Sowjetform unseres Regimes mit der entsprechenden Produktionstechnik auszufüllen, so würden wir uns die Möglichkeit des Überganges zum Sozialismus verschließen und würden zum Kapitalismus zurückkehren – und zu was für einem? – zu einem halb sklavischen halb kolonialen. Der Kampf um die Technik ist für uns der Kampf um den Sozialismus, mit dem die ganze Zukunft unserer Kultur untrennbar verbunden ist.

Hier ein neues, sehr anschauliches Beispiel unserer kulturellen Widersprüche. Dieser Tage erschien in den Zeitungen eine Notiz, dass unsere öffentliche Bibliothek in Leningrad der Zahl der Bände nach an erster Stelle steht: sie hat 4 250 000 Bücher! Unser erstes Gefühl ist das Gefühl des berechtigten Stolzes auf Sowjetrussland: unsere Bibliothek ist die erste der Welt! Welchem Umstand verdanken wir diese Errungenschaft? Dem Umstand, dass wir die Privatbibliotheken enteignet haben. Durch die Nationalisierung des Privateigentums haben wir die reichste kulturelle Institution geschaffen, die allen zugänglich ist. An dieser einfachen Tatsache offenbaren sich unstreitig die großen Vorzüge der Sowjetordnung. Zu gleicher Zeit aber kommt unsere kulturelle Rückständigkeit darin zum Ausdruck, dass der Prozentsatz der Analphabeten bei uns größer ist als in irgendeinem europäischen Lande. Eine Bibliothek, die in der Welt an erster Stelle steht – aber gelesen werden die Bücher einstweilen von einer Minderheit der Bevölkerung. Und so ist es fast in allem. Eine nationalisierte Industrie mit gigantischen und keineswegs phantastischen Projekten eines Dnjepr-Kraftwerkes, eines Wolga-Don-Kanals usw., aber die Bauern dreschen mit Dreschflegeln und Walzen. Die Ehegesetzgebung ist vom sozialistischen Geist durchdrungen, aber im Familienleben nehmen noch immer die Prügel keinen geringen Platz ein. Diese und ähnliche Widersprüche entspringen der ganzen Struktur unserer Kultur – am Kreuzweg zwischen dem Westen und dem Osten.

Die Grundlage unserer Rückständigkeit bildet das monströse Überwiegen des Landes über die Stadt, der Landwirtschaft über die Industrie;

wobei auf dem Lande wiederum die rückständigsten Produktionsmittel und Produktionsmethoden überwiegen. Wenn wir von der geschichtlichen Leibeigenschaft sprechen, so haben wir vor allem die Beziehungen zwischen den Ständen im Auge, die Hörigkeit des Bauern gegenüber dem Gutsbesitzer und dem zaristischen Tschinownik (Beamten). Aber die Leibeigenschaft hat eine tiefere Grundlage: die Gebundenheit des Menschen an die Scholle, die völlige Abhängigkeit des Bauern von den Naturelementen. Man lese Gleb Uspenski. Ich fürchte, die junge Generation liest ihn nicht. Man müsste ihn neu verlegen, wenigstens seine besten Sachen, und es gibt bei ihm welche, die vortrefflich sind. Uspenski ist Narodnik (Volkstümler). Sein politisches Programm ist durch und durch utopisch. Aber Uspenski – ein Milieuschilderer des Dorfes – ist nicht nur ein vorzüglicher Künstler, sondern auch ein ausgezeichneter Realist. Er verstand es, die Lebensart des Bauern und seine Psyche als abgeleitete Erscheinungen zu erfassen, die auf der wirtschaftlichen Basis emporwachsen und ganz von dieser bestimmt werden. Er verstand es, die wirtschaftliche Basis des Dorfes aufzufassen als die sklavische Abhängigkeit des Bauern im Arbeitsprozess von der Scholle, überhaupt von den Naturgewalten. Man muss zum mindesten seine »Macht der Erde« lesen. Die künstlerische Intuition ersetzt bei Uspenski die marxistische Methode, und was die Ergebnisse betrifft, kann sie in vielen Beziehungen mit dieser wetteifern. Deshalb lag der Künstler Uspenski in beständigem, erbittertem Kampfe mit dem Narodnik Uspenski. Beim Künstler sollen wir auch jetzt noch lernen, wenn wir die mächtigen Überreste der Leibeigenschaft in der bäuerlichen Lebensweise, besonders im Familienleben, begreifen wollen, die nicht selten auch auf die Lebensart in der Stadt hinübergreifen: Man braucht nur auf manche Töne der sich heute entfaltenden Diskussion über die Fragen der ehelichen Gesetzgebung zu horchen.

Der Kapitalismus hat in allen Teilen der Welt den Widerspruch zwischen Industrie und Landwirtschaft, zwischen Stadt und Land bis zur äußersten Spannung getrieben. Bei uns hat dieser Widerspruch infolge unserer verspäteten historischen Entwicklung einen ganz monströsen Charakter. Unsere Industrie bewegte sich immerhin bereits in europäischen und amerikanischen Bahnen, während unser Dorf sich in der Tiefe des 17., ja noch weiter zurückliegender Jahrhunderte verlor. Der Kapitalismus ist selbst in Amerika augenscheinlich unfähig, die Landwirtschaft auf das Niveau der Industrie zu heben. Diese Aufgabe fällt ganz dem Sozialismus zu. In unseren Verhältnissen, bei dem kolossalen

Übergewicht des Landes über die Stadt, bildet die Industrialisierung der Landwirtschaft den wichtigsten Teil des sozialistischen Aufbaus.

Unter Industrialisierung der Landwirtschaft verstehen wir zwei Prozesse, die letzten Endes nur in ihrem Zusammenspiel die Grenzlinie zwischen Stadt und Land verwischen können. Bei dieser für uns wichtigsten Frage wollen wir etwas länger verweilen.

Die Industrialisierung der Landwirtschaft besteht einerseits in der Trennung einer ganzen Reihe von Zweigen zur Vorverarbeitung der Industrie- und Nahrungsmittelrohstoffe von der ländlichen Hauswirtschaft. Ist doch überhaupt die ganze Industrie aus dem Dorfe hervorgegangen, über das Handwerk, über die ländliche Hausindustrie auf dem Wege der Ablösung einzelner Arbeitszweige vom abgeschlossenen System der Hauswirtschaft, auf dem Wege der Spezialisierung, der Gewinnung der notwendigen Fertigkeit, der Schaffung der Technik und später der maschinellen Produktion. Unsere sowjetrussische Industrialisierung wird in beträchtlichem Maße gerade diesen Weg einschlagen müssen, d. h. den Weg der Vergesellschaftung einer ganzen Reihe von Produktionsprozessen, die zwischen der eigentlichen Landwirtschaft und der Industrie stehen. Das Beispiel der Vereinigten Staaten zeigt, dass sich hier vor uns unermessliche Möglichkeiten eröffnen.

Aber mit dem Gesagten ist die Frage nicht erschöpft. Die Überwindung der Widersprüche zwischen Landwirtschaft und Industrie setzt die Industrialisierung des Feldbaues selbst, der Viehzucht, des Gartenbaues usw. voraus. Das bedeutet, dass auch diese Zweige der Produktionstätigkeit auf die Grundlagen der wissenschaftlichen Technologie gestellt werden müssen: weitgehende Anwendung von Maschinen bei richtiger Kombination derselben, Ausstattung mit Traktoren und Elektrifizierung, Düngung, richtiger Fruchtwechsel, laboratorisch-experimentelle Nachprüfung der Methoden und Resultate, richtige Organisation des gesamten Produktionsprozesses bei zweckmäßigster Ausnützung der Arbeitskraft usw. Selbstverständlich wird auch der hochorganisierte Feldbau sich von dem Maschinenbau unterscheiden. Aber innerhalb der Industrie selbst unterscheiden sich ja auch ihre einzelnen Zweige sehr voneinander. Wenn wir heute berechtigt sind, die Landwirtschaft der Industrie als Ganzem gegenüberzustellen, so deshalb, weil die Landwirtschaft zersplittert, mit primitiven Mitteln geführt wird, bei sklavischer Abhängigkeit des Produzenten von den Naturbedingungen und unter äußerst kulturlosen Existenzverhältnissen des bäuerlichen Produzenten. Es genügt nicht, einzelne Zweige der heutigen Landwirtschaft, wie

Ölmühlen, Butter- und Käsebereitung, Stärke- und Sirupproduktion usw., zu vergesellschaften, d. h. sie in fabrikmäßigen Betrieb zu überführen. Man muss die Landwirtschaft selbst vergesellschaften, d. h. sie ihrer heutigen Zersplitterung entreißen, und an die Stelle des gegenwärtigen kläglichen Herumstocherns im Boden wissenschaftlich organisierte Weizen- und Roggen-»Fabriken«, Kühe- und Schaf-»Werke« usw. setzen. Dass dies möglich ist, beweist die teilweise bereits vorhandene kapitalistische Erfahrung, insbesondere die landwirtschaftliche Erfahrung Dänemarks, wo sogar die Hühner sich einem Plan und einem Standard unterwerfen mussten, nach Vorschrift in ungeheurer Zahl Eier legen, und zwar von gleicher Größe und gleicher Farbe.

Die Industrialisierung der Landwirtschaft bedeutet die Beseitigung des heutigen Gegensatzes zwischen Dorf und Stadt und folglich auch zwischen Bauer und Arbeiter: Nach ihrer Rolle in der Wirtschaft des Landes, nach den Lebensbedingungen, nach dem kulturellen Niveau müssen sie in einem solchen Maße näher aneinandergebracht werden, dass selbst die Grenzlinie zwischen ihnen verschwindet. Eine solche Gesellschaft, wo der mechanisierte Feldbau einen gleichberechtigten Teil der Planwirtschaft bilden wird, wo die Stadt die Vorzüge des Dorfes (Geräumigkeit, das Grüne) in sich aufsaugen und das Dorf durch die Vorzüge der Stadt (gepflasterte Wege, elektrische Beleuchtung, Wasserleitung, Kanalisation) bereichert werden wird, d. h. wo die Stadt dem Dorf nicht mehr gegenübergestellt werden kann, wo der Bauer und der Arbeiter sich in gleichwertige und gleichberechtigte Teilnehmer am einheitlichen Produktionsprozess verwandeln werden – eine solche Gesellschaft wird eben die wahre sozialistische Gesellschaft sein.

Der Weg dazu ist ein langer und schwieriger. Die wichtigsten Absteckpfähle auf diesem Weg bilden die elektrischen Kraftwerke. Sie werden ins Dorf das Licht und die umgestaltende Kraft tragen: gegen die Macht der Erde die Macht der Elektrizität!

Unlängst haben wir das Schatura-Kraftwerk eröffnet, einen unserer besten Bauten, errichtet im Torfmorast. Von Moskau bis Schatura sind es etwas über 100 Kilometer. Scheinbar mit Händen zu greifen. Und doch, welcher Unterschied der Verhältnisse! Moskau – die Hauptstadt der kommunistischen Internationale. Einige Dutzend Kilometer weiter aber – Öde, Schnee und Tannenwald, zugefrorene Sümpfe und Tiere. Schwarze Holzhäuschen-Dörfer, die unter dem Schnee schlummern. Vom Fenster des Wagens aus ist manchmal eine Wolfsspur zu sehen. Dort, wo heute das Schatura-Kraftwerk steht, hausten vor einigen

Jahren, als man an den Bau ging, Elche. Jetzt stehen auf der Strecke zwischen Moskau und Schatura Eisengittermasten von eleganter Konstruktion, die Leitungsdrähte für eine Stromstärke von 115 000 Volt tragen. Und unter diesen Masten werden die Füchsinnen und Wölfinnen diesen Frühling ihre Jungen werfen. So ist auch unsere ganze Kultur beschaffen – aus extremen Widersprüchen, aus den höchsten Errungenschaften der Technik und des verallgemeinernden Gedankens einerseits, und aus urwüchsiger Primitivität andererseits.

Für Schatura ist der Torf gleichsam das Futter. Wahrlich alle von der kindischen Einbildung der Religion und selbst von der schöpferischen Phantasie der Dichtkunst geschaffenen Wunder verblassen vor dieser einfachen Tatsache: Maschinen, die einen winzigen Raum einnehmen, fressen den Jahrhunderte alten Morast, verwandeln ihn in unsichtbare Energie und geben sie auf leichten Leitungsdrähten derselben Industrie zurück, die diese Maschinen geschaffen und aufgestellt hat.

Schatura ist eine Schönheit. Es schufen sie ihrer Sache ergebene und begabte Baumeister. Es ist kein Flittergold, keine künstliche Schönheit, sondern eine, die aus den inneren Eigenschaften und den Bedürfnissen der Technik selbst erwächst. Das höchste und einzige Kriterium der Technik ist die Zweckmäßigkeit. Der Prüfstein für die Zweckmäßigkeit ist die Wirtschaftlichkeit. Letztere aber setzt die größtmögliche Übereinstimmung der Teile mit dem Ganzen voraus, der Mittel mit dem Zweck. Das wirtschaftlich-technische Kriterium fällt vollständig zusammen mit dem ästhetischen. Man kann sagen, und das wird kein Paradox sein: Schatura ist deswegen eine Schönheit, weil die Kilowattstunde in Schatura billiger hergestellt wird als die Kilowattstunde in anderen Werken, die sich unter gleichen Verhältnissen befinden.

Schatura steht auf einem Sumpf. Es gibt viele Sümpfe bei uns in der Sowjetunion, viel mehr als Kraftwerke. Es gibt bei uns auch viele andere Arten von Brennstoff, die auf ihre Verwandlung in motorische Kraft warten. Durch den reichsten Industriebezirk des Südens fließt der Dnjepr, die gewaltige Kraft seines Druckes umsonst vergeudend, schäumend eilt er über die Jahrhunderte alten Stromschnellen hinweg und wartet auf den Augenblick, wo wir seinen Strom durch einen Damm bändigen und ihn zwingen werden, Städte, Fabriken und Felder zu beleuchten, zu bewegen, zu bereichern. Und wir werden ihn zwingen!

In den Vereinigten Staaten von Nordamerika entfallen auf jeden Einwohner jährlich 500 Kilowattstunden elektrischer Energie, bei uns nur 20 Kilowattstunden, das ist 25-mal weniger. An mechanischer

Motorkraft entfällt bei uns pro Kopf 50-mal weniger als in den Vereinigten Staaten. Das Sowjetsystem, verbunden mit amerikanischer Technik, das wird der Sozialismus sein. Unsere Gesellschaftsordnung wird der amerikanischen Technik eine andere, unvergleichlich zweckmäßigere Verwendung geben. Aber die amerikanische Technik wird auch unsere Ordnung umgestalten, sie wird sie von dem Erbe der Rückständigkeit, der Primitivität, der Barbarei befreien. Aus der Kombination der Sowjetordnung mit der amerikanischen Technik wird eine neue Technik und eine neue Kultur entstehen, eine Technik und Kultur für alle, ohne Teilung in Bevorzugte und Ausgeschlossene.

Das »Förderband«-Prinzip der sozialistischen Wirtschaft

Das Prinzip der sozialistischen Wirtschaft ist die Harmonie, d. h. die Kontinuität, beruhend auf innerer Übereinstimmung. Technisch findet dieses Prinzip seinen höchsten Ausdruck im Fließband. Was ist ein Fließband? Ein endlos fließendes Band, das dem Arbeiter alles, was im Verlauf der Arbeit erforderlich ist, zuträgt bzw. von ihm fortträgt. Es ist jetzt schon allgemein bekannt, dass Ford sich einer Kombination von Fließbändern bedient, als Mittel des inneren Transports, der Zuleitung und Weiterleitung. Aber das Fließband ist etwas mehr: Es ist eine Methode der Regelung des Produktionsprozesses selbst, insofern der Arbeiter gezwungen ist, seine Bewegungen der Bewegung des endlos fließenden Bandes anzupassen. Der Kapitalismus nützt das aus, um eine größere und vollkommenere Ausbeutung des Arbeiters herbeizuführen. Doch eine derartige Ausnützung ist mit dem Kapitalismus verbunden, nicht aber mit dem Fließband selbst. In der Tat, zu welcher Seite neigt die Entwicklung der Methoden der Arbeitsorganisation: zu der Seite des Akkordlohnes oder zu der Seite des Fließbands? Alles spricht dafür, dass es zu der Seite des Fließbands geschieht. Der Akkordlohn, wie jede Art der individuellen Kontrolle der Arbeit, ist für den Kapitalismus der ersten Entwicklungsepochen charakteristisch. Auf diesem Wege wird die völlige physiologische Leistungsfähigkeit des einzelnen Arbeiters zwar erreicht, nicht aber die Übereinstimmung der Leistungen der verschiedenen Arbeiter. Diese beiden Aufgaben löst automatisch das fließende Band. Die sozialistische Organisation der Wirtschaft muss danach streben, die physiologische Belastung des einzelnen Arbeiters, entsprechend dem Wachstum der technischen Kraft, herabzusetzen, unter gleichzeitiger Beibehaltung der Übereinstimmung der Leistungen der verschiedenen Arbeiter. Darin eben wird die Bedeutung des sozialistischen Fließbands liegen, im Unterschied zum kapitalistischen. Konkreter gesprochen, es kommt hier darauf an, die Bewegung des Bandes bei der gegebenen Zahl der Arbeitsstunden zu regeln, oder umgekehrt, die Arbeitszeit bei gegebener Schnelligkeit des Bandes zu regeln.

Unter dem kapitalistischen System lässt sich das Fließband im Rahmen eines Einzelbetriebes als Mittel des inneren Transports verwirklichen. Das Fließbandprinzip an sich ist jedoch viel weitergehend. Jeder einzelne Betrieb erhält von außen Rohstoffe, Brennstoffe, Hilfsmaterialien, ergänzende Arbeitskraft. Die Beziehungen zwischen den einzelnen Unternehmungen, und seien es auch riesenhafte, werden durch die Gesetze des Marktes geregelt, allerdings in vielen Fällen durch allerhand dauernde Vereinbarungen eingeschränkt. Aber jeder Betrieb für sich, und noch mehr die Gesellschaft in ihrer Gesamtheit, ist daran interessiert, dass der Rohstoff rechtzeitig geliefert wird, nicht zu lange auf Lager bleibt, aber auch dass in der Produktion keine Unterbrechung eintritt, d. h. mit anderen Worten, dass der Rohstoff nach dem Fließbandprinzip zugestellt wird, in voller Übereinstimmung mit dem Rhythmus der Produktion. Dabei braucht man sich keineswegs das Fließband unbedingt als endlos laufendes Band vorzustellen. Die Formen desselben können unendlich verschiedenartig sein. Die Eisenbahn, wenn sie planmäßig arbeitet, d. h. ohne unnötiges Hin- und Hertransportieren, ohne saisonmäßige Anhäufung der Frachten, kurz ohne die Elemente der kapitalistischen Anarchie – und unter dem Sozialismus wird eben die Eisenbahn so arbeiten – wird ein mächtiges Fließband sein, durch welches die rechtzeitige Belieferung der Betriebe mit Rohstoff, Brennstoff, mit Materialien und Menschen erreicht werden wird. Dasselbe gilt für die Dampfer, Lastwagen usw. Alle Arten der Verkehrsmittel werden vom Standpunkt der Gesamtplanwirtschaft Elemente des Transportes innerhalb der Produktion werden. Die Ölpipeline ist eine Art Fließband für flüssige Körper. Je ausgedehnter das Netz solcher Leitungsrohre ist, um so weniger braucht man Vorratsreservoire, ein um so geringerer Teil des Öls verwandelt sich dann in totes Kapital.

Das Fließbandsystem setzt keineswegs die Zusammenballung der Betriebe voraus. Im Gegenteil, die moderne Technik ermöglicht vielmehr ihre Zerstreuung, selbstverständlich nicht eine chaotische und zufällige, sondern unter strenger Berücksichtigung des günstigsten Standortes für jeden einzelnen Betrieb. Die Möglichkeit einer weitgehenden Zerstreuung der Industriebetriebe, ohne die es unmöglich ist, die Stadt im Dorfe und das Dorf in der Stadt aufgehen zu lassen, wird in gewaltigem Maße durch die elektrische Energie als motorische Kraft gesichert. Der metallene Leitungsdraht stellt das vollkommenste energetische Fließband dar, das die Möglichkeit gibt, die motorische Kraft in kleinste Teilchen zu zerstückeln, sie in Bewegung zu setzen und durch eine einfache Umdrehung des Schalters auszuschalten. Gerade durch diese Eigenschaften stößt das energetische »Fließband« in der heftigsten Weise mit den Schranken des Privateigentums zusammen. Die Elektrizität in ihrer heutigen Entwicklung ist der am meisten »sozialistische« Teil der Technik. Und das ist nicht verwunderlich: es ist ihr fortgeschrittenster Teil.

Die gigantischen Systeme zur landwirtschaftlichen Bodenverbesserung – zur richtigen Bewässerung und Entwässerung – sind von diesem Standpunkt aus Wasserfließbänder der Landwirtschaft. Je mehr die Chemie, der Maschinenbau und die Elektrifizierung den Feldbau von den Wirkungen der Naturelemente befreien wird, indem sie seine höchste Planmäßigkeit sicherstellt, umso vollständiger wird die heutige »Landwirtschaft« dem System des sozialistischen Fließbands angeschlossen werden, das die gesamte Produktion, angefangen vom Untergrund (Gewinnung von Erz und Kohle) und vom Boden (Pflügen und Bestellen der Felder), regelt und in Übereinstimmung bringt.

Der alte Ford versucht, auf seinem Fließbandexperiment so etwas wie eine Gesellschaftsphilosophie aufzubauen. Dabei ist die Verbindung einer einzigartigen Produktions- und Administrationserfahrung mit der unerträglichen Borniertheit des selbstzufriedenen Philisters äußerst interessant, der, obwohl Milliardär geworden, doch nur ein reich gewordener Kleinbürger geblieben ist. Ford sagt: »Wenn ihr Reichtum für euch und Wohlfahrt für die Mitbürger wollt, so handelt wie ich.« Kant forderte von jedem Menschen ein solches Verhalten, dass es zur Norm für andere werden kann. In philosophischem Sinne ist Ford Kantianer.

Aber praktisch ist für die 200 000 Arbeiter Fords nicht das Verhalten Fords die Norm, sondern das Gleiten seines automatisch laufenden Bandes: Dieses bestimmt den Rhythmus ihres Lebens, die Bewegung ihrer Hände, ihrer Beine und Gedanken. Für die »Wohlfahrt der Mitbürger« ist es notwendig, den Fordismus von Ford zu trennen, ihn zu vergesellschaften und zu läutern. Das eben wird der Sozialismus tun.

»Was ist nun aber mit der Eintönigkeit der Arbeit, die durch das laufende Band entpersönlicht und entseelt wird?« Diese Befürchtung ist nicht ernst. Wenn man sie bis zu Ende durchdenkt und ausspricht, so richtet sie sich überhaupt gegen die Teilung der Arbeit und gegen die Maschine. Das ist ein reaktionärer Weg. Der Sozialismus hatte mit der Maschinenstürmerei nichts gemein und wird es auch nicht haben. Die grundlegende, hauptsächliche, wichtigste Aufgabe besteht darin, die Not zu zerschlagen. Notwendig ist, dass die menschliche Arbeit ein möglichst großes Quantum von Produkten liefert. Brot, Schuhwerk, Kleidung, Zeitungen – alles was man braucht, muss in einer solchen Menge vorhanden sein, dass keiner zu fürchten braucht, es könnte daran fehlen. Man muss die Not zerschlagen und mit ihr die Habgier. Man muss Wohlstand, Muße und damit Lebensfreude für alle erkämpfen. Eine hohe Arbeitsproduktivität ist ohne Maschinisierung und Automatisierung, deren vollendeter Ausdruck das Fließband ist, unerreichbar. Die Eintönigkeit der Arbeit wird aufgehoben werden durch die Verkürzung ihrer Dauer und ihre steigende Leichtigkeit. In der Gesellschaft wird es immer solche Industriezweige geben, die persönlicher Schaffenskraft bedürfen – und dahin werden jene gehen, die sich für diese Produktion berufen fühlen. Hier handelt es sich aber um den Grundtypus der Produktion in ihren wichtigsten Zweigen, wenigstens so lange, als die neue chemische und energetische Revolution in der Technik die heutige Maschinisierung nicht umgestürzt hat. Doch die Sorge darüber wollen wir der Zukunft überlassen. Eine Überfahrt im Ruderboot erfordert größere persönliche Anstrengung. Die Überfahrt auf einem Dampfer ist »eintöniger«, aber bequemer und sicherer. Überdies kann man mit einem Boot den Ozean überhaupt nicht überqueren. Wir müssen aber den Ozean menschlicher Not überqueren.

Es ist allgemein bekannt, dass die physischen Bedürfnisse viel begrenzter sind als die geistigen. Eine übermäßige Befriedigung der physischen Bedürfnisse führt rasch zur Übersättigung. Die geistigen Bedürfnisse kennen keine Grenzen. Aber zum Aufblühen der geistigen Bedürfnisse ist die vollständige Befriedigung der physischen Bedürfnisse erforderlich. Selbstverständlich können wir den Kampf um die Erhöhung des geistigen Niveaus der Massen nicht auf die Zeit verschieben, wo es bei uns keine Arbeitslosigkeit, keine Obdachlosigkeit und kein Elend mehr geben wird. Alles was getan werden kann, muss geschehen. Es wäre aber klägliche und jämmerliche Phantasterei, zu denken, wir könnten eine wahrhaft neue Kultur schaffen, bevor wir Wohlstand, Überfluss und Muße für die Volksmassen gesichert haben. Eine Kontrolle unserer Erfolge müssen und werden wir an Hand des Querschnitts des alltäglichen Lebens des Arbeiters und des Bauern vornehmen.

Die kulturelle Revolution

Jetzt, glaube ich, ist es allen klar, dass die Schaffung einer neuen Kultur keine selbstständige Aufgabe ist, die abseits von unserer wirtschaftlichen Arbeit und dem sozial-kulturellen Aufbau im Ganzen gelöst wird. Gehört der Handel zur »proletarischen« Kultur? Abstrakt gesehen, müsste man diese Frage negativ beantworten. Aber der abstrakte Standpunkt ist untauglich. In der Übergangsepoche, und erst recht im Anfangsstadium, in dem wir uns befinden, haben die Produkte die gesellschaftliche Form der Ware, und werden sie noch lange haben. Und mit einer Ware muss man umzugehen verstehen, d. h. man muss sie kaufen und verkaufen können. Sonst werden wir aus dem Anfangsstadium nicht zum nächstfolgenden gelangen. Lenin sagte: »Erlernt den Handel«, wobei er empfahl, an den europäischen kulturellen Vorbildern zu lernen. Die Kultur des Handels ist, wie wir heute wohl wissen, ein sehr wichtiger Bestandteil der Kultur der Übergangsperiode. Ob wir die Kultur des Handels in Verbindung mit dem Arbeiterstaat und den Genossenschaften als »proletarische Kultur« bezeichnen werden, weiß ich nicht. Dass dies aber eine Stufe zur sozialistischen Kultur ist, das ist unstreitig.

Als Lenin von der kulturellen Revolution sprach, sah er ihren wesentlichen Inhalt in der Erhöhung des Kulturniveaus der Massen. Das metrische System ist ein Produkt der bürgerlichen Wissenschaft. Aber einer hundertmillionenköpfigen Bauernschaft dieses unkomplizierte Maßsystem beibringen, bedeutet ein großes revolutionär-kulturelles Werk vollbringen. Es unterliegt fast keinem Zweifel, dass wir es ohne den Traktor und ohne die elektrische Energie nicht erreichen werden. Der Kultur liegt die Technik zugrunde. Die Revolution in der Technik muss zum entscheidenden Werkzeug der kulturellen Revolution werden.

In Bezug auf den Kapitalismus sagen wir, dass die Entwicklung der Produktivkräfte auf die gesellschaftlichen Formen des bürgerlichen Staates und des bürgerlichen Eigentums trifft. Nachdem wir die proletarische Revolution vollbracht haben, sagen wir: Die Entwicklung der gesellschaftlichen Formen trifft auf die Entwicklung der Produktivkräfte, d. h. auf die Technik. Das große Kettenglied, das man festhalten muss, um die kulturelle Revolution vollbringen zu können, ist das der Industrialisierung – und keineswegs das der Literatur und der Philosophie. Ich hoffe, dass diese Worte nicht als Missgunst oder Missachtung gegenüber der Philosophie und der Dichtkunst verstanden werden. Ohne den verallgemeinernden Gedanken und ohne die Kunst wäre das menschliche Leben öde und armselig. Aber so ist ja heute in großem Maße das Leben von Millionen. Die kulturelle Revolution muss darin bestehen, diesen Massen die Möglichkeit eines wirklichen Anschlusses an die Kultur und nicht an deren erbärmliche Reste zu eröffnen. Das aber ist unmöglich ohne Schaffung der allerhöchsten materiellen Voraussetzungen. Deswegen ist für uns im gegenwärtigen Moment eine Maschine, die automatisch Flaschen herstellt, ein Faktor ersten Ranges der kulturellen Revolution, während ein Heldengedicht nur zehntrangig ist.

Marx sagte einmal von den Philosophen, dass sie die Welt genügend interpretiert haben, dass es aber darauf ankommt, sie zu verändern. In diesen Worten lag keineswegs eine Missachtung gegenüber der Philosophie. Marx selbst war einer der bedeutendsten Philosophen aller Zeiten. Seine Worte bedeuteten lediglich, dass die weitere Entwicklung der Philosophie, wie aller Kultur überhaupt, der materiellen sowohl wie der geistigen, einen Umsturz der gesellschaftlichen Beziehungen erheischt. Und deshalb appellierte Marx von der Philosophie an die proletarische Revolution – nicht gegen die Philosophie, sondern für sie. In dem nämlichen Sinne kann man jetzt sagen: Es ist gut, wenn die Dichter von der Revolution und dem Proletariat singen; aber noch besser singt eine mächtige Turbine. Gedichte von mittelmäßigem Wert, die das Gut von Zirkeln bleiben, gibt es bei uns viele. Turbinen aber furchtbar wenig. Ich will damit nicht sagen, dass mittelmäßige Verse das Erscheinen von Turbinen hindern. Nein, das kann man durchaus nicht behaupten. Aber eine richtige Orientierung der öffentlichen Meinung, d. h. ein Verstehen des wirklichen Wechselverhältnisses der Erscheinungen – was und wozu – ist absolut notwendig. Die kulturelle Revolution muss man verstehen nicht im oberflächlich-idealistischen Sinne und nicht in dem eines kleinen Zirkels. Es handelt sich um die Änderung der Lebensbedingungen, der Arbeitsmethoden und der Lebensgewohnheiten eines großen Volkes, ja einer ganzen Familie von Völkern. Nur ein mächtiges Traktorensystem, das zum erstenmal in der Geschichte dem Bauern erlauben wird, den Rücken gerade aufzurichten, nur eine Glasblasmaschine, die Hunderttausende von Flaschen herstellt und die Lungen des Glasbläsers befreit; nur eine Turbine von hundert- und aberhunderttausend PS, nur ein allen zugängliches Flugzeug – nur das alles zusammengenommen wird die kulturelle Revolution nicht für eine Minderheit, sondern für alle sicherstellen. Und nur eine solche kulturelle Revolution wird diesen Namen verdienen. Nur auf ihrer Grundlage wird die neue Philosophie und die neue Kunst erblühen.

Marx sagte: » Die Gedanken der herrschenden Klasse sind in jeder Epoche die herrschenden Gedanken.« Das ist richtig auch in Bezug auf das Proletariat, aber in ganz anderer Weise als in Bezug auf andere Klassen. Die Bourgeoisie trachtete, nachdem sie die Macht erobert hatte, diese zu verewigen. Ihre ganze Kultur war darauf angelegt. Das Proletariat, das die Macht erobert hat, muss unvermeidlich danach streben, die Periode seiner Herrschaft möglichst abzukürzen und die klassenlose sozialistische Gesellschaft näher zu bringen.

Die Kultur der Sitten

Kulturell Handel treiben heißt insbesondere nicht betrügen, d. h. mit der nationalen Handelstradition brechen: betrügst du nicht – verkaufst du nicht. Lüge und Betrug sind kein nur persönliches Laster, sondern eine Funktion gesellschaftlicher Verhältnisse. Die Lüge ist ein Kampfmittel und ergibt sich also aus dem Widerspruch der Interessen, die grundlegenden Widersprüche entspringen folglich den Wechselbeziehungen der Klassen. Man kann freilich sagen, dass der Betrug älter ist als die Klassengesellschaft. Schon die Tiere brauchen »List« und betrügen im Kampf ums Dasein. Im Leben der Urvölker spielte der Betrug – die Kriegslist – keine geringe Rolle. Ein derartiger Betrug ergibt sich noch mehr oder weniger unmittelbar aus dem animalischen Kampf ums Dasein. Doch hat sich die Lüge, seitdem sich die »zivilisierte«, d. h. die Klassengesellschaft gebildet hat, sehr kompliziert, sie wurde zur sozialen Funktion, spaltete sich nach Klassenlinien und wurde auch zum Bestandteil der menschlichen »Kultur«. Aber es ist jener Teil der Kultur, den der Sozialismus nicht übernehmen wird. Die Beziehungen innerhalb der sozialistischen bzw. der kommunistischen Gesellschaft, d. h. ihrer höchsten Entwicklung, werden äußerst durchsichtig sein, und keine derartigen Hilfsmittel, wie Betrug, Lüge, Fälschung, Verrat und Treubruch benötigen.

Bis dahin ist es jedoch noch weit. In unseren Beziehungen und Sitten gibt es noch eine Menge von Lüge, sowohl feudalen wie bürgerlichen Ursprungs. Der höchste Ausdruck der feudalen Ideologie war die Religion. Die Wechselbeziehungen der feudal-monarchischen Gesellschaft beruhten auf uralter Tradition und gingen auf religiöse Mythen zurück. Die Mythe ist eine falsche Deutung der Naturerscheinungen sowie der gesellschaftlichen Institutionen in ihrem Zusammenhang. Indessen haben nicht nur die Betrogenen, d. h. die unterdrückten Massen, sondern auch jene, in deren Namen der Betrug geschah – die Herrschenden – in ihrer Mehrzahl an die Mythen geglaubt, sie stützten sich gutgläubig auf diese. Eine objektiv verlogene Ideologie, gesponnen aus Aberglauben, braucht noch nicht notwendig eine subjektive Verlogenheit zu sein. Nur in dem Maße, wie die gesellschaftlichen Beziehungen komplizierter werden, d. h. in dem Maße der Entwicklung der bürgerlichen Ordnung, mit der die religiösen Mythen in einen immer wachsenden Widerspruch geraten, wird die Religion zur Quelle immer größerer Kniffe und kunstvollen Betrugs.

Die entfaltete bürgerliche Ideologie ist rationalistisch und richtet sich gegen die Mythologie. Die radikale Bourgeoisie versuchte, ohne Religion auszukommen und den Staat auf der Vernunft und nicht auf der Tradition aufzubauen. Das kam in der Demokratie mit ihren Prinzipien der Freiheit, Gleichheit und Brüderlichkeit zum Ausdruck. Die kapitalistische Ökonomie erzeugte jedoch einen ungeheuren Widerspruch zwischen der alltäglichen Wirklichkeit und den demokratischen Prinzipien. Um diesen Widerspruch zu verkleistern, bedarf es einer Lüge höherer Sorte. Nirgends wird politisch so gelogen wie in den bürgerlichen Demokratien. Das ist bereits nicht mehr die objektive »Lüge« der Mythologie, sondern der bewusst organisierte Volksbetrug mit Hilfe kombinierter Mittel von außerordentlicher Kompliziertheit. Die Technik der Lüge wird nicht minder kultiviert wie die Technik der Elektrizität. Die verlogenste Presse gibt es in den höchst »entwickelten« Demokratien, in Frankreich und den Vereinigten Staaten.

Aber gleichzeitig – das muss offen zugegeben werden – wird in Frankreich der Handel gewissenhafter betrieben als bei uns und jedenfalls unvergleichlich rücksichtsvoller gegenüber dem Käufer. Nachdem die Bourgeoisie ein gewisses Niveau des Wohlstands erreicht hat, verzichtet sie auf die Gaunermethoden der ursprünglichen Akkumulation – nicht aus irgendwelchen abstrakten sittlichen Erwägungen heraus, sondern aus materiellen Gründen: der kleine Betrug, die Fälschung, das Übervorteilen schädigen den Ruf des Unternehmens und untergraben seine Zukunft. Die Grundsätze des »ehrbaren« Handels, die sich aus den Interessen des Handels selbst auf einer gewissen Stufe seiner Entwicklung ergeben, werden zur Sitte, verwandeln sich in »sittliche« Regeln und werden von der öffentlichen Meinung kontrolliert. Der imperialistische Krieg hat allerdings auch in dieses Gebiet kolossale Veränderungen gebracht und Europa weit zurückgeworfen. Aber die Anstrengungen, den Kapitalismus der Nachkriegszeit zu »stabilisieren«, haben die bösartigsten Erscheinungen der Verwilderung des Handels überwunden.

Jedenfalls, wenn man unseren Sowjethandel in seinem ganzen Umfange nimmt, d. h. von der Fabrik bis zu dem Verbraucher des entlegenen Dörfchens, wird man sagen müssen, dass wir immer noch unvergleichlich weniger kulturell den Handel betreiben als die fortgeschrittenen kapitalistischen Länder. Das kommt von der Armut, von dem Warenmangel, von der ökonomischen und kulturellen Rückständigkeit.

Das Regime der proletarischen Diktatur steht sowohl der objektiv verlogenen Mythologie des Mittelalters als auch der bewussten Verlogenheit der kapitalistischen Demokratie unversöhnlich feindlich gegenüber. Das revolutionäre Regime hat ein ureigenes Interesse daran, die gesellschaftlichen Beziehungen zu enthüllen, nicht aber sie zu maskieren. Das bedeutet, dass es an politischer Wahrhaftigkeit interessiert ist, daran, dass ausgesprochen wird, was ist. Man darf aber nicht vergessen, dass das Regime der revolutionären Diktatur ein Übergangsregime und folglich ein widerspruchsvolles ist. Das Vorhandensein mächtiger Feinde zwingt zur Kriegslist, und List ist von der Lüge untrennbar. Notwendig ist nur, dass die List im Kampfe gegen die Feinde die eigenen Leute, d. h. die werktätigen Massen und ihre Partei, nicht irreführt. Das ist die grundlegende Forderung der revolutionären Politik, die sich wie ein roter Faden durch die ganze Arbeit Lenins zieht.

Wenn aber unsere neuen staatlich-gesellschaftlichen Formen die Möglichkeit und Notwendigkeit der höchsten Ehrlichkeit schaffen, die jemals in den Beziehungen zwischen Regierenden und Regierten erreicht wurde, so lässt sich das noch keineswegs von unseren alltäglichen Sitten- und Lebensbeziehungen sagen, auf denen die ökonomische und kulturelle Rückständigkeit – und überhaupt das ganze Erbe der Vergangenheit – nach wie vor mit ungeheurer Schwere lastet. Wir leben viel besser als 1920. Doch der Mangel an den notwendigsten Lebensgütern drückt immer noch unserem Leben und unseren Sitten einen schweren Stempel auf und wird ihn auch noch während vieler Jahre aufdrücken. Daraus ergeben sich die großen und kleinen Widersprüche, die großen und kleinen Missverhältnisse, der mit den Widersprüchen verbundene Kampf und die mit dem Kampf verbundene List, Lüge, Betrug. Auch hier gibt es nur einen Ausweg: Erhöhung der Technik, der Produktions- wie der Handelstechnik. Die richtige Orientierung in dieser Richtung wird schon von selbst zur Verbesserung der »Sitten« beitragen. Die Wechselwirkung der sich erhöhenden Technik und der Sitten wird uns vorwärts führen auf dem Wege zu einer Gesellschaftsordnung von zivilisierten Genossenschaftlern, d. h. zur sozialistischen Kultur.

III.

Ihre Moral und unsere

Ihre Moral und unsere

Moralausdünstungen

In einer Epoche der siegreichen Reaktion beginnen die Herren Demokraten, Sozialdemokraten, Anarchisten und übrigen Vertreter des »linken« Lagers das Doppelte ihres gewöhnlichen Quantums von Moralausdünstungen auszuscheiden, gleich Leuten, die vor Furcht doppelt stark schwitzen. Diese Moralisten wenden sich, indem sie die zehn Gebote oder die Bergpredigt neu umschreiben, nicht so sehr an die siegreiche Reaktion, wie an jene Revolutionäre, die unter deren Verfolgung leiden und die mit ihren »Exzessen« und »amoralischen« Grundsätzen die Reaktion »provozieren« und ihr eine moralische Rechtfertigung geben. Überdies verordnen sie ein einfaches, aber sicheres Mittel, um die Reaktion zu vermeiden: Wir müssen nur danach streben, uns selbst moralisch zu erneuern. Gratismuster moralischer Vollkommenheit werden von allen beteiligten Redaktionen an Interessenten abgegeben.

Die Klassenbasis dieser falschen und hochtrabenden Predigt ist die kleinbürgerliche Intelligenz. Die politische Basis: deren Ohnmacht und Verwirrung angesichts der herannahenden Reaktion. Die psychologische Basis: deren Bestreben, das Gefühl der eigenen Minderwertigkeit zu überwinden, indem sie mit dem Bart des Propheten Mummenschanz treibt.

Die Lieblingsmethode des moralisierenden Philisters besteht darin, das Verhalten der Reaktion mit dem der Revolution zu identifizieren. Dabei erzielt er nur Erfolg, indem er sich auf formale Analogien stützt. Für ihn sind Zarismus und Bolschewismus Zwillinge. Ebenso entdeckt er, dass Faschismus und Kommunismus Zwillinge sind. Er trägt ein Inventar zusammen aus den gemeinsamen Zügen von Katholizismus – oder genauer von Jesuitismus – und Bolschewismus. Hitler und Mussolini, die ihrerseits genau die gleiche Methode benutzen, enthüllen, dass Liberalismus, Demokratie und Bolschewismus nur verschiedene Erscheinungsformen ein und desselben Übels sind. Die Auffassung, dass Stalinismus und Trotzkismus »wesentlich« ein und dasselbe sind, erfreut sich jetzt der vereinten Zustimmung von Liberalen, Demokraten, frommen Katholiken, Idealisten, Pragmatikern und Anarchisten. Die Stalinisten sind offenbar nur deshalb nicht in der Lage, sich dieser »Volksfront« anzuschließen, weil sie zufällig mit der Ausrottung der Trotzkisten beschäftigt sind.

Charakteristisch für diese Analogien und Ähnlichkeiten ist, dass man bei ihrer Anwendung die materielle Grundlage der verschiedenen Strömungen, d. h. deren Klassennatur und dadurch deren objektive historische Rolle, vollständig ignoriert. Stattdessen nimmt man irgendeine äußerliche und zweitrangige Erscheinung zum Ausgangspunkt der Beurteilung und Wertung der verschiedenen Strömungen, und zwar meistens deren Verhältnis zu irgendeinem abstrakten Prinzip, welches für den betreffenden Kritiker einen besonderen berufsmäßigen Wert besitzt. So sind Freimaurer, Darwinisten, Marxisten und Anarchisten für den römischen Papst Zwillinge, weil sie alle gotteslästerlich die unbefleckte Empfängnis leugnen. Für Hitler sind Liberalismus und Marxismus Zwillinge, weil sie nichts von »Blut und Ehre« wissen wollen. Für einen Demokraten sind Faschismus und Bolschewismus Zwillinge, weil sie sich nicht dem allgemeinen Stimmrecht unterwerfen. Und so weiter. Unzweifelhaft haben die oben zusammengestellten Strömungen einige gemeinsame Züge. Aber der Kern der Sache liegt darin, dass sich die Entwicklung der Menschheit weder im allgemeinen Stimmrecht noch in »Blut und Ehre«, noch im Dogma der unbefleckten Empfängnis erschöpft. Der historische Prozess drückt in erster Linie den Klassenkampf aus; überdies wenden verschiedene Klassen im Namen verschiedener Ziele in gewissen Augenblicken gleiche Mittel an. Im Wesen kann es gar nicht anders sein. Einander bekämpfende Heere sind immer mehr oder weniger symmetrisch; gäbe es nichts Gemeinsames in ihren Kampfmethoden, könnten sie einander keine Schläge zufügen.

Ein unwissender Bauer oder Krämer, der weder den Ursprung noch den Sinn des Kampfes zwischen Proletariat und Bourgeoisie begreift, wird, wenn er entdeckt, dass er sich zwischen den beiden Feuern befindet, beide kriegführenden Lager mit dem gleichen Hass betrachten.

Und wer sind alle diese demokratischen Moralisten? Ideologen der Zwischenschichten, die zwischen die beiden Feuer geraten sind oder sich vor diesem Schicksal fürchten. Verständnislosigkeit gegenüber den großen historischen Bewegungen, eine verhärtete konservative Mentalität, selbstzufriedene Beschränktheit und primitivste politische Feigheit zeichnen die Propheten dieses Typus aus. Mehr als alles andere wünscht der Moralist, die Geschichte möge ihn mit seinen Büchlein, kleinen Zeitschriften, Abonnements, seinem gesunden Menschenverstand und seinen moralischen Schreibheften in Ruhe lassen. Aber die Geschichte lässt ihn nicht in Ruhe. Sie pufft ihn bald von links und bald von rechts. Es ist klar: Revolution und Reaktion, Zarismus und Bolschewismus, Kommunismus, Stalinismus und Trotzkismus – das alles sind Zwillinge. Wer immer daran zweifelt, der mag die symmetrischen Beulen auf der rechten wie auf der linken Schädelhälfte unserer Moralisten nachfühlen.

Marxistische Amoral und ewige Wahrheiten

Die volkstümlichste und eindrucksvollste der gegen die bolschewistische »Amoral« gerichteten Anklagen gründet sich auf die sogenannte jesuitische Maxime des Bolschewismus: »Der Zweck heiligt die Mittel«. Von hier aus ist es nicht weit zur nächsten Schlussfolgerung: Da die Trotzkisten, wie alle Bolschewiken (oder Marxisten), die Prinzipien der Moral nicht anerkennen, gibt es folglich keinen »prinzipiellen« Unterschied zwischen Trotzkismus und Stalinismus. Was zu beweisen war.

Eine ganz und gar vulgäre und zynische amerikanische Monatsschrift veranstaltete eine Enquete über die Moralphilosophie des Bolschewismus. Die Enquete hatte, wie gebräuchlich, gleichzeitig den Zielen der Ethik wie denen der Reklame zu dienen. Der unnachahmliche H. G. Wells, dessen große Einbildungskraft nur durch seine homerische Selbstzufriedenheit übertroffen wird, zögerte nicht, sich mit den reaktionären Snobs des »Common Sense« (»gesunder Menschenverstand«) zu solidarisieren. Insofern war alles in Ordnung. Aber selbst solche Teilnehmer, die es für notwendig hielten, den Bolschewismus zu verteidigen, taten dies in der Mehrzahl der Fälle nicht ohne schüchterne Ausflüchte (Eastman). Die Grundsätze des Marxismus sind natürlich schlecht, aber unter den Bolschewiken gab es nichtsdestoweniger wertvolle Leute. Wahrhaftig, solche »Freunde« sind gefährlicher als Feinde.

Könnten wir uns dazu entschließen, die Herren Entlarver ernst zu nehmen, dann müssten wir sie an erster Stelle fragen: Was sind eure eigenen moralischen Prinzipien? Das ist eine Frage, auf die wir kaum eine Antwort erhalten werden. Nehmen wir für einen Augenblick an, weder persönliche noch soziale Ziele könnten die Mittel heiligen. Dann ist es offenbar notwendig, Kriterien außerhalb der historischen Gesellschaft und der Ziele, die sie sich im Laufe ihrer Entwicklung steckt, zu suchen. Aber wo? Wenn nicht auf Erden, so im Himmel. Die Pfaffen haben seit langem unfehlbare Moralkriterien in der göttlichen Offenbarung entdeckt. Kleine weltliche Pfaffen reden über ewige moralische Wahrheiten, ohne deren Ursprung zu erwähnen. Wir sind jedoch zu dem Schluss berechtigt: Da diese Wahrheiten ewig sind, müssen sie nicht nur vor der Erscheinung des Halbaffen-Halbmenschen auf der Erde, sondern sogar vor der Entstehung des Sonnensystems existiert haben. Woher sind sie also gekommen? Die Theorie der ewigen Moral kann keineswegs ohne Gott bestehen.

Sofern sich die Moralisten der angelsächsischen Schule nicht auf den rationalistischen Utilitarismus, die Ethik der bürgerlichen Buchführung beschränken, erscheinen sie alle als die bewussten oder unbewussten Schüler des Grafen Shaftesbury, der – zu Anfang des 18. Jahrhunderts! – die Moralurteile von einem besonderen »moralischen Sinn« ableitete, der nach seiner Voraussetzung dem Menschen ein für allemal verliehen war. Eine Moral über den Klassen führt unvermeidlich zu der Anerkennung einer besonderen Substanz, eines »moralischen Sinns« oder »Gewissens«, zur Anerkennung von irgendetwas Absolutem, was nichts anderes ist als das philosophisch-feige Synonym für Gott. Wenn wir die Moral unabhängig von den »Zielen«, d. h. von der Gesellschaft betrachten, erweist sie sich letzten Endes, gleichgültig ob wir sie von »ewigen Wahrheiten« oder von der »menschlichen Natur« ableiten, als eine Form der »Naturtheologie«. Der Himmel bleibt die einzige befestigte Position für militärische Operationen gegen den dialektischen Materialismus.

Zu Ende des letzten Jahrhunderts entstand in Russland eine ganze Schule von »Marxisten« (Struwe, Berdjajew, Bulgakow u. a.), die die marxistische Lehre mit einem sich selbst genügenden, d. h. über den Klassen stehenden moralischen Prinzip zu ergänzen wünschten. Diese Leute begannen natürlich mit Kant und dem kategorischen Imperativ. Wie aber endeten sie? Struwe ist heute Minister a. D. des Barons Wrangel und ein treuer Sohn der Kirche; Bulgakow ist ein orthodoxer Priester; Berdjajew legt die Apokalypse in verschiedenen Sprachen aus. Diese auf den ersten Blick überraschenden Wandlungen erklären sich keineswegs durch die »slawische Seele« – Struwe hat eine deutsche Seele – sondern durch die Wucht des sozialen Kampfes in Russland. Der Grundzug dieser Metamorphose ist im Wesentlichen international.

Der klassische philosophische Idealismus stellte, insoweit er seinerzeit versuchte, die Moral zu verweltlichen, d. h. von ihrer religiösen Sanktion zu befreien, einen gewaltigen Schritt vorwärts dar (Hegel). Aber nachdem sich die Moralphilosophie vom Himmel losgelöst hatte, musste sie irdische Wurzeln finden. Es war eine der Aufgaben des Materialismus, diese Wurzeln zu entdecken. Nach Shaftesbury kam Darwin, nach Hegel – Marx. Wer heute an »ewige moralische Wahrheiten« appelliert, versucht, das Rad rückwärts zu drehen. Der philosophische Idealismus ist nur ein Übergangsstadium: von der Religion zum Materialismus, oder umgekehrt, vom Materialismus zur Religion.

»Der Zweck heiligt die Mittel«

Der Jesuitenorden, der in der ersten Hälfte des 16. Jahrhunderts zur Bekämpfung des Protestantismus gegründet wurde, lehrte übrigens niemals, dass *jedes* Mittel, selbst wenn es vom Gesichtspunkt der katholischen Moral verbrecherisch war, erlaubt sei, wenn es nur zum »Ziel«, d. h. zum Triumph des Katholizismus führe. Solch eine innerlich widerspruchsvolle und psychologisch absurde Lehre wurde den Jesuiten von ihren protestantischen und teilweise katholischen Gegnern böswillig zugeschrieben, die sich in der Wahl der Mittel, um *ihre Ziele* zu erreichen, nicht genierten. Die jesuitischen Theologen, die sich wie die Theologen anderer Schulen mit der Frage der persönlichen Verantwortung befassten, lehrten in Wirklichkeit, dass das Mittel an sich eine gleichgültige Angelegenheit sein kann und dass die moralische Berechtigung oder Beurteilung des gegebenen Mittels sich aus dem Ziel ergibt. So ist Schießen an und für sich eine neutrale Angelegenheit; Schießen auf einen tollen Hund, der ein Kind bedroht – eine Tugend; Schießen mit dem Ziel zu verletzen oder zu morden – ein Verbrechen. Die Ausführungen der Theologen dieses Ordens gingen über solche Gemeinplätze nicht hinaus.

Was ihre praktische Moralphilosophie angeht, waren die Jesuiten keineswegs schlimmer als andere Mönche oder katholische Priester, sie waren ihnen im Gegenteil überlegen; jedenfalls waren sie ausdauernder, kühner und scharfsichtiger. Die Jesuiten stellten eine streng zentralisierte, aggressive, kämpferische Organisation dar, die nicht nur für die Feinde, sondern auch für die Verbündeten gefährlich war. In seiner Psychologie und in der Methode seines Handelns unterschied sich der Jesuit der »heroischen« Periode von einem durchschnittlichen Pfaffen wie der Krieger der Kirche von ihrem Krämer. Wir haben keinen Grund, einen der beiden zu idealisieren. Aber es ist ganz und gar unwürdig, einen fanatischen Krieger mit den Augen eines stumpfen und trägen Krämers zu betrachten. Wenn wir auf der Ebene der rein formalen oder psychologischen Verwandtschaften verbleiben, dann kann man, wenn man will, sagen, dass die Bolschewiki sich zu den Demokraten und Sozialdemokraten aller Schattierungen verhalten wie die Jesuiten zur kirchlichen

Hierarchie. Im Vergleich zu den revolutionären Marxisten erscheinen die Sozialdemokraten und Zentristen wie Minderjährige oder wie der Quacksalber im Vergleich zum Arzt: Sie denken kein einziges Problem bis zu Ende, glauben an die Macht der Beschwörung, gehen feige jeder Schwierigkeit aus dem Weg und hoffen auf ein Wunder. Die Opportunisten sind die friedlichen Krämer der sozialistischen Idee, während die Bolschewiki ihre eingefleischten Krieger sind. Daher der Hass und die Verleumdung gegen die Bolschewiki von Seiten derer, die ihre historisch bedingten Schwächen im Überfluss, jedoch keinen einzigen ihrer Vorzüge besitzen.

Immerhin bleibt jedoch die Nebeneinanderstellung von Bolschewismus und Jesuitismus völlig einseitig und oberflächlich und ist eher literarischer als historischer Natur. Geht man von Charakter und Interessen derjenigen Klassen aus, auf die sich Jesuiten und Protestanten stützen, so stellten erstere die Reaktion und letztere den Fortschritt dar. Die Begrenztheit dieses »Fortschritts« fand wiederum ihren direkten Ausdruck in der Sittenlehre der Protestanten. So hinderten den Stadtbürger Luther die von ihm »gereinigten« Lehren Christi keineswegs daran, dazu aufzurufen, die aufständischen Bauern wie »tolle Hunde« niederzumachen. Dr. Martin war offenbar, noch bevor dieser Grundsatz den Jesuiten zugeschrieben wurde, der Ansicht, »der Zweck heilige die Mittel«. Die mit dem Protestantismus konkurrierenden Jesuiten passten sich ihrerseits in steigendem Maße dem Geist der bürgerlichen Gesellschaft an, und von den drei Gelübden: Armut, Keuschheit und Gehorsam, blieb nur das dritte übrig und das sogar in äußerst abgemilderter Form. Vom Standpunkt des christlichen Ideals verfiel die Moral der Jesuiten in dem Maße, wie sie aufhörten, Jesuiten zu sein. Die Krieger der Kirche wurden ihre Bürokraten und, wie alle Bürokraten, leidliche Spitzbuben.

Jesuitismus und Utilitarismus

Diese kurze Diskussion genügt vielleicht, um zu zeigen, wie viel Unwissenheit und Beschränktheit erforderlich sind, um ernsthaft das »jesuitische« Prinzip: »Der Zweck heiligt die Mittel«, einer anderen, scheinbar höheren Moral gegenüberzustellen, in der jedes »Mittel« sein eigenes Moraletikett trägt etwa wie eine Ware mit festen Preisen in einem Spezialgeschäft. Bemerkenswert ist, dass der gesunde Menschenverstand des angelsächsischen Philisters es fertig gebracht hat, sich über das »jesuitische« Prinzip zu entrüsten und gleichzeitig sich an der für die britische Philosophie so charakteristischen utilitaristischen Sittenlehre zu inspirieren. Denn das Kriterium Benthams und John Mills: »Das größtmögliche Glück für die größtmögliche Anzahl«, bedeutet, dass diejenigen Mittel sittlich sind, die zur allgemeinen Wohlfahrt als dem höheren Ziel führen. Der angelsächsische Utilitarismus stimmt also in seinen generellen philosophischen Formulierungen völlig mit dem »jesuitischen« Prinzip »Der Zweck heiligt die Mittel« überein. Der Empirismus existiert demnach, wie wir sehen, nur zu dem Zweck in der Welt, um uns von der Notwendigkeit zu befreien, die Dinge miteinander ins Reine zu bringen.

Herbert Spencer, dessen Empirismus Darwin mit der Idee der Evolution impfte, wie man gegen Pocken impft, lehrte, dass in der Sphäre der Moral die Entwicklung von »Empfindungen« zu »Ideen« fortschreitet. Die Empfindungen richten sich nach dem Kriterium des unmittelbaren Vergnügens, während die Ideen gestatten, sich von dem Kriterium des zukünftigen, dauernden und höheren Vergnügens leiten zu lassen. »Vergnügen« oder »Glück« sind also auch hier Kriterium der Moral.

Aber die Breite und Tiefe des Inhalts dieses Kriteriums hängt von dem Maßstab der »Entwicklung« ab. Auf diese Weise bewies auch Herbert Spencer durch die Methoden seines eigenen »evolutionären« Utilitarismus, dass das Prinzip »Der Zweck heiligt die Mittel« nichts Unmoralisches enthält.

Es wäre jedoch naiv, von diesem abstrakten »Prinzip« eine Antwort auf die praktische Frage zu erwarten: Was dürfen wir tun und was nicht? Überdies wirft natürlich das Prinzip »Der Zweck heiligt die Mittel« die Frage auf: Und was heiligt das Ziel? Im praktischen Leben wie im Verlauf der Geschichte verändern Ziel und Mittel fortlaufend ihre Stellung. Eine im Bau befindliche Maschine ist nur insofern ein »Ziel« der Produktion, wie sie in eine andere Fabrik als »Mittel« eingeht. Die Demokratie ist in gewissen Perioden das »Ziel« des Klassenkampfs nur, um danach in sein Mittel verwandelt zu werden. Enthält das jesuitische Prinzip auch nichts Unmoralisches, so ist es jedoch andererseits weit davon entfernt, das Problem der Moral zu lösen.

Der »evolutionäre« Utilitarismus Spencers lässt uns ebenfalls auf halbem Wege ohne Antwort stehen, da er, Darwin folgend, versucht, die konkrete historische Moral in den für ein Herdentier charakteristischen biologischen Bedürfnissen oder »sozialen Instinkten« aufzulösen, während der Begriff der Moral selbst erst in einem antagonistischen Milieu, d. h. in einer von Klassen zerrissenen Gesellschaft, entsteht.

Der bürgerliche Evolutionarismus bleibt auf der Schwelle der historischen Gesellschaft ohnmächtig stehen, weil er die treibende Kraft in der Entwicklung historischer Formen, den Klassenkampf, nicht erkennen will. Die Moral ist nur eine der ideologischen Funktionen in diesem Kampf. Die herrschende Klasse zwingt ihre Ziele der Gesellschaft auf und gewöhnt sie daran, alle solche Mittel, die ihren Zielen widersprechen, als unmoralisch anzusehen. Das ist die wichtigste Funktion der offiziellen Sittenlehre. Sie verfolgt die Idee des »größtmöglichen Glücks« nicht für die Mehrheit, sondern für eine sich ständig verringernde Minderheit. Durch Gewalt allein könnte sich ein solches Regime auch nicht eine Woche lang halten. Es braucht den moralischen Zement. Das Mischen dieses Zements bildet den Beruf der kleinbürgerlichen Theoretiker und Moralisten. Sie schillern zwar in allen Regenbogenfarben, letzten Endes bleiben sie jedoch ohne Ausnahme Apostel der Sklaverei und der Unterwerfung.

»Moralvorschriften, die für alle bindend sind«

Wer nicht zu Moses, Christus oder Mohammed zurückkehren will und wer nicht mit eklektischem Hokuspokus zufrieden ist, muss einsehen, dass die Moral ein Produkt der historischen Entwicklung ist, dass es in ihr nichts Unveränderliches gibt, dass sie sozialen Interessen dient, dass diese Interessen widerspruchsvoll sind, dass die Moral mehr als irgendeine andere ideologische Form Klassencharakter trägt.

Aber existieren denn keine elementaren moralischen Vorschriften, die sich in der Entwicklung der Menschheit als integraler Bestandteil der Existenz jeder kollektiven Körperschaft herausgebildet haben? Solche Vorschriften existieren unzweifelhaft, aber ihr Aktionsradius ist äußerst begrenzt und unstabil. Je schärferen Charakter der Klassenkampf annimmt, desto wirkungsloser werden die Normen, die »für alle bindend sind«. Der Kulminationspunkt des Klassenkampfes ist der Bürgerkrieg, der alle moralischen Bande zwischen den feindlichen Klassen in die Luft sprengt.

Unter »normalen« Bedingungen befolgt ein »normaler« Mensch das Gebot: »Du sollst nicht töten.« Aber wenn er unter der anormalen Bedingung der Notwehr tötet, verzeiht ihm der Richter seine Handlung. Wenn er das Opfer eines Mörders wird, wird das Gericht den Mörder töten. Die Notwendigkeit der Handlung des Gerichts als einer Selbstverteidigung ergibt sich aus antagonistischen Interessen. Was den Staat angeht, so beschränkt er sich in Friedenszeiten auf vereinzelte Fälle des legalisierten Mords, um in Kriegszeiten das »bindende« Gebot: »Du sollst nicht töten« in sein Gegenteil zu verwandeln. Die »humansten« Regierungen, die in Friedenszeiten den Krieg »verabscheuen«, erklären während des Krieges die Ausrottung einer größtmöglichen Zahl von Menschen zur höchsten Pflicht ihrer Armeen.

Die sogenannten »allgemein anerkannten« Moralvorschriften haben im Wesen der Sache einen algebraischen, d. h. unbestimmten Charakter. Sie drücken nur die Tatsache aus, dass der Mensch in seinem individuellen Benehmen durch eine gewisse Anzahl allgemeiner Normen gebunden ist, die sich aus seiner Existenz als Mitglied der Gesellschaft ergeben. Die höchste Verallgemeinerung dieser Normen ist der kategorische Imperativ von Kant. Aber trotz der Tatsache, dass dieser Imperativ einen hohen Rang im philosophischen Olymp einnimmt, enthält er nichts Kategorisches, weil er nichts Konkretes enthält. Er ist eine Schale ohne Kern.

Diese Leere in den für alle bindenden Vorschriften ergibt sich aus der Tatsache, dass die Menschen in allen entscheidenden Fragen ihre Klassenzugehörigkeit bedeutend tiefer und direkter empfinden als ihre Zugehörigkeit zur »Gesellschaft«. Die »bindenden« Moralvorschriften besitzen in Wirklichkeit Klasseninhalt. Das heißt, einen antagonistischen Inhalt. Die sittliche Norm wird um so kategorischer, je weniger sie für alle bindend ist. Die Solidarität der Arbeiter, im Besonderen der Streikenden oder Barrikadenkämpfer, ist unvergleichlich »kategorischer« als die menschliche Solidarität im Allgemeinen.

Die Bourgeoisie, die das Proletariat an Vollständigkeit und Unversöhnlichkeit des Klassenbewusstseins bei weitem übertrifft, hat ein Lebensinteresse daran, ihre Moralphilosophie den ausgebeuteten Massen aufzuzwingen. Eben zu diesem Zweck werden die konkreten Vorschriften des bürgerlichen Katechismus hinter moralischen Abstraktionen versteckt, die dem Patronat von Religion, Philosophie oder von jenem Bastard, den man »gesunden Menschenverstand« nennt, unterstellt werden. Der Appell an abstrakte Normen ist kein uneigennütziger philosophischer Fehler, sondern ein notwendiges Element in der Mechanik des Klassenbetrugs. Die Entlarvung dieses Betrugs, der über eine vieltausendjährige Tradition verfügt, gehört zur obersten Pflicht des proletarischen Revolutionärs.

Die Krise der demokratischen Moral

Um den Sieg ihrer Interessen in großen Fragen zu sichern, sind die herrschenden Klassen bereit, in zweitrangigen Fragen Konzessionen zu machen, natürlich nur so lange, wie sich diese Konzessionen mit der Buchführung vertragen. In der Epoche des kapitalistischen Aufschwungs, besonders in den letzten Jahrzehnten vor dem Weltkrieg, waren diese Konzessionen durchaus real, zum Mindesten in Bezug auf die oberen Schichten des Proletariats. Die Industrie dehnte sich zu dieser Zeit fast ununterbrochen aus. Der Reichtum der zivilisierten Nationen und teilweise auch der arbeitenden Massen wuchs an. Die Demokratie schien gesichert. Die Arbeiterorganisationen wuchsen. Gleichzeitig vertieften sich die reformistischen Tendenzen. Die Beziehungen zwischen den Klassen nahmen, wenigstens äußerlich, an Spannung ab. So entstanden parallel mit den Normen der Demokratie und den Gewohnheiten der Klassenzusammenarbeit gewisse elementare Moralvorschriften in den Gesellschaftsbeziehungen. Der Eindruck einer stets freier, gerechter und menschlicher werdenden Gesellschaft wurde geschaffen. Die aufsteigende Linie des Fortschritts schien dem »gesunden Menschenverstand« unendlich.

Stattdessen brach jedoch der Krieg aus mit seinem Gefolge von Erschütterungen, Krisen, Katastrophen, Epidemien und Bestialitäten. Das Wirtschaftsleben der Menschheit geriet in eine Sackgasse. Die Klassengegensätze traten scharf und nackt hervor. Die Sicherheitsventile der Demokratie begannen eins nach dem anderen zu explodieren. Die elementaren Moralvorschriften erwiesen sich gar noch zerbrechlicher als die demokratischen Einrichtungen und die reformistischen Illusionen. Lügenhaftigkeit, Verleumdung, Bestechung, Käuflichkeit, Zwang und Mord nahmen ungeahnte Ausmaße an. Dem verdutzten Einfaltspinsel erschienen alle diese Laster als ein vorübergehendes Resultat des Krieges. In Wirklichkeit handelt es sich um Erscheinungen des imperialistischen Niedergangs. Der Verfall des Kapitalismus bestimmt den Verfall der heutigen Gesellschaft mit ihrem Recht und ihrer Moral.

Die »Synthese« der imperialistischen Schändlichkeit ist der Faschismus, das direkte Resultat des Bankrotts der bürgerlichen Demokratie angesichts der Aufgaben der imperialistischen Epoche. Rudimente der Demokratie existieren nur noch in den reichen kapitalistischen Aristokratien: Auf jeden »Demokraten« in England, Frankreich, Holland und Belgien kommt eine bestimmte Anzahl von Kolonialsklaven; »60 Familien«

beherrschen die Demokratie der Vereinigten Staaten und so weiter. Überdies befinden sich faschistische Schösslinge in allen Demokratien in raschem Wachstum. Der Stalinismus ist einerseits das Produkt des imperialistischen Drucks auf einen rückständigen und isolierten Arbeiterstaat, der auf seine Art eine symmetrische Ergänzung zum Faschismus darstellt. Während idealistische Philister – die Anarchisten natürlich immer an der Spitze – in ihrer Presse unermüdlich die marxistische »Amoral« entlarven, geben die amerikanischen Trusts, nach Angabe von John L. Lewis (CIO), nicht weniger als 80 Millionen Dollar im Jahr für den praktischen Kampf gegen die revolutionäre »Demoralisierung« aus, d. h. für Spionage, Bestechung von Arbeitern, Justizverbrechen und heimliche Morde.

Der kategorische Imperativ wählt bisweilen Umwege, um zum Sieg zu gelangen! Der Gerechtigkeit halber wollen wir zugeben, dass die ehrlichsten und gleichzeitig beschränktesten kleinbürgerlichen Moralisten selbst heute noch in der idealisierten Erinnerung an die Vergangenheit und in der Hoffnung auf ihre Rückkehr leben. Sie verstehen nicht, dass die Moral eine Funktion des Klassenkampfes ist, dass die demokratische Moral der Epoche des liberalen und fortschrittlichen Kapitalismus entspricht, dass die Zuspitzung des Klassenkampfes, der seine letzte Phase durchläuft, diese Moral endgültig und unwiderruflich zerstört hat, dass an ihre Stelle einerseits die Moral des Faschismus, andererseits die Moral der proletarischen Revolution trat.

»Der gesunde Menschenverstand«

Die Demokratie und die »allgemein anerkannte« Moral sind nicht die alleinigen Opfer des Imperialismus. Der dritte leidende Märtyrer ist der »universale« gesunde Menschenverstand. Diese niedrigste Form des Intellekts ist nicht nur unter allen Umständen absolut erforderlich, sondern unter gewissen Umständen auch ausreichend. Das grundlegende Kapital des gesunden Menschenverstandes besteht aus den elementaren Schlüssen der allgemeinen Erfahrung: Man soll seine Finger nicht ins Feuer stecken, möglichst eine gerade Linie einschlagen, keinen bissigen Hund reizen... und so weiter und so fort. In einem stabilen sozialen Milieu reicht der gesunde Menschenverstand aus, um Geschäfte zu machen, Kranke zu heilen, Artikel zu schreiben, Gewerkschaften zu leiten, im Parlament abzustimmen, sich zu verheiraten und die Rasse zu erneuern. Aber wenn derselbe gesunde Menschenverstand versucht, die ihm gesetzten Grenzen zu überschreiten, und die Ebene komplexer Verallgemeinerungen betritt, erweist er sich als eine Anhäufung von Vorurteilen einer bestimmten Klasse und einer bestimmten Epoche. Schon eine gewöhnliche kapitalistische Krise bringt den gesunden Menschenverstand in eine Sackgasse; und gegenüber solchen Katastrophen wie Revolution, Konterrevolution und Krieg entlarvt sich der gesunde Menschenverstand als vollkommener Narr. Um die katastrophalen Störungen des »normalen« Ablaufs der Dinge zu erfassen, ist jene höhere Qualität des Intellekts erforderlich, die bisher ihren philosophischen Ausdruck nur im dialektischen Materialismus gefunden hat.

Max Eastman, der mit Erfolg versucht, den »gesunden Menschenverstand« mit einem äußerst anziehenden literarischen Stil auszustatten, hat den Kampf gegen die Dialektik zu nichts weniger als seinem Beruf gemacht. Eastman hält ernsthaft die Verkupplung der konservativen Banalitäten des gesunden Menschenverstandes mit gutem Stil für »die Wissenschaft der Revolution«. Indem er die reaktionären Snobs des »Common Sense« unterstützt, offenbart er der Menschheit mit unnachahmlicher Sicherheit: Hätte Trotzki sich statt von der marxistischen Doktrin vom gesunden Menschenverstand leiten lassen, er würde... die Macht nicht verloren haben. Jene innere Dialektik, die bisher in der unvermeidlichen Aufeinanderfolge bestimmter Stadien in allen Revolutionen aufgetreten ist, existiert für Eastman nicht. Für ihn erklärt sich die Ablösung der Revolution durch die Reaktion durch ungenügenden Respekt vor dem gesunden Menschenverstand. Eastman versteht nicht, dass es gerade Stalin war, der historisch gesehen dem gesunden Menschenverstand, d. h. dessen Unzulänglichkeit, zum Opfer fiel, weil die von ihm ausgeübte Macht Zielen dient, die dem Bolschewismus feindlich sind. Andererseits erlaubte uns die marxistische Doktrin, uns rechtzeitig von der thermidorianischen Bürokratie zu trennen und weiterhin den Zielen des internationalen Sozialismus zu dienen.

Jede Wissenschaft, und in diesem Sinne also auch die »Wissenschaft der Revolution«, wird durch die Erfahrung geprüft. Da Eastman so gut weiß, wie man die revolutionäre Macht unter der Bedingung der Weltreaktion behält, weiß er hoffentlich auch, wie man die Macht erobert. Es wäre sehr zu wünschen, dass er endlich seine Geheimnisse enthüllt. Am besten würde er dies in der Form eines Programmentwurfs für eine revolutionäre Partei tun unter dem Titel: Wie erobern und behalten wir die Macht? Wir fürchten jedoch, dass gerade der gesunde Menschenverstand Eastman von solch einem gefährlichen Unternehmen abhalten wird. Und in diesem Falle müssen wir dem gesunden Menschenverstand Recht geben.

Die marxistische Doktrin, die Eastman leider niemals verstand, gestattete uns vorauszusehen, dass unter gewissen historischen Umständen der Sowjetthermidor mit einem ganzen Gefolge von Verbrechen unvermeidlich war. Dieselbe Doktrin hat seit langem den Niedergang der bürgerlichen Demokratie und ihrer Moral vorausgesagt. Die Doktrinäre des »gesunden Menschenverstands« dagegen wurden von Faschismus und Stalinismus überrumpelt. Der gesunde Menschenverstand arbeitet mit unveränderlichen Größen in einer Welt, wo nur die Veränderung beständig ist. Die Dialektik dagegen begreift alle Erscheinungen, Einrichtungen und Normen in ihrem Entstehen, Bestehen und Vergehen. Die dialektische Auffassung der Moral als eines abhängigen und vergänglichen Produktes des Klassenkampfes erscheint dem gesunden Menschenverstand als »amoralische«. Und doch gibt es nichts Flacheres, Schaleres, Selbstzufriedeneres und Zynischeres als die Moralvorschriften des gesunden Menschenverstandes!

Die Moralisten und die GPU*

Die Moskauer Prozesse gaben Anlass zu einem Kreuzzug gegen die »Amoral« des Bolschewismus. Dieser Kreuzzug begann jedoch keineswegs sofort. Die Wahrheit ist, dass die Moralisten in ihrer Mehrzahl die direkten oder indirekten Freunde des Kremls waren. Als solche versuchten sie lange, ihre Bestürzung zu verstecken, und taten gar, als ob nichts Ungewöhnliches geschehen sei. Und doch waren die Moskauer Prozesse alles andere als ein Zufall. Servile Unterwürfigkeit, Heuchelei, der offizielle Kult der Lüge, Bestechung und andere Formen der Korruption begannen bereits in den Jahren 1924–25 offensichtlich in Moskau aufzublühen. Die zukünftigen Justizverbrechen wurden offen vor den Augen der ganzen Welt vorbereitet. Es fehlte nicht an Warnungen. Die »Freunde« zogen jedoch vor, nichts zu sehen. Kein Wunder: Die Mehrzahl dieser Herren stand seinerzeit der Oktoberrevolution in unversöhnlicher Feindschaft gegenüber und versöhnte sich erst mit der Sowjetunion in dem Maße, wie ihre thermidorianische Entartung fortschritt. Die kleinbürgerlichen Demokraten

* GPU – Gosudarstwennoje polititscheskoje uprawlenije (Staatliche Politische Verwaltung). Name des sowjetischen Geheimdienstes.

des Westens erkannten in den kleinbürgerlichen Demokraten des Ostens verwandte Seelen.

Glaubten diese Leute wirklich an die Moskauer Beschuldigungen? Nur die Allerbeschränktesten. Die anderen wollten sich nicht durch Aufdeckung der Wahrheit aus der Ruhe bringen lassen. Ist es vernünftig, auf die schmeichelhafte, bequeme und oft gut bezahlte Freundschaft mit den Sowjetgesandtschaften zu verzichten? Überdies – oh, das vergaßen sie nicht! – kann die indiskrete Wahrheit dem Prestige der Sowjetunion schaden. Diese Leute deckten die Verbrechen auf Grund von zweckmäßigen Betrachtungen, d. h. sie wandten bedenkenlos das Prinzip an: Der Zweck heiligt die Mittel.

Der Kronanwalt Pritt, der gerade zur rechten Zeit der stalinistischen Themis unter den Rock blicken durfte und dort alles in Ordnung fand, übernahm die schamlose Initiative. Romain Rolland, dessen moralische Autorität vom Staatsverlag der Sowjetunion hoch taxiert wird, beeilte sich, eins seiner Manifeste loszulassen, in denen sich melancholische Lyrik mit senilem Zynismus vereint. Die französische Liga für Menschenrechte, die 1917 über »die Amoral Lenins und Trotzkis« wetterte, als diese das Militärbündnis mit Frankreich brachen, zögerte nicht, Stalins Verbrechen im Jahre 1936 im Interesse des französisch-russischen Abkommens zu decken. Ein patriotischer Zweck heiligt bekanntlich jedes Mittel. Die amerikanischen Zeitschriften »The Nation« und »The New Republic« schlossen vor Jagodas Taten die Augen, da ihre »Freundschaft« mit der Sowjetunion ihre eigene Autorität garantierte. Noch vor kaum einem Jahr waren diese Herren keineswegs der Ansicht, Stalinismus und Trotzkismus seien ein und dasselbe. Sie erklärten sich offen für Stalin, für seine Realpolitik, für seine Gerichtsbarkeit und für seinen Jagoda. An diese Position klammerten sie sich, solange es ging.

Bis zum Augenblick der Hinrichtung Tuchatschewskis, Jakirs und der anderen beobachtete die Großbourgeoisie der demokratischen Länder nicht ohne Vergnügen, wenn auch mit einer Mischung Unbehagen, die Hinrichtung der Revolutionäre in der Sowjetunion. In diesem Sinne entsprachen »The Nation« und »The New Republic«, von Duranty, Louis Fischer und dergleichen Prostituierten der Feder gar nicht zu reden, voll und ganz den Interessen des »demokratischen« Imperialismus. Die Hinrichtung der Generäle beunruhigte die Bourgeoisie und zwang sie zu verstehen, dass die fortschreitende Zersetzung des stalinistischen Apparats Hitler, Mussolini und dem Mikado die Aufgabe erleichtert. Die »New York Times« begann vorsichtig, aber hartnäckig ihren eigenen

Duranty zu korrigieren. Der Pariser »Temps« stellte einige Spalten zur Verfügung, um Licht auf die Lage in der Sowjetunion zu werfen. Die kleinbürgerlichen Moralisten und Verleumder waren schon von jeher nichts anderes als das dienstfertige Echo der Kapitalistenklasse.

Außerdem wurde es nach der Urteilsverkündung der Internationalen Untersuchungskommission unter dem Vorsitz von John Dewey für jeden Menschen mit auch nur einer Spur von Denkvermögen klar, dass die weitere offene Verteidigung der GPU mit der Gefahr des politischen und moralischen Todes gleichbedeutend war. Erst in diesem Augenblick entschlossen sich die »Freunde«, die ewigen moralischen Wahrheiten auf Gottes schöner Erde einzuführen, d. h. sich in die zweite Schützengrabenlinie zurückzuziehen.

Nicht den letzten Platz unter den Moralisten nehmen erschrockene Stalinisten und Halb-Stalinisten ein. Eugene Lyons lebte Jahre hindurch mit der thermidorianischen Clique im schönsten Einvernehmen und fühlte sich beinahe selbst als Bolschewik. Als er sich – aus welchem Grunde ist uns gleichgültig – vom Kreml zurückzog, schwebte er natürlich sofort in den Wolken des Idealismus. Liston Oak erfreute sich bis vor kurzem eines solchen Vertrauens von Seiten der Komintern, dass sie ihn mit der Führung der englischsprachigen Propaganda für das republikanische Spanien beauftragte. Das hinderte ihn natürlich nicht daran, sobald er einmal seinen Posten aufgegeben hatte, gleichzeitig das marxistische ABC aufzugeben. Der heimatlose Walter Kriwitzki schloss sich nach seinem Bruch mit der GPU ohne Umschweife der bürgerlichen Demokratie an. Augenscheinlich ist dies auch die Metamorphose des hochbejahrten Charles Rappoport. Leute dieses Schlages – und sie sind zahlreich – suchen, nachdem sie den Stalinismus über Bord geworfen haben, in den Postulaten der abstrakten Sittenlehre eine Entschädigung für die von ihnen erlebten Enttäuschungen und die ihren Idealen zugefügten Erniedrigungen. Fragt sie: »Warum habt ihr das Lager der Komintern oder der GPU mit dem der Bourgeoisie vertauscht?« Ihre Antwort ist bereit: »Der Trotzkismus ist nicht besser als der Stalinismus.«

Die Anordnung der politischen Schachfiguren

»Trotzkismus ist revolutionäre Romantik; Stalinismus – Realpolitik.« Von dieser banalen Gegenüberstellung, mit der der durchschnittliche Philister bis gestern seine Freundschaft mit dem Thermidor gegen die Revolution rechtfertigte, bleibt heute auch nicht die Spur zurück. Trotzkismus und Stalinismus werden überhaupt nicht mehr einander gegenübergestellt, sondern miteinander identifiziert. Sie werden jedoch nur der Form, nicht dem Wesen nach miteinander identifiziert. Nachdem sich die Demokraten auf den Meridian des »kategorischen Imperativs« zurückgezogen haben, fahren sie in Wirklichkeit fort, die GPU zu verteidigen, nur auf eine verstecktere und perfidere Art. Wer das Opfer verleumdet, hilft dem Henker. Hier wie sonst dient die Moral der Politik.

Der demokratische Philister und der stalinistische Bürokrat sind, wenn nicht gerade Zwillinge, so doch Brüder im Geiste. Jedenfalls gehören sie dem gleichen politischen Lager an. Das gegenwärtige Regierungssystem in Frankreich und – wenn wir die Anarchisten hinzurechnen – in Spanien hat die Zusammenarbeit von Stalinisten, Sozialdemokraten und Liberalen zur Grundlage. Die britische Unabhängige Arbeiterpartei sieht nur deshalb so mitgenommen aus, weil sie sich eine Reihe von Jahren hindurch der Umarmung durch die Komintern nicht entzogen hat. Die französische Sozialistische Partei schloss die Trotzkisten gerade zu der Zeit aus ihren Reihen aus, als sie die Verschmelzung mit den Stalinisten vorbereitete. Wenn die Verschmelzung bisher nicht zustande kam, so nicht wegen prinzipieller Meinungsverschiedenheiten – welche bleiben noch übrig? – sondern weil die sozialdemokratischen Karrieristen um ihre Posten fürchteten. Norman Thomas erklärte nach seiner Rückkehr aus Spanien, dass die Trotzkisten »objektiv« Franco helfen, und mit dieser subjektiven Absurdität leistete er den GPU-Henkern einen objektiven Dienst. Dieser Gerechte schloss die amerikanischen »Trotzkisten« genau zu dem Zeitpunkt aus seiner Partei aus, als die GPU deren Gesinnungsgenossen in der Sowjetunion und in Spanien niedermachte. Trotz ihrer »Amoral« sind die Stalinisten in vielen demokratischen Ländern mit Erfolg in den Regierungsapparat eingedrungen. In den Gewerkschaften leben sie im besten Einvernehmen mit Bürokraten anderer Schattierungen. Zwar nehmen die Stalinisten eine äußerst leichtfertige Haltung gegenüber dem Strafgesetzbuch ein und schrecken dadurch ihre »demokratischen« Freunde in friedlichen Zeiten ab; aber unter außerordentlichen Umständen werden sie um so sicherer die Führer der Kleinbourgeoisie gegen das Proletariat, wie es das spanische Beispiel zeigt.

Die Zweite und die Amsterdamer Internationale übernahmen natürlich nicht die Verantwortung für die Justizverbrechen; dies überließen sie der Komintern. Sie selbst verhielten sich ruhig. Privat erklärten sie, dass sie vom Standpunkt der »Moral« gegen Stalin seien, vom Standpunkt der Politik jedoch – für ihn. Erst als die Volksfront in Frankreich unheilbare Risse bekam und die Sozialisten sich gezwungen sahen, an den morgigen Tag zu denken, fand Leon Blum auf dem Boden seines Tintenfasses die geeignete Formulierung seiner moralischen Entrüstung. Otto Bauer verurteilte schonungsvoll die »wyschinskische« Rechtsprechung, nur um Stalins Politik mit desto größerer »Unparteilichkeit« unterstützen zu können. Das Schicksal des Sozialismus, erklärte Bauer kürzlich, ist mit dem Schicksal der Sowjetunion verbunden. »Und das Schicksal der Sowjetunion«, fährt er fort, »ist das Schicksal des Stalinismus, solange nicht (!) die innere Entwicklung der Sowjetunion selbst die stalinistische Phase der Entwicklung überwindet.« In diesem bemerkenswerten Satz spiegelt sich der ganze Bauer, der ganze Austromarxismus, die ganze Heuchelei und Fäulnis der Sozialdemokratie! »Solange« die stalinistische Bürokratie genügend stark ist, die fortschrittlichen Vertreter der »inneren Entwicklung« abzuschlachten, hält Bauer mit Stalin. Wenn die revolutionären Kräfte Bauer zum Trotz Stalin stürzen, dann wird Bauer großzügig die »innere Entwicklung« anerkennen, d. h. mit einer Verspätung von wenigstens zehn Jahren.

Hinter den alten Internationalen zottelt das Londoner Büro der Zentristen einher, welches die Merkmale eines Kindergartens, einer Schule für geistig zurückgebliebene Jünglinge und eines Invalidenheims harmonisch in sich vereint. Der Sekretär des Büros, Fenner Brockway, begann mit der Erklärung, dass eine Untersuchung der Moskauer Prozesse »der Sowjetunion schaden« könne, und schlug stattdessen eine Untersuchung ... der politischen Tätigkeit Trotzkis durch eine »unparteiische« Kommission vor, die aus fünf unversöhnlichen Gegnern Trotzkis bestehen sollte. Brandler und Lovestone solidarisierten sich öffentlich mit Jagoda, sie zogen sich erst von Jeschow zurück. Jacob Walcher weigerte sich unter einem offensichtlich falschen Vorwand, vor der von John Dewey geleiteten Internationalen Untersuchungskommission eine für Stalin ungünstige Zeugenaussage zu machen. Die verfaulte Moral dieser Leute ist nur ein Produkt ihrer verfaulten Politik.

Die erbärmlichste Rolle dürften jedoch die Anarchisten spielen. Wenn Stalinismus und Trotzkismus ein und dasselbe sind, wie sie in jedem Satz behaupten, weshalb sind dann die spanischen Anarchisten den Stalinisten dabei behilflich, sich an den Trotzkisten und gleichzeitig an den revolutionären Anarchisten zu rächen? Die ehrlicheren unter den anarchistischen Theoretikern antworten: Damit bezahlen wir die Waffenlieferungen. Mit anderen Worten: Das Ziel heiligt die Mittel. Aber was ist ihr Ziel? Die Anarchie? Der Sozialismus? Nein, nur die Rettung eben derselben bürgerlichen Demokratie, die den Erfolg des Faschismus vorbereitete. Niedrigen Zielen entsprechen niedrige Mittel.

Das ist die wirkliche Stellung der Figuren auf dem politischen Schachbrett der Welt!

Der Stalinismus – ein Produkt der alten Gesellschaft

Russland machte den grandiosesten Sprung vorwärts in der Geschichte, einen Sprung, in dem die fortschrittlichen Kräfte des Landes ihren Ausdruck fanden. In der gegenwärtigen Reaktion, deren Schwung dem der Revolution proportional ist, nimmt die Rückständigkeit ihre Rache. Der Stalinismus verkörpert diese Reaktion. Die Barbarei der alten russischen Gesellschaft auf neuen sozialen Grundlagen erscheint um so ekelhafter, als sie gezwungen ist, sich hinter einer in der Geschichte beispiellosen Heuchelei zu verstecken.

Die Liberalen und Sozialdemokraten des Westens, die die russische Revolution gezwungen hatte an ihren vermoderten Ideen zu zweifeln, bekamen nunmehr neuen Mut. Das moralische Krebsgeschwür der stalinistischen Bürokratie schien ihnen eine Wiederherstellung des Liberalismus zu sein. Stereotype Sprüchlein werden ans Tageslicht gezogen: »Jede Diktatur enthält den Keim ihrer eigenen Entartung«, »nur die Demokratie garantiert die Entwicklung der Persönlichkeit« und so weiter. Vom theoretischen Standpunkt gesehen verblüfft einen die Gegenüberstellung von Demokratie und Diktatur, die im gegebenen Fall eine Verurteilung des Sozialismus zu Gunsten der bürgerlichen Demokratie einschließt, durch ihren Grad an Unwissenheit und Gewissenlosigkeit. Die Schande des Stalinismus, eine historische Realität, wird der Demokratie, einer suprahistorischen Abstraktion, gegenübergestellt. Jedoch besitzt die Demokratie ebenfalls ihre Geschichte, in der es nicht an Schändlichkeiten fehlt. Um die Sowjetbürokratie zu charakterisieren, haben wir die Bezeichnungen Thermidor und Bonapartismus der Geschichte der bürgerlichen Demokratie entlehnt, weil – mögen die verspäteten liberalen Doktrinäre dies zur Kenntnis nehmen – die Demokratie keineswegs auf demokratischem Weg zur Welt gekommen ist. Nur ein vulgärer Geist kann sich damit begnügen, auf dem Thema herumzukauen, dass der Bonapartismus »der natürliche Sprössling« des Jakobinertums war, die historische Strafe für die Verletzung der Demokratie und ähnliches mehr. Ohne die jakobinische Vergeltung am Feudalismus wäre die Entstehung der bürgerlichen Demokratie absolut undenkbar. Die Konstruktion eines Gegensatzes zwischen den konkreten historischen Etappen des Jakobinertums, des Thermidors und Bonapartismus und der idealisierten Abstraktion der »Demokratie« ist ebenso fehlerhaft wie die Konstruktion eines Gegensatzes zwischen den Geburtswehen und dem lebendigen Kind.

Der Stalinismus ist seinerseits keine Abstraktion der »Diktatur«, sondern die ungeheure bürokratische Reaktion gegen die proletarische Diktatur in einem rückständigen und isolierten Land. Die Oktoberrevolution vernichtete die Privilegien, führte Krieg gegen die soziale Ungleichheit, ersetzte die Bürokratie durch die Selbstverwaltung der Arbeiter, schaffte die Geheimdiplomatie ab, erstrebte die völlige Durchsichtigkeit aller sozialen Verhältnisse. Der Stalinismus führte die widerwärtigsten Privilegien wieder ein, verlieh der Ungleichheit einen provokatorischen Charakter, erstickte die Selbsttätigkeit der Massen in einem Polizeiabsolutismus, machte aus der Verwaltung ein Monopol für die Kremloligarchie und erneuerte den Machtfetischismus in einer Art und Weise, wie es sich die absolute Monarchie nicht hätte träumen lassen.

Die soziale Reaktion ist, wo immer sie auftritt, gezwungen, ihre wahren Ziele zu verstecken. Je schärfer der Übergang von der Revolution zur Reaktion, je abhängiger die Reaktion von den Traditionen der Revolution, d. h. je größer ihre Furcht vor den Massen – desto mehr ist sie gezwungen, im Kampf gegen die Vertreter der Revolution zu Lüge und Fälschung zu greifen. Die stalinistischen Justizmorde sind kein Ergebnis der bolschewistischen »Amoral«. Wie alle bedeutenden Ereignisse in der Geschichte sind sie ein Produkt des konkreten sozialen Kampfes, und zwar des perfidesten und erbittertsten von allen: des Kampfes einer neuen Aristokratie gegen die Massen, die sie zur Macht brachten.

Es erfordert wirklich eine bodenlose intellektuelle und moralische Stumpfheit, die reaktionäre Polizeimoral des Stalinismus mit der revolutionären Moral der Bolschewiken zu identifizieren. Die Partei Lenins hat seit langem aufgehört zu existieren – sie wurde zwischen inneren Schwierigkeiten und dem Weltimperialismus zerrieben. An ihrer Stelle erhob sich die stalinistische Bürokratie, dieser Übertragungsmechanismus des Imperialismus. Die Bürokratie ersetzte im Weltmaßstab den Klassenkampf durch die Klassenzusammenarbeit, den Internationalismus durch den Sozialpatriotismus. Um die herrschende Partei den

Aufgaben der Reaktion anzupassen, »erneuerte« die Bürokratie ihre Zusammensetzung, indem sie Revolutionäre hinrichtete und Karrieristen rekrutierte.

Jede Reaktion erneuert, nährt und kräftigt diejenigen Elemente der historischen Vergangenheit, denen die Revolution einen Streich versetzte, ohne sie endgültig überwinden zu können. Die Methoden des Stalinismus treiben alle jene Methoden der Lüge, Brutalität und Gemeinheit, die den Herrschaftsmechanismus einer jeden Klassengesellschaft, unter Einschluss auch der Demokratie, darstellen, zu ihrer höchsten Spannung, zur Kulmination und dadurch zur Absurdität. Der Stalinismus ist nichts als eine Sammlung aller Ungeheuerlichkeiten des historischen Staates, dessen boshafteste Karikatur und abscheulichste Grimasse. Wenn die Vertreter der alten Gesellschaft dem Krebsgeschwür des Stalinismus puritanisch eine sterilisierte demokratische Abstraktion gegenüberstellen, können wir ihnen, wie der gesamten alten Gesellschaft, mit vollem Recht empfehlen, sich in dem verzerrten Spiegel des Sowjetthermidors selbst zu bewundern. Zwar übertrifft die GPU in der Nacktheit ihrer Verbrechen bei weitem alle anderen Herrschaftsformen. Aber das erklärt sich aus dem ungeheuren Ausmaß der Ereignisse, die das vom verfallenden Weltimperialismus umgebene Russland erschüttern.

Moral und Revolution

Unter den Liberalen und Radikalen gibt es eine Reihe von Leuten, die sich die Methode der materialistischen Interpretation der Ereignisse angeeignet haben und sich selbst für Marxisten halten. Dies hindert sie jedoch nicht daran, bürgerliche Journalisten, Professoren oder Politiker zu bleiben. Ein Bolschewik, der die materialistische Methode nicht auch in der Sphäre der Moral anwendet, ist natürlich unvorstellbar. Aber diese Methode dient ihm nicht allein zur Interpretation der Ereignisse, sondern in erster Linie zur Schaffung der revolutionären Partei des Proletariats. Ohne völlige Unabhängigkeit von der Bourgeoisie und ihrer Moral ist diese Aufgabe unmöglich zu erfüllen. Jedoch regiert gegenwärtig die bürgerliche öffentliche Meinung in vollem Ausmaß über die offizielle Arbeiterbewegung, von William Green in den Vereinigten Staaten über Leon Blum und Maurice Thorez in Frankreich bis zu Garcia Oliver in Spanien. In dieser Tatsache findet der reaktionäre Charakter der gegenwärtigen Periode seinen schärfsten Ausdruck. Ein revolutionärer Marxist kann eine historische Mission nicht beginnen, ohne moralisch mit der bürgerlichen öffentlichen Meinung und deren Agenturen im Proletariat gebrochen zu haben. Hierzu ist moralischer Mut eines ganz anderen Kalibers erforderlich, als in Versammlungen den Mund aufzureißen und »Nieder mit Hitler!«, »Nieder mit Franco!« zu schreien. Eben dieser entschlossene, völlig durchdachte, unbeugsame Bruch der Bolschewiken mit der konservativen Moralphilosophie versetzt den demokratischen Phrasendreschern, Salonpropheten und Kaffeehaushelden einen tödlichen Schreck. Hieraus leiten sich ihre Klagen über die »Amoral« der Bolschewiken ab.

Dass diese Leute bürgerliche Moral mit Moral »im allgemeinen« identifizieren, kann vielleicht am besten auf dem äußersten linken Flügel der Kleinbourgeoisie, bei den zentristischen Parteien des sogenannten Londoner Büros, nachgewiesen werden. Da diese Organisation das Programm der proletarischen Revolution »anerkennt«, scheinen unsere Differenzen mit ihr auf den ersten Blick zweitrangiger Natur. In Wirklichkeit ist ihre »Anerkennung« wertlos, weil sie sie zu nichts verpflichtet. Sie »anerkennen« die proletarische Revolution, wie die Kantianer den kategorischen Imperativ anerkennen, d. h. als ein heiliges Prinzip, das jedoch im täglichen Leben unanwendbar ist. In der Sphäre der praktischen Politik vereinigen sie sich mit den schlimmsten Feinden der Revolution (Reformisten und Stalinisten) zum Kampf gegen uns. Ihr ganzes Denken ist mit Doppelzüngigkeit und Lüge durchtränkt. Wenn sich die Zentristen im allgemeinen nicht zu größeren Verbrechen aufschwingen, so nur, weil sie ewig auf den Seitenwegen der Politik verbleiben: sie sind sozusagen kleine Taschendiebe der Geschichte. Eben deshalb fühlen sie sich berufen, die Arbeiterbewegung mit einer neuen Moral zu regenerieren.

Auf dem äußersten linken Flügel dieser »linken« Brüderschaft steht eine kleine und politisch völlig bedeutungslose Gruppe deutscher Emigranten, die das Blatt »Neuer Weg« herausgeben. Lasst uns tiefer hinabsteigen und diesen »revolutionären« Anklägern der bolschewistischen »Amoral« lauschen. In einem zweideutigen und halb lobenden Ton erklärt der »Neue Weg«, dass sich die Bolschewiken von den anderen Parteien durch ihren Verzicht auf Heuchelei vorteilhaft unterscheiden – sie bekennen sich offen zu dem Prinzip, das andere nur schweigend anwenden, nämlich »Der Zweck heiligt die Mittel«. Aber nach der Überzeugung des »Neuen Weg« ist dieser »bürgerliche« Satz mit einer »gesunden sozialistischen Bewegung« unvereinbar. »Die Lüge und Schlimmeres sind keine erlaubten Kampfmittel, wie Lenin noch annahm.« Das Wort »noch« bedeutet augenscheinlich, dass Lenin seine Irrtümer nur deshalb nicht überwand, weil er die Entdeckung des »Neuen Weg« nicht mehr erlebte.

In der Formulierung: »Lüge und Schlimmeres« bedeutet »Schlimmeres« offenbar Gewalt, Mord und so weiter, da unter gleichen Bedingungen Gewalt schlimmer ist als Lüge, und Mord – die extremste Form der Gewalt. Wir kommen also zu dem Schluss, dass Lüge, Gewalt und Mord mit einer »gesunden sozialistischen Bewegung« unvereinbar sind. Was ist jedoch unsere Beziehung zur Revolution? Der Bürgerkrieg ist der grausamste aller Kriege. Er ist unter den heutigen Bedingungen der Technik nicht nur ohne Gewalt gegen Unbeteiligte, sondern selbst ohne Mord an Greisen und Kindern unvorstellbar. Muss man an Spanien erinnern? Die einzig mögliche Antwort der »Freunde« des republikanischen Spanien lautet: Bürgerkrieg ist besser als faschistische Sklaverei. Aber diese vollkommen richtige Antwort bedeutet nur, dass der Zweck (Demokratie oder Sozialismus) unter gewissen Bedingungen solche Mittel wie Gewalt und Mord heiligt. Von Lügen gar nicht zu reden! Ein Krieg ohne Lügen ist ebenso unvorstellbar wie eine Maschine ohne Öl. Um die Cortessitzung (1. Februar 1938) vor faschistischen Bomben zu schützen, belog die Barcelonaer Regierung sogar mehrmals vorsätzlich die Journalisten und ihre eigene Bevölkerung. Hätte sie überhaupt anders handeln können? Wer das Ziel, Sieg über Franco, akzeptiert, muss auch das Mittel akzeptieren: den Bürgerkrieg mit seinem Gefolge von Schrecken und Verbrechen. Aber nichtsdestoweniger sind doch Lüge und Gewalt »an sich« zu verurteilen? Selbstverständlich: ebenso wie die Klassengesellschaft, die sie erzeugt. Eine Gesellschaft ohne soziale Widersprüche wird natürlich eine Gesellschaft ohne Lüge und Gewalt sein. Doch kann man zu dieser Gesellschaft nicht anders eine Brücke schlagen, als unter Anwendung von revolutionären, d. h. gewaltsamen Mitteln. Die Revolution ist selbst ein Produkt der Klassengesellschaft und trägt notwendigerweise deren Züge. Vom Standpunkt der »ewigen Wahrheiten« ist die Revolution natürlich »unmoralisch«. Aber das besagt nur, dass die idealistische Moral konterrevolutionär ist, d. h. im Dienst der Ausbeuter steht.

»Der Bürgerkrieg«, wird der verdutzte Philosoph vielleicht antworten, »ist aber eine beklagenswerte Ausnahme. In Friedenszeiten sollte jedoch eine gesunde sozialistische Bewegung ohne Gewalt und Lügen auskommen können.« Eine derartige Antwort stellt jedoch nur eine pathetische Ausflucht dar. Es gibt keine unüberschreitbare Grenzlinie zwischen »friedlichem« Klassenkampf und Revolution. Jeder Streik enthält alle Elemente des Bürgerkriegs im Keim. Jede Seite versucht, den Gegner durch eine übertriebene Darstellung ihrer Kampfentschlossenheit und ihrer materiellen Hilfsquellen zu beeindrucken. Durch ihre Presse, Agenten und Spione tun die Kapitalisten ihr Möglichstes, die Streikenden einzuschüchtern und zu demoralisieren. Die Streikwachen der Arbeiter sind ihrerseits gezwungen, wo Überzeugung nicht hilft, zur Gewalt zu greifen. So sind »Lüge und Schlimmeres« vom Klassenkampf, selbst in seiner elementarsten Form, nicht zu trennen. Dem bleibt hinzuzufügen, dass selbst die Begriffe von Wahrheit und Lüge aus sozialen Widersprüchen geboren wurden.

Die Revolution und die Geiselnahme

Stalin verhaftet und erschießt die Kinder seiner Gegner, nachdem diese Gegner auf Grund falscher Anklagen hingerichtet worden sind. Diejenigen Sowjetdiplomaten, die sich einen Ausdruck des Zweifels an der Unfehlbarkeit Jagodas oder Jeschows erlaubten, zwingt Stalin, aus dem Ausland zurückzukehren, indem er ihre Familien als Geiseln nimmt. Die Moralisten des »Neuen Weg« halten es für notwendig und an der Zeit, uns bei dieser Gelegenheit an die Tatsache zu erinnern, dass Trotzki im Jahre 1919 »ebenfalls« ein Gesetz über Geiseln einführte. Aber hier müssen wir wörtlich zitieren: »Die Haftbarmachung unschuldiger Angehöriger durch Stalin ist eine abscheuliche Barbarei. Sie bleibt es aber auch, wenn sie von Trotzki dekretiert ist (1919).« Da haben wir die idealistische Moral in ihrer ganzen Schönheit! Ihre Kriterien sind so falsch wie die Normen der bürgerlichen Demokratie – in beiden Fällen wird Gleichheit dort vorausgesetzt, wo es in Wirklichkeit nicht die Spur davon gibt.

Wir wollen hier nicht auf der Tatsache bestehen, dass das Dekret von 1919 kaum zu einer einzigen Hinrichtung von Angehörigen jener Offiziere führte, deren Verrat nicht nur den Verlust unzähliger Menschenleben verursachte, sondern die Revolution selbst mit direkter Vernichtung bedrohte. Das ist letzten Endes nicht die Frage. Wenn die Revolution von Anfang an weniger überflüssigen Großmut entfaltet hätte, wären Hunderttausende von Menschenleben gespart worden. So oder so trage ich die volle Verantwortung für das Dekret von 1919. Es war eine notwendige Maßnahme im Kampf gegen die Unterdrücker. Nur im historischen Inhalt des Kampfes liegt die Rechtfertigung des Dekrets wie im Allgemeinen die Rechtfertigung des Bürgerkriegs, der ebenfalls nicht ohne Berechtigung eine »abscheuliche Barbarei« genannt werden kann.

Wir überlassen es einem Emil Ludwig oder seinesgleichen, das Porträt Abraham Lincolns mit rosigen Flügelchen an den Schultern zu zeichnen. Lincolns Bedeutung liegt darin, dass er vor den schärfsten Mitteln nicht zurückschreckte, sobald er sie zur Erreichung des großen historischen Ziels, das der jungen Nation von der Entwicklung gesteckt wurde, notwendig erachtete. Die Frage geht nicht einmal darum, welches der beiden kriegführenden Lager die größte Zahl von Opfern erlitt oder verursachte. Die Geschichte hat verschiedene Maßstäbe für die Grausamkeit der Nordtruppen und der Südtruppen im Bürgerkrieg. Mögen verächtliche Eunuchen uns nicht erzählen, der Sklavenbesitzer, der durch List und Gewalt den Sklaven in Ketten hält, und der Sklave, der durch List oder Gewalt die Ketten zerbricht, seien vor dem Gericht der Moral gleich!

Nachdem die Pariser Kommune in Blut ertränkt worden war und das reaktionäre Gesindel der ganzen Welt deren Banner in den Dreck der Schmähungen und Verleumdungen zog, passten sich nicht wenige demokratische Philister der Reaktion an und beschimpften die Kommunarden wegen der Erschießung von 64 Geiseln mit dem Pariser Erzbischof an der Spitze. Marx zögerte keinen Augenblick, diese Bluttat der Kommune zu verteidigen. In einer Adresse des Generalrats der Ersten Internationale, in deren Zeilen man echte brodelnde Lava verspürt, ruft uns Marx zuerst ins Gedächtnis, dass die Bourgeoisie im Kampfe sowohl gegen die Kolonialvölker wie gegen die eigenen arbeitenden Massen Geiseln genommen hat, danach erinnert er an die systematische Erschießung der gefangenen Kommunekämpfer durch die wahnsinnige Reaktion und fährt fort: »... der Kommune blieb nichts übrig, zum Schutz des Lebens dieser Gefangenen, als zur preußischen Sitte des Geiselngreifens ihre Zuflucht zu nehmen. Das Leben der Geiseln war aber und abermals verwirkt durch das anhaltende Erschießen von Gefangenen durch die Versailler. Wie konnte man ihrer noch länger schonen nach dem Blutbade, womit Mac-Mahons Prätorianer ihren Einmarsch in Paris feierten? Sollte auch das letzte Gegengewicht gegen die rücksichtslose Wildheit der Bourgeoisieregierungen – die Ergreifung von Geiseln – zum bloßen Gespött werden.« So verteidigte Marx die Hinrichtung der Geiseln, trotzdem hinter seinem Rücken im Generalrat nicht wenige Fenner Brockways, Norman Thomas und sonstige Otto Bauers saßen. Aber die Empörung des Weltproletariats gegen die Gräuel der Versailler war so frisch, dass die reaktionären Moralpfuscher vorzogen zu schweigen und für sie günstigere Zeiten abzuwarten, die leider allzu bald eintreffen sollten. Erst nach dem endgültigen Triumph der Reaktion richteten die kleinbürgerlichen Moralisten zusammen mit den Gewerkschaftsbürokraten und den anarchistischen Phrasenhelden die Erste Internationale zu Grunde.

Als die Oktoberrevolution sich an einer Front von 8 000 Kilometern gegen die vereinten Kräfte des Imperialismus verteidigte, folgten die Arbeiter der ganzen Welt dem Verlauf des Kampfes mit solch heißer Sympathie, dass es mit großem Risiko verbunden war, »die abscheuliche Barbarei« des Geiselngreifens vor ihrem Forum anzuprangern. Die völlige Entartung der Sowjetunion und der Sieg der Reaktion in einer Reihe von Ländern mussten eintreffen, ehe die Moralisten aus ihren Ritzen hervorkrochen, ... um Stalin zu helfen. Denn wenn es wahr ist, dass die Repressalien zum Schutz der Privilegien der neuen Aristokratie den gleichen moralischen Wert besitzen wie die revolutionären Maßnahmen des Befreiungskampfes, dann ist Stalin vollkommen gerechtfertigt, wenn... ja wenn nicht die proletarische Revolution selbst vollkommen gerichtet ist.

Dabei sind die Herren Moralisten, die Beispiele für Unmoral in der Geschichte der russischen Revolution suchen, gleichzeitig gezwungen, ihre Augen vor der Tatsache zu verschließen, dass auch die spanische Revolution zum Geiselngreifen ihre Zuflucht nahm, wenigstens solange sie eine echte Massenrevolution war. Wenn die Herren Ankläger es nicht wagen, die spanischen Arbeiter wegen ihrer »abscheulichen Barbarei« anzugreifen, so nur, weil der Boden der Pyrenäenhalbinsel noch zu heiß für sie ist. Es ist unvergleichlich bequemer, auf 1919 zurückzugehen. Das ist bereits Geschichte: Die alten Leute haben vergessen, und die jungen haben noch nicht gelernt. Aus dem gleichen Grunde kehren Philister verschiedener Schattierungen mit solcher Hartnäckigkeit zu Kronstadt und Machno zurück: Hier ist ein offener Abzug für Moralausdünstungen!

»Kaffernmoral«

Man muss den Moralisten schon darin beipflichten, dass die Geschichte grausame Wege wählt. Aber welche Schlussfolgerung für die praktische Arbeit ist daraus zu ziehen? Leo Tolstoi empfahl, dass wir die gesellschaftlichen Konventionen verachten und uns selbst vervollkommnen sollten. Mahatma Gandhi rät uns, Ziegenmilch zu trinken. Die »revolutionären« Moralisten des »Neuen Weg« sind leider von ähnlichen Rezepten nicht weit entfernt. »Wir müssen loskommen von jener ›Kaffernmoral‹«, predigen sie, »für die Unrecht nur ist, was der Feind tut.« Ein ausgezeichneter Rat: »Wir müssen loskommen.« Tolstoi empfahl außerdem, dass wir von den Sünden des Fleisches loskommen sollten. Nach der Statistik zu urteilen, scheint jedoch diese Empfehlung nicht von Erfolg gekrönt zu sein. Unsere zentristischen Homunkulusse haben es fertig gebracht, sich zu einer Moral über den Klassen im Rahmen der Klassengesellschaften zu erheben. Aber schon seit fast 2 000 Jahren steht geschrieben: »Liebet Eure Feinde«, »Biete auch die andere Backe dar«. Und doch ist selbst der heilige römische Vater bis jetzt vom Hass gegen seine Feinde noch nicht »losgekommen«. Wahrhaftig, Satan, der Feind der Menschheit, ist mächtig!

Wer die Handlungen der Ausbeuter und der Ausgebeuteten mit verschiedenen Kriterien misst, steht nach Ansicht dieser bemitleidenswerten Homunkulusse auf dem Niveau der »Kaffernmoral«. Zuallererst ziemt sich solch verächtlicher Hinweis auf die Kaffern wohl kaum für die Feder eines »Sozialisten«. Ist die Moral der Kaffern wirklich so schlecht? Hören wir, was die Encyclopedia Britannica darüber sagt: »In ihren politischen und sozialen Beziehungen entfalten sie viel Takt und große Intelligenz; sie sind bemerkenswert tapfer, kriegerisch und gastfreundlich und waren ehrlich und rechtschaffen, bis sie durch Kontakt mit den Weißen misstrauisch, rachsüchtig und diebisch wurden und außerdem die meisten europäischen Laster erwarben.« Man kommt unvermeidlich zu dem Schluss, dass die weißen Missionare, die Prediger der ewigen Moral, an der Korrumpierung der Kaffern Teil haben.

Wenn wir dem Kaffernsklaven erzählten, wie sich die Arbeiter auf einem Teil unseres Planeten erhoben und ihre Ausbeuter überrumpelten, würde ihm das sehr gefallen. Andererseits würde es ihn sehr bekümmern zu entdecken, dass es den Unterdrückern gelang, die Unterdrückten zu hintergehen. Ein Kaffer, der nicht von weißen Missionaren bis ins Mark demoralisiert worden ist, wird niemals ein und dieselben abstrakten Moralvorschriften auf Unterdrücker und Unterdrückte anwenden. Doch wird er unschwer begreifen, wenn man ihm erklärt, dass es die Funktion dieser abstrakten Vorschriften ist, die Unterdrückten an der Erhebung gegen ihre Unterdrücker zu hindern.

Welch lehrreiches Zusammentreffen: Um die Bolschewiki zu verleumden, müssen die Missionare des »Neuen Weg« gleichzeitig die Kaffern verleumden; überdies folgt die Verleumdung in beiden Fällen der offiziellen bürgerlichen Linie: gegen die Revolutionäre und gegen die farbigen Rassen. Nein, wir ziehen die Kaffern allen Missionaren, sowohl geistlichen wie weltlichen, vor!

Wir dürfen jedoch das Bewusstsein der Moralisten des »Neuen Weg« und ähnlicher Sackgassenpolitiker nicht überschätzen. Die Absichten dieser Leute sind gar nicht so schlecht. Aber ihren Absichten zum Trotz dienen sie als Hebel im Mechanismus der Reaktion. In einer Periode wie der heutigen, wo die kleinbürgerlichen Parteien, die sich an die liberale Bourgeoisie oder deren Schatten (Volksfrontpolitik) anklammern, das Proletariat paralysieren und dem Faschismus den Weg bereiten (Spanien, Frankreich ...), werden die Bolschewiken, d. h. die revolutionären Marxisten, in den Augen der bürgerlichen öffentlichen Meinung besonders verhasst. Fast der gesamte politische Druck unserer Zeit geht von rechts nach links. Letzten Endes trägt eine winzige revolutionäre Minderheit das ganze Gewicht der Reaktion auf ihren Schultern. Diese Minderheit heißt Vierte Internationale. Voilà l'ennemi! Das ist der Feind!

Im Mechanismus der Reaktion nimmt der Stalinismus viele führende Positionen ein. Alle Gruppen der bürgerlichen Gesellschaft, einschließlich der Anarchisten, bedienen sich seiner im Kampf gegen die proletarische Revolution. Gleichzeitig versuchen die kleinbürgerlichen Demokraten, das Odium für die Verbrechen ihrer Moskauer Verbündeten wenigstens zu 50 % auf die unversöhnliche revolutionäre Minderheit abzuwälzen. Hierin liegt der Sinn des neuen Modesatzes: »Trotzkismus und Stalinismus sind ein und dasselbe.« Die Gegner der Bolschewiken und der Kaffern helfen auf diese Weise der Reaktion, die Partei der Revolution zu verleumden.

Der »amoralische« Lenin

Die russischen »Sozialrevolutionäre« sind von jeher die moralischen Individuen gewesen: Im Grunde waren es lauter Ethiker. Das hinderte sie jedoch nicht daran, zur Zeit der Revolution die russischen Bauern zu betrügen. Im Pariser Organ Kerenskis, dieses wahrhaft ethischen Sozialisten, der Stalins Vorläufer in der Fabrikation falscher Anklagen gegen die Bolschewiken war, schreibt ein anderer alter Sozialrevolutionär, Zenzinow: »Lenin lehrte bekanntlich, dass die Kommunisten zur Erreichung der von ihnen gewünschten Zwecke zu allen möglichen Listen und Kniffen und zur Verheimlichung der Wahrheit Zuflucht nehmen könnten und bisweilen müssten...« Daraus ergibt sich die rituelle

Schlussfolgerung: Der Stalinismus ist der natürliche Sprössling des Leninismus. Unglücklicherweise ist der ethische Ankläger nicht einmal imstande, ehrlich zu zitieren. Lenin sagte: »Man muss all dem widerstehen können, ... alle möglichen Schliche, Listen und illegalen Methoden anwenden, die Wahrheit verschweigen und verheimlichen, nur um in die Gewerkschaften hinein zu kommen, in ihnen zu bleiben und in ihnen um jeden Preis kommunistische Arbeit zu leisten.«* Die Notwendigkeit für Listen und Schliche ergibt sich nach Lenins Erläuterung aus der Tatsache, dass die reformistische Bürokratie die Arbeiter an das Kapital verrät, die Revolutionäre hetzt und verfolgt und sogar die bürgerliche Polizei gegen sie in Anspruch nimmt. »Kniffe« und »Verheimlichung der Wahrheit« sind in solchem Fall rechtmäßige Waffen der Notwehr gegen die perfide reformistische Bürokratie. Die Partei unseres Zenzinow leistete einst illegale Arbeit gegen den Zarismus und später – gegen die Bolschewiken. In beiden Fällen griff sie zu Listen, Schlichen, falschen Pässen und anderen Formen der »Verheimlichung der Wahrheit«. Alle diese Mittel wurden nicht nur als ethisch, sondern auch als heroisch angesehen, weil sie den politischen Zielen der Kleinbourgeoisie entsprachen. Aber die Situation ändert sich sofort, sobald die proletarischen Revolutionäre gezwungen sind, zu konspirativen Maßnahmen gegen die kleinbürgerliche Demokratie überzugehen. Wie wir sehen, hat der Schlüssel zur Moral dieser Herren Klassencharakter! Der »amoralische« Lenin rät offen in der Presse, gegen verräterische Führer militärische List anzuwenden. Und der moralische Zenzinow streicht böswillig Anfang und Ende vom Zitat, um den Leser zu betrügen: Der ethische Ankläger erweist sich wie gewöhnlich als kleiner Schwindler.

Nicht umsonst liebte Lenin zu wiederholen: Es ist sehr schwer, einen gewissenhaften Gegner zu finden!

Ein Arbeiter, der vor dem Kapitalisten die »Wahrheit« über die Pläne der Streikenden nicht verbirgt, ist ein gewöhnlicher Verräter, der Verachtung und Boykott verdient. Der Soldat, der dem Feind die »Wahrheit« offenbart, wird als Spion verurteilt. Kerenski versuchte, den Bolschewiken anklägerisch zu unterschieben, sie hätten Ludendorffs Generalstab die »Wahrheit« mitgeteilt. Es scheint, dass selbst die »heilige Wahrheit« kein Ziel an sich ist. Über ihr stehen gebieterische Kriterien, die, wie die Analyse zeigt, Klassencharakter tragen.

* W. I. Lenin, Der »linke Radikalismus«, die Kinderkrankheit im Kommunismus, W. I. Lenin, *Werke*, Berlin 1978, Bd. 31, S. 40.

Ein Kampf auf Leben und Tod ist undenkbar ohne militärische List, d. h. ohne Lüge und Betrug. Dürfen denn die deutschen Arbeiter nicht Hitlers Polizei betrügen? Oder ist vielleicht die Haltung der russischen Bolschewiken »unmoralisch«, wenn sie die GPU täuschen? Jeder fromme Bürger applaudiert der Geschicklichkeit der Polizei, wenn es ihr durch Anwendung von List gelingt, einen gefährlichen Verbrecher zu fassen. Und im Kampf für den Sturz der imperialistischen Verbrecher sollte die Anwendung von List verboten sein?

Norman Thomas spricht über »jene sonderbare kommunistische Amoral, für die nur die Partei und deren Macht zählen«. Dabei wirft Norman Thomas die heutige Komintern, d. h. die Verschwörung der Kremlbürokratie gegen die Arbeiterklasse, mit der bolschewistischen Partei, die die Verschwörung der fortgeschrittenen Arbeiter gegen die Bourgeoisie verkörperte, auf einen Haufen. Diese durch und durch unehrliche Nebeneinanderstellung haben wir bereits oben genügend entlarvt. Der Stalinismus versteckt sich nur hinter dem Kult der Partei; in Wirklichkeit zertrümmert er die Partei und zieht sie in den Schmutz. Es stimmt jedoch, dass für einen Bolschewiken die Partei alles bedeutet. Das überrascht den Salonsozialisten Thomas, denn er verwirft eine solche Beziehung zwischen Revolutionär und Revolution, weil er selbst nur ein Bürger mit einem sozialistischen »Ideal« ist. In den Augen von Thomas und seinesgleichen ist die Partei nur ein zweitrangiges Instrument für Wahlkombinationen und ähnliche Zwecke, nicht mehr. Sein persönliches Leben, seine Interessen, Bindungen und Moralkriterien liegen außerhalb der Partei. Mit feindseliger Verwunderung blickt er auf den Bolschewiken herab, für den die Partei eine Waffe zur revolutionären Umgestaltung der Gesellschaft ist, einschließlich ihrer Moral. Für einen revolutionären Marxisten kann es zwischen der persönlichen Moral und den Interessen der Partei keinen Widerspruch geben, da in seinem Bewusstsein die Partei die höchsten Aufgaben und Ziele der Menschheit verkörpert. Es wäre naiv, anzunehmen, Thomas habe eine höhere Auffassung der Moral als die Marxisten. Er hat nur eine niedrige Konzeption der Partei.

»... Denn alles, was entsteht, ist wert, dass es zugrunde geht ...«*, sagt der Dialektiker Goethe. Der Untergang der bolschewistischen Partei – eine Episode in der Weltreaktion – schmälert jedoch nicht ihre

* Johann Wolfgang Goethe, Faust. Eine Tragödie, *Goethe Werke*, Hamburg 1948, Bd. 3, S. 47.

welthistorische Bedeutung. In der Periode ihres revolutionären Aufstiegs, d. h. als sie wirklich die proletarische Avantgarde repräsentierte, war sie die ehrlichste Partei in der Geschichte. Natürlich täuschte sie den Klassenfeind, wo immer sie konnte; auf der anderen Seite sagte sie den Arbeitern die Wahrheit, die ganze Wahrheit, und nichts als die Wahrheit. Nur dank dessen gewann sie das Vertrauen der Arbeiter in einem Maße, wie nie zuvor eine andere Partei in der Welt. Die Kommis der herrschenden Klasse nennen die Organisatoren dieser Partei »amoralisch«. In den Augen der bewussten Arbeiter trägt dieser Vorwurf den Charakter eines Kompliments. Er bedeutet: Lenin weigerte sich, die Moralvorschriften anzuerkennen, die die Sklavenhalter für ihre Sklaven aufgestellt haben, ohne sich selbst jemals danach zu richten; er forderte das Proletariat auf, den Klassenkampf auch auf die Sphäre der Moral auszudehnen. Wer sich den vom Feinde aufgestellten Vorschriften unterwirft, kann niemals diesen Feind besiegen!

Lenins »Amoral«, d. h. seine Verwerfung einer Moral über den Klassen, hinderte ihn nicht, sein ganzes Leben hindurch ein und demselben Ideal treu zu bleiben, sein ganzes Sein der Sache der Unterdrückten zu widmen, auf dem Gebiet der Ideen die größte Gewissenhaftigkeit und auf dem der Tat die größte Furchtlosigkeit zu entfalten, sich dem »gewöhnlichen« Arbeiter, der schutzlosen Frau, dem Kinde gegenüber ohne die geringste Spur von Überheblichkeit zu verhalten. Leuchtet es nicht ein, dass »Amoral« im gegebenen Fall nur ein Synonym für eine höhere menschliche Moral ist?

Eine lehrreiche Episode

Hier ist es am Platze, eine Episode zu berichten, die trotz ihrer bescheidenen Dimensionen den Unterschied zwischen *ihrer* Moral und der *unsrigen* gar nicht so schlecht illustriert. Im Jahre 1935 entwickelte ich in einem Brief an meine belgischen Freunde die Auffassung, dass der Versuch einer jungen revolutionären Partei, »ihre eigenen« Gewerkschaften zu gründen, Selbstmord gleichkommt. Man muss die Arbeiter da aufsuchen, wo sie sind. Aber dann muss man durch seine Beiträge einen opportunistischen Apparat am Leben erhalten? »Natürlich«, erwiderte ich, »um das Recht zu erwerben, die Reformisten zu bekämpfen, muss man ihnen zeitweilig einen Beitrag zahlen.« Aber die Reformisten werden uns nicht erlauben, sie zu bekämpfen? »Das ist richtig«, erwiderte ich, »der Kampf erfordert konspirative Maßnahmen. Die

Reformisten sind die politische Polizei der Bourgeoisie innerhalb der Arbeiterklasse. Wir müssen ohne ihre Erlaubnis und gegen ihr Verbot handeln ...« Bei einer zufälligen Hausdurchsuchung im Hause des Genossen D., wenn ich nicht irre, im Zusammenhang mit der Angelegenheit der Waffenlieferungen an die spanischen Arbeiter, beschlagnahmte die belgische Polizei meinen Brief. Nach wenigen Tagen wurde er veröffentlicht. Die Presse Vanderveldes, de Mans und Spaaks schleuderte natürlich ihre Blitze gegen meinen »Machiavellismus« und »Jesuitismus«. Und wer sind diese Ankläger? Vandervelde, Präsident der Zweiten Internationale im Laufe vieler Jahre, ist seit langem ein zuverlässiger Diener des belgischen Kapitals. De Man, der in einer Reihe schwerer Wälzer den Sozialismus mit einer idealistischen Moral veredelte und der Religion den Hof machte, ergriff die erste beste Gelegenheit, um die Arbeiter zu verraten und ein gewöhnlicher bürgerlicher Minister zu werden. Spaaks Fall ist noch reizender. Vor anderthalb Jahren gehörte dieser Herr zur linkssozialistischen Opposition und besuchte mich in Frankreich, um mit mir die Methoden des Kampfes gegen die Bürokratie Vanderveldes zu beraten. Ich vertrat die gleichen Auffassungen, die später mein Brief enthielt. Doch ein Jahr nach seinem Besuch zog Spaak die Rosen den Dornen vor. Er verriet seine Genossen von der Opposition und wurde einer der zynischsten Minister des belgischen Kapitals. In den Gewerkschaften und in ihrer eigenen Partei erstickten diese Herren jede kritische Stimme, bestechen und korrumpieren systematisch die fortgeschrittenen Arbeiter und schließen ebenso systematisch die widerspenstigen aus. Sie unterscheiden sich von der GPU nur dadurch, dass sie bisher noch kein Blut vergossen haben – als gute Patrioten sparen sie das Arbeiterblut für den kommenden imperialistischen Krieg auf. Es ist klar: Nur eine Ausgeburt des Teufels, ein moralisches Scheusal, ein »Kaffer«, ein Bolschewik kann den Arbeitern raten, im Kampf gegen diese Herren die Regeln der Konspiration zu beachten!

Vom Standpunkt des belgischen Gesetzes enthielt mein Brief natürlich nichts Strafwürdiges. Die »demokratische« Polizei hatte die Pflicht, dem Adressaten den Brief mit einer Entschuldigung zurückzugeben. Die sozialistische Partei hatte die Pflicht, gegen die Hausdurchsuchung zu protestieren, die von der Sorge um die Interessen des Generals Franco diktiert war. Aber die Herren Sozialisten scheuten sich nicht, sich der Dienste der unkorrekten Polizei zu bedienen – sonst wäre ihnen ja schon eine glückliche Gelegenheit entgangen, die Überlegenheit ihrer Moral über die Amoral der Bolschewiken ein weiteres Mal zur Schau zu stellen.

Jede Einzelheit in dieser Episode ist symbolisch. Die belgischen Sozialdemokraten schütteten die Kübel ihrer Empörung gerade dann über mich aus, als ihre norwegischen Gesinnungsgenossen meine Frau und mich hinter Schloss und Riegel sperrten, um unsere Verteidigung gegen die Anklagen der GPU zu verhindern. Die norwegische Regierung wusste sehr gut, dass die Moskauer Anklagen falsch waren: So schrieb es die offiziöse sozialdemokratische Zeitung in den ersten Tagen offen. Aber Moskau rührte die norwegischen Schiffsreeder und Fischgroßhändler an ihrer Brieftasche – und die Herren Sozialdemokraten krochen sofort auf allen Vieren. Der Führer der Partei, Martin Tranmael, ist nicht nur eine Autorität in Fragen der Moral, sondern offenbar ein rechtschaffener Mensch: Er trinkt nicht, raucht nicht, genießt kein Fleisch und badet im Winter in einem Eisloch. Das hinderte ihn nicht, nachdem er uns auf Befehl der GPU hatte verhaften lassen, mich in den Spalten seiner Zeltung durch einen norwegischen Agenten der GPU, einen gewissen Jakob Fries – einen Kerl ohne Ehre und Gewissen – zu verleumden. Doch genug ...

Die Moral dieser Herrschaften besteht aus konventionellen Rezepten und Redensarten, hinter denen sie ihre Interessen, Appetite und Ängste verstecken. Die Mehrzahl von ihnen ist aus Ehrgeiz oder Gewinnsucht zu jeder Niedrigkeit, wie Verleumdung der Überzeugung, Treulosigkeit und Verrat, bereit. In der hohen Sphäre persönlicher Interessen heiligt der Zweck jedes Mittel. Eben deshalb verlangen sie einen besonderen Moralkodex, dauerhaft und dazu elastisch wie ein guter Hosenträger. Sie verabscheuen jeden, der ihre Berufsgeheimnisse vor den Massen entlarvt. In »friedlichen« Zeiten drücken sie – im Gassenton oder in »philosophischer« Sprache – ihren Hass in Verleumdungen aus. In Zeiten scharfer sozialer Konflikte – wie gegenwärtig in Spanien – ermorden diese Moralisten Hand in Hand mit der GPU die Revolutionäre. Um sich vor sich selbst zu rechtfertigen, wiederholen sie: »Trotzkismus und Stalinismus sind ein und dasselbe.«

Die dialektische Wechselbeziehung zwischen Ziel und Mittel

Ein Mittel ist nur durch das mit ihm verfolgte Ziel zu rechtfertigen. Aber das Ziel bedarf seinerseits der Rechtfertigung. Vom marxistischen Standpunkt, der die historischen Interessen des Proletariats zum Ausdruck bringt, ist das Ziel gerechtfertigt, wenn es dazu führt, die Macht des Menschen über die Natur zu vermehren und die Macht des Menschen über den Menschen zu vernichten.

»Das bedeutet also, dass zur Erreichung dieses Ziels alles erlaubt ist?« wird der Philister sarkastisch fragen – und er beweist damit, dass er nichts begriffen hat. Erlaubt ist, so antworten wir, was wirklich zur Befreiung der Menschheit führt. Da dieses Ziel nur durch Revolution erreicht werden kann, trägt die Befreiungsmoral des Proletariats notwendigerweise revolutionären Charakter. Sie tritt nicht nur jedem religiösen Dogma, sondern auch allen idealistischen Fetischen, diesen philosophischen Gendarmen der herrschenden Klasse unversöhnlich entgegen. Ihre Regeln leiten sich aus den Entwicklungsgesetzen der Gesellschaft ab, also in erster Linie aus dem Klassenkampf, dem obersten aller Gesetze.

»Alles gut und schön«, wird der Moralist hartnäckig erwidern, »aber bedeutet das nun, dass im Kampf gegen die Kapitalisten alle Mittel erlaubt sind: Lüge, Schwindel, Verrat, Mord und so weiter?« Erlaubt und obligatorisch sind jene Mittel, und nur jene Mittel, so antworten wir, die das revolutionäre Proletariat einen, seine Herzen mit unversöhnlicher Feindschaft gegen die Unterdrückung erfüllen, die es lehren, die offizielle Moral und ihre demokratischen Nachbeter zu verachten, es mit dem Bewusstsein seiner eigenen historischen Mission erfüllen, seinen Mut und seinen Opfergeist im Kampf heben. Eben daraus ergibt sich, dass nicht alle Mittel erlaubt sind. Wenn wir sagen, das Ziel heiligt die Mittel, so ergibt sich für uns daraus die Schlussfolgerung, dass das große revolutionäre Ziel solche niedrigen Mittel und Wege verwirft, die einen Teil des Proletariats gegen andere Teile aufhetzen oder die Arbeiter ohne ihr eigenes Zutun glücklich machen wollen oder das Selbstvertrauen der Massen und den Glauben an ihre Organisation senken und durch den Führerkult ersetzen. In erster Linie und absolut unversöhnlich verwirft die revolutionäre Moral Knechtseligkeit gegenüber der Bourgeoisie und Hochmut gegenüber den Arbeitern, d. h. jene Eigenschaften, mit denen die kleinbürgerlichen Pedanten und Moralisten durch und durch getränkt sind.

Diese Kriterien geben natürlich keine fix und fertige Antwort auf die Frage, was in jedem einzelnen Fall erlaubt ist und was nicht. Solche automatischen Antworten kann es auch gar nicht geben. Die Probleme der revolutionären Moral sind mit den Problemen der revolutionären Strategie und Taktik verbunden. Die korrekte Antwort auf diese Frage gibt die lebendige Erfahrung der Bewegung im Licht der Theorie.

Der dialektische Materialist kennt keinen Dualismus zwischen Ziel und Mittel. Das Ziel ergibt sich naturnotwendig aus dem historischen

Prozess. Die Mittel sind dem Ziel organisch untergeordnet. Das unmittelbare Ziel wird zum Mittel für ein entfernteres Ziel. In seinem Drama »Franz von Sickingen« legt Ferdinand Lassalle einem der Helden folgende Worte in den Mund:

»Das Ziel nicht zeige, zeige auch den Weg.
Denn so verwachsen ist hienieden Weg und Ziel,
Dass eines sich stets ändert mit dem andern
Und andrer Weg auch andres Ziel erzeugt.«

Lassalles Verse sind keineswegs vollkommen. Schlimmer noch ist die Tatsache, dass Lassalle selbst in der praktischen Politik von der oben ausgedrückten Regel abwich – es genügt, daran zu erinnern, dass er sich selbst auf geheime Abmachungen mit Bismarck einließ! Aber die dialektische Wechselbeziehung zwischen Mittel und Ziel ist in oben zitierten Sätzen ganz richtig zum Ausdruck gebracht. Man muss Weizensamen säen, um Weizenähren zu ernten.

Ist zum Beispiel vom Standpunkt der »reinen Moral« individueller Terror erlaubt oder verboten? In dieser abstrakten Form existiert die Frage für uns überhaupt nicht. Die konservativen Schweizer Bürger bezeugen noch heute dem Terroristen Wilhelm Tell ihr offizielles Lob. Unsere Sympathien sind voll und ganz auf der Seite der irischen, russischen, polnischen und indischen Nationalisten in ihrem Kampf gegen nationale und politische Unterdrückung. Der ermordete Kirow, ein roher Satrap, erweckt keinerlei Sympathie. Unsere Beziehung zum Mörder bleibt nur deshalb neutral, weil wir die Motive, die ihn leiteten, nicht kennen. Wenn bekannt werden würde, dass Nikolajew bewusst für die von Kirow begangene Schändung der Arbeiterrechte Vergeltung übte, wären unsere Sympathien völlig auf Seiten des Mörders. Jedoch ist nicht die Frage der subjektiven Motive, sondern die der objektiven Zweckmäßigkeit für uns entscheidend. Führt das gegebene Mittel wirklich zum Ziel? Was den individuellen Terror betrifft, bezeugen sowohl Theorie wie Erfahrung, dass dies nicht der Fall ist. Dem Terroristen sagen wir: Es ist unmöglich, die Massen zu ersetzen, nur in der Massenbewegung kannst du für deinen Heroismus einen zweckmäßigen Ausdruck finden. Unter den Bedingungen des Bürgerkriegs hört jedoch die Ermordung individueller Unterdrücker auf, ein Akt individuellen Terrors zu sein. Nehmen wir einmal an, ein Revolutionär würde General Franco und seinen Stab in die Luft sprengen, so würde dies selbst von Seiten der demokratischen Eunuchen wohl kaum moralische Entrüstung hervorrufen. Unter den Bedingungen des Bürgerkriegs wäre ein solcher Akt politisch vollkommen zweckmäßig. So erweisen sich selbst in der schärfsten Frage – dem Mord des Menschen durch den Menschen – die moralischen Absoluta als untauglich. Die moralischen Wertungen ergeben sich zusammen mit den politischen aus den inneren Notwendigkeiten des Kampfes.

Die Befreiung der Arbeiter kann nur das Werk der Arbeiter selbst sein. Deshalb gibt es kein größeres Verbrechen, als die Massen zu täuschen, Niederlagen für Siege und Freunde für Feinde auszugeben, Arbeiterführer zu bestechen, Legenden zu fabrizieren, falsche Prozesse zu montieren, in einem Wort: zu tun, was die Stalinisten tun. Diese Mittel können nur einem Ziel dienen: die Herrschaft einer Clique zu verlängern, die von der Geschichte bereits verurteilt ist. Aber sie können nicht dazu dienen, die Massen zu befreien. Deshalb führt die Vierte Internationale gegen Stalin einen Kampf auf Leben und Tod.

Die Massen sind natürlich keineswegs unfehlbar. Idealisierung der Massen liegt uns fern. Wir haben sie unter verschiedenen Bedingungen, in verschiedenen Epochen und außerdem in den schwersten politischen Erschütterungen gesehen. Wir haben ihre starken und schwachen Seiten kennen gelernt. Ihre starken Seiten: Entschlossenheit, Opfergeist, Heroismus, haben immer in Zeiten revolutionären Aufschwungs ihren klarsten Ausdruck gefunden. In dieser Periode standen die Bolschewiken an der Spitze der Massen. Danach begann ein anderes Kapitel der Geschichte, das die schwachen Seiten der Unterdrückten an die Oberfläche spülte: Ungleichartigkeit, Mangel an Kultur, ein zu beschränkter Gesichtskreis. Die Massen erschlafften nach der Anspannung, wurden enttäuscht, verloren ihr Selbstvertrauen – und machten der neuen Aristokratie den Weg frei. In dieser Epoche fanden sich die Bolschewiken (»Trotzkisten«) von den Massen isoliert. Wir haben praktisch zwei solch große historische Zyklen erlebt; 1897–1905 Jahre der Flut; 1907–1913 Jahre der Ebbe; 1917–1923 die Periode eines in der Geschichte beispiellosen Aufschwungs, schließlich eine neue Periode der Reaktion, die heute noch nicht zu Ende ist. In diesen gewaltigen Ereignissen lernten die »Trotzkisten« den Rhythmus der Geschichte, d. h. die Dialektik des Klassenkampfes. Sie lernten auch, und, wie es scheint, bis zu einem gewissen Grade mit Erfolg, wie sie ihre subjektiven Pläne und Programme diesem objektiven Rhythmus unterzuordnen haben. Sie lernten, nicht an der Tatsache zu verzweifeln, dass die Gesetze der Geschichte weder von ihrem persönlichen Geschmack abhängen, noch ihren Moralkriterien untergeordnet sind. Sie lernten, ihre persönlichen

Wünsche den Gesetzen der Geschichte unterzuordnen. Sie lernten, sich auch von den mächtigsten Feinden nicht schrecken zu lassen, wenn deren Macht im Widerspruch zu den Gesetzen der historischen Entwicklung steht. Sie verstehen es, gegen den Strom zu schwimmen in der tiefen Gewissheit, dass die neue historische Flut sie an das andere Ufer tragen wird. Nicht alle werden dieses Ufer erreichen, viele werden ertrinken. Aber an dieser Bewegung mit offenen Augen und angespanntem Willen teilnehmen – nur das kann einem denkenden Wesen die höchste moralische Befriedigung gewähren.

Coyoacan, 16. Februar 1938
Leo D. Trotzki

P.S. Ich schrieb diese Zeilen in jenen Tagen, als mein Sohn, ohne dass ich davon wusste, mit dem Tode rang. Seinem Angedenken widme ich diese kleine Arbeit, die, so hoffe ich, seine Zustimmung gefunden hätte. Leo Sedow war ein echter Revolutionär und verachtete die Pharisäer. L. T.

Zu dieser Ausgabe

Fragen des Alltagslebens

Der erste Teil, »Fragen des Alltagslebens«, entspricht der deutschen Ausgabe von 1923. Die Artikel erschienen in russischer Sprache zuerst in den folgenden Ausgaben der »Prawda«:

Die Zeitung und ihre Leser (»Prawda« Nr. 145 vom 1. Juli 1923)
Der Mensch lebt nicht von »Politik« allein (»Prawda« Nr. 152 vom 10. Juli 1923)
Um das Leben umzugestalten, muss man es erst kennen lernen (»Prawda« Nr. 153 vom 11. Juli 1923)
Schnaps, Kirche und Kino (»Prawda« Nr. 154 vom 12. Juli 1923)
Von der alten Familie – zur neuen (»Prawda« Nr. 155 vom 13. Juli 1923)
Familie und Zeremoniell (»Prawda« Nr. 156 vom 14. Juli 1923)
Der Kampf um die Sprachkultur (»Prawda« Nr. 107 vom 16. Mai 1923)

Gesammelt wurden sie in der russischen Werkausgabe veröffentlicht:

Leo Trotzki, Werke. Serie 6, Probleme der Kultur. Band 21, Die Kultur der Übergangsperiode. Staatsverlag, Moskau-Leningrad, 1927

Anhand der Werkausgabe wurde die Übersetzung überprüft und zum Teil überarbeitet.

Die Aufzeichnung der Fragen und Antworten über das Arbeiterleben erschien zuerst in den Ausgaben der »Rabotschaja Moskwa« Nr. 166–178 vom 28. Juni bis 12. August 1923.

Kultur und Sozialismus

Die Artikel des zweiten Teils erscheinen zum ersten Mal in deutscher Sprache in Buchform. Russisch wurden sie in folgender Weise veröffentlicht:

Den Kleinigkeiten Beachtung schenken (»Prawda« Nr. 219 vom 1. Oktober 1921)
Das fünfte Jahr – ein Lehrjahr (»Prawda« Nr. 43 vom 23. Februar 1922, deutsch in »Russische Korrespondenz«, 1922)
»Du« und »Sie« in der Roten Armee (»Prawda« Nr. 159 vom 19. Juli 1922)
Die Lage Russlands und die Aufgaben der Arbeiterjugend (Rede vom 11. Oktober 1922, russisch in »Molodaja Guardia«, deutsch in »Internationale Presse-Korrespondenz« Nr. 204 und 206, 1922)
Ein kleines Stück einer großen Frage (»Prawda« Nr. 74 vom 4. April 1923)
Gegen den aufgeklärten Bürokratismus (aber auch gegen den nicht aufgeklärten) (»Prawda« Nr. 181 vom 14. August 1923)
Leninismus und Bibliotheksarbeit (»Prawda« Nr. 154 vom 10. Juli 1924)

Der Schutz der Mutter und der Kampf für Kultur (Rede vom 7.12.1925, veröffentlicht in »Prawda« Nr. 288 vom 17. Dezember 1925, deutsch in »Das Neue Russland«)

Kultur und Sozialismus (»Novyi Mir« Nr. 1, Januar 1927, deutsch in »Das Neue Russland« Nr. 3-4 und 5-6, 1927)

Russisch sind auch diese Artikel in Band 21 der Werkausgabe enthalten. Die Übersetzung der bereits in deutsch erschienenen Texte wurde an Hand der Werkausgabe überprüft und zum Teil ergänzt. Die anderen Texte wurden von Ernst-Michael Kanow und Patrick Richter ins Deutsche übertragen.

Ihre Moral und unsere

Zuerst erschienen im Bulletin der Opposition (Nr. 68-69, 1938), deutsch in »Unser Wort«, Oktober 1938.

Die Fußnoten Leo Trotzkis und der Übersetzer sind gekennzeichnet, die übrigen stammen vom Herausgeber.

Dank gebührt Dr. Ralf Schröder (1927–2001) und Dr. Gottfried Kirchner für ihre Mithilfe bei der Übersetzung und der Erstellung der Fußnoten.

Essen, Mai 2001 — Wolfgang Zimmermann

Personenverzeichnis und Register

Barthou, Louis (1862–1934). Französischer konservativer Politiker. Wiederholt Minister, 1913 Ministerpräsident, 1934 Außenminister. Er wird zusammen mit König Alexander I. von Jugoslawien ermordet. *131*

Bauer, Otto (1881–1938). Führer der österreichischen Sozialdemokratie, Theoretiker des Austromarxismus. Gründet mit Friedrich Adler 1920 die Wiener Internationale, schließt sich später aber wieder der Zweiten Internationale an. Nach der Niederschlagung des Wiener Arbeiteraufstands im Februar 1934 emigriert er nach Paris. *132 f., 135, 229, 236*

Bednyj, Demjan, eigentl. Efim A. Pridworow (1883–1945). Populärer Dichter im Moskau der 30er Jahre. Der Bauernsohn macht zuerst eine Feldscherausbildung, ehe er in St. Petersburg ein Studium aufnimmt. 1899 erscheinen seine ersten Gedichte und Fabeln. 1912 tritt er der sozialdemokratischen Partei bei. Er verfasst besonders nach der Oktoberrevolution agitatorische Lieder und Gedichte, die seine große Popularität begründen, und engagiert sich in der antireligiösen Propaganda. 1937 fordert er in Gedichten auf Bestellung die Erschießung von »Volksfeinden«. 1938 wird er aus der KP ausgeschlossen. Während des Zweiten Weltkriegs schreibt er antideutsche Fabeln und Spottgedichte, kann aber seine frühere Popularität nicht mehr zurückgewinnen. *59 ff.*

Belinski, Wissarion G. (1811–1848). Erster großer russischer Literaturkritiker. Unter dem Einfluss der deutschen Philosophie, speziell der hegelschen, wendet er sich mit seinem »Brief an Gogol« gegen Autokratie und Leibeigenschaft, gegen Mystizismus und Kirche. Großen Einfluss übt er damit auf Tschernyschewski und Dobroljubow aus. Er stirbt an Tuberkulose. *29*

Bentham, Jeremy (1748–1832). Englischer Philosoph und Soziologe. Philosophie des Utilitarismus, einer Denkrichtung, die den Zweck alles menschlichen Handelns in dem Nutzen sieht, der dadurch für den einzelnen oder die Gemeinschaft gestiftet wird. *219*

Berdjajew, Nikolai A. (1874–1948). Russischer Geschichts- und Religionsphilosoph. Lebt seit 1922 in der Emigration. Anfänglich Marxist, knüpft er an die Tradition der ostkirchlichen Mystik und der deutschen Gnosis an und verbindet sie unter dem Einfluss Dostojewskis mit dem Glauben an die messianische Sendung des russischen Volkes. *216*

Bismarck, Otto von (1815–1898). Bedeutendster Politiker Hohenzollern-Deutschlands in der zweiten Hälfte des 19. Jahrhunderts. Als preußischer Ministerpräsident (1862–1871) organisiert er mehrere Kriege zur Vereinigung Deutschlands unter der preußischen Krone, 1870/71 schließlich den Krieg gegen Frankreich. 1871–1890 bekämpft er als Reichskanzler die Arbeiterbewegung durch starke Repression (die Sozialistengesetze), andererseits versucht er, ihren Einfluss durch die Einführung von Sozialreformen zurückzudrängen. *246*

Blum, Léon (1872–1950). 1902 zusammen mit Jean Jaurès Gründer der französischen Sozialistischen Partei SFIO, deren Vorsitzender er 1920 wird, nachdem sich die Kommunistische Partei abgespalten hat. 1936–1937 Premierminister der Volksfront-Regierung, die von den Stalinisten unterstützt wird. 1940 verhaftet, verbringt Blum die Jahre 1943–1945 in Buchenwald und Dachau. 1947/48 französischer Ministerpräsident. *229, 232*

Börne, Ludwig (1786–1837). Deutscher Schriftsteller. Er gehört mit Heinrich Heine zum »Jungen Deutschland«. Nach der Juli-Revolution 1830 in Frankreich emigriert Börne nach Paris. Sein bekanntestes Werk sind die »Briefe aus Paris« (1832–1834). *29*

Brandler, Heinrich (1881–1967). Seit 1901 Mitglied der SPD, von 1916 an im Spartakusbund, dann in der KPD. Seit 1921 Mitglied der KPD-Führung, ist er maßgeblich an der »Märzaktion« beteiligt. 1923 KPD-Führer. Im ganzen Verlauf dieses Jahres zögert Brandler, bestärkt von Stalin, die Partei für die Machteroberung zu mobilisieren. Nach der Niederlage der revolutionären Bewegung im Oktober 1923 wird Brandler 1924 auf Druck von Stalin und Sinowjew zum Sündenbock gemacht und wegen »Rechts-Abweichung« aus der Führung der KPD entfernt. Die Jahre 1924–1928 verbringt er in der Sowjetunion, 1929 wird er als Anhänger Bucharins aus der KPdSU und der Komintern ausgeschlossen. Gemeinsam mit Thalheimer organisiert er die Rechte Opposition in der KPO (Kommunistische Partei-Opposition). 1933 Emigration nach Frankreich, 1941 nach Kuba. 1949 Rückkehr nach Westdeutschland. *229*

Brockway, Archibald Fenner (1890–1988). Führer der britischen Independent Labour Party, Sekretär des Londoner Büros und erbitterter Gegner der Vierten Internationale. Später wird er zum »Lord Brockway« geadelt. *229, 236*

Brown, William Montgomery (1855–1937). Amerikanischer Bischof, der nach der Erfahrung des ersten Weltkriegs mit der Religion bricht. *141*

Bucharin, Nikolai I. (1888–1938). Bolschewistischer Führer. Seinem Parteieintritt 1905 folgt Inhaftierung, Verbannung und Flucht nach Deutschland. 1917 arbeitet er in der »Prawda«-Redaktion. Lenin nennt ihn in seinem »Testament« einen »überaus wertvollen und bedeutenden Theoretiker«

und den »Liebling der ganzen Partei«, warnt aber, seine theoretischen Anschauungen könnten »nur mit sehr großen Bedenken zu den völlig marxistischen gerechnet werden«. Nach Lenins Tod entwickelt Bucharin die Theorie vom »Sozialismus in einem Land«, die als Rechtfertigungen für die Verfolgung Trotzkis und der Linken Opposition dient. Nach seinem Bruch mit Stalin 1929 wird er zum Kopf der Rechten Opposition. Er kapituliert jedoch vor Stalin, widerruft öffentlich und wird wieder in die Partei aufgenommen. Er wird Herausgeber der »Iswestija«. Im Februar 1937 verhaftet, im dritten Moskauer Prozess 1938 zum Tod verurteilt und erschossen. *195*

Bulgakow, Sergej N. (1871–1944). Russischer bürgerlicher Ökonom, idealistischer Philosoph. In den 90er Jahren des 19. Jahrhunderts vertritt Bulgakow einen »legalen Marxismus«. Nach der Niederschlagung der Revolution von 1905 schließt er sich den Kadetten (bürgerliche Partei) an und wendet sich dem philosophischen Mystizismus zu. 1918 wird er Priester. *216*

Bullit, William C. (1891–1967). Amerikanischer Diplomat. Verheiratet mit Louise Bryant, der Witwe John Reeds. Botschafter in der Sowjetunion von 1933–1936. *123*

Clemenceau, Georges (1841–1929). Politiker im bürgerlichen Frankreich. Von 1902 an ist er Premierminister oder Minister. Vorsitzender der Versailler Konferenz. Inspirator der militärischen Intervention in der Sowjetunion. *122, 139*

Curzon, George Nathaniel, Lord (1859–1925). Britischer Adliger, auf dem rechten Flügel der Tories. Als Vizekönig von Indien (1898–1905) stärkt er die britische Kolonialherrschaft. 1916 wird er Mitglied des Kriegskabinetts. Von 1919 bis 1924 ist er Außenminister und an den Verhandlungen über die Neuordnung der Grenzen beteiligt. *13, 52, 66*

Dan, Fjodor Iljitsch, eigentl. Gurwitsch, Theodor (1871–1947). Führender Menschewik, Arzt. Mit Lenin und Martow 1895 Mitbegründer des »Kampfbunds zur Befreiung der Arbeiterklasse«. Nach der Februarrevolution von 1917 Mitglied des Petersburger Sowjets, nach der Oktoberrevolution aktiver Kampf gegen die Regierung der Bolschewiki. 1921 verhaftet und 1922 aus der Sowjetunion ausgewiesen. Danach lebt er in Berlin, Paris und New York. *142 f.*

Darwin, Charles Robert (1809–1882). Englischer Naturforscher. Er begründet die Lehre von der Herausbildung neuer Arten durch Auslese. Seine Hauptwerke sind »Über die Entstehung der Arten durch natürliche Zuchtwahl« und »Die Abstammung des Menschen und die geschlechtliche Zuchtwahl«. *216, 219*

Denikin, Anton I. (1872–1947). Zaristischer General, leitet im Bürgerkrieg den Angriff weißer Truppen auf die Sowjetunion von Südrussland aus. *76*

Dewey, John (1859–1952). Amerikanischer Philosoph, Psychologe und Pädagoge. Er leitet 1937 die Kommission, die den Wahrheitsgehalt der Anschuldigungen prüft, die während der Moskauer Prozesse gegen Trotzki und seinen Sohn erhoben werden, und kommt zu dem Schluss: »Wir befinden Trotzki und Leon Sedow für nicht schuldig.« *227, 229*

Dobroljubow, Nikolai A. (1836–1861). Russischer radikaler Literaturkritiker und Dichter. Zu seinen Arbeiten gehören »Das Reich der Finsternis« und »Was ist Oblomowtum?«, seine Rezension des Romans »Oblomow« von Iwan Gontscharow. Er stirbt an Tuberkulose. *29*

Dostojewski, Fjodor M. (1821–1881). Russischer Schriftsteller. Er schreibt »Schuld und Sühne«, »Der Idiot« und »Die Dämonen«. *61, 140*

Duranty, Walter (1884–1957). Von 1922–1936 Chef des Moskauer Büros der »New York Times«. Er ist ein sklavischer Verteidiger des Stalinismus und der Moskauer Prozesse. *226 f.*

Eastman, Max (1883–1969). Amerikanischer sozialistischer Schriftsteller, Herausgeber der Zeitschriften »The Masses« (1911–18) und »The Liberator« (1918-33). Verteidigt die Oktoberrevolution, wird jedoch nie Mitglied der KP. Bis Mitte der dreißiger Jahre ist er mit Trotzki befreundet und veröffentlicht 1926 Lenins »Testament« in der »New York Times«. In seinem Buch »Since Lenin Died« behandelt er die russischen Fraktionskämpfe. In den späten dreißiger Jahren entwickelt sich Eastman zum Antikommunisten. Ab 1941 Mitherausgeber von »Reader's Digest«. *215, 224 f.*

Engels, Friedrich (1820–1895). Mitstreiter von Karl Marx, Mitbegründer der kommunistischen Bewegung. Engels schreibt gemeinsam mit Marx das Kommunistische Manifest. Einen großen Teil seines Lebens verbringt er in England und nimmt an der Gründung der Ersten und Zweiten Internationale teil. Engels verfasst zahlreiche marxistische Werke, darunter »Dialektik der Natur«, »Der Ursprung der Familie, des Privateigentums und des Staats«, »Anti-Dühring« und »Ludwig Feuerbach und der Ausgang der klassischen deutschen Philosophie«. *46, 85 f., 93 f., 192*

Fischer, Louis (1896–1970). Moskauer Korrespondent der liberalen amerikanischen Zeitschrift »Nation«. Zusammen mit Walter Duranty zeichnet sich Fischer als Apologet der Sowjetbürokratie aus; er verteidigt die Moskauer Prozesse und die stalinistische Politik im spanischen Bürgerkrieg. Er bricht zum Zeitpunkt des Hitler-Stalin-Pakts mit den Stalinisten und wird später ein leidenschaftlicher Antikommunist. *226*

Ford, Henry (1863–1947). Amerikanischer Autoproduzent. *202, 204*

Fourier, Charles (1772–1837). Französischer utopischer Sozialist. Er tritt für eine Neuordnung der Gesellschaft mit dem Ziel des Glücks, der Einheit und Harmonie ein. Dazu sollen autarke Lebensgemeinschaften (familistères) von je 300 Familien und autonome agrarische Genossenschaftsgebiete (phalanstères) geschaffen werden. *33*

Franco, Francisco (1892–1975). Faschistischer Diktator in Spanien von 1939 bis zu seinem Tod 1975. Franco, Chef des Generalstabs, löst 1936 mit einem Militärputsch gegen die republikanische Regierung den spanischen Bürgerkrieg aus. Mit militärischer Unterstützung von Nazideutschland und dem faschistischen Italien besiegt er die republikanischen Kräfte und übernimmt die Macht. *228, 233 f., 243, 246*

Freud, Sigmund (1856–1939). Österreichischer Arzt und Neurologe. Begründer der Psychoanalyse. *193 f.*

Gandhi, Mohandas Karamchand (Mahatma) (1869–1948). Führer der indischen Unabhängigkeitsbewegung gegen die britische Kolonialherrschaft. Gandhi besteht auf gewaltfreien Methoden. Seine Ideologie dient dazu, die Bewegung der indischen Massen der bürgerlichen Kongresspartei unterzuordnen, der er an die Macht verhilft. Sie erweist sich als unfähig, die nationalen und demokratischen Aufgaben der indischen Revolution zu lösen. Gandhi selbst wird 1948 ermordet. *237*

Garcia Oliver, Jose (1889–1946). Spanischer Anarchist. Führer der anarcho-syndikalistischen Gewerkschaft CNT (Confederación Nacional del Trabajo, Nationaler Bund der Arbeit) und des rechten Flügels der FAI (Federación Anarquista Iberica, Iberische Anarchistische Föderation). Von 1936 bis zum Ende des Bürgerkriegs ist er Justizminister. Er arbeitet mit den Stalinisten zusammen an der Unterdrückung der revolutionären Kräfte. *232*

Goethe, Johann Wolfgang von (1749–1832). Hervorragender Dichter der Weltliteratur. *241*

Gontscharow, Iwan A. (1812–1891). Russischer Schriftsteller. Zu seinem Werk gehört der Roman »Oblomow«. *146*

Gorki, Maxim, eigentl. Peschkow, Alexej M. (1868–1936). Russischer Schriftsteller. Unterstützt die Oktoberrevolution. Nach 1922 verbringt er unter anderem wegen Krankheit mehrere Jahre im Ausland, kehrt 1928 in die Sowjetunion zurück. 1934 wird er Vorsitzender des sowjetischen Schriftstellerverbandes. Seine bekanntesten Werke sind: Die Kleinbürger (1901), Nachtasyl (1902), Die Mutter (1905) und Das Leben des Klim Samgin (1927–1936). *25*

Green, William (1873–1952). Präsident der American Federation of Labor (amerikanischer Gewerkschaftsverband). Zusammen mit der Mehrheit in der AFL-Führung bekämpft Green erbittert die Organisierung von ungelernten Produktionsarbeitern. Eine Reihe von Mitgliedsgewerkschaften trennen sich 1935 vom AFL und bilden das Committee for Industrial Organization, das 1938 zum Congress of Industrial Organizations (CIO) wird. *232*

Gribojedow, Alexander S. (1795–1829). Russischer Dichter. Sein Hauptwerk ist die Komödie in Versen »Verstand schafft Leiden«. *193*

Hegel, Georg Wilhelm Friedrich (1770–1831). Vertreter der klassischen deutschen Philosophie, der das europäische Geistesleben nachhaltig beeinflusst. Zu seinen Hauptwerken gehören »Phänomenologie des Geistes«, »Logik«, »Enzyklopädie der philosophischen Wissenschaften« und »Rechtsphilosophie«. *216 f.*

Heine, Heinrich (1797–1856). Deutscher Dichter und Schriftsteller. Er zählt mit Ludwig Börne, Heinrich Laube, Karl Gutzkow und Ludolf Wienbarg zu den Schriftstellern des »Jungen Deutschland«, deren Schriften am 10. Dezember 1835 vom deutschen Bundestag verboten werden. *29*

Herriot, Édouard (1872–1957). Französischer Politiker. Abgeordneter und einer der Führer der Radikalsozialisten. 1924/25 wird er Ministerpräsident und Außenminister. Er setzt sich für die Annahme des Dawes-Plans ein. 1932 wird er erneut Ministerpräsident, 1947–1954 Präsident der Nationalversammlung. Ehrenmitglied der stalinistischen »Union de la Jeunesse Républicaine de France«. *139*

Hitler, Adolf (1889–1945). Führer der NSDAP. Von Hindenburg im Januar 1933 zum Kanzler ernannt, errichtet Hitler eine faschistische Diktatur und initiiert den Zweiten Weltkrieg. *213 f., 226, 233, 241*

Jagoda, Genrich G. (1891–1938). Tritt 1907 den Bolschewiki bei. Seit dem Bürgerkrieg 1918–1921 in der Tscheka tätig. Ab 1924 stellvertretender Vorsitzender der GPU. 1934 übernimmt er nach der Verschmelzung von GPU und NKWD deren Leitung. Verantwortlich für die Verfolgung der Linken Opposition, die Massendeportationen und Zwangsmaßnahmen gegen die Kulaken und die Vorbereitungen zum ersten Moskauer Prozess. Danach wird er abgelöst und 1937 verhaftet. Mitangeklagt im dritten Moskauer Prozess und anschließend erschossen. *226, 229, 235*

Jakir, Jona E. (1896–1937). Bolschewik seit 1917, legendärer Führer der Roten Armee im Bürgerkrieg. Ab 1925 Kommandeur des ukrainischen Militärbezirks. 1937 verhaftet und im Prozess gegen die Generäle verurteilt und erschossen. *226*

Jeschow, Nikolai I. (1894–1940). Bolschewik seit 1917, Kommissar im Bürgerkrieg. Seit 1930 im inneren ZK-Apparat. Leitet die Untersuchungen über Kirows Ermordung. 1936 macht ihn Stalin zum Leiter des NKWD. Sein Name wird zum Synonym für den Massenterror (»Jeshowstschina«). Ende 1938 wird er durch Berija abgelöst, 1939 verhaftet und 1940 erschossen. *229, 235*

Joffe, Adolf A. (1883–1927). Mitglied der Sozialdemokratie seit 1902. 1908 geht er nach Wien und arbeitet dort mit Trotzki eng zusammen. Einer der Führer der Oktoberrevolution in Petrograd. Mit Trotzki ist er an den Friedensverhandlungen mit Deutschland in Brest-Litowsk beteiligt und wird zu einem der wichtigsten sowjetischen Diplomaten. Er ist Mitglied der Linken Opposition und begeht 1927 nach Trotzkis Ausschluss aus der Partei Selbstmord. *138*

Kant, Immanuel (1724–1804). Deutscher Philosoph. Zu seinen Hauptwerken gehören »Kritik der reinen Vernunft« und »Kritik der praktischen Vernunft«. *204, 216, 221*

Kerenski, Alexander F. (1881–1970). Russischer kleinbürgerlicher Politiker, Führer der Provisorischen Regierung nach der Februarrevolution 1917. Er tritt im März 1917 der Partei der Sozialrevolutionäre bei. Von 1922 bis 1932 gibt er in Berlin und Paris ihre Zeitung heraus und geht 1940 in die USA. Er stirbt in New York. *135, 239 f.*

Kershenzew, Platon M. (1881–1940). Mitglied der Bolschewiki seit 1904. Nach Verbannung und Exil kehrt er 1917 nach Russland zurück und arbeitet an verschiedenen Zeitungen und Zeitschriften. 1919–1920 leitet er die russische Telegrafenagentur ROSTA. Er ist einer der Führer des Proletkult und Theoretiker des Massentheaters (»Schöpferisches Theater«). 1923–1924 widmet er sich der wissenschaftlichen Arbeitsorganisation und gründet die »Liga der Zeit«.1936 bis 1938 ist er Vorsitzender des Komitees für Kunstangelegenheiten und Redakteur der Großen Sowjetenzyklopädie. *154*

Kirow, Sergej M. (Kostrikow) (1886–1934). Seit 1905 Bolschewik. Teilnahme an der Oktoberrevolution und am Bürgerkrieg. Als Anhänger Stalins löst er Sinowjew in der Leningrader Parteispitze ab. Seine Ermordung 1934 dient als Vorwand für den folgenden Massenterror. *246*

Kisseljow, Alexej S. (1879–1938). Seit 1898 Mitglied der russischen Sozialdemokratie, schließt er sich 1903 den Bolschewiki an. Vorsitzender des »Kleinen Rats der Volkskommissare«. 1920/21 beteiligt er sich an der »Arbeiteropposition«. Im August 1937 wird er verhaftet und am 29. Oktober 1937 verurteilt: die Anklage lautete auf ASTO (antisowjetische terroristische Organisation). Einen Tag später wird er erschossen. *145*

Kollontai, Alexandra M. (1872–1952). 1899 schließt sie sich der Sozialdemokratie an. Zuerst bei den Menschewiki, wird sie 1915 als Kriegsgegnerin Mitglied der Bolschewiki. Bekannt sind ihre Beiträge zur Frauenbefreiung. 1920/21 ist sie Mitbegründerin der »Arbeiteropposition«. 1923 tritt sie in den diplomatischen Dienst und gibt jede Oppositionstätigkeit auf. *83*

Krassin, Leonid B. (1870–1926). Aktiv in der revolutionären Bewegung Russlands seit den frühen 90er Jahren. Er wird Volkskommissar für Transportwesen in den Jahren 1919/20 und für Außenhandel von 1922–1924. Danach Botschafter in Großbritannien und Frankreich. *125 f.*

Kriwitzki, Walter (Samuel Ginsberg) (1899–1941). Mitarbeiter des sowjetischen Auslandsgeheimdienstes. Bürgerkriegsteilnehmer. Nach der Ermordung von Ignaz Reiss löst er sich von der GPU und warnt Leon Sedow vor Stalins Mordplänen. Politisch wendet er sich der Sozialdemokratie zu. 1939 erscheint sein Buch »In Stalins Secret Service« (»Ich war Stalins Agent«). Am 10. Februar 1941 wird er in einem Hotel in den USA tot aufgefunden; die offizielle Todesursache lautet »Selbstmord«. *227*

Krupskaja, Nadeschda K. (1869–1939). Frau und Mitarbeiterin Lenins. Seit 1891 in St. Petersburg politisch aktiv. Teilt mit Lenin Verbannung und Emigration, wo sie als Sekretärin des bolschewistischen Zentralkomitees arbeitet. In der Sowjetunion Tätigkeit im Volkskommissariat für Erziehung und in der Zentralen Kontrollkommission. Nach Lenins Tod beteiligt sich Krupskaja kurz an der Vereinigten Opposition von 1926, kapituliert jedoch unter dem Druck der Bürokratie. *171*

Lassalle, Ferdinand (1825–1864). Bedeutender Führer der Arbeiterbewegung im 19. Jahrhundert. Lassalle orientiert sich früh an den utopischen Sozialisten Blanc und Proudhon und schließt sich in der Revolution 1848 als Radikaldemokrat dem Kreis um Marx, Engels und die Neue Rheinische Zeitung an. Später entwickelt er seine eigene Staats- und Gesellschaftstheorie. Anders als Marx und Engels geht er davon aus, dass ein Übergang zur klassenlosen Gesellschaft durch staatliche Reformen möglich sei. Lassalle ist 1863 maßgeblich an der Gründung des Allgemeinen Deutschen Arbeitervereins (ADAV) beteiligt und wird sein erster Präsident. Seine Ideen üben über seinen Tod im Jahre 1864 hinaus großen Einfluss auf die deutsche Arbeiterbewegung aus. *246*

Lenin, Wladimir Iljitsch, eigentl. Uljanow (1870–1924). Führer der Oktoberrevolution und des ersten Arbeiterstaats. Lenin verteidigt den Marxismus als wissenschaftliche Weltanschauung gegen die Verherrlichung des sogenannten »Gewerkschaftertums« und anderer Formen des spontanen, bürgerlichen Bewusstseins. Die sozialistische Revolution ist seiner Auffassung nach nur möglich, wenn die Arbeiterklasse durch eine marxistische Partei zu einem umfassenden wissenschaftlichen Verständnis ihrer eigenen Aufgaben in der Gesellschaft gelangt. Lenin analysiert den Imperialismus als letztes Stadium des Kapitalismus, als eine Epoche von Kriegen und Revolutionen. Nach dem historischen Verrat der Zweiten Internationale 1914 geht er daran, eine Dritte (Kommunistische) Internationale aufzubauen. Mit seinen »Aprilthesen« 1917 schafft er die Grundlage, um die Bolschewistische Partei auf die Machteroberung vorzubereiten, und ist zusammen mit Trotzki der Führer des Oktoberaufstands 1917. Er führt anschließend zusammen mit Trotzki die bolschewistische Regierung und die neue Kommunistische Internationale. Kurz vor seinem Tod eröffnet er den Kampf gegen die wachsende Bürokratie in der Sowjetunion. *16ff., 48, 54, 68, 94, 104, 154, 160, 163f., 171f., 178, 182, 192, 206, 210, 226, 231, 233, 239f., 242*

Lewis, John Llewellyn (1880–1969). Amerikanischer Gewerkschaftsführer. Von 1920–1960 Präsident der Bergarbeiter-Gewerkschaft United Mine Workers, 1934–35 Vizepräsident des AFL, Mitbegründer und erster Vorsitzender des CIO (1935–1940). Lewis ist ein bewusster Bürokrat; er hält Massengewerkschaften für notwendig, um die Bewegung der Arbeiter zu kontrollieren. *223*

Libedinski. Juri N. (1898–1959). Russischer Schriftsteller und Literaturkritiker. Mitbegründer der Schriftstellervereinigung »Oktober«. 1922 erscheint seine Erzählung »Eine Woche«. *26*

Lincoln, Abraham (1809–1865). Amerikanischer Präsident von 1861 bis 1865 während des Bürgerkriegs zwischen dem kapitalistischen Norden und den Sklavenbesitzern des Südens. Sein revolutionäres Programm der Sklavenbefreiung sichert den Armeen der Nordstaaten den Sieg. Lincoln wird 1865 ermordet. *236*

Lloyd George, David (1863–1945). Britischer Politiker und Führer der Liberalen Partei, Premierminister von 1916–1922. Er ist einer der Mitverfasser des Versailler Vertrags am Ende des Ersten Weltkriegs. *131*

Lovestone, Jay (1898–1990). In Litauen geboren, wandert er mit neun Jahren in die USA ein. Von 1919 bis 1929 ist er Führungsmitglied der amerikanischen Kommunistischen Partei. Stets auf dem rechten Flügel der Partei, ist er an der Säuberung der KP von den Anhängern Trotzkis beteiligt. Nach dem zweiten Weltkrieg wird er Antikommunist und ist im amerikanischen Gewerkschaftsbund AFL-CIO aktiv. *229*

Ludendorff, Erich (1865–1937). Preußischer General. 1923 nimmt er am Hitler-Putsch teil, 1924–1928 ist er Reichtagsabgeordneter der NSDAP und 1925 ist er ihr Kandidat für das Amt des Reichspräsidenten. *240*

Ludwig, Emil (1881–1948). Deutsch-schweizerischer Schriftsteller. Er schreibt Romanbiografien über Napoleon, Goethe, Bismarck, Roosevelt, Stalin. *236*

Luther, Martin (1483–1546). Deutscher Kirchenreformator. Während der Bauernkriege wendet er sich gegen die aufständischen Bauern und unterstützt den Adel. *218*

Luxemburg, Rosa (1870–1919). Führerin der polnisch-litauischen Sozialdemokratie (SDKPiL) und nach ihrer Kritik des bernsteinschen Revisionismus bekannteste Vertreterin des linken Flügels der SPD. 1907–1914 lehrt sie an der Parteihochschule der SPD. Bei Beginn des Ersten Weltkriegs lehnt sie die Burgfriedenspolitik der SPD ab und ist an der Gründung der Gruppe Internationale beteiligt, in der sich die revolutionärsozialistischen Kriegsgegner sammeln und aus der später der Spartakusbund und die KPD hervorgehen. Nach ihrer Befreiung aus der Haft durch die Novemberrevolution redigiert sie die »Rote Fahne« und ist maßgeblich an der Erarbeitung des Gründungsprogramms der KPD beteiligt. Im Januar 1919 wird sie zusammen mit Karl Liebknecht von Freikorps ermordet. *48, 94*

Lyons, Eugene (1898–1985). Journalist. Seine Familie emigriert aus Russland in die USA, als er neun war. Lyons arbeitet von 1924–27 für die sowjetische Nachrichtenagentur TASS. Von 1928–34 lebt er in Moskau als Korrespondent für die amerikanische United Press, bis er auf Stalins Geheiß abberufen wird. Er schreibt ein kritisches Buch über die Sowjetunion unter dem Titel »Assignment in Utopia« (1937). Später entwickelte er sich zum Antikommunisten und arbeitete für den »Reader's Digest«. *227*

MacDonald, James Ramsay (1866–1937). Führender Labour-Politiker. Er engagiert sich ab 1884 in der Arbeiterbewegung und ist 1900 Mitbegründer des »Labour Representation Committee« (Vorgänger der Labour Party). 1924 und 1929–1935 ist er Premierminister von Großbritannien. *164*

Mac-Mahon, Marie-Edme-Patrice-Maurice comte de, (1808–1893). Reaktionärer französischer Militär und Politiker. Er ist Oberbefehlshaber der Versailler Armee und für die Niederschlagung der Pariser Kommune verantwortlich. Französischer Präsident von 1873–1879. *236*

Man, Hendrik de (1885–1953). Belgischer Politiker und Sozialpsychologe. Der Sozialdemokrat wird 1935/1936 Arbeitsminister, 1936–1938 Finanzminister und ist ab 1939 Präsident der belgischen Sozialdemokratie. Er versucht, während des Zweiten Weltkriegs mit der deutschen Besatzungsmacht zusammen zu arbeiten. 1946 wird er wegen Kollaboration zu 20 Jahren Haft verurteilt. *243*

Martow, Leo, eigentl. Zederbaum, Juli O. (1873–1923). Politiker und Publizist des Menschewismus. Er spielt eine große Rolle bei der Entwicklung der sozialdemokratischen Partei Russlands, als er gemeinsam mit Lenin den »Petersburger Kampfbund zur Befreiung der Arbeiterklasse« und später die »Iskra« gründet. Von 1903 an wird Martow zum Führer der Menschewiki. In den Kriegsjahren schließt er sich den Zimmerwalder Internationalisten an. Zur Zeit der Kerenski-Regierung steht Martow in Opposition zum offiziellen Menschewismus, unterstützt die Gruppe »Nowaja Shisn« (»Neues Leben«). Als erklärter Gegner der Sowjetunion geht er nach Berlin ins Exil und gründet dort das zentrale Organ der Menschewiki im Exil. *143*

Marx, Karl (1818–1883). Begründer des wissenschaftlichen Sozialismus. Zusammen mit Friedrich Engels entwickelt Marx die materialistische Geschichtsauffassung. Gemeinsam schreiben sie das »Kommunistische Manifest«. Marx spielt eine zentrale Rolle beim Aufbau der Ersten Internationale, der Internationalen Arbeiterassoziation. Jahrzehntelang arbeitet er an seinem Hauptwerk »Das Kapital«, der maßgeblichen Analyse der objektiven Gesetze des Kapitalismus. Speziell in seinen Werken »Der Klassenkampf in Frankreich 1848–1850«, »Der achtzehnte Brumaire des Louis Bonaparte« und »Der Bürgerkrieg in Frankreich« erarbeitet Marx eine kritisch-revolutionäre Analyse der entscheidenden Klassenkämpfe des neunzehnten Jahrhunderts. *25, 104, 153, 187, 191 f., 207 f., 217, 236*

Merkulow. Gutsbesitzer in Wladiwostok. Er wird am 26. Mai 1921 Regierungschef des Regimes der Weißen Truppen im Fernen Osten. Er ist eine Marionette der japanischen Regierung. *134*

Mill, John Stuart (1806–1873). Englischer Philosoph und liberaler Politiker. Vertreter des Freihandels. *219*

Mussolini, Benito (1883–1945). Faschistischer Führer, der von 1922 bis 1945 in Italien herrscht. Mussolini beginnt seine Laufbahn als linker Sozialist und gibt das Zentralorgan der Partei »Avanti« heraus. 1914 wird er wegen seiner fanatischen, sozialpatriotischen Unterstützung für den Ersten Weltkrieg aus der Sozialistischen Partei ausgeschlossen. 1917 organisiert Mussolini eine militante antisozialistische und paramilitärische faschistische Bewegung. Nach der Niederlage des revolutionären Arbeiteraufstands 1920/21 gewinnt er die Unterstützung der italienischen Bankiers, Industriellen und des Hauses Savoyen. Mussolini kommt im Oktober 1922 an die Macht. Nach 1926 werden die bürgerlich-demokratischen Herrschaftsformen abgeschafft und die Arbeiterbewegung in Blut erstickt. Mussolini wird 1945 von Partisanen der Kommunistischen Partei gefangen genommen und hingerichtet. *136, 213, 226*

Nikolajew, Leonid (1904–1934). Mitglied der kommunistischen Jugendorganisation. Begeht den Mord an Kirow, der Stalin als Vorwand für den großen Terror dient. In einem Geheimprozess verurteilt und erschossen. *246*

Oak, Liston (1895–1970). Amerikanischer Journalist. Steht der Kommunistischen Partei nahe. Bricht unter dem Eindruck des spanischen Bürgerkriegs mit dem Stalinismus und schreibt kurze Zeit für die trotzkistische Zeitung »Socialist Appeal«, ehe er zur Sozialdemokratie übergeht. *227*

Ostrowski, Alexander N. (1823–1886). Russischer Dramatiker. Viele seiner Theaterstücke spielen im Kaufmannsmilieu. Er stellt in den Komödien die aus der Bauernschaft aufgestiegenen Handelskapitalisten als das »finstere Reich« von Rückständigkeit und Despotie dar. *54*

Pawlow, Iwan P. (1849–1936). Russischer Physiologe. Als Professor an der Militärärztlichen Akademie in Petersburg untersucht er die Physiologie der Verdauung. Dadurch gewinnt er Einsicht in die nervliche Steuerung der Speichel- und Magensekretion. Er schafft die Grundlagen für die mechanistisch orientierte Psychologie. 1904 erhält er den Nobelpreis für Medizin. *193 f.*

Pissarew, Dimitri I. (1840–1868). Radikaler russischer Journalist und Literaturkritiker. Weil er zum Sturz der Romanow-Dynastie aufruft, wird er zu vier Jahren Haft in der Peter-Paul-Festung verurteilt. Dort entsteht sein Artikel »Die Zerstörung der Ästhetik«. *29*

Poincaré, Raymond (1860–1934). Französischer konservativer Politiker. Von 1913–1920 ist er Präsident, mehrfach Ministerpräsident. 1923 veranlasst er die Ruhrbesetzung. *139*

Pritt, Denis N. (1887–1973). Britischer Rechtsanwalt und Mitglied des Kronrats. Unterhausabgeordneter der Labour Party (1935-50). Leitet 1933 einen Gegenprozess zum Reichstagsbrand-Prozess. Nimmt als Beobachter am dritten Moskauer Prozess teil und verteidigt ihn in der internationalen Öffentlichkeit. *226*

Rappoport, Charles (1865–1940). Französischer Kommunist russischer Abstammung, schreibt verschiedene Arbeitern über Philosophie und Soziologie. Der Freund Bucharins bricht nach dem dritten Moskauer Prozess mit Stalin. *227*

Reed, John (1887–1920). Radikaler amerikanischer Journalist. 1913 berichtet er über die mexikanische Revolution; während des Ersten Weltkriegs ist er Kriegskorrespondent in Europa. 1917 in Petrograd, wird er Kommunist und schreibt »Zehn Tage, die die Welt erschütterten«. 1919 ist er einer der Mitbegründer der Communist Labour Party in den USA. *60*

Rolland, Romain (1866–1944). Französischer Romanschriftsteller. Während des Ersten Weltkriegs Pazifist und Gegner der Oktoberrevolution. In den dreißiger Jahren nähert er sich dem Stalinismus an. *226*

Rubakin, Nikolai A. (1862–1946). Russischer Schriftsteller. Er ist Herausgeber vieler bibliographischer Werke und Autor vieler populärer naturwissenschaftlicher und soziologischer Studien. *59*

Saltykow-Schtschedrin, Michail J., eigentl. Saltykow (1826–1889). Russischer Schriftsteller. Selbst als Beamter in verschiedenen Gouvernementsverwaltungen tätig, schreibt er satirische Erzählungen und Märchen über die Rückständigkeit der russischen Provinz. In seinem Roman »Die Herren Golowjlow« schildert er den moralischen und physischen Verfall des Landadels. *53*

Schaljapin, Fjodor I. (1873–1938). Russischer Sänger (Bass). Er wird berühmt an der Hofoper in Moskau, an der er ab 1899 singt. 1920 emigriert er in die USA, wo er an der Metropolitan Opera in New York auftritt. Später geht er nach Paris. *90*

Schapowalow, Alexander S. (1871–1942). Russischer Metallarbeiter. Er schließt sich 1895 dem »Bund für die Befreiung der Arbeit« an, nimmt als Mitglied der Bolschewiki an der Revolution 1905 teil, wird verhaftet und muss nach Belgien emigrieren. Im Frühjahr 1917 Rückkehr und nach der Oktoberrevolution Tätigkeit in verschiedenen Sowjets. Er veröffentlicht seine Erinnerungen unter dem Titel »Auf dem Wege zum Marxismus«. *59*

Schemtschuschnikow, Alexej M. (1821–1908). Russischer Dichter. Gemeinsam mit seinem Bruder Wladimir M. und ihrem Vetter Alexej K. Tolstoi veröffentlichen sie unter dem Pseudonym Kosma Prutkow Verse, Fabeln, Aphorismen, Komödien und literarische Parodien. *149*

Schemtschuschnikow, Wladimir M. (1830–1884). Bruder von Alexej M. Schemtschuschnikow. *149*

Schtschedrin siehe Saltykow-Schtschedrin

Sedow, Leon (1906–1938). Trotzkis Sohn und enger politischer Mitarbeiter. Begleitet ihn in die Verbannung nach Alma-Ata und ins türkische Exil. 1931 lebt Sedow in Berlin, wo er das »Bulletin der Opposition« herausgibt und Verbindungen nach Russland aufrechterhält. 1933 Übersiedlung nach Paris und Koordinierung der Internationalen Linken Opposition. Während Trotzki von der norwegischen Regierung unter Hausarrest gestellt und zum Schweigen gezwungen wird, verfasst Sedow das »Rotbuch über den Moskauer Prozess 1936«. Die GPU schleust den Agenten

Mark Zborowski (»Etienne«) in seine engste Umgebung ein. Es gelingt ihr, ihn nach einer harmlosen Blinddarmoperation zu töten. *248*

Selenski, Isaak A. (1890–1938). Parteimitglied seit 1906, während der Revolution 1917 in Moskau aktiv. 1922-37 Mitglied des Zentralkomitees. Bis 1924 Moskauer Parteisekretär. 1931 wird er Leiter des Moskauer Konsumgenossenschaftsverbandes. 1937 verhaftet. Im dritten Moskauer Prozess zum Tode verurteilt und erschossen. *3*

Semaschko, Nikolai A. (1874–1949). Russischer Arzt. Schließt sich 1893 der russischen sozialdemokratischen Gruppe »Befreiung der Arbeit« an. Teilnehmer der Revolution von 1905. Nach der Oktoberrevolution wird er Volkskommissar für Gesundheit. *45 f.*

Shaftesbury, Anthony Ashley Cooper, 3. Earl of (1671–1713). Englischer Philosoph und Politiker. Begründer des englischen ethischen Sensualismus ausgehend vom Neuplatonismus: Sittlichkeit wird zur Entfaltung ursprünglicher Naturanlagen des Menschen, des »moralischen Sinns«, das Gefühl wird zur Erkenntnisquelle und die Religion zu einem inneren Erleben der Weltharmonie. Er schreibt unter anderem »Untersuchung über die Tugend« und »Die Moralisten«. *216*

Sinclair, Upton (1878–1968). Amerikanischer sozialistischer Schriftsteller. Berühmt wird er durch den Roman »Der Sumpf« (1909), in dem er die katastrophalen Zustände der Schlachthöfe von Chicago beschreibt. Weitere Romane schildern den Aufstieg von Henry Ford, den Justizmord an den Anarchisten Sacco und Vanzetti und die Lage der amerikanischen Bergarbeiter. *59*

Sosnowski, Lew S. (1886–1937). Mitglied der Bolschewiki seit 1903. In den zwanziger Jahren gehört er zu den populärsten Journalisten der Sowjetunion. Er greift in seinen Artikeln die Sowjetbürokratie und die neue NEP-Bourgeoisie scharf an. Mitbegründer der Linken Opposition und der Vereinigten Opposition. Parteiausschluss und Verhaftung 1927. Er kapituliert erst 1934 im Anschluss an Rakowski. Er arbeitet kurze Zeit für die »Iswestija« und wird wieder verhaftet. Da es anscheinend nicht gelingt, ihn zu Geständnissen zu zwingen, wird er ohne Prozess erschossen. *148*

Spaak, Paul H. (1899–1972). Belgischer Rechtsanwalt und Politiker. Er besucht 1931 die Sowjetunion, trifft Trotzki 1933 im Exil und gehört zum linken Flügel der Parti Ouvrier Belge um die Zeitschrift »Action socialiste«. Die Gruppe spaltet sich, als er 1937 in die Regierung eintritt. Er ist Abgeordneter der Sozialistischen Partei bis 1956 und von 1961–1966 und viele Jahre Außenminister und Ministerpräsident. Von 1957–1961 ist er NATO-Generalsekretär. *243*

Spencer, Herbert (1820–1903). Englischer Philosoph. Sein Hauptwerk ist das zehnbändige »System der synthetischen Philosophie«. Spencer betrachtet moralisches Verhalten als eine Funktion der biologischen Entfaltung des Lebens zu höheren Formen. *219*

Stalin, Josef Wissarionowitsch, eigentl. Dschugaschwili (1879–1953). Tritt der revolutionären Bewegung 1901 in Tiflis bei, wird mehrmals verhaftet und nach Sibirien verbannt. Obwohl Mitglied der bolschewistischen Partei, zeichnet sich Stalin schon immer durch eine nationalistische, pragmatische und theoriefeindliche Weltanschauung aus. Zusammen mit einer Reihe anderer alter Bolschewiki vertritt er vor Lenins Rückkehr im April 1917 eine Politik der kritischen Unterstützung für die bürgerliche Provisorische Regierung. Stalin spielt bei der Oktoberrevolution 1917 eine unbedeutende Rolle. Anschließend benutzt er sein Amt als Generalsekretär der Partei, das ursprünglich ein rein organisatorisches Amt war, um seine Position im Zentrum der politischen Macht auszubauen. In seinem »Testament« empfiehlt Lenin, Stalin von seinem Posten als Generalsekretär abzusetzen. Unter den Bedingungen der Isolation und Rückständigkeit der UdSSR wird Stalin zum führenden Vertreter der kleinbürgerlichen Schichten, denen es vor allem darum geht, ihre eigenen Sonderinteressen auf Kosten der internationalen Arbeiterklasse zu wahren, und organisiert als solcher die Zerstörung der bolschewistischen Partei und die Vernichtung der Führung der russischen Revolution. Er gibt den Auftrag zur Ermordung Trotzkis im August 1940. Stalin ist für die Ermordung von mehr Kommunisten verantwortlich, als Hitler und Mussolini zusammen. *224, 226, 229, 235, 237, 239, 247*

Struwe, Pjotr B. (1870–1944). Russischer bürgerlicher Ökonom. In den 90er Jahren des 19. Jahrhunderts Vertreter des »legalen Marxismus«. Nach der Niederlage der Revolution von 1905 tritt er der (bürgerlichen) Kadetten-Partei bei und wird Ideologe des großrussischen Chauvinismus. Nach der Oktoberrevolution Gegner der Sowjetmacht, schließt er sich der konterrevolutionären Wrangel-Regierung an. *216*

Thomas, Norman (1884–1968). Seit 1926 Führer der amerikanischen Sozialistischen Partei. Ursprünglich presbyterianischer Pfarrer, tritt er 1918 aus der Kirche aus, weil er deren »groteske Ungleichheit, offensichtliche Verschwendung, grobe Ausbeutung und unnötige Armut« ablehnt, und bekennt sich zum Sozialismus. Er führt die Sozialistische Partei zur Zeit des »Entrismus« der amerikanischen Trotzkisten (1936–37). Thomas ist ein begabter Redner und kandidiert sechsmal für die Präsidentschaft. *228, 236, 241*

Thorez, Maurice (1900–1964). Führer der französischen KP. Tritt 1919 der SFIO, dann der KP bei. Unterstützt anfangs Souvarine bei der Verteidigung Trotzkis; nach einem Aufenthalt in Moskau wird er Gefolgsmann Stalins. 1939 geht er nach Moskau, wo er bis 1945 bleibt. Er übernimmt die Führung der KPF und bleibt deren Generalsekretär bis zu seinem Tod. *232*

Tichon, Wassili I. (1865–1925). Patriarch der russisch-orthodoxen Kirche. Belegt die Bolschewiki mit dem Kirchenbann. *61*

Tolstoi, Alexej K., (1817–1875). Russischer Dichter. Der mit Leo Tolstoi entfernt verwandte Adlige veröffentlicht neben historischen Dramen Lyrik und Balladen. Unter dem Namen des fiktiven »Kosma Prutkow« schreibt er mit seinen Vettern in verschiedenen Zeitschriften. *149*

Tolstoi, Leo N. (1828–1910). Russischer Schriftsteller. Von ihm stammen die Romane »Krieg und Frieden« und »Anna Karenina«, sowie berühmte Novellen wie »Der Tod des Iwan Iljitsch« und »Die Kreutzer-Sonate«. *6, 195, 237 f.*

Tranmael, Martin (1879–1967). Norwegischer Landarbeiter. Er arbeitet sechs Jahre in den USA, wo er sich in der IWW (»International Workers of the World«) engagiert. Kriegsgegner im Ersten Weltkrieg und Führer der Parteilinken, wird er Vorsitzender der Norwegischen Arbeiterpartei (DNA), die sich 1919 der Kommunistischen Internationale anschließt, sie aber 1923 wieder verlässt und sich 1927 wieder mit der Sozialdemokratie vereinigt. 1935 gewährt die DNA als Regierungspartei Trotzki Asyl, interniert ihn jedoch auf Druck der stalinistischen Bürokratie. *244*

Tschernyschewski, Nicolai G. (1828–1889). Russischer Journalist, Schriftsteller, Philosoph und Ökonom. Er stößt während seines Studiums auf die Ideen der französischen utopischen Sozialisten. 1863 entsteht sein Roman »Was tun?«. Von 1864 bis 1886 in der Verbannung in Sibirien. *29, 163*

Tuchatschewski, Michail N. (1893–1937). Sohn einer Adelsfamilie. Als Berufsoffizier gerät er im Ersten Weltkrieg in deutsche Gefangenschaft. Nach seiner Rückkehr tritt er 1918 der Roten Armee bei und bewährt sich als Oberbefehlshaber an verschiedenen Fronten. Über seine »neue Militärdoktrin« gerät er mit Trotzki in Konflikt. In den zwanziger Jahren spielt er eine wichtige Rolle bei der Modernisierung und Mechanisierung der Roten Armee. 1934 stellvertretender Volkskommissar für Verteidigung. Im Prozess gegen die Generäle verurteilt und erschossen. *226*

Urquhart, John Leslie (1874–1933). Englischer Bergbauingenieur und Besitzer zahlreicher Bergwerke in Russland. Nach der Oktoberrevolution 1917 tritt er für die militärische Intervention und die Wirtschaftsblockade gegen die Sowjetunion ein. 1921/22 bemüht er sich vergeblich um Konzessionen für seine früheren Gruben. *125 ff.*

Uspenski, Gleb I. (1843–1902). Russischer Schriftsteller. Bekannt durch seine sozialkritischen Schilderungen des Lebens auf dem Lande und dem Handwerker- und Kleinbürgermilieu. Zu seinen Werken gehören »Die Straße der Verlorenen« und »Die Macht der Erde«. Politisch steht er den »Volkstümlern« nahe. *25, 198*

Vandervelde, Emile (1866–1938). Belgischer Politiker. Mitbegründer der belgischen Sozialdemokratie und Führer der Zweiten Internationale. 1916–18 belgischer Innenminister. Nach der Februarrevolution reist er 1917 nach Russland, um für die Fortsetzung des Krieges zu werben. 1918-21 Justizminister. 1922 übernimmt er die Verteidigung Vera Kaplans, der Lenin-Attentäterin, vor einem sowjetischen Gericht. 1925 Außenminister und 1935-37 Staatsminister. *243*

Walcher, Jacob (1887–1970). Ab 1906 Journalist der SPD, Gründungsmitglied der KPD, Leiter ihrer Gewerkschaftsabteilung. Nach seinem Ausschluss 1928 gründet er mit Brandler die KPO, aus der er 1932 zur SAP wechselt. 1933 emigriert er nach Frankreich, wo er sich 1936 der Volksfront anschließt. Aus dem Exil in den USA kehrt er 1946 in die DDR zurück, wird Mitglied der SED und Chefredakteur einer Gewerkschaftszeitung. 1949 wird er gemaßregelt und 1952 ausgeschlossen, 1956 jedoch rehabilitiert. *229*

Wells, Herbert G. (1866–1946). Englischer Schriftsteller, Mitglied der reformistischen Fabian Society. Von ihm stammt u.a. »Die Geschichte unserer Welt« (1926). *215*

Winogradskaja, Paulina S. (1897–1970). Mitglied der Russischen Kommunistischen Partei seit 1917. Sie arbeitet 1920–1921 im Zentralkomitee in der Abteilung der Arbeiterinnen, ist an der Organisierung der ersten internationalen Frauenkonferenz beteiligt und gibt die Zeitschrift »Kommunistka« (»Die Kommunistin«) heraus. In den zwanziger Jahren ist sie in der Linken Opposition aktiv. Lebensgefährtin J. Preobraschenskis. *150, 152 f.*

Worowski, Waclaw W. (1871–1923). Polnischer Revolutionär. Nach der Revolution wird er Diplomat. Freund von Rakowski und Trotzki. Wird in Lausanne ermordet. *90*

Wrangel, Pjotr N. (1878–1928). Zaristischer General, Nachfolger Denikins an der Südfront im Bürgerkrieg. *142, 216*

Wyschinski, Andrej J. (1883–1954). Ankläger in allen drei Moskauer Prozessen. Parteimitglied seit 1902, gehört er vor der Revolution zum rechten Flügel der Menschewiki. 1917 unterzeichnet er den Haftbefehl gegen Lenin. 1920 wechselt er zu den Bolschewiki über. Er ist Rechtsprofessor an der

Moskauer Universität, dann stellvertretender Generalstaatsanwalt und ab 1935 Staatsanwalt der UdSSR. Nach 1940 macht er Karriere als Diplomat und Außenminister. Nach Stalins Tod wird er ständiger sowjetischer Vertreter bei der UNO. *229*

Zenzinow, Wladimir (1880–1953). Schließt sich 1900 den »Sozialrevolutionären«, der größten Bauernpartei Russlands, an und wird 1917 in die Konstituierende Versammlung gewählt. Nach der Oktoberrevolution verlässt er Russland. *239 f.*

Zeitfracht Medien GmbH
Ferdinand-Jühlke-Straße 7
99095 Erfurt, Deutschland
produktsicherheit@kolibri360.de